南昌统计年鉴

NAN CHANG STATISTICAL YEARBOOK

2018

(总第24期)

中国统计出版社
China Statistics Press

图书在版编目(CIP)数据

南昌统计年鉴. 2018 / 南昌市统计局编.
-- 北京：中国统计出版社, 2018.9
ISBN 978-7-5037-8594-8
Ⅰ. ①南… Ⅱ. ①南… ②国… Ⅲ. ①统计资料-南昌-2018-年鉴 Ⅳ. ①C832.561-54
中国版本图书馆 CIP 数据核字(2018)第 191349 号

南昌统计年鉴——2018

作　　者/ 南昌市统计局
责任编辑/ 陈越月
责任校对/ 陈锋
出版发行/ 中国统计出版社
地　　址/ 北京市丰台区西三环南路甲 6 号
邮政编码/ 100073
电　　话/ 邮购(010)63376909　书店(010)68783171
网　　址/ http://csp.stats.gov.cn
印　　刷/ 江西昌和特种票证有限公司
经　　销/ 新华书店
开　　本/ 890mm×1240mm　1/16
字　　数/ 980 千字
印　　张/ 30.75
印　　数/ 1-400 册
版　　别/ 2018 年 9 月第 1 版
版　　次/ 2018 年 9 月第 1 次印刷
书　　号/ ISBN 978-7-5037-8594-8
定　　价/ 400.00 元

如有印装差错,由本社发行部调换。

《南昌统计年鉴—2018》

编 辑 委 员 会

编　辑　部

编 者 说 明

一、《南昌统计年鉴-2018》是一部按年连续出版的大型统计资料书。真实记录了2017年南昌的经济和社会各方面的发展变化,以及历史重要年份和改革开放以来的主要统计数据。

二、全书内容分为19个篇目:1.综合;2.人口·劳动力;3.就业人员和职工工资;4.人民生活;5.物价;6.固定资产投资;7.城市公用事业;8.财政·金融;9.农业;10.工业;11.能源;12.建筑业;13.交通运输、邮电通信和规上服务业;14.国内贸易;15.外贸和旅游;16.房地产;17.科技·教育·文化;18.卫生·体育·其他;19.附录,在附录部分收集了2017年国家和江西省统计公报,全国各省(市、区)、省会城市和江西省各设区市主要经济指标。为便于读者正确使用资料,每个篇章后面附有主要统计指标解释。

三、本年鉴总量指标计算所采用的价格除注明外均为当年价格。

四、本年鉴资料主要来自年度统计报表,一部分来自抽样调查。

五、本年鉴部分数据合计数或相对数由于单位取舍不同产生的计算误差均未作机械调整。

六、本年鉴表中的符号使用说明:"空格"表示该项统计数据不详或无该项数据;"#"表示其中项。

七、读者在使用历史资料时,凡与本年鉴有出入的,均以本年鉴为准。

八、《年鉴》公开出版以来,受到了广大读者的关心和支持,对此我们深表谢意。欢迎读者对年鉴内容、编排等方面提出宝贵意见,帮助我们进一步提高编辑水平,更好地为读者服务。

篇目索引

篇　　目

一、综 合

二、人口・劳动力

三、就业人员和职工工资

四、人民生活

五、物　　价

六、固定资产投资

七、城市公用事业

八、财政・金融

九、农 业

十、工 业

十一、能　源

十二、建　筑　业

十三、交通运输、邮电通信和规上服务业

十四、国内贸易

十五、外贸和旅游

十六、房　地　产

十七、科技·教育·文化

十八、卫生・体育・其他

附 录

一、综　　合

GENERAL SURVEY

本篇内容包括：

1. 南昌市 2017 年国民经济和社会发展统计公报
2.《南昌市 2017 年统计公报》解读
3. 一套表法人单位数
4. 主要年份国民经济主要指标

1/32

地区生产总值

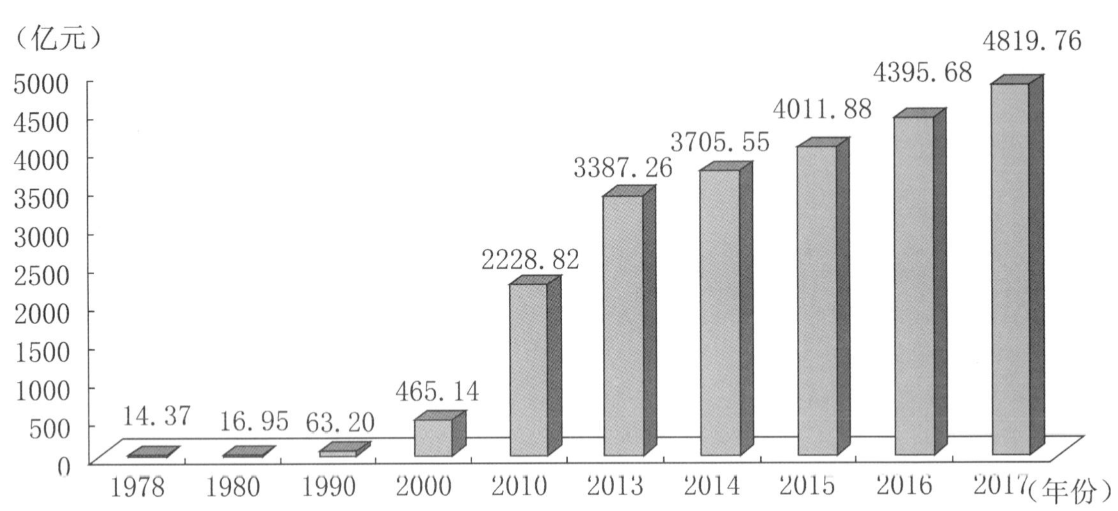

2017年地区生产总值构成

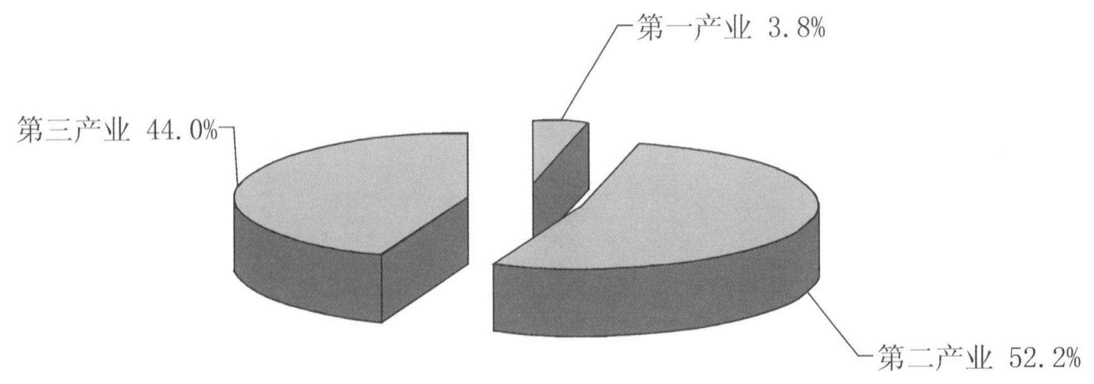

南昌市2017年国民经济和社会发展统计公报

南昌市统计局

2018年3月26日

2017年，在市委、市政府的坚强领导下，全市上下认真学习贯彻党的十九大精神，以习近平新时代中国特色社会主义思想为引领，始终践行新发展理念，坚持稳中求进工作总基调，扎实推进供给侧结构性改革，深入实施“一核两重”产业发展战略，全市经济社会健康可持续发展，呈现出更有质量、更有活力、更加健康的良好态势，打造富裕美丽幸福现代化江西“南昌样板”取得明显成效。

一、综　合

初步核算，全年实现地区生产总值(GDP)5003.19亿元，按可比价格计算，比上年增长9.0%。其中，第一产业增加值192.13亿元，增长4.0%；第二产业增加值2666.10亿元，增长8.4%；第三产业增加值2144.96亿元，增长10.2%。分县区看，南昌县超700亿元，完成782.02亿元；高新区、青山湖区、西湖区超500亿元，分别完成595.45亿元、574.99亿元、515.81亿元。在全市地区生产总值中，非公有制经济实现增加值2843.39亿元，按可比价格计算，增长8.9%。

图1：2013-2017年地区生产总值及其增长速度

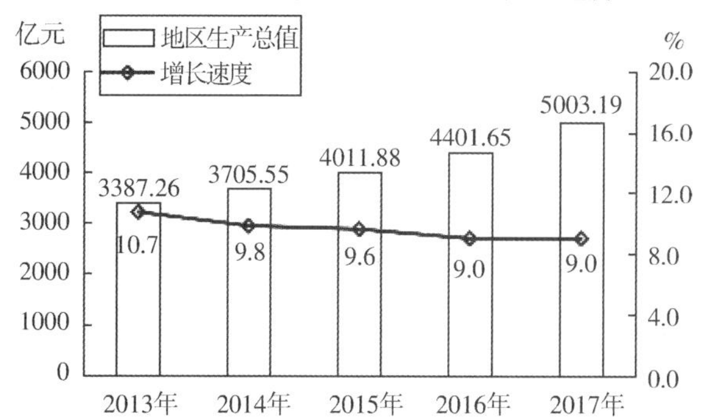

截至11月末，全市户籍总人口524.66万人。其中，城镇人口289.78万人，户籍人口城镇化率为55.23%。年末常住人口546.35万人，比上年末增加9.21万人。其中，城镇人口400.59万人，常住人口城镇化率为73.32%；全年出生人口7.39万人，出生率13.64‰；死亡人口3.26万人，死亡率6.01‰；自然增长率7.63‰，比上年上升0.7个千分点。

全年城镇新增就业8.62万人，城镇登记失业率3.38%；安置“4050”等困难群体0.95万人；新增转移农村劳动力4.43万人。

全年财政总收入782.82亿元，比上年增长14.3%。其中，地方一般公共预算收入417.08亿元，增长3.7%。地方一般公共预算收入中，完成增值税126.18亿元，增长64.6%；企业所得税53.48亿元，增长26.5%；个人所得税17.89亿元，下降4.3%。财政总收入超50亿元的县区7个，其中南昌县、西湖区、红谷滩新区超100亿元，高新区、东湖区、青山湖区、新建区超50亿元。全年地方一般公共预算支出654.28亿元，比上年增长12.2%。其中，公共安全支出41.36亿元，增长21.7%；科学技术支出23.59亿元，增长132.7%；文化体育与传媒支出7.89亿元，增长17.3%；教育支出99.83亿元，增长10.9%；社会保障和就业支出76.26亿元，增长13.7%；医疗卫生与计划生育支出68.95亿元，增长17.3%。

图2：2013-2017年财政总收入及其增长速度

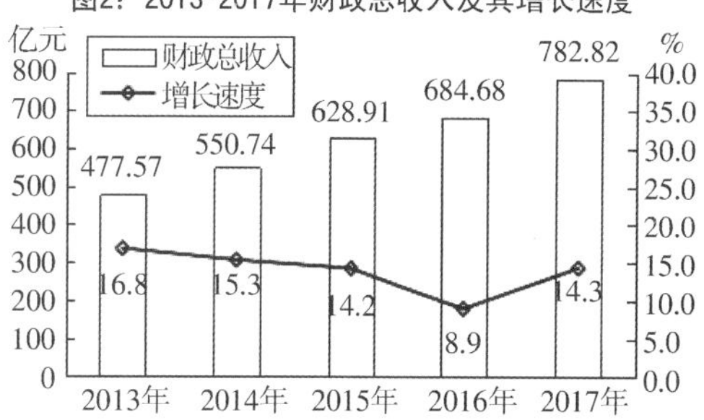

全年居民消费价格总指数(CPI)比上年上涨2.1%。其中，消费品价格上涨1.4%，服务价格上涨3.4%，商品零售价格上涨1.0%。工业生产者出厂价格指数104.4，工业生产者购进价格指数105.7。

表1:2017年居民消费价格情况

指　标	比上年上涨(%)
居民消费价格总指数	2.1
#食品烟酒	0.8
衣着	4.1
居住	2.5
生活用品及服务	0.8
交通和通信	2.6
教育文化和娱乐	1.0
医疗保健	7.2
其他用品和服务	2.4

二、农　业

农业生产:全年完成农林牧渔及服务业现价总产值321.39亿元,比上年增长4.0%。其中,农业产值133.87亿元,增长5.6%;林业产值5.83亿元,增长4.2%;牧业产值86.08亿元,增长1.2%;渔业产值82.89亿元,增长3.9%;农林牧渔服务业产值12.73亿元,增长6.7%。

农产品产量:全年谷物种植面积34.01万公顷,比上年下降0.8%;全年谷物总产量238.48万吨,与上年持平;油料种植面积7.76万公顷,下降2.6%;油料总产量12.03万吨,下降0.3%。

渔业:全年水产品总产量44.22万吨,比上年增长4.0%。其中特种水产品产量13.77万吨,增长6.4%。

林业:全年造林4173公顷,全市森林覆盖率达到23.0%。

表2:2017年主要农产品产量及其增长速度

产品名称	单位	产量	比上年增长(%)
谷物	万吨	238.48	持平
棉花	万吨	0.17	-6.4
油料	万吨	12.03	-0.3
水产品	万吨	44.22	4.0
蔬菜及食用菌	万吨	129.32	1.2
水果总产量	万吨	14.38	5.4
茶叶	万吨	0.19	0.1

生产条件:全市已建成中小型水库493座,年末农田有效灌溉面积18.98万公顷;年末农业机械总动力245.11万千瓦。年内完成机耕面积381074公顷、机播面积145120公顷;机械收获面积349383公顷。

三、工业和建筑业

工业生产:全年规模以上工业增加值比上年增长9.5%。分经济类型看,国有企业增加值增长15.1%;集体企业增加值增长4.4%;股份制企业增加值增长9.6%;股份合作企业增加值下降44.7%;私营企业增加值增长3.7%;外商及港澳台商投资企业增加值增长13.5%。全市规模以上工业34个行业大类中,计算机、通信和其他电子设备制造业,汽车制造业,化学原料和化学制品制造业,烟草制品业等13个行业增速高于全市平均水平。

图3:2013-2017规模以上工业增加值增长速度

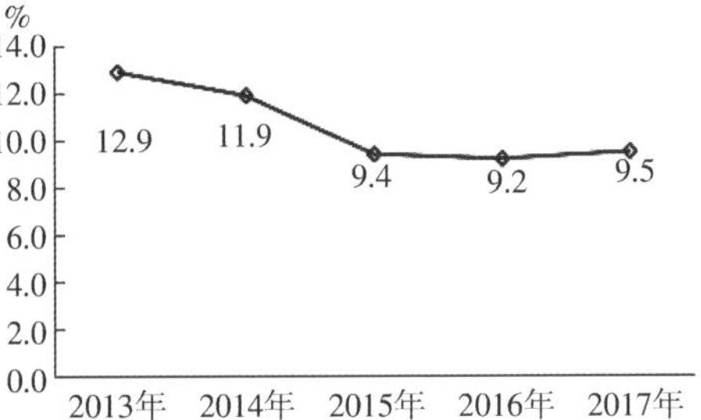

工业经济效益:全年规模以上工业产品销售率为99.0%;实现利润总额375.85亿元,增长14.3%。

全年规模以上工业实现主营业务收入6223.85亿元,比上年增长9.1%,其中主营业务收入过百亿元的行业达到16个,分别是:汽车制造业(1045.49亿元);计算机、通信和其他电子设备制造业(837.99亿元);农副食品加工业(823.11亿元);电力、热力生产和供应业(647.74亿元);电气机械和器材制造业(383.36亿元);医药制造业(293.17亿元);非金属矿物制品业(214.38亿元);金属制品业(195.33亿元);烟草制品业(175.18亿元);有色金属冶炼和压延加工业(170.21亿元);纺织服装、服饰业(169.73亿元);黑色金属冶炼和压延加工业(155.57亿元);专用设备制造业(146.11亿元);化学原料和化学制品制造业(144.41亿元);橡胶和塑料制品业(123.18亿元);通用设备制造业(113.92亿元)。

表3:2017年主要工业产品产量及其增长速度

产品名称	单位	绝对量	比上年增长(%)
饲料	万吨	1159.3	3.7
智能手机	万台	3363.7	62.0
沥青和改性沥青防水卷材	万平方米	251.1	42.8
卷烟	亿支	658.3	1.9
光缆	万芯千米	93.7	62.8
光电子器件	亿只(片)	182.3	161.8
钢化玻璃	万平方米	52.1	13.6
彩色电视机	万台	23.6	17.6
水泥	万吨	762.0	0.8
商品混凝土	万立方米	941.2	-23.7
生铁	万吨	306.9	-2.5
粗钢	万吨	364.6	1.4
钢材	万吨	381.9	2.9
交流电动机	万千瓦	48.2	2.9
汽车	万辆	44.0	7.1
房间空调器	万台	452.5	55.5

工业园区:全市七个省及省以上工业园区累计完成主营业务收入5386.34亿元,比上年增长9.2%;工业增加值增长10.3%;实现利润总额

363.73 亿元,增长 20.7%。高新技术开发区主营业务收入突破两千亿元,成为全省首个主营业务收入过两千亿元的园区,继续排名全省工业园区第一。经济技术开发区和小蓝经济技术开发区主营业务收入均超过千亿元,分别排名全省工业园区第二和第四位。

建筑业:全年建筑业总产值 3183.86 亿元,比上年增长 21.0%。全市共有资质以上建筑业企业 731 家,比上年同期增加 220 家。全年完成竣工产值 1526.92 亿元,增长 9.1%;施工面积 16308.60 万平方米,增长 6.9%;竣工面积 6343.53 万平方米,增长 5.7%。

四、固定资产投资

投资总量:全市 500 万元及以上固定资产投资比上年增长 12.7%。其中,工业投资增长 13.4%;房地产开发投资增长 17.2%。全年投资施工项目 8886 个,其中新开工项目 6731 个。

投资结构:全市 500 万元及以上固定资产投资中第一产业投资比上年下降 11.6%,第二产业投资增长 13.1%,第三产业投资增长 12.7%。三次产业在固定资产投资中所占比重由 2016 年的 0.9∶36.5∶62.6 调整为 2017 年的 0.7∶36.7∶62.6。

图4:2017年三次产业投资比例

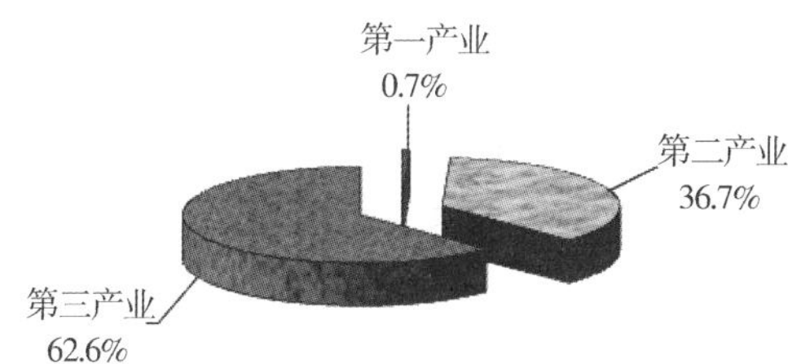

表 4:2017 年分行业固定资产投资(不含农户)增长速度

行　业	比上年增长(%)
合　　计	12.7
第一产业	-11.6
第二产业	13.1
采矿业	-51.6
制造业	13.2
#化学原料及化学制品制造业	53.7
非金属矿物制品业	2.2
黑色金属冶炼及压延加工业	20.6
有色金属冶炼及压延加工业	-30.3
电气机械及器材制造业	69.3
计算机、通信和其他电子设备制造业	64.9
电力、燃气及水的生产和供应业	20.2
建筑业	-3.9
第三产业	12.7
批发和零售业	11.8
交通运输、仓储和邮政业	3.4
住宿和餐饮业	-6.5
信息传输、软件和信息技术服务业	39.3
金融业	69.8
房地产业	11.2
租赁和商务服务业	7.0
科学研究和技术服务业	0.5
水利、环境和公共设施管理业	31.4
居民服务和其他服务业	-34.0
教育	-24.5
卫生和社会工作	64.6
文化、体育和娱乐业	-19.9
公共管理和社会组织	47.4

从投资主体看,全市 500 万元及以上固定资产投资中国有经济投资比上年增长 25.3%。非国有经济投资增长 10.0%,其中民间投资增长 10.3%。

全年房地产开发投资比上年增长 17.2%。其中,住宅投资增长 3.1%;办公楼投资增长 32.3%;商业营业用房投资增长 64.1%。商品房销售面积 1610.43 万平方米,增长 29.4%。

城市建设:"大南昌"框架拉开,红谷隧道、沿江大道南延工程、南外环迎宾互通以西段、昌九快速路改造一期、沿江北大道快速路通车;前湖大道快速路、志敏大道改造、昌西大道、洪都大道快速路改造、昌南大道快速路改造等路网项目扎实推进;实验中学高新校区、汽车机电学校、中小学生校外实践基地、市第三医院朝阳院区、市第一医院九龙湖分院等民生项目加快推进。地铁 2 号线首通段开通运营,地铁 3 号线、4 号线扎实推进。全年基础设施投资比上年增长 24.6%;新开通公交线路 31 条,公交线路已达到 282 条。

五、国内贸易

消费品市场:全市实现社会消费品零售总额(法人口径)2096.96 亿元,比上年增长 12.3%。按城乡分,城镇实现零售额 1960.17 亿元,增长 12.4%;农村实现零售额 136.80 亿元,增长 9.8%。分行业看,批发和零售业实现零售额 1953.75 亿元,增长 12.4%;住宿和餐饮业实现零售额 143.21 亿元,增长 9.9%。

在限额以上批发零售业零售额中,食品、饮料、烟酒类零售额增长 16.5%;家用电器及音像器材类增长 10.7%;中西药品类增长 20.6%;家具类增长

4.8%；汽车类增长14.8%；建筑及装潢材料类增长6.2%。汽车类消费实现零售额430.56亿元，是我市规模最大的商品类别，占限额以上批零住餐零售额比重为34.3%。

图5：2013-2017年社会消费品零售总额及其增长速度

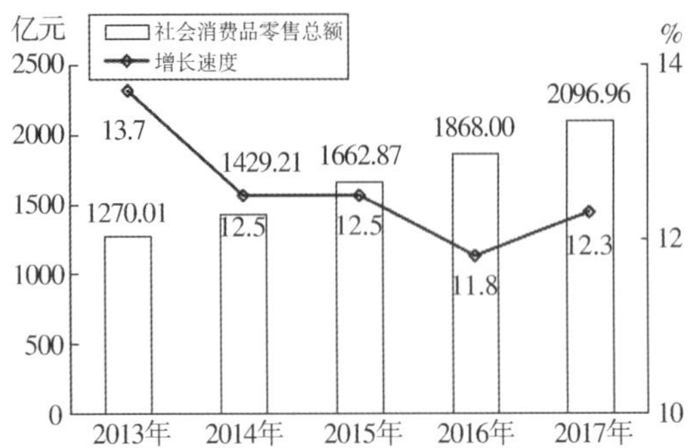

商品交易市场：全市年成交额亿元以上的商品交易市场有30个，成交总额830.52亿元，比上年下降16.0%。其中，洪城大市场年交易额326.0亿元，增长5.7%；南昌(深圳)农产品批发市场年交易额195.22亿元，增长15.5%。

六、对外经济

对外贸易：据海关统计，2017年南昌地区内企业(含中央、省属公司)实现进出口总值669.20亿元，比上年增长8.3%。其中，出口值428.27亿元，增长12.7%；进口值240.93亿元，增长1.4%。分贸易方式看，一般贸易出口363.28亿元，增长26.6%；加工贸易出口54.22亿元，下降39.1%。分重点商品看，高新技术产品出口78.55亿元，下降13.4%，占全市比重18.3%；机电产品出口200.07亿元，增长6.2%。

图6：2013-2017年进出口情况

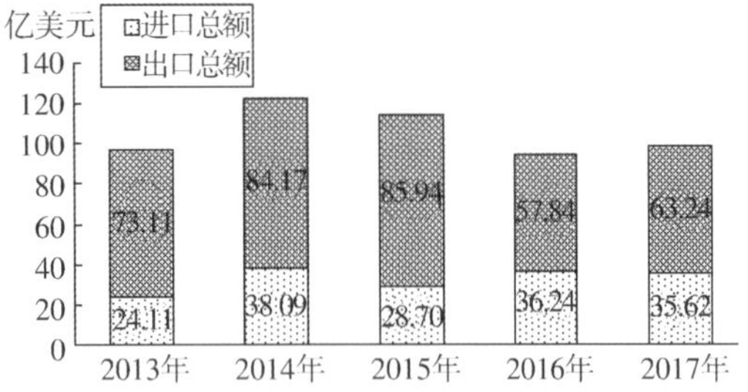

利用外资：全市实际利用外资31.81亿美元，比上年增长10.1%。合同外资金额19.11亿美元，比上年增长48.8%。全年批准外商投资企业52家，其中中外合资企业占40.4%，外商独资企业占53.9%。全年实际利用内资1419.92亿元，增长22.6%。其中，利用省外资金项目进资957.31亿元，增长25.1%。

七、交通、邮电和旅游

交通运输：全年铁路、公路完成旅客运输量6468万人，比上年增长5.6%；铁路、公路、水路完成货物运输量13831万吨，增长11.8%。昌北机场旅客吞吐量1093.7万人次，增长39.1%；货邮吞吐量5.2万吨，增长3.3%。

表5：2017年铁路、公路、水路完成客货运输量及其增长速度

指 标	单位	绝对数	比上年增长(%)
旅客运输量	万人	6468	5.6
铁路	万人	3515	12.4
公路	万人	2953	-1.6
货物运输量	万吨	13831	11.8
铁路	万吨	273	10.5
公路	万吨	12436	12.4
水路	万吨	1122	6.0

汽车保有量：年末民用汽车保有量97万辆，比上年增长12.1%。年末民用轿车保有量59万辆，增长11.8%，其中私人轿车保有量54万辆，增长12.6%。

邮电通信：全市完成邮电业务总量211.23亿元，比上年增长69.9%。其中，邮政业务总量43.03亿元，增长37.1%；电信业务总量168.2亿元，增长81.1%。快递业务收入22.07亿元，发送快递18576万件，其中国内同城快递3278万件、国内异地快递15116万件、国际及港澳台快递182万件。订销报刊累计数9488万份。年末全市固定电话用户93万户，下降8.5%；移动电话用户613万户，增长10.6%；互联网宽带接入用户数185万户，增长20.5%。年末移动电话交换机容量达1243万户，新增52万户。

旅游：全年旅游总人次12056.8万人次，比上年增长45.1%。旅游综合收入1204.6亿元，增长47.5%。截至2017年末，全市拥有星级宾馆(饭店)52家；拥有旅行社232家，其中出境组团社44家。

八、金融、证券和保险业

金融业：全市金融机构本外币各项存款余额为10137.34亿元，比年初增长5.3%。其中，非金融企业存款4263.71亿元，增长11.9%；住户存款2913.24亿元，增长5.2%。金融机构本外币各项贷款余额为10364.58亿元，比年初增长19.0%。其中，短期贷款2917.61亿元，增长16.0%；中长期贷款7092.17亿元，增长21.8%。全市金融机构人民币各项存款余额为10011.39亿元，比年初增长5.3%；金融机构人民币各项贷款余额为10209.28亿元，比年初增长18.6%。

证券业:全市拥有证券分支机构125家,全年证券机构股民资金账户数192.68万户,比上年增长8.4%。全年客户交易结算资金66.17亿元,下降41.4%;A股交易额14522.41亿元,下降23.6%;B股交易额6.24亿元,下降46.6%。

保险业:全市共有保险公司46家。全年实现保费收入191.27亿元,比上年增长25.3%。其中,财产保险52.85亿元,增长15.6%;人寿保险117.76亿元,增长30.0%。全年赔款及给付50.37亿元,增长1.8%。其中,财产保险26.95亿元,增长14.5%;人寿保险15.73亿元,下降18.7%。

九、教育和科学技术

教育:全市拥有各级各类学校929所(不含技工学校),教职工10.1万人,其中专任教师7.77万人。全年招收研究生1.10万人,在校研究生2.81万人,毕业研究生0.75万人。全市共有普通高校53所,招生17.82万人,在校生60.98万人,毕业生17.56万人。中等专业学校33所,招生2.16万人,在校生7.64万人,毕业生2.8万人。普通高中77所,招生3.59万人,在校生10.58万人,毕业生3.3万人。普通初中215所,招生6.56万人,在校生19.09万人,毕业生6.35万人,初中阶段适龄少年入学率100%。职业高中18所,招生4356人,在校生11554人,毕业生2542人。小学525所,招生7.04万人,在校生41.96万人,毕业生6.52万人,小学适龄儿童入学率100%。特殊学校8所,特殊教育招生128人,在校生977人,毕业生116人。幼儿园904所,在园幼儿14.38万人。

表6:2017年各类全日制学校基本情况

项　目	学校数(个)	招生数(人)	在校生(人)	毕业生(人)	专职教师(人)
高等学校	53	178 209	609 801	175 598	31 886
中等学校	33	21 624	76 417	27 999	1 842
普通中学	292	101 496	296 739	96 512	25 491
职业高中	18	4 356	11 554	2 542	438
小　学	525	70 366	419 619	65 228	17 795
特教学校	8	128	977	116	220

科技:全市新认定高新技术企业318家,累计拥有高新技术企业619家。累计拥有国家级工程技术研究中心4家、重点实验室3家;累计拥有省级工程技术研究中心111家、重点实验室124家;省级技术成果52项。全年专利申请量18424件,比上年增长21.0%,专利授权量8241件,下降4.1%。全年登记技术合同1387项,技术合同成交金额42.8亿元,增长9.4%。全市新增省级产业技术创新联盟3家,累计拥有省级产业技术创新联盟21家。

十、文化、卫生和体育

文化:全市文艺创作获省级以上奖项25个,其中国家级奖项10个。年末全市拥有各类专业艺术表演团体4个,公共图书馆10个,文化馆10个,博物馆、纪念馆17个,全国重点文物保护单位9处。年末全市有线电视用户124.41万户。

卫生:全市拥有各类医疗卫生机构2222个,其中医院118个;拥有床位32467张,其中医院床位27302张。拥有各类专业卫生技术人员39418人,其中执业(助理)医师14143人。全市婴儿死亡率为2.85‰,5岁以下儿童死亡率为3.85‰,每十万孕产妇死亡人数为9.79人。

体育:2017年,全市运动员参加比赛人数1.5万人次,共获得金牌290枚,银牌253枚,铜牌224枚。全年举办单项比赛75次,举办全民健身活动360次,其中千人以上的活动48次,参加活动的人数总计93余万人。全年完成全民健身工程82个,总投资385万元。全年发行体育彩票9.21亿元,比上年增加2.01亿元。

十一、人民生活和社会保障

人民生活:据抽样调查,城镇居民人均可支配收入37675元,比上年增长8.8%,城镇居民人均消费性支出24275元,增长7.7%。城镇居民家庭恩格尔系数为30.6%。年末城镇居民人均住房建筑面积35.53平方米,比上年末增加0.11平方米。农村居民人均可支配收入16364元,增长9.4%。农村居民人均生活消费支出10240元,增长8.2%。农村居民家庭恩格尔系数为36.2%。

图7:2013-2017年城乡居民收入水平

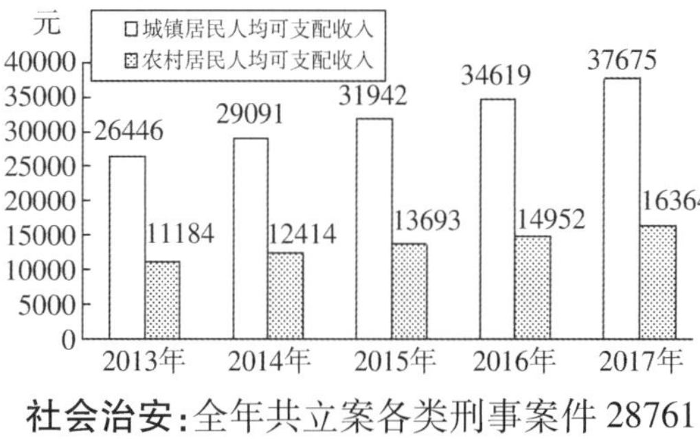

年份	城镇居民人均可支配收入(元)	农村居民人均可支配收入(元)
2013年	26446	11184
2014年	29091	12414
2015年	31942	13693
2016年	34619	14952
2017年	37675	16364

社会治安:全年共立案各类刑事案件28761起,破获经济案件269起,挽回经济损失227.74万元。

住房公积金:全市(市本级)归集公积金(未含本年利息)67.92亿元,比上年增长20.1%;发放住房公积金贷款29.48亿元,下降57.1%;发放户数7939户,下降50.2%;提取住房公积金46.38亿元,增长25.9%。

社会保障:全市城镇职工参加基本医疗保险人

数117.2万人，比上年增加17.8万余人。参加失业保险人数62.25万人，比上年减少0.13万人。城镇参加基本养老保险人数为190.66万人，其中参保职工134.22万人，参保离退休人员56.44万人；企业养老金社会化发放率达100%。2017年完成国有垦区危房改造1579户，农村危房改造1343户，廉租住房租赁补贴25090户。

社会福利：全市拥有各类社会福利单位133个，床位15849张；收养各类人员7431人。城镇社区服务站（中心）713个；城市居民最低生活保障家庭26907户，保障人数50797人；农村居民最低生活保障家庭47425户，保障人数86815人；城乡医疗救助人数141944人。

十二、资源、环境与安全生产

环境质量：全市拥有国家级生态示范县2个、国家级生态区1个、国家级生态乡（镇）18个，省级生态县（区）4个、省级生态乡镇56个、省级生态村74个，市级生态村774个。自然保护区11个，总面积16.08万公顷（含两个野生动物类自然保护区总面积）。全年空气质量优良天数达303天，优良率为83.0%，列中部六个省会城市第一。赣江、抚河南昌段共14个监测断面水质达标率为100%，集中式饮用水质水量达标率为100%。区域环境噪声昼间等效声级为53.6分贝，道路交通噪声等效声级路段长度加权均值67.9分贝。城市生活污水集中处理率达到93.6%。

城市园林绿化：初步核算，全市拥有园林绿地面积12668公顷，绿化覆盖面积13375.5公顷，公园绿地3412公顷，城市绿化覆盖率达到40.86%，人均公共绿地面积达到11.8平方米。

节能减排：初步核算，全年万元生产总值综合能耗下降4.36%，化学需氧量、氨氮、二氧化硫和氮氧化物排放总量四项指标均完成我省下达的年度减排目标任务。

安全生产：全市共发生各类生产安全事故339起，死亡265人（不含火灾），与上年相比，事故多8起，死亡人数少3人。道路交通事故306起，死亡230人，与上年相比，事故多12起，死亡人数少1人。

注：

1. 本公报中统计数据均为初步统计数，正式数据以《南昌统计年鉴－2018》为准。部分数据因四舍五入的原因，存在分项与合计不等的情况。

2. 规模以上工业统计范围为年主营业务收入2000万元及以上的法人工业企业；固定资产投资（不含农户）统计范围为计划总投资500万元及以上项目和房地产；限额以上企业是指年主营业务收入2000万元及以上的批发业企业、500万元及以上的零售业企业、200万元及以上的住宿和餐饮业企业。

3. 地区生产总值、各产业增加值和人均生产总值绝对数按现价计算，增长速度按不变价格计算。

4. 根据《国民经济行业分类》（GB/T4754－2011），第一产业指农、林、牧、渔业（不含农、林、牧、渔服务业），第二产业指采矿业（不含开采辅助活动），制造业（不含金属制品、机械和设备修理业），电力、热力、燃气及水生产和供应业，建筑业，第三产业即服务业，是指除第一产业、第二产业以外的其他行业。

5. 常住人口是指实际经常居住在某地区一定时间的人口。按人口普查和抽样调查规定，主要包括：居住在本乡镇街道、户口在本乡镇街道或户口待定的人，居住在本乡镇街道、离开户口所在的乡镇街道半年以上的人，户口在本乡镇街道、外出不满半年或在境外工作学习的人。

践行新理念 实现新跨越

——《南昌市2017年国民经济和社会发展统计公报》解读

南昌市统计局党组书记、局长 郭宇

《南昌市2017年国民经济和社会发展统计公报》(以下简称《统计公报》)如期发布了,《统计公报》全面系统地展现了过去一年我市经济社会发展取得的新成就新进步新面貌。2017年是实施"十三五"规划的关键一年,是供给侧结构性改革的深化之年。这一年,市委、市政府统筹推进"五位一体"总体布局,协调推进"四个全面"战略布局,以新发展理念引领经济发展新常态,崇尚创新、注重协调、倡导绿色、厚植开放、推进共享,开创了经济社会发展新局面。

一、崇尚创新发展,综合实力实现新跨越

《统计公报》显示,我市加快实施创新驱动战略,狠抓新技术新产业新业态,以创新激发内生动力,以创新加快经济转型升级,加快形成以创新驱动为主要引领和支撑的经济体系和发展模式,推动全市经济总量迈上新台阶。

综合实力迅速攀升。2017年,全市经济发展稳中向好、稳中有进、好于预期,综合实力实现新跃升。地区生产总值(GDP)突破五千亿,达到5003.19亿元,同比增长9.0%,增速分别高于全省、全国0.1和2.1个百分点,占全省比重达24.0%。实现财政总收入782.82亿元,同比增长14.3%,高于上年5.4个百分点。其中,地方一般公共预算收入417.08亿元,增长3.7%,两项收入增速双双领跑全省。

新产业加快集聚。2017年,以高科技含量、高附加值为特征的新技术新产业增势强劲,全市高技术产业增加值同比增长17.8%,高于全市工业8.3个百分点。装备制造业增加值增长16.3%,对规模以上工业的贡献率达62.6%。

新业态活力绽放。2017年,"互联网+"促进新业态孕育成长,新的商业模式带动了物流、快递业务快速发展。全市快递服务企业业务量累计完成18576.41万件,同比增长8.3%;累计完成业务收入22.07亿元,增长13.5%。全市批发和零售业通过公共网络实现的商品零售额35.94亿元,增长81.6%,高于上年68.4个百分点。

二、注重协调发展,形成统筹推进新秩序

《统计公报》显示,我市主动抓住战略调整的机遇,积极推进结构调整,加快经济转型升级,推动各区域板块协调联动发展和城乡统筹发展,经济结构出现积极变化。

三次产业协调发展,服务业发展步伐加快。2017年,全市三次产业协调发展。农业生产保持稳定,全年实现农林牧渔业总产值321.39亿元,同比增长4.0%;工业生产增势强劲,全市规模以上工业增加值增长9.5%,高于全省0.4个百分点,新世纪以来首次排名全省首位;服务业发展明显加快,实现增加值2144.96亿元,增长10.2%,分别快于GDP、第二产业1.2和1.8个百分点,对经济增长的贡献率达到47.5%,拉动经济增长4.3个百分点,服务业已经成为拉动全市经济增长的压舱石。全市规模以上服务业实现营业收入704.48亿元,总量突破700亿元大关,增长18.5%,高于上年7.6个百分点,创年度增速历史新高,其中租赁业,机动车、电子产品和日用产品修理业,互联网和相关服务三个行业增幅居前,分别增长164.0%、84.0%和82.8%。

工业结构优化,支柱产业引领作用突出。全市重点打造的八大产业快速发展,新兴产业支撑作用不断加强。2017年,八大产业增加值同比增长10.3%,高于全市工业0.8个百分点,其中电子信息产业增长22.4%,高于全市工业12.9个百分点,主营业务收入突破800亿元,达到882.29亿元,增长30.8%。汽车和新能源汽车产业增长16.3%,高于全市工业6.8个百分点,主营业务收入达到1088.27亿元,增长20.5%。

品质型消费加快,居民消费升级换挡。改善型、享受型消费发展势头良好,生活质量提升和品质改善类商品消费日益加快,2017年,全市限额以上法人企业大类商品中,中西药品类和汽车类同比增长20.6%和14.8%,分别高于全市限上消费品零售额增速7.3和1.5个百分点。居民消费支出更趋合理,全市城镇和农村居民恩格尔系数分别为30.6%和36.2%,比上年下降1.8和0.3个百分点。

民间投资回升,工业投资明显加快。2017年,投资领域呈现结构优化升级,民间投资活力提升,工业投资增速加快的良好局面,为新时代实现高质量发展拓展了广阔空间。全市500万元及以上固定资产投资比上年增长12.7%。其中,工业投资增长13.4%,高于全市500万元及以上固定资产投资0.7个百分点,增速较上年提高8.7个百分点;第三产业投资增长12.7%;民间投资增长10.3%,增速呈现逐月回升态势。

城镇化进程加快,城乡居民收入差距缩小。2017年,我市城镇化保持较快发展,城乡和区域结构不断调整优化。2017年末,城镇常住人口400.59万人,比上年末增加12.29万人;乡村常住人口145.77万人,比上年末减少3.07万人。全市常住人口城镇化率达到73.32%,较上年提高1.03个百分点。在城镇化带动下,全市城乡居民收入差距缩小,农村居民人均可支配收入增速快于城镇居民人均可支配收入0.6个百分点,城乡居民人均收入倍差为2.30,比上年缩减0.02。

三、倡导绿色发展,增强生态文明新优势

《统计公报》显示,我市坚持"绿色发展"理念,突出生态文明建设导向,走出一条经济发展和生态文明水平提高相辅相成、相得益彰,具有南昌特色的绿色发展新路子。

节能减排成效明显。2017年,我市充分认识节能降耗的重要性和紧迫性,加快转变经济增长方式,提高能源综合利用效率,全市六大高耗能行业增加值同比增长7.7%,低于全市工业1.8个百分点。全年万元生产总值综合能耗下降4.36%,规模以上工业万元增加值能耗下降4.97%,化学需氧量、氨氮、二氧化硫和氮氧化物排放总量四项指标均完成我省下达的年度减排目标任务,全市环境质量持续改善。

生态环境持续改善。2017年,全市围绕建设全省空气质量综合整治先行区、全省生态文明建设示范区和全国重要的宜居都市"两区一市",持续深入开展"蓝天、清流、净土"三大行动。截止2017年底,全市拥有自然保护区总面积达16.08万公顷;拥有园林绿地面积12668公顷,同比增加388.5公顷。全年全市空气质量优良天数达303天,优良率为83.0%,空气质量继续保持中部六省会城市第一。赣江、抚河南昌段共14个监测断面水质达标率为100%,集中式饮用水质水量达标率为100%。

四、厚植开放发展,增强对外开放新活力

《统计公报》显示,我市积极顺应新形势,加大力度引进来,积极稳妥走出去,不断拓展开放的广度和深度,加快构建富有生机活力的开放型经济体系。

海关进出口转降为升。2017年,我市进一步扩大开放,加快培育国际经济合作和竞争新优势,对外贸易情况大幅回暖,全市实现海关进出口总值669.20亿元,增幅由上年下降12.2%转为增长8.3%。其中,出口428.27亿元,增长12.7%,高于上年40.6个百分点。

实际利用外资领跑全省。2017年,全市进一步提高招商引资质量,大力招引一批产业链项目和配套项目,加快实现产业集群发展,全市实际利用外资31.81亿美元,同比增长10.1%,高于全省0.3个百分点,总量占全省的比重达27.7%。

旅游产业蓬勃发展。2017年,我市旅游产业呈现出业态更加丰富、品牌更加响亮、秩序更加优良、效益更加凸显的良好态势,旅游产业已成为经济增长的新引擎、新经济增长点。全年旅游总人次12056.8万人,比上年增长45.1%。旅游综合收入1204.6亿元,增长47.5%。

五、推进共享发展,推动民生福祉新改善

《统计公报》显示,我市以"惠民生"为根本,更加注重民生改善,持续实施惠民便民利民工程,不断提升百姓的获得感、幸福感、安全感。

基础设施建设投入加大。2017年,随着我市民生项目的快速推进,全市基础设施投资不断加大,城市综合承载力不断提高。全市基础设施完成投资773.83亿元,同比增长24.6%,拉动全部投资增长3.4个百分点,对全部投资增长的贡献率达到26.6%。其中水利、环境和公共设施管理业完成投资540.69亿元,增长31.4%。

城乡居民收入稳步增长。2017年,我市认真贯彻落实改善民生的各项政策措施,强化惠民富民政策的出台和落实,促就业、惠民生、促增收,全市城乡居民收入稳步增长,城乡居民生活水平进一步提高。全市城镇居民人均可支配收入37675元,增长8.8%;农村常住居民人均可支配收入16364元,增长9.4%。全市居民消费价格指数同比上涨2.1%,年内保持在1.3% -2.1%区间,始终保持温和上涨水平。

社会保障体系日益完善。2017 年,我市加快建设社会保险制度,纵深拓展覆盖城乡居民的社会保障体系,社会保障水平不断提升。2017 年末,全市城镇职工参加基本医疗保险人数 117.2 万人,比上年增加 17.8 万余人;城镇参加基本养老保险人数为 190.66 万人,比上年增加 5.62 万余人。全年城镇新增就业 8.62 万人,新增转移农村劳动力 4.43 万人。全市财政支出不断向民生倾斜,优先改善保障民生,其中,文化体育与传媒、社会保障和就业、医疗卫生与计划生育支出分别增长 17.3%、13.7%、17.3%,三项支出合计占全市一般公共预算支出的比重达到 23.4%。

教育卫生事业进一步提升。2017 年,我市始终坚持科教兴市和人才强市战略,不断深化医改,全市教育卫生事业呈现出健康发展、量质齐升的良好局面。年末全市拥有各级各类学校 929 所(不含技工学校),教职工 10.1 万人,比上年增加 1.22 万余人。基础教育配套更加完善,幼儿园比上年末增加 45 所。年末拥有医院 118 个,比上年末增加 16 个,拥有医院床位比上年末增加 1728 张;拥有执业(助理)医师比上年末增加 1004 人。

总的来看,过去一年我市经济社会发展取得了较好成绩,这些成绩的取得得益于省委、省政府的坚强领导,得益于市委、市政府的正确施政,得益于全市广大干部群众的协力奋进。2018 年是贯彻党的十九大精神的开局之年,是改革开放 40 周年,是决胜全面建成小康社会、实施"十三五"规划承上启下的关键一年。我们要更加紧密地团结在以习近平同志为核心的党中央周围,以习近平新时代中国特色社会主义思想为指导,全面贯彻落实党的十九大、中央经济工作会、省委十四届五次全会和市委十一届四次全会精神,坚持以高质量发展为目标引领,坚持稳中求进工作总基调,坚持既定战略目标、总体布局、工作举措不动摇,深入推进强产业、兴城市、促改革、优生态、惠民生、重党建等各项工作,不断开创打造富裕美丽幸福现代化江西"南昌样板"新局面。

自然、地理、资源

位　置

南昌市位于东经115°27′－116°11′北纬28°09′－29°11′。地处江西省中部偏北，赣江、抚河下游，东北方濒临我国最大的淡水湖鄱阳湖。

地势、面积

全市以平原为主，东南地势平坦，西北丘陵起伏。全市总面积7194.61平方公里。南北长约112.1公里，东西宽为107.6公里。

山脉、河流、湖泊

位于西北部的西山山脉，呈东北向逶迤绵延，山脉中段的梅岭为市区最高点，其主峰洗药峰海拔841.4米。

全市境内江河纵横，湖泊池塘星罗棋布。主要河流有赣江、抚河、锦江和潦河等。湖泊主要有军山湖、青岚湖、金溪湖、瑶湖等，市区有青山湖、贤士湖，市中心错落着东湖、西湖、南湖、北湖等四个人工湖。

气　候

南昌气候湿润温和，属亚热带季风区，雨量充沛，四季分明，春秋季短，冬夏季长。2017年平均气温19.2℃，极端最高气温38.8℃，极端最低气温－0.3℃。年降水量1698.8毫米，降水日为171天，年平均相对湿度为73%。年日照时间1853.5小时。年平均风速1.7米/秒。年无霜期280天。冬季多偏北风，夏季多偏南风。适合植物、花卉生长，是营造“花园城市”的理想地区。但是，由于每年季风强弱和进退迟早不同，气温变化较大，降水分布不均，高温干旱，低温冷害和暴雨洪涝时有发生。

土地资源

全市土地面积7194.61平方公里，其中耕地面积27.56万公顷。在耕地面积中，有效灌溉面积18.98万公顷，占68.9%。

水力资源

全市水力资源蕴藏量为7.18万千瓦，可开发的资源3.42万千瓦，占蕴藏量的47.6%。

森林资源

全市林地面积14.03万公顷，森林覆盖率22.99%；活立木蓄积量676.19万立方米。野生动、植物资源品种繁多。

矿产资源

以非金属建矿为主，兼有燃料、矿泉水等各类矿产28余种。已发现矿点、矿化点100余处，尤其以建筑用砖、砖瓦粘土、饰面石材、石英石、石灰石和矿泉水等具有较好的开发前景。花岗石、砂卵石、砖瓦粘土储量巨大，开采历史悠久。

1－1 土地面积

（2017 年末）　　单位:平方公里

地　　区	土地面积
全　　市	**7 194.61**
区	**2 412.77**
东　湖　区	57.89
西　湖　区	35.19
青云谱区	36.87
湾　里　区	247.01
青山湖区	98.99
新　建　区	1 936.81
县	**4 231.15**
南　昌　县	1 624.68
安　义　县	660.14
进　贤　县	1 946.34
开　发　区	**601.77**
经济开发区	190.46
高新开发区	220.17
红谷滩新区	191.15

注:本表数据由市国土局提供。

1-2 行 政 区 划

（2017年末）　　　　单位:个

地　　区	街道办事处	镇	乡	居委会	村委会	管理处	居委会	村委会
全　　市	**34**	**52**	**28**	**828**	**1 165**	**7**	**80**	**36**
区	**31**	**23**	**6**	**550**	**449**			
东 湖 区	9	1		104	21			
西 湖 区	11	1		145	13			
青云谱区	5	1		75	12			
湾 里 区	2	4		15	35			
青山湖区	4	4		152	72			
新 建 区		12	6	59	296			
县	**1**	**25**	**22**	**178**	**632**			
南 昌 县	1	9	7	97	263			
安 义 县		7	3	27	105			
进 贤 县		9	12	54	264			
开 发 区	**2**	**4**		**100**	**84**	**7**	**80**	**36**
经济开发区		1		18	13	3	26	16
高新开发区		2		8	41	1	19	7
红谷滩新区	2	1		74	30	3	35	13

注:本表数据由市民政局提供。

1-3 水文、气象

项　　目	2016	2017
最高水位(八一桥水面,米)	22.05	21.97
最低水位(八一桥水面,米)	13.03	12.47
全年平均水位(八一桥水面,米)	17.14	15.48
全年降雨天数(天)	172	171
全年降雪天数(天)	2	3
全年降水量(毫米)	1 869	1 698.8
全年无霜期总天数(天)	292	280
全年日照时数(小时)	1 799.3	1 853.5
全年蒸发量(毫米)	955.2	1 096.2
全年平均气温(度)	19	19.2
极端最高气温(度)	38.6	38.8
极端最低气温(度)	-5.3	-0.3
全年相对湿度(%)	75	73
全年平均风速(米/秒)	1.7	1.7

注:本表数据由市水文局和市气象局提供。

1-4 按行业门类和县区分组的法人单位数

（2017 年）

单位：个

项目	法人单位数		
	合计	单产业法人	多产业法人
总计	**83 893**	**81 510**	**2 383**
按行业分			
农、林、牧、渔业	4 776	4 748	28
采矿业	55	54	1
制造业	10 367	10 243	124
电力、热力、燃气及水生产和供应业	213	197	16
建筑业	6 689	6 212	477
批发和零售业	23 141	22 695	446
交通运输、仓储和邮政业	1 821	1 733	88
住宿和餐饮业	1 276	1 226	50
信息传输、软件和信息技术服务业	5 376	5 309	67
金融业	658	578	80
房地产业	3 015	2 854	161
租赁和商务服务业	12 069	11 803	266
科学研究和技术服务业	2 987	2 830	157
水利、环境和公共设施管理业	577	568	9
居民服务、修理和其他服务业	1 602	1 575	27
教育	1 850	1 751	99
卫生和社会工作	876	825	51
文化、体育和娱乐业	1 234	1 207	27
公共管理、社会保障和社会组织	5 311	5 102	209
按县区分			
东湖区	5 849	5 547	302
西湖区	9 047	8 640	407
青云谱区	3 452	3 338	114
湾里区	2 184	2 089	95
青山湖区	12 772	12 518	254
新建区	7 979	7 834	145
南昌县	13 279	13 014	265
安义县	2 493	2 444	49
进贤县	6 192	6 001	191
经开区	5 359	5 309	50
高新区	7 691	7 494	197
红谷滩新区	7 596	7 282	314

注：因汇总方式不同，本表数据与省局反馈南昌市有关数据略有差异。

1-5 各县区按专业分组一套表法人单位数

(2017年)

单位:个

地区	合计	工业	建筑业	批发和零售业	住宿和餐饮业	房地产开发经营业	服务业	其他投资
全市	4 833	1 108	743	926	180	515	908	453
东湖区	394		74	119	29	22	123	27
西湖区	631	2	105	258	46	53	158	9
青云谱区	311	21	61	81	8	27	83	30
湾里区	97	21	14	1	8	30	12	11
青山湖区	494	164	76	99	16	35	66	38
新建区	344	97	45	71	9	38	47	37
南昌县	705	239	148	80	11	94	72	61
安义县	252	132	10	5	6	14	26	59
进贤县	274	93	37	27	5	41	17	54
经开区	518	203	37	82	4	40	97	55
高新区	510	135	59	73	14	53	122	54
红谷滩新区	300		77	30	24	68	83	18

注:其他投资是指未纳入规模以上工业、有资质的建筑业、限额以上批发和零售业、限额以上住宿和餐饮业、房地产开发经营业、规模以上服务业,且在报告期内有计划总投资5000万元及以上在建投资项目的法人单位。

1-6 各县区按专业分组一套表新增法人单位数

（2017 年）

单位:个

地区	合计	工业	建筑业	批发和零售业	住宿和餐饮业	房地产开发经营业	服务业	其他投资
全市	1 266	218	220	181	29	73	312	233
东湖区	95		14	18	2	3	44	14
西湖区	159		19	67	6	3	62	2
青云谱区	71	2	20	10		1	28	10
湾里区	29	5	7	1	1	4	7	4
青山湖区	118	40	33	13	4	2	16	10
新建区	112	26	16	23	2	9	21	15
南昌县	170	39	43	12	3	14	25	34
安义县	86	33		1	2	4	10	36
进贤县	82	26	12	3		4	1	36
经开区	130	25	12	14	2	8	38	31
高新区	113	22	8	15	3	4	29	32
红谷滩新区	101		36	4	4	17	31	9

注:其他投资是指未纳入规模以上工业、有资质的建筑业、限额以上批发和零售业、限额以上住宿和餐饮业、房地产开发经营业、规模以上服务业,且在报告期内有计划总投资 5000 万元及以上在建投资项目的法人单位。

1－7 主要年份国民经济和社会发展主要指标

指　　标	1978	1980	1990	2000	2010	2013	2014	2015	2016	2017	2017比上年增长%
人口											
年末常住人口(万人)	306.82	317.23	378.39	433.17	504.26	518.43	524.01	530.29	537.14	546.35	1.7
＃男性人口			196.28	226.18	263.39	270.33	271.09	274.63	277.27	281.70	1.6
女性人口			182.11	206.99	240.87	248.10	252.92	255.66	259.87	264.65	1.8
＃城镇人口				211.54	331.33	362.01	371.32	379.48	388.30	400.58	3.2
乡村人口				221.62	172.93	156.41	152.70	150.81	148.84	145.77	-2.1
年末户籍人口(万人)	233.97	241.50	372.59	432.55	502.25	510.08	517.73	520.38	522.79	524.66	0.4
就业											
年末社会就业人数(万人)	131.13	136.03	199.00	214.96	292.56	326.14	330.12	331.69	333.35	332.98	-0.1
＃职工人数	53.14	58.51	82.04	58.77	63.21	106.01	106.16	105.81	106.37	105.66	-0.7
国民经济核算											
地区生产总值(亿元)	14.37	16.95	63.20	465.14	2 228.82	3 387.26	3 705.55	4 011.88	4 395.68	4 819.76	9.0
第一产业	4.21	4.54	13.85	50.70	120.56	154.14	162.72	171.26	180.30	180.79	4.0
第二产业	7.07	8.20	25.07	212.87	1 269.01	1 867.61	2 048.55	2 185.61	2 307.70	2 516.07	8.4
第三产业	3.09	4.21	24.29	201.58	839.25	1 365.51	1 494.28	1 655.00	1 907.68	2 122.90	10.2
人均地区生产总值(元)	474	538	1 719	10 861	44394	65 671	71 094	76 104	82 360	88 967	7.4
农业											
农业总产值(亿元)(按当年价)	4.50	5.56	23.65	69.44	204.66	266.12	283.63	296.92	304.34	321.39	4.0
主要农产品产量											
粮食(万吨)	117.43	120.16	170.81	156.12	220.85	246.07	249.87	245.79	242.75	252.76	4.1
棉花(万吨)	0.22	0.29	0.11	0.33	0.38	0.29	0.30	0.22	0.18	0.17	-5.6
油料(万吨)	1.16	1.43	4.04	9.78	10.80	13.00	13.32	12.81	12.06	12.03	-0.2
园林水果(万吨)			0.94	0.92	2.36	3.13	3.18	3.54	3.74	4.03	7.8
蔬菜(万吨)			60.02	109.09	93.91	123.75	127.84	128.98	127.77	129.32	1.2
水产品(万吨)	0.83	1.16	5.52	22.00	34.57	37.68	39.49	41.15	42.51	44.22	4.0
肉类总产量(万吨)			10.23	20.80	32.97	36.66	37.74	37.57	37.95	35.69	-6.0
生猪年末存栏(万头)	78.45	77.43	121.32	166.13	195.99	214.42	210.90	202.06	194.14	160.22	-17.5
生猪当年出栏(万头)			140.98	208.18	317.77	349.80	358.63	345.28	332.66	319.50	-4.0
工业											
规模以上工业增加值(亿元)				79.26	650.92	1 159.48	1 380.64	1 451.84	1 611.50		9.5
轻工业				42.76	329.19	563.06	661.65	718.76	749.70		3.8
重工业				36.50	321.73	596.42	718.99	733.09	861.81		14.2
主要工业产品产量											
纱(万吨)			2.33	2.61	3.00	4.08	4.40	4.75	3.67	4.34	21.1
布(万米)	7 976	12 294	9 923	13 285	12 691	8 808	8 713	7 384	6 033	4923	-18.4
机制纸及纸板(万吨)	3.26	4.35	6.16	8.16	37.09	38.85	35.44	38.08	65.92	64.39	-2.3
发电量(亿千瓦时)	7.54	7.91	15.46	31.13	77.81	80.38	85.85	90.01	86.99	111.65	28.3
钢材(万吨)	7.75	20.67	22.33	80.85	307.13	385.22	373.67	375.76	371.29	381.93	2.9
水泥(万吨)	6.65	8.64	20.85	33.00	319.17	514.85	684.49	766.15	747.52	762.03	0.8
效益指标											
资产总计(亿元)					1 961.54	2 859.45	3 627.79	4 170.48	5 081.86	5 785.25	
负债合计(亿元)					1 138.93	1 566.38	1 920.65	2 192.38	2 615.19	3 144.91	
主营业务收入(亿元)					2 768.52	4 495.09	5 139.71	5 534.87	6 161.52	6 223.85	
利润总额(亿元)					138.73	250.76	316.70	309.76	361.05	375.85	

1－7 续表 1

指　　标	1978	1980	1990	2000	2010	2013	2014	2015	2016	2017	2017比上年增长%
建筑业（资级企业）											
建筑业企业人数（万人）				10.12	22.81	53.05	57.89	59.97	64.47	72.64	12.7
建筑业总产值（亿元）	3.13	3.77	9.07	38.11	791.86	1 707.62	2 133.20	2 415.00	2 632.28	3 183.86	21.0
施工房屋面积（万平方米）	111.62	173.28	318.00	695.00	6 226.84	11 152.12	14 035.58	14 867.77	15 259.40	16 308.60	6.9
竣工房屋面积（万平方米）	37.25	96.56	126.00	298.00	2 167.65	4 041.62	4 523.18	5 693.29	6 003.29	6 343.53	5.7
交通运输业											
公路通车里程（公里）	1 286	1 148	1 831	19 58	9 707	10 822	11 166	11 199	11 386	11 388	持平
#等级公里					7 802	9 090	9 553	9 586	9 698	9 700	持平
货物运输量（万吨）			2 820	3 171	8 327	11 320	12 709	11 645	12 377	13 836	11.8
#民航					3.2	4	4.6	5	5	5	持平
铁路			221	224	412	239	183	193	247	273	10.5
公路	261	257	2 298	2 784	7244	10 328	11 734	12 593	11 067	12 436	12.4
水运	150	77	301	163	668	749	787	1050	1 058	1 122	6.0
旅客运输量（万人）			3 289	3 904	1 0971	6 772	6 970	6 709	6 913	7 562	9.4
#民航					475	681	724	749	786	1 094	39.2
铁路			517	906	1 977	2 373	2 415	2 941	3 126	3 515	12.4
公路	352	634	2 720	2 978	8 519	3 718	3 831	3 914	3 001	2 953	-1.6
水运	87	96	52	20							
邮电通信业											
邮电业务总量（万元）	400	533	8 252	218 524	467 178	681 000	820 100	903 300	1 243 000	2 112 300	69.9
函件（万件）	6 472	9 739	4 781	3 016	17 971	2 054	1 049	1 065	1 097	1 055	-3.8
移动电话用户（万户）				43	473	629	601	609	555	613	10.5
固定电话用户（万户）	0.58	0.65	3.15	74	162	127	112	107	102	93	-8.8
城市	0.49	0.56	2.99	60	85	80	71	68	65	61	-6.2
农村	0.09	0.09	0.16	14	23	18	15	13	12	11	-8.3
互联网宽带用户数（万户）					62	116	120	128	154	185	20.1
固定资产投资											
全社会固定资产投资（亿元）	1.22	2.11	10.32	79.87	19 39.35	2 906.43	3 463.22	4 021.47	4 576.73	5 157.29	12.7
#工业投资	0.53	0.49	1.46	17.29	646.86	1 001.33	1 242.34	1 552.73	1 625.86	1 843.99	13.4
房地产开发投资				13.20	110.22	406.14	414.07	485.37	674.60	790.69	17.2
新增固定资产（亿元）	0.71	1.31	8.62	36.72	1 412.92	1 797.7	2 003.93	2 692.88	2 771.81	3 143.84	13.4
市政建设											
道路总长度（公里）	253	261	399	705	1 286	1 647	1 805	2 182	2 148	2 187	1.8
排水管长度（公里）				486	633	2 259	2 355	2 520	3 036	3 665	20.7
液化气供应总量（吨）				30 195	87 615	61 358	66 044	58 408	61 481	53 537	-12.9
天然气供应总量（万立方米）						20 749	25 823	29 580	36 511	49 630	35.9
供水总量（万立方米）	7 636	10 372	27 823	47 289	38 138	45 171	44 231	45 411	48 596	42 753	-12.0
#生活用水	2 596	3 327	10 256	15 915	13 204	14 158	14 475	15 159	16 284	15 285	-6.1
全社会用电量（万千瓦时）	124 961	154 156	223 597	360 835	1 128 403	1 494 124	1 535 060	1 643 427	1 851 760	2 059 733	11.2
#工业用电量	55 004	74 705	155 296	232 292	642 358	785 620	813 383	852 128	926 178	1 054 552	13.9
营运公共汽车（辆）	198	246	350	867	2 490	3 484	3 219	3 305	3 423	3 691	7.8
绿化覆盖面积（公顷）					10 854	14 272	14 945	15 713	16 066	17 520	9.1

1－7 续表 2

指　　标	1978	1980	1990	2000	2010	2013	2014	2015	2016	2017	2017 比上年增长%
建成区绿化覆盖率(%)					38.09	40.99	41.14	40.85	38.63	43.94	
污水处理率(%)					73.23	88.92	89.26	90.96	92.53	99.8	
内外贸易和旅游											
社会消费品零售总额(亿元)	5.26	7.49	29.49	161.65	764.94	1 270.01	1 429.21	1 662.87	1 868.00	2 096.96	12.3
海关进出口总额(亿美元)				11.15	53.07	97.11	122.22	113.72	93.80	98.41	7.8
出口额				8.86	36.76	73.08	84.17	85.01	57.90	62.80	11.9
进口额				2.28	16.30	24.04	38.05	28.71	35.90	35.61	1.4
实际利用外资(亿美元)				0.29	14.77	21.17	23.21	26.17	28.90	31.81	10.1
旅游总收入(亿元)					100.80	275.95	386.25	537.90	816.80	1 204.6	47.5
接待入境旅游者人数(万人次)				3.70	12.05	20.18	20.78	22.20	25.10	27.86	11.0
旅游外汇收入(万美元)				2 578	3 069	6 390	6 803	7 415	8 603	9 971	15.9
财政											
财政总收入(亿元)	2.51	3.33	10.00	41.54	259.31	477.57	550.74	628.91	684.68	782.82	14.3
地方一般公共预算收入(亿元)				18.30	146.47	291.91	342.21	389.34	402.18	417.08	3.7
地方一般公共预算支出(亿元)	0.90	1.14	5.51	23.77	232.03	419.37	473.16	543.18	583.26	653.12	12.0
金融业											
金融机构本外币存款余额(亿元)				700.96	4 199.08	6 701.80	7 436.66	8 534.34	9 627.56	10 137.34	5.3
# 金融机构人民币存款余额(亿元)	2.75	7.91	54.71	627.48	4 167.67	6 624.57	7 296.23	8 342.63	9 503.00	10 011.39	5.3
金融机构本外币贷款余额(亿元)				458.25	3 506.30	5 562.14	6 499.03	7 556.91	8 707.23	10 364.58	19.0
# 金融机构人民币贷款余额(亿元)	9.92	12.45	82.20	400.74	3 461.52	5 464.22	6 329.26	7 376.05	8 604.57	10 209.28	18.6
保险公司保费收入(亿元)			0.61	8.05	61.36	77.49	102.35	124.85	152.71	191.27	25.3
保险公司赔付支出(亿元)			0.27	2.15	12.79	28.01	31.92	43.78	49.47	50.38	1.8
价格指数(上年＝100)											
商品零售价格指数	99.7	107.4	101.8	97.8	103.0	101.3	101.1	100.5	100.4	101.0	
居民消费价格指数	99.7	106.6	103.3	102.6	103.2	102.3	102.5	101.6	102.1	102.1	
工业生产者出厂价格指数					102.9	99.5	99.3	97.3	99.1	104.4	
工业生产者购进价格指数					108.1	99.6	97.6	95.0	98.3	105.7	
教育、文化、卫生											
高等学校在校学生数(人)	11 989	18 359	30 939	78 252	49 0241	520 148	554 360	587 368	611 819	609 801	－0.3
中等专业学校在校学生数(人)	7 841	11 970	20 437	80 622	99 202	103 585	103 654	99 589	85 377	76 417	－10.5
普通中学在校学生数(万人)	15.19	12.94	20.97	26.15	30.21	29.52	29.62	29.35	29.09	29.67	2.0
小学在校学生数(万人)	32.35	33.21	37.86	40.94	43.66	39.49	39.73	40.67	41.24	41.96	1.7
图书馆藏书量(万册)	208	228	338	332	439.62	493.74	506.94	522.84	168.97	213.45	26.3
卫生机构数(个)	598	612	832	932	798	1 900	2 151	2 118	2 099	2 222	5.9
卫生技术人员数(人)	12 275	13 470	21 658	22 477	27 980	31 582	34 309	35 779	36 550	39 418	7.8
# 医　生	5 582	6 693	9 632	9 527	10 330	11 369	12 349	12 875	13 139	14 143	7.6
医疗卫生机构病床数(张)	11 749	12 704	16 205	15 130	20 025	25 600	28 733	30 169	30 739	32 467	5.6
人民生活											
城镇非私营单位在岗职工平均工资(元)	577	732	1 798	8 756	35 038	46 744	51 851	57 730	65 812	72 686	10.4
城镇居民人均可支配收入(元)		339	1 349	5 748	18 482	26 446	29 091	31 942	34 619	37 675	8.8
农村居民人均可支配收入(元)		184	721	2 408	7 445	11 184	12 414	13 693	14 952	16 364	9.4

1－8 主要年份国民经济主要比例关系

单位:%

指　　标	1978	1980	1990	2000	2010	2013	2014	2015	2016	2017
地区生产总值										
第一产业	29.3	26.8	21.9	10.9	5.4	4.6	4.4	4.3	4.1	3.8
第二产业	49.2	48.4	39.7	45.8	56.9	55.1	55.3	54.5	52.5	52.2
工业			37.7	34.9	43.5	41.5	41.2	40.5	38.9	38.0
建筑业			2.0	10.9	13.4	13.6	14.1	14.0	13.6	14.2
第三产业	21.5	24.8	38.4	43.3	37.7	40.3	40.3	41.2	43.4	44.0
#交通运输邮电业			5.0	7.1	4.6	4.3	4.2	4.0	3.9	3.8
批零贸易和住宿餐饮业			10.8	12.0	8.9	8.8	8.7	8.6	8.6	8.4
金融业			10.7	4.6	5.3	6.2	6.7	7.4	8.1	7.3
全市总人口										
城镇人口					65.71	69.83	70.86	71.56	72.29	73.32
乡村人口					34.29	30.17	29.14	28.44	27.71	26.68
社会就业人员										
第一产业	58.6	55.8	47.5	39.5	24.4	21.1	20.6	19.0	18.1	17.4
第二产业	26.9	29.1	30.7	26.2	25.0	36.4	37.2	37.2	38.6	39.3
第三产业	14.5	15.1	21.8	34.3	50.6	42.5	42.2	43.8	43.3	43.3
农业总产值										
农　业	85.4	84.1	55.6	41.9	37.1	36.9	36.8	38.9	41.5	41.6
林　业	0.9	0.9	1.1	1.5	1.1	1.2	1.2	1.3	1.8	1.8
牧　业	11.8	12.6	31.2	35.2	39.2	37.0	36.8	34.4	28.0	26.8
渔　业	1.4	1.3	6.4	21.4	20.7	22.9	23.1	23.3	24.8	25.8
农林牧渔服务业	0.5	1.1	5.7		1.9	2.0	2.1	2.1	3.9	4.0
规模以上工业增加值										
轻工业				53.9	50.6	48.6	47.9	49.5	46.5	41.6
重工业				46.1	49.4	51.4	52.1	50.5	53.5	58.4
全社会固定资产投资										
第一产业	8.3	6.1	1.1	1.5	1.3	1.4	1.9	1.5	1.6	1.5
第二产业	43.1	23.1	14.2	54.2	40.8	44.2	41.6	39.8	36.2	36.4
第三产业	48.6	70.8	84.7	44.3	57.9	54.4	56.5	58.7	62.1	62.1
财政收入占地区生产总值的比例	**17.5**	**19.6**	**15.8**	**8.9**	**11.6**	**14.1**	**14.9**	**15.7**	**15.6**	**16.2**
税收收入占财政总收入比例	**76.6**	**70.6**	**97.2**	**91.9**	**91.4**	**90.3**	**90.1**	**87.1**	**86.5**	**88.4**
研究与试验经费(R&D经费)占GDP比例				**1.37**	**1.94**	**1.58**	**1.60**	**1.59**	**1.62**	**1.68**
科教文卫事业费占财政支出的比例	**29.9**	**31.2**	**24.6**	**22.8**	**26.7**	**28.7**	**29.6**	**28.6**	**28.4**	**30.4**

1－9　主要年份主要指标每人年平均水平

指　　标	1978	1980	1990	2000	2010	2013	2014	2015	2016	2017
地区生产总值(元)	**474**	**538**	**1 705**	**10 861**	**44 394**	**65 671**	**71 094**	**76 104**	**82 360**	**88 967**
农业总产值(元)	**148**	**176**	**638**	**1 623**	**4 076**	**5 159**	**5 442**	**5 633**	**5 978**	**5 932**
规模以上工业增加值(元)				**2 074**	**12 965**	**22 480**	**26 489**	**27 541**	**30 194**	
财政总收入(元)	**84**	**106**	**270**	**971**	**5 165**	**9 259**	**10 566**	**11 930**	**12 828**	**14 450**
主要农产品产量(千克)										
粮食	386.96	381.37	460.80	364.84	439.89	477.07	479.39	466.26	454.83	466.56
棉花	0.73	0.92	0.30	0.77	0.76	0.56	0.58	0.42	0.34	0.31
园林水果			2.54	2.15	4.70	6.07	6.10	6.72	7.01	7.44
水产品	2.74	3.68	14.89	51.41	68.86	73.05	75.76	78.06	79.65	81.62
肉类总产量			27.60	48.61	65.67	71.08	72.41	71.27	71.11	65.88
主要工业产品产量										
纱(千克)			6.29	6.10	5.98	7.91	8.44	9.01	6.88	8.00
布(米)	26.28	39.02	26.77	31.05	25.28	17.08	16.72	14.01	11.30	9.09
发电量(千瓦小时)	248.42	251.05	417.07	727.48	1 549.82	1 558.38	1 647.10	1 707.47	1 629.89	2 060.92
钢材(千克)	25.53	65.60	60.23	188.94	611.74	746.84	716.92	712.81	695.66	704.99
水泥(千克)		27.42	56.25	77.12	635.72	998.17	1 313.24	1453.37	1 400.59	1 406.62
人民生活										
城镇非私营单位在岗职工平均工资(人)	577	732	1 798	8 756	35 038	46 744	51 851	57 730	65 812	72 686
城镇居民人均可支配收入(人)		339	1 349	5 748	18 482	26 446	29 091	31 942	34 619	37 675
农村居民人均可支配收入(人)		184	721	2 408	7 445	11 184	12 414	13 693	14952	16 364

1－10 主要年份平均每天主要社会经济活动

指　　标	1978	1980	1990	2000	2010	2013	2014	2015	2016	2017
地区生产总值(万元)	**394**	**463**	**1 732**	**12 709**	**61 064**	**92 802**	**101 522**	**109 914**	**120 101**	**132 048**
农业总产值(万元)	**123**	**152**	**648**	**1 897**	**5 607**	**7 291**	**7 771**	**8 135**	**8 717**	**8 805**
规模以上工业增加值(万元)				**2 425**	**17 833**	**31 767**	**37 826**	**39 776**	**44 030**	
财政总收入(万元)	**69**	**91**	**274**	**1 135**	**7 104**	**13 084**	**15 089**	**17 230**	**18 707**	**21 447**
主要工业产品产量										
纱(吨)			63.84	71.31	82.19	111.78	120.53	130.14	100.27	118.77
布(万米)	21.85	33.59	27.19	36.30	34.77	24.13	23.87	20.23	16.48	13.49
发电量(万千瓦时)	207	216	424	851	2 132	2 202	2 352	2 466	2 377	3 059
水泥(吨)	182	236	571	902	8 744	14 105	18 753	20 990	20 424	20 878
社会消费品零售总额(万元)	**144**	**205**	**808**	**4 417**	**20 957**	**34 795**	**39 156**	**45 558**	**51 038**	**57 451**
其他经济活动										
货物运输量(万吨)			7.73	8.66	22.81	31.01	34.82	31.90	33.82	37.91
旅客运输量(万人次)			9.01	10.67	30.06	18.55	19.10	18.38	18.89	20.72
全社会固定资产投资(万元)	33	58	283	2 182	53 133	79 628	94 883	110 177	125 047	141 296
函件(万件)	17.73	26.61	13.10	8.24	49.24	5.63	2.87	2.92	3.00	2.89

1－11　南昌市主要经济指标占全省的比重

（2017 年）

项　　目	江　　西	南　　昌	南昌所占比重（%）
土地面积（平方公里）	166 933.00	7 194.61	4.3
年末总人口（抽样调查数 万人）	4 622.06	546.35	11.8
地区生产总值（亿元）	20 006.31	4 819.76	24.1
农业总产值（亿元）	3 069.00	321.39	10.5
主要工业产品产量			
布（万米）	127 379.30	4 923.00	3.9
机制纸及纸板（万吨）	211.04	64.39	30.5
发电量（亿千瓦小时）	1 157.83	111.65	9.6
钢材（万吨）	2 524.44	381.93	15.1
水泥（万吨）	8 934.13	762.03	8.5
主要农产品产量			
粮食（万吨）	2 221.73	252.76	11.4
棉花（万吨）	7.77	0.17	2.2
油料（万吨）	117.32	12.03	10.3
园林水果（万吨）	455.23	4.03	0.9
蔬菜（万吨）	1 490.10	129.32	8.7
水产品（万吨）	250.55	44.22	17.6
肉类总产量（万吨）	326.05	35.69	10.9
全社会固定资产投资（亿元）	22 085.34	5 157.29	23.4
社会消费品零售总额（亿元）	7 448.09	2 096.96	28.2
进出口总额（亿美元）	443.39	98.41	22.2
#出口总额	324.88	62.80	19.3
实际利用外资额（亿美元）	114.64	31.81	27.7
接待入境旅游者人数（万人次）	188.93	27.86	14.7
旅游收汇（亿美元）	6.30	1.00	15.9
财政总收入（亿元）	3 447.72	782.82	22.7
普通高等学校在校学生（万人）	104.83	60.98	58.2
中等专业学校在校学生（万人）	20.39	7.64	37.5
普通中学在校学生（万人）	287.74	29.67	10.3
小学在校学生（万人）	422.90	41.69	9.9
卫生技术人员（万人）	23.58	3.94	16.7
#医生	8.37	1.41	16.8
卫生机构病床数（万张）	23.35	3.25	13.9

1－12　主要年份地区生产总值

（1949—2017）

年　份	地区生产总值（万元）	第一产业	第二产业	第三产业	人均地区生产总值（元）
1949	14 278	8 804	1 152	4 322	107
1952	21 667	13 045	2 943	5 679	154
1957	37 287	18 053	10 601	8 633	223
1962	42 877	12 109	15 716	15 052	222
1965	65 435	21 413	28 837	15 185	315
1970	93 305	22 785	51 086	19 434	389
1975	107 291	34 267	47 251	25 773	382
1978	143 727	42 065	70 744	30 918	474
1979	158 303	42 494	74 784	41 025	511
1980	169 513	45 361	82 026	42 126	538
1981	189 093	53 874	91 014	44 205	593
1982	204 423	61 052	97 054	46 317	632
1983	212 229	62 386	100 002	49 841	649
1984	257 925	79 281	116 105	62 539	781
1985	325 718	78 735	171 408	75 575	977
1986	369 492	82 109	185 935	101 448	1 093
1987	435 864	90 367	193 554	151 943	1 266
1988	518 161	96 081	231 734	190 346	1 474
1989	591 567	120 079	252 286	219 202	1 647
1990	632 034	138 479	250 705	242 850	1 705
1991	728 886	143 295	285 370	300 221	1 910
1992	946 665	178 041	395 972	372 652	2 436
1993	1 293 955	225 343	584 546	484 066	3 279
1994	1 818 436	334 901	801 503	682 032	4 550
1995	2 454 072	398 415	1 115 241	940 416	6 074
1996	3 105 911	496 539	1 394 535	1 214 837	7 610
1997	3 752 067	536 822	1 702 856	1 512 389	9 100
1998	3 992 606	440 170	1 853 634	1 698 802	9 584
1999	4 237 630	500 233	1 940 558	1 796 839	10 074
2000	4 651 411	506 973	2 128 661	2 015 777	10 861
2001	5 245 868	535 141	2 406 607	2 304 120	11 974
2002	6 019 950	571 461	2 831 427	2 617 062	13 475
2003	7 054 437	604 223	3 415 536	3 034 678	15 501
2004	8 511 066	687 834	4 293 532	3 529 700	18 418
2005	10 077 025	725 990	5 321 257	4 029 778	21 530
2006	11 838 973	772 964	6 424 463	4 641 546	24 966
2007	13 898 920	867 328	7 542 682	5 488 910	28 925
2008	16 606 317	1 014 774	9 198 648	6 392 895	34 078
2009	18 375 008	1 119 023	10 164 345	7 091 640	37 127
2010	22 288 223	1 205 625	12 690 078	8 392 520	44 394
2011	27 170 751	1 349 201	16 017 311	9 804 239	53 580
2012	30 312 657	1 471 886	17 186 942	11 653 829	59 317
2013	33 872 614	1 541 357	18 676 144	13 655 113	65 671
2014	37 055 513	1 627 214	20 485 520	14 942 779	71 094
2015	40 118 771	1 712 609	21 856 147	16 550 015	76 104
2016	43 956 818	1 803 042	23 076 967	19 076 809	82 360
2017	48 197 602	1 807 875	25 160 741	21 228 986	88 967

注:2011－2017 年地区生产总值数据为含研究与开发支出数据。

1－13　主要年份地区生产总值指数

（按可比价计算，1978—2017）

单位：%

年　份	地区生产总　值（以1978年为100）	第一产业	第二产业	第三产业	地区生产总　值（以上年为100）	第一产业	第二产业	第三产业	人均地区生产总值
1978	100.0	100.0	100.0	100.0	114.2	101.3	116.4	128.3	111.8
1979	115.5	101.0	105.7	148.4	115.5	101.0	105.7	148.4	113.1
1980	121.9	100.6	117.9	149.4	105.5	99.6	111.5	100.7	103.7
1981	130.4	107.0	135.9	141.1	107.0	106.4	115.3	94.4	105.7
1982	142.2	122.6	140.8	162.1	109.1	114.5	103.6	114.9	107.6
1983	154.8	135.3	162.3	174.4	108.8	110.4	115.3	107.6	107.6
1984	185.7	147.1	196.2	222.4	120.0	108.7	120.9	127.5	118.8
1985	216.2	157.1	239.8	251.7	116.4	106.8	122.2	113.2	115.3
1986	241.5	164.5	254.4	326.5	111.7	104.7	106.1	129.7	110.2
1987	256.9	185.5	233.8	416.6	106.4	112.8	91.9	127.6	104.5
1988	288.8	186.4	264.7	493.7	112.4	100.5	113.2	118.5	110.1
1989	306.7	216.8	268.1	529.2	106.2	116.3	101.3	107.2	103.9
1990	323.9	250.0	266.5	568.4	105.6	115.3	99.4	107.4	103.2
1991	366.6	260.0	315.3	647.9	113.2	104.0	118.3	114.0	109.6
1992	425.6	268.6	379.9	773.6	116.1	103.3	120.5	119.4	114.1
1993	497.1	281.2	470.7	902.8	116.8	104.7	123.9	116.7	115.3
1994	588.1	304.0	588.0	1 051.8	118.3	108.1	124.9	116.5	116.8
1995	682.8	316.1	699.1	1 251.7	116.1	104.0	118.9	119.0	114.8
1996	788.0	347.4	799.7	1 490.7	115.4	109.9	114.4	119.1	114.2
1997	891.2	371.1	901.3	1 732.2	113.1	106.8	112.7	116.2	112.0
1998	960.7	320.6	1 008.6	1 929.7	107.8	86.4	111.9	111.4	106.7
1999	1 046.2	353.3	1 094.3	2 105.3	108.9	110.2	108.5	109.1	107.8
2000	1 142.4	363.9	1 195.0	2 336.9	109.2	103.0	109.2	111.0	107.3
2001	1 280.7	378.8	1 349.1	2 652.4	112.1	104.1	112.9	113.5	109.6
2002	1 457.4	395.1	1 586.6	2 970.6	113.8	104.3	117.6	112.0	113.3
2003	1 683.3	412.5	1 886.4	3 389.5	115.5	104.4	118.9	114.1	111.7
2004	1 961.0	441.8	2 273.2	3 850.5	116.5	107.1	120.5	113.6	114.7
2005	2 290.5	463.9	2 755.1	4 366.4	116.8	105.0	121.2	113.4	115.3
2006	2 636.4	486.6	3 259.2	4 921.0	115.1	104.9	118.3	112.7	113.6
2007	3 042.4	515.3	3 803.5	5 664.0	115.4	105.9	116.7	115.1	114.6
2008	3 498.7	544.2	4 514.8	6 304.1	115.0	105.6	118.7	111.3	113.4
2009	3 955.8	586.1	5 171.8	7 040.3	113.1	107.7	114.6	111.7	111.4
2010	4 509.6	617.7	5 999.7	7 901.8	114.0	105.4	116.0	112.2	112.4
2011	5 095.8	644.9	6 833.7	8 905.3	113.0	104.4	114.0	112.7	111.9
2012	5 732.8	674.5	7 763.1	9 965.0	112.5	104.6	113.6	111.9	111.6
2013	6 346.2	695.5	8 686.9	10 941.6	110.7	103.1	111.9	109.8	109.7
2014	6 968.1	727.4	9 685.9	11 795.1	109.8	104.6	111.5	107.8	108.6
2015	7 637.1	755.8	10 635.1	12 951.0	109.6	103.9	109.9	109.8	108.4
2016	8 324.4	785.3	11 528.4	14 272.0	109.0	103.9	108.4	110.2	107.6
2017	9 073.6	816.7	12 496.8	15 727.7	109.0	104.0	108.4	110.2	107.4

注：2011－2017年地区生产总值数据为含研究与开发支出数据。

1－14　主要年份地区生产总值构成

（以地区生产总值为100，1978—2017）

单位：%

年　份	第一产业	第二产业	工业	建筑业	第三产业	#交通运输仓储邮电业	#批发零售住宿餐饮业	#金融保险业
1978	29.3	49.2			21.5			
1979	26.8	47.2			26.0			
1980	26.8	48.4			24.8			
1981	28.5	48.1			23.4			
1982	29.9	47.5			22.6			
1983	29.4	47.1			23.5			
1984	30.7	45.0			24.3			
1985	24.2	52.6			23.2			
1986	22.2	50.3			27.5			
1987	20.7	44.4			34.9			
1988	18.5	44.7			36.8			
1989	20.3	42.6	40.7	1.9	37.1	6.6	11.7	10.5
1990	21.9	39.7	37.7	2.0	38.4	5.0	10.8	10.7
1991	19.6	39.2	35.1	4.1	41.2	4.0	10.6	10.4
1992	18.8	41.8	37.7	4.1	39.4	3.5	10.3	10.3
1993	17.4	45.2	41.0	4.2	37.4	5.0	7.9	5.3
1994	18.4	44.1	39.8	4.3	37.5	5.0	10.3	5.1
1995	16.2	45.4	39.0	6.4	38.4	5.4	11.9	5.1
1996	16.0	44.9	37.0	7.9	39.1	5.8	11.3	5.0
1997	14.3	45.4	34.8	10.6	40.3	6.1	11.5	4.9
1998	11.0	46.4	35.7	10.7	42.6	6.6	11.9	5.0
1999	11.8	45.8	35.1	10.7	42.4	6.7	11.7	4.8
2000	10.9	45.8	34.9	10.9	43.3	7.1	12.0	4.6
2001	10.2	45.9	35.0	10.9	43.9	7.5	11.5	4.3
2002	9.5	47.0	35.2	11.8	43.5	7.5	10.7	4.3
2003	8.6	48.4	35.9	12.5	43.0	7.8	9.7	4.0
2004	8.1	50.4	36.3	14.1	41.5	7.9	9.3	4.6
2005	7.2	52.8	37.2	15.6	40.0	9.4	8.6	4.4
2006	6.5	54.3	37.9	16.4	39.2	9.2	8.4	4.3
2007	6.2	54.3	38.4	15.9	39.5	8.3	8.3	5.2
2008	6.1	55.4	40.8	14.6	38.5	7.5	8.3	5.0
2009	6.1	55.3	41.0	14.3	38.6	7.3	8.8	5.6
2010	5.4	56.9	43.5	13.4	37.7	4.6	8.9	5.3
2011	5.0	58.9	45.8	13.1	36.1	3.9	8.7	5.1
2012	4.9	56.7	43.4	13.3	38.4	4.6	8.9	5.2
2013	4.6	55.1	41.5	13.6	40.3	4.3	8.8	6.2
2014	4.4	55.3	41.2	14.1	40.3	4.2	8.7	6.7
2015	4.3	54.5	40.5	14.0	41.2	4.0	8.6	7.4
2016	4.1	52.5	38.9	13.6	43.4	3.9	8.6	8.1
2017	3.8	52.2	38.0	14.2	44.0	3.8	8.4	7.3

注：2011－2017年地区生产总值数据为含研究与开发支出数据。

1－15 地区生产总值增长

单位:万元

项　　目	2016	2017	2017年比上年增长%
地区生产总值	**43 956 818**	**48 197 602**	**9.0**
第一产业	**1 803 042**	**1 807 875**	**4.0**
第二产业	**23 076 967**	**25 160 741**	**8.4**
工业	17 083 841	18 314 973	9.3
建筑业	5 993 126	6 845 768	5.8
第三产业	**19 076 809**	**21 228 986**	**10.2**

注:绝对数为当年价,增长速度按可比价计算。

1-16 县区地区生产总值

地　　区	地区生产总值(万元)		地区生产总值指数(%)	
	2016	2017	2016	2017
东湖区	4 176 861	4 749 864	108.1	108.7
西湖区	4 650 623	5 158 102	108.3	108.5
青云谱区	3 276 098	3 758 257	108.4	109.0
湾里区	549 669	644 031	109.2	109.7
青山湖区	5 398 252	5 749 888	108.3	108.8
新建区	3 888 858	4 483 585	109.1	109.3
南昌县	6 732 341	7 820 198	109.5	109.2
安义县	990 405	1 138 862	109.0	109.1
进贤县	2 976 247	3 409 451	108.1	108.7
经济开发区	3 668 735	4 285 940	109.7	109.0
高新开发区	5 069 276	5 954 511	109.7	109.4
红谷滩新区	2 654 804	3 091 298	109.9	109.8

注:2017 年县区 GDP 为快报数。

主要统计指标解释

地区生产总值 即 GDP，是一个国家(地区)所有常住单位在一定时间内按市场价格计算的生产活动的最终成果。国内生产总值有三种表现形态，即价值形态、收入形态和产品形态。从价值形态看，它是所有常住单位在一定时间内所生产的全部货物和服务价值超过同期投入的全部非固定资产货物和服务的差额，即所有常住单位的增加值之和；从收入形态看，它是所有常住单位在一定时间内所创造并分配给常住单位和非常住单位的初次分配收入之和；从产品形态看，它是最终使用的货物和服务减去进口货物和服务。在实际核算中，生产总值的三种表现形态为三种计算方式，即生产法、收入法和支出法。三种方法分别从不同的方面反映生产总值及其构成。这项指标名称全国为国内生产总值，各省、市、县都称地区生产总值。

增加值 指各部门(单位)在一定时期内从事经济、社会活动获得最终成果的货币表现。反映生产单位和部门对国内生产总值的贡献。增加值包括固定资产折旧、劳动者报酬、生产税净额、营业盈余。

三次产业 根据社会生产活动历史发展的顺序对产业结构的划分，产品直接取自自然界的部门称为第一产业，对初级产品进行再加工的部门称为第二产业，为生产和消费提供各种服务的部门称为第三产业。

根据《国民经济行业分类》(GB/T 4754－2011)，我国的三次产业划分是：

第一产业是指农、林、牧、渔业(不含农、林、牧、渔服务业)。

第二产业是指采矿业(不含开采辅助活动)，制造业(不含金属制品、机械和设备修理业)，电力、热力、燃气及水生产和供应业，建筑业。

第三产业即服务业，是指除第一产业、第二产业以外的其他行业。

最终消费支出 指常住单位在一定时期内对于货物和服务的全部最终消费支出，也就是常住单位为满足物质、文化和精神生活的需要，从本国经济领土和国外购买的货物和服务的支出；不包括非常住单位在本国经济领土内的消费支出。最终消费支出分为居民消费支出和政府消费支出。

居民消费支出 指常住住户在一定时期内对货物和服务的全部最终消费支出。居民消费支出除了直接以货币形式购买的货物和服务的消费支出外，还包括以其他方式获得的货物和服务的消费支出，即所谓的虚拟消费支出。居民虚拟消费支出包括以下几种类型：单位以实物报酬及实物转移的形式提供给劳动者的货物和服务；住户生产并由本住户消费了的货物和服务，其中的服务仅指住户的自有住房服务；金融机构提供的金融媒介服务；保险公司提供的保险服务。

政府消费支出 指政府部门为全社会提供公共服务的消费支出和免费或以较低价格向居民住户提供的货物和服务的净支出。前者等于政府服务的产出价值减去政府单位所获得的经营收入的价值；后者等于政府部门免费或以较低价格向居民住户提供的货物和服务的市场价值减去向居民住户收取的价值。

资本形成总额 指常住单位在一定时期内获得减去处置的固定资本和存货的净额，包括固定资本形成总额和存货增加两部分。

固定资本形成总额 指常住单位在一定时期内获得的固定资产减处置的固定资产的价值总额。固定资产是通过生产活动生产出来的，且其使用年限在一年以上，单位价值在规定标准以上的资产，不包括自然资产。可分为有形固定资本形成总额和无形固定资本形成总额。有形固定资本形成总额包括一定时期内完成的建筑工程、安装工程和设备器具购置(减处置)价值，以及土地改良、新增役、种、奶、毛、娱乐用牲畜和新增经济林木价值。无形固定资本形成总额包括矿藏的勘探、计算机软件等获得减处置。

存货增加 指常住单位在一定时期内存货实物量变动的市场价值，即期末价值减期初价值的差额，再扣除当期由于价格变动而产生的持有收益。存货增加可以是正值，也可以是负值；正值表示存货上升，负值表示存货下降。它包括生产单位购进的原材料、燃料和储备物资等存货，以及生产单位生产的产成品、在制品和半成品等存货。

当年价格 指报告期的实际价格，如工厂的出厂价格、农产品的收购价格、商业的零售价格等。按当年价格计算，是指一些以货币表现的物量指标加工农业总产值、国内生产总值等，按照当年的实际价格来计算总量。使用当年价格计算的数字，是为了使国民经济各项指标相互衔接，便于考察当年经济效益，便于对生产和流通、生产和分配、生产和消费进行经济核算的综合平衡。

按当年价格计算的价值指标，在不同年份之间进行对比时，因为包含有各年间价格变动因素，不能确切反映实物量的增减变动。必须消除价格变动因素后，才能真实反映经济发展动态。因此，在计算增长速度时都使用按可比价格计算的数字。

可比价格 指在不同时期的价值指标对比时，扣除了价格变动的因素，以确切表示物量的变化。按可比价格计算有两种方法：一种是直接按产品产量乘其不变价格计算；一种是用物价指数换算。

不变价格 指用同类产品的年平均价格作为固定价格，来计算各年产品价值。按不变价格计算的产品价值除了价格变动因素，不同时期对比可以反映生产的发展速度。新中国成立后，随着工农业产品价格水平的变化，国家统计局先后五次制定了全国统一的工业产品不变价格和农业产品不变价格。从 1 949 年至 1957 年使用 1952 年工（农）业产品不变价格，从 1957 年到 1971 年使用 1 957 年不变价格，从 1971 年到 1981 年使用 1970 年不变价格，从 1981 年到 1990 年使用 1980 年不变价格，从 1990 年开始使用 1990 年不变价格，从 1995 年开始使用 1995 年不变价格，从 2000 年开始使用 2000 年不变价格，从 2005 年开始使用 2005 年不变价格，从 2010 年开始使用 2010 年不变价格，从 2015 年开始使用 2015 年不变价格。

平均每年增长速度 在我国计算平均增长速度有两种方法，一种是习惯上经常使用的“水平法”又称几何平均法，是以间隔期最后一年的水平同基期水平对比来计算平均每年增长（或下降）速度。

另一种是“累计法”，又称代数平均法或方程法，是以间隔期内各年水平的总和同基期水平对比来计算平均每年增长（或下降）速度。

在一般情况下，两种方法计算的平均每年增长速度比较接近，但在经济发展不平衡，出现大起大落时，两种方法计算的结果差别较大。

本《年鉴》内所列的从某年到某年平均增长速度的年份，均不包括基期年在内。如改革开放以来的平均增长速度是以 1978 年为基期计算的，则写为 1979 一年平均增长速度，其余类推。

国民经济行业分类 在统计工作中为取得分行业的数据资料并统一分类和编码，正确反映国民经济各行业的结构和发展状况，便于研究国民经济的各项比例关系，而制定的国民经济行业划分标准。按现行统计制度规定，我国行业划分为 20 大类，排列顺序如下：

（1）农、林、牧、渔业（2）采矿业（3）制造业（4）电力、热力、燃气及水生产和供应业（5）建筑业（6）批发和零售业（7）交通运输、仓储和邮政业（8）住宿和餐饮业（9）信息传输、软件和信息技术服务业（10）金融业（11）房地产业（12）租赁和商务服务业（13）科学研究和技术服务业（14）水利、环境和公共设施管理业（15）居民服务、修理和其他服务业（16）教育（17）卫生和社会工作（18）文化、体育和娱乐业（19）公共管理、社会保障和社会组织（20）国际组织。

二、人口·劳动力

POPULATION AND LABOUR FORCE

本篇内容包括：

1. 主要年份户数和人口
2. 人口构成情况
3. 人口变动情况
4. 计划生育情况

年末户籍总人口

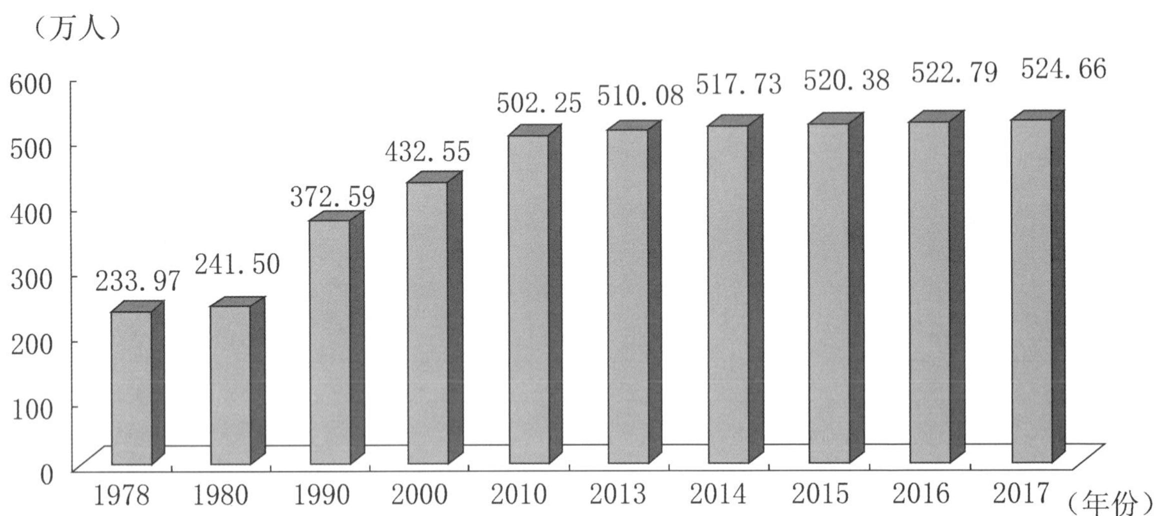

户籍人口自然增长率

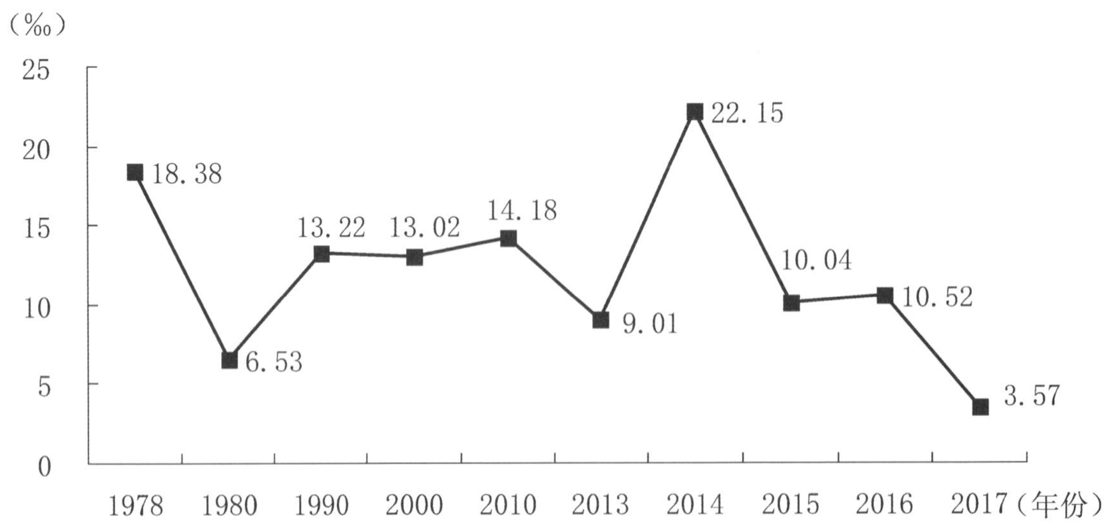

2－1 主要年份户数和人口数

单位:万人

年 份	总户数（万户）	总人口	按性别分	
			男	女
1980	49.42	241.50	126.32	115.18
1990	86.70	372.59	193.70	178.89
2000	111.85	432.55	225.42	207.13
2010	145.20	502.25	262.55	239.70
2011	148.86	504.95	263.30	241.65
2012	152.56	507.87	264.41	243.46
2013	156.28	510.08	265.30	244.78
2014	159.42	517.73	268.60	249.13
2015	160.42	520.38	269.98	250.40
2016	162.54	522.79	271.45	251.34
2017	166.13	524.66	271.57	253.09

注:2－1 至 2－6 表均为公安户籍数据。

2-2 主要年份农业、非农业人口数和人口结构

年份	农业、非农业人口(万人)		人口结构(%)			
	农业人口	非农业人口	男	女	农业人口	非农业人口
1980	148.13	93.37	52.3	47.7	61.3	38.7
1990	235.79	136.80	52.0	48.0	63.3	36.7
2000	256.66	175.89	52.1	47.9	59.3	40.7
2010	268.22	234.02	52.3	47.7	53.4	46.6
2011	271.23	233.72	52.1	47.9	53.7	46.3
2012	273.59	234.28	52.1	47.9	53.9	46.1
2013	274.12	235.96	52.0	48.0	53.8	46.2
2014	279.35	238.38	51.9	48.1	54.0	46.0
2015			51.9	48.1		
2016			51.9	48.1		
2017			51.8	48.2		

2-3 主要年份人口自然变动

年　份	年平均人口（万人）	人口出生率（‰）	人口死亡率（‰）	人口自然增长率（‰）	人口密度（人/平方公里）
1980	240.29	11.73	5.20	6.53	504
1990	367.78	18.24	5.02	13.22	503
2010	499.79	21.97	7.79	14.18	678
2011	503.6	12.46	3.14	9.32	680
2012	506.41	15.03	8.39	6.64	684
2013	508.97	14.42	5.41	9.01	688
2014	513.9	26.89	4.74	22.15	694
2015	519.06	13.56	3.52	10.04	701
2016	521.59	13.41	2.89	10.52	704
2017	523.73	15.67	12.10	3.57	708

2-4 县区户数和人口数

（2017年1月至11月）

地　区	户　数（户）	总　人　口(人)				
		合　计	男	女	城镇人口	乡村人口
总　　计	1 661 257	5 246 643	2 715 684	2 530 959	2 897 817	2 348 826
东 湖 区	153 287	482 998	241 557	241 441	454 221	28 777
西 湖 区	158 930	451 879	224 837	227 042	451 879	
青云谱区	85 784	266 584	136 495	130 089	266 584	
湾 里 区	30 107	79 227	41 875	37 352	38 731	40 496
青山湖区	135 803	412 772	210 063	202 709	353 101	59 671
新 建 区	201 086	695 194	365 462	329 732	189 920	505 274
南 昌 县	304 572	1 039 778	545 869	493 909	314 400	725 378
安 义 县	98 212	304 382	162 124	142 258	95 895	208 487
进 贤 县	263 104	849 042	445 199	403 843	279 669	569 373
经济开发区	53 906	143 171	74 308	68 863	138 835	4 336
高新开发区	88 824	275 268	144 069	131 199	123 191	152 077
红谷滩新区	87 642	246 348	123 826	122 522	191 391	54 957

2-5 各县区人口变动情况

（2017年）

地　区	年平均人口（人）	机械变动(人)		自然变动(人)		人口出生率（‰）	人口死亡率（‰）	人口自然增长率（‰）	人口机械增长率（‰）
		迁　入	迁　出	出　生	死　亡				
总　　计	5 237 261	39 086	35 706	82 072	63 352	15.67	12.10	3.57	0.65
东 湖 区	478 344	4 715	6 350	6 128	8 211	12.81	17.17	-4.36	-3.42
西 湖 区	452 234	4 401	2 558	6 118	7 487	13.53	16.56	-3.03	4.08
青云谱区	268 216	1 703	2 032	3 455	3 759	12.88	14.01	-1.13	-1.23
湾 里 区	79 186	434	590	1 400	769	17.68	9.71	7.79	-1.97
青山湖区	423 101	3 580	2 164	6 407	4 540	15.14	10.73	4.41	3.35
新 建 区	693 815	3 390	3 798	11 480	5 823	16.55	8.39	8.16	-0.59
南 昌 县	1 044 427	6 251	3 284	15 863	13 450	15.19	12.88	2.31	2.84
安 义 县	304 613	813	1 876	5 418	4 721	17.79	15.50	2.29	-3.49
进 贤 县	850 428	2 030	4 707	11 706	9 463	13.76	11.13	2.63	-3.15
经济开发区	143 375	2 085	3 559	2 438	1 470	17.00	10.25	6.75	-10.28
高新开发区	262 555	4 281	2 025	5 596	2 312	21.31	8.81	12.50	8.59
红谷滩新区	236 967	5 403	2 763	6 063	1 347	25.59	5.68	19.91	11.14

2-6 县辖镇户数和人口数

（2017 年）

地区	户数（户）	总人口（人）				
		合计	男	女	城镇人口	乡村人口
合计	**439 824**	**1 401 981**	**736 092**	**665 889**	**564 485**	**837 496**
南昌县	**195 859**	**652 826**	**342 447**	**310 379**	**236 146**	**416 680**
莲塘镇	46 137	147 563	75 949	71 614	141 572	5 991
向塘镇	36 891	98 456	50 746	47 710	36 891	61 565
冈上镇	13 501	48 247	25 463	22 784	6 048	42 199
幽兰镇	22 945	77 121	41 326	35 795	8 644	68 477
武阳镇	15 755	54 215	29 062	25 153	7 027	47 188
三江镇	8 522	31 947	16 703	15 244	9 021	22 926
塘南镇	14 305	60 420	32 207	28 213	8 576	51 844
蒋巷镇	27 337	94 468	50 056	44 412	11 481	82 987
广福镇	10 466	40 389	20 935	19 454	6 886	33 503
安义县	**83 723**	**255 405**	**135 770**	**119 635**	**95 003**	**160 402**
龙津镇	26 138	70 777	37 213	33 564	60 761	10 016
鼎湖镇	12 874	38 751	20 588	18 163	9 183	29 568
东阳镇	9 036	27 214	14 388	12 826	6 750	20 464
长埠镇	6 762	23 336	12 405	10 931	4 172	19 164
万埠镇	9 628	31 264	16 706	14 558	5 113	26 151
石鼻镇	13 685	44 936	24 080	20 856	4 110	40 826
黄洲镇	5 600	19 127	10 390	8 737	4 914	14 213
进贤县	**160 242**	**493 750**	**257 875**	**235 875**	**233 336**	**260 414**
民和镇	59 041	172 405	88 410	83 995	120 713	51 692
梅庄镇	12 438	38 994	20 435	18 559	10 835	28 159
前坊镇	10 534	33 591	17 600	15 991	11 760	21 831
温圳镇	13 971	47 623	25 234	22 389	27 518	20 105
李渡镇	14 735	45 298	23 705	21 593	22 268	23 030
文港镇	19 445	54 391	28 813	25 578	17 341	37 050
架桥镇	9 318	31 703	16 815	14 888	13 081	18 622
罗溪镇	10 771	33 291	17 494	15 797	5 798	27 493
张公镇	9 989	36 454	19 369	17 085	4 022	32 432

2-7 人口和计划生育

(2016年10月—2017年9月)　　单位:人

项目	合计	东湖区	西湖区	青云谱区	湾里区	青山湖区	新建区
期末已婚育龄妇女数	1 036 813	96 834	83 650	49 746	16 261	92 056	139 245
#无孩	59 682	6 568	6 786	3 930	722	7 013	6 686
一孩	418 694	64 082	53 026	33 115	6 051	46 435	42 390
二孩	445 824	23 611	21 674	11 801	6 682	33 833	61 201
期末落实节育措施数							
结扎	299 424	7 085	5 096	2 667	5 370	19 009	56 490
上环	294 280	28 850	20 253	16 400	4 716	26 430	39 745
皮埋	176	25	2	8	32	16	18
药具	276 425	47 136	44 831	23 329	3 891	32 062	18 631
其他	895	17	31	38	7	218	171
期内领取生育证、服务卡人数	24 817	5 104	4 619	2 774	837	5 088	6 395
期内出生人数	71 306	6 109	5 647	2 902	1 103	6 380	10 270
#一孩	28 672	2 743	2 612	1 296	430	2 590	4 041
二孩	36 318	3 185	2 818	1 544	529	3 483	5 080
国家免费孕前优生健康检查数	19 676	2 609	1 923	1 417	840	3 186	9 701

注:本表数据由卫计委提供。

项目	南昌县	安义县	进贤县	经开区	高新区	红谷滩区
期末已婚育龄妇女数	205 219	62 731	177 742	24 505	44 343	44 481
#无孩	11 274	2 735	6 981	1 826	2 375	2 786
一孩	64 392	14 001	54 855	9 713	11 349	19 285
二孩	106 437	35 887	95 518	9 705	22 749	16 726
期末落实节育措施数						
结扎	78 403	23 568	65 745	7 256	18 439	10 296
上环	59 873	16 248	56 973	5 335	7 259	12 198
皮埋	7	25	18	6	2	17
药具	31 832	12 154	28 374	7 806	11 385	14 994
其他	115	23	105	29	116	25
期内领取生育证、服务卡人数	10 517	3 326	7 023	1 563	2 884	3 510
期内出生人数	14 041	4 556	10 614	1 918	3 526	4 240
#一孩	5 576	1 512	4 251	733	1 440	1 448
二孩	6 960	2 271	5 186	1 007	1 720	2 535
国家免费孕前优生健康检查数	8 390	2 696	7 244	658	690	748

2-8 常住人口及变动情况

指　　标	2016	2017
年末常住人口(万人)	537.14	546.35
#区人口	357.38	364.81
#城镇人口	388.30	400.59
乡村人口	148.84	145.76
#男性	277.27	281.70
女性	259.87	264.65
年初常住人口	530.29	537.14
城镇化率(%)	72.29	73.32
出生率(‰)	13.12	13.64
死亡率(‰)	6.19	6.01
人口平均受教育年限(年)		
#6岁及以上	10.44	10.58
15岁及以上	10.72	10.87
年龄结构(%)		
0-14岁	17.32	17.5
15-64岁	72.79	72.3
65岁及以上	9.89	10.2

主要统计指标解释

人口数 指在一定时点、一定地区范围内的有生命的个人的总和。

市镇人口 指市、镇区内的全部常住人口。包括市(镇)区与郊区、农业与非农业人口,但不包括市辖县人口。

乡村人口 指县(不含镇)的全部常住人口。

市 是指经国家批准成立"市"建制的城市。

镇 是指经省正式批准行政建制的镇。1963 年以前为常住人口在 2000 人以上,非农业人口占 50% 以上的。1964 年改为常住人口在 3000 人以上,非农业人口占 70% 以上,或常住人口在 2500 人以上,不满 3000 人,非农业人口占 85% 以上的。1984 年后又调整为,凡县级地方国家机关所在地;或总人口在 20000 人以下的乡,乡政府驻地非农业人口超过 2000 人的;或总人口在 20000 人以上的乡,乡政府驻地非农业人口占全乡人口 10% 以上;或少数民族地区、人口稀少的边远地区、山区和小型工矿区、小港口、风景旅游、边境口岸等地,非农业人口虽不足 2000 人,都可建镇。

人口密度 指一定时点一定地区的人口数与该地区的面积数之比,即一定时点的单位土地面积上的人口数,通常以每平方公里的居住人数来表示:

$$人口密度=\frac{该地区的人口数}{该地区的土地面积}$$

出生率(又称粗出生率)指在一定时期内(通常为一年)一定地区平均每千人口所出生的人数的比率。它反映人口的出生水平,一般以千分率表示。计算公式:

$$出生率=\frac{年出生人数}{年平均人数}\times 1000‰$$

死亡率(又称粗死亡率)指在一定时期内(通常为一年)一定地区的死亡人数与同期平均人数(或期中人数)之比,一般以千分率表示。计算公式:

$$死亡率=\frac{年死亡人数}{年平均人数}\times 1000‰$$

人口自然增长率 指在一定时期内(通常为一年)一定地区人口自然增加数(即出生人数减死亡人数)与该时期平均人数(或期中人数)之比,一般以千分率表示。计算公式:

$$人口自然增长率=\frac{本年出生人数-本年死亡人数}{年平均人数}\times 1000‰$$

三、就业人员和职工工资

EMPLOYMENT AND WAGE

本篇内容包括：

1. 劳动力资源
2. 从业人员的社会分布状况
3. 单位从业人员劳动报酬、人数、平均工资

社会从业人员

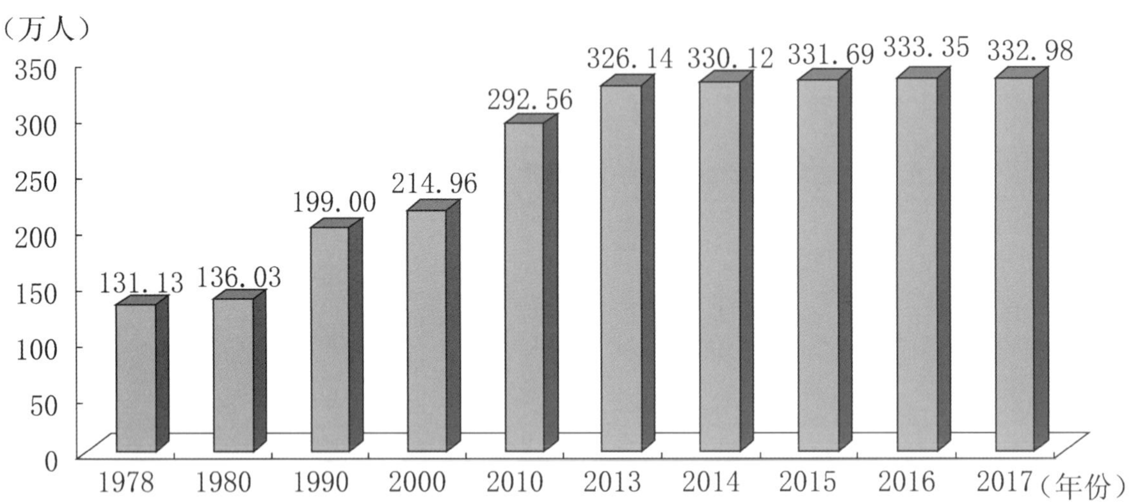

在岗职工平均工资

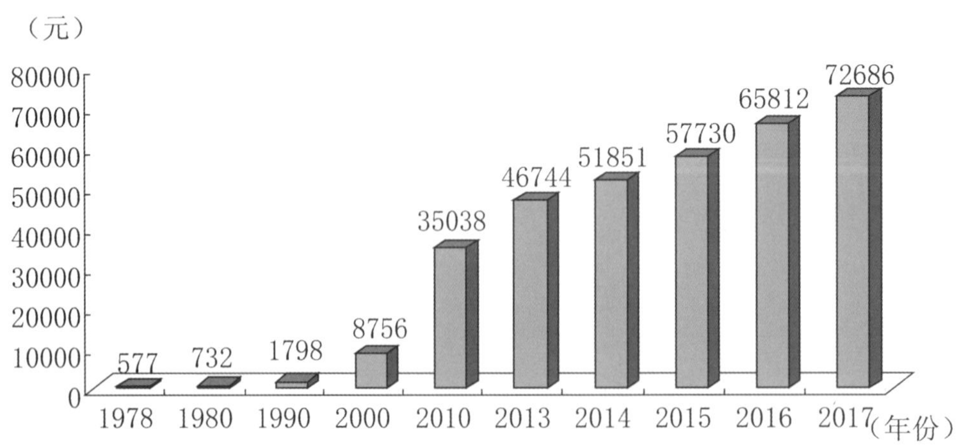

3-1 劳动力资源

（1978—2017）

单位:万人

年　份	劳动力资源总数	社会就业人数	#职工人数			
				国有经济单位	城镇集体经济单位	其他各种经济单位
1978	149.69	131.13	53.14	41.44	11.70	
1979		134.58	56.73			
1980	152.67	136.03	58.51	43.73	14.78	
1981		137.25	61.86			
1982		141.27	64.33			
1983		143.02	65.26			
1984		153.19	68.69			
1985	193.75	165.46	72.22	51.32	20.85	0.05
1986	195.01	166.54	73.92	52.88	20.96	0.08
1987	199.16	172.28	77.16	55.53	21.55	0.08
1988	211.77	182.55	81.28	58.71	22.48	0.09
1989	218.33	186.67	81.13	59.64	21.34	0.15
1990	233.57	199.00	82.04	60.52	21.35	0.18
1991	239.51	204.30	84.87	62.38	22.01	0.48
1992	241.51	205.96	86.79	64.23	21.87	0.69
1993	246.17	195.87	87.11	64.35	20.55	2.21
1994	251.42	205.28	88.03	64.51	20.59	2.93
1995	258.86	211.79	89.04	65.80	20.37	2.87
1996	261.08	210.96	81.04	61.83	16.18	3.04
1997	263.43	215.45	73.34	55.74	14.20	3.40
1998	277.94	215.39	66.88	46.52	11.30	9.06
1999	286.93	218.15	63.58	44.43	10.19	8.97
2000	296.74	214.96	58.77	40.25	9.22	9.31
2001	299.59	216.87	54.66	38.19	6.74	9.72
2002	300.42	214.54	51.27	35.60	5.72	9.94
2003	311.49	234.69	49.90	33.95	5.15	10.80
2004	319.09	239.60	51.34	33.90	4.89	12.56
2005	339.38	244.28	53.56	34.91	4.97	13.68
2006	345.22	267.78	56.06	36.71	4.57	14.77
2007	342.51	271.99	59.04	38.55	5.53	14.96
2008	352.82	277.59	58.98	38.49	4.95	15.54
2009	358.15	282.80	62.06	41.09	3.96	17.02
2010	360.49	292.56	63.21	40.89	3.93	18.38
2011	370.42	303.64	75.66	35.95	5.84	33.87
2012	379.65	315.92	86.99	39.20	2.47	45.32
2013	390.39	326.14	106.01	38.13	2.46	65.42
2014	392.24	330.12	106.16	31.61	2.03	72.52
2015	395.04	331.69	105.81	33.67	1.76	70.38
2016	397.05	333.35	106.37	33.13	1.69	71.54
2017	395.36	332.98	105.66	31.36	1.38	72.92

注:自1998年起,职工人数为在岗职工人数。自2012年起在岗职工人数含劳务派遣人员。

3－2 三次产业社会就业人员数(年末数)

(1978—2017)

年份 地区	合计 (万人)	#城镇就业 人员数	第一产业	第二产业	第三产业	构成(以合计数为100) 第一产业	第二产业	第三产业
1978	131.13		76.89	35.33	18.91	58.6	26.9	14.5
1980	136.03		75.84	39.6	20.59	55.8	29.1	15.1
1985	165.46		72.58	54.88	38.00	43.9	33.2	22.9
1990	199.00		94.57	60.98	43.45	47.5	30.7	21.8
1991	204.3		92.53	67.03	44.74	45.3	32.8	21.9
1992	205.96		90.08	67.45	48.43	43.7	32.8	23.5
1993	195.87		82.47	61.96	51.44	42.1	31.6	26.3
1994	205.28	97.33	86.27	63.87	55.14	42.0	31.1	26.9
1995	211.79	100.54	89.65	66.55	55.59	42.3	31.4	26.3
1996	210.96		86.24	61.77	62.95	40.9	29.3	29.8
1997	215.45		89.12	63.5	62.83	41.4	29.5	29.1
1998	215.39	101.92	88.88	59.46	67.05	41.3	27.6	31.1
1999	218.15	103.39	87.84	59.07	71.24	40.3	27.1	32.6
2000	214.96	98.67	84.84	56.34	73.78	39.5	26.2	34.3
2001	216.87	98.05	84.52	56.49	75.86	39.0	26.0	35
2002	214.54	94.64	84.71	57.43	72.40	39.5	26.8	33.7
2003	234.69	113.35	82.73	66.61	85.35	35.2	28.4	36.4
2004	239.6	117.86	81.49	64.43	93.68	34.0	26.9	39.1
2005	244.28	120.77	80.00	63.29	100.99	32.7	25.9	41.4
2006	267.78	143.46	80.04	56.75	130.99	29.9	21.2	48.9
2007	271.99	149.24	77.42	60.44	134.13	28.5	22.2	49.3
2008	277.59	153.36	74.72	67.31	135.56	26.9	24.3	48.8
2009	282.80		71.93	67.02	143.85	25.4	23.7	50.9
2010	292.56	161.67	71.41	73.01	148.14	24.4	25.0	50.6
2011	303.64	169.28	69.49	87.27	146.88	22.9	28.7	48.4
2012	315.92	177.95	70.4	113.57	131.95	22.3	35.9	41.8
2013	326.14	188.38	68.91	118.68	138.55	21.1	36.4	42.5
2014	330.12	194.45	68.08	122.67	139.37	20.6	37.2	42.2
2015	331.69	200.14	63.15	123.41	145.13	19.0	37.2	43.8
2016	333.35	207.53	60.20	128.72	144.43	18.1	38.6	43.3
2017	332.98	215.44	58.10	130.72	144.16	17.4	39.3	43.3

注:就业人员总计根据人口变动抽样调查资料推算,分地区、分经济类型、分行业合计不等于总计数。下表同。

3-3 社会就业人员数（年末数）

单位：万人

类　　别	2016	2017
总　　计	**333.35**	**332.98**
按产业类型分		
第一产业	60.20	58.10
第二产业	128.72	130.72
第三产业	144.43	144.16
占比(%)		
第一产业	18.10	17.45
第二产业	38.60	39.26
第三产业	43.30	43.29
按经济类型分		
城镇	207.53	215.44
#国有	36.21	34.86
集体	2.87	2.07
股份合作	0.31	0.28
联营	0.02	0.02
有限责任公司	62.54	55.32
股份有限公司	14.03	12.70
港澳台投资	5.49	2.84
外商投资	3.87	3.84
私营和个体	81.69	102.82
乡村	125.81	117.54
私营和个体	19.75	25.14
按国民经济行业分		
农、林、牧、渔业	60.20	58.10
采矿业、制造业	63.28	61.71
电力、热力、燃气及水生产和供应业	0.97	1.09
建筑业	64.47	67.93
批发和零售业	47.86	47.87
交通运输、仓储和邮政业	10.59	11.74
住宿和餐饮业	11.05	13.98
信息传输、软件和信息技术服务业	6.46	8.33
金融业	3.38	3.38
房地产业	4.55	5.81
租赁和商务服务业	11.55	11.43
科学研究和技术服务业	4.46	5.02
水利、环境和公共设施管理业	2.11	2.47
居民服务、修理和其他服务业	6.87	7.05
教育	8.42	9.44
卫生和社会工作	4.56	4.6
文化、体育和娱乐业	2.87	2.3
公共管理、社会保障和社会组织	6.39	6.5

3-4 城镇非私营单位就业人员年末人数、工资

（2017年）

类　　别	就业人员 人　　数 （人）	就业人员 平均工资 （元）
总　　计	**1 209 457**	**70 017**
按经济类型分		
国有单位	350 143	90 642
城镇集体单位	20 818	49 161
其他单位	838 496	61 613
#股份合作	2 926	42 511
联营	207	118 915
有限责任公司	561 078	61 351
股份有限公司	125 910	61 507
其他	7 758	64 549
港澳台商投资	102 057	64 986
外商投资	38 560	59 964
按国民经济行业分		
农、林、牧、渔业	3 664	15 015
采矿业	9	26 778
制造业	268 602	62 463
电力、热力、燃气及水生产和供应业	9 416	70 861
建筑业	435 935	59 035
批发和零售业	76 305	56 250
交通运输、仓储和邮政业	41 649	72 792
住宿和餐饮业	12 505	42 913
信息传输、软件和信息技术服务业	34 125	71 102
金融业	29 842	107 842
房地产业	22 524	68 576
租赁和商务服务业	27 069	51 481
科学研究和技术服务业	27 817	95 369
水利、环境和公共设施管理业	21 232	60 845
居民服务、修理和其他服务业	1 470	63 905
教育	77 476	94 323
卫生和社会工作	41 761	122 485
文化、体育和娱乐业	13 067	77 507
公共管理、社会保障和社会组织	67 986	110 378

3－5 城镇非私营单位在岗职工年末人数、工资

（2017 年）

类　别	在岗职工人　数（人）	在岗职工平均工资（元）
总　计	**1 056 608**	**72 686**
按经济类型分		
国有单位	313 586	96 839
城镇集体单位	13 849	46 432
其他单位	729 173	62 403
#股份合作	591 501	62 231
联营	2 870	43 023
有限责任公司	461 303	61 991
股份有限公司	120 142	63 241
其他	6 998	66 253
港澳台商投资	100 105	64 931
外商投资	37 567	60 412
按国民经济行业分		
农、林、牧、渔业	982	41 769
采矿业	5	25 200
制造业	259 205	63 182
电力、热力、燃气及水生产和供应业	9 322	70 554
建筑业	329 431	59 539
批发和零售业	74 063	56 940
交通运输、仓储和邮政业	37 532	75 067
住宿和餐饮业	12 359	42 584
信息传输、软件和信息技术服务业	32 963	71 851
金融业	26 221	120 113
房地产业	21 308	70 401
租赁和商务服务业	22 288	52 231
科学研究和技术服务业	25 023	99 892
水利、环境和公共设施管理业	17 093	69 843
居民服务、修理和其他服务业	1 410	66 204
教育	73 181	97 171
卫生和社会工作	39 620	127 309
文化、体育和娱乐业	12 557	78 977
公共管理、社会保障和社会组织	62 045	113 983

3－6 城镇非私营单位各种分组的就业人员人数

（2017年）

单位：人

类　别	合　计	国有单位	城镇集体单位	其他单位
总　计	**1 209 457**	**350 143**	**20 818**	**838 496**
按国民经济行业分				
农、林、牧、渔业	3 664	3 664		
采矿业	9		9	
制造业	268 602	49 577	1 303	217 722
电力、热力、燃气及水生产和供应业	9 419	407		9 012
建筑业	435 935	32 585	17 666	385 684
批发和零售业	76 305	2 799	57	73 449
交通运输、仓储和邮政业	41 649	10 844	126	30 679
住宿和餐饮业	12 505	1 880	33	10 592
信息传输、软件和信息技术 服务业	34 125	132		33 993
金融业	29 842	16 620		13 222
房地产业	22 524	2 581	165	19 778
租赁和商务服务业	27 069	12 490	138	14 441
科学研究和技术服务业	27 817	17 421		10 396
水利、环境和公共设施管理业	21 232	16 097	111	5 024
居民服务、修理和其他服务业	1 470	243	4	1 223
教育	77 476	70 386	305	6 785
卫生和社会工作	41 761	37 775	901	3 085
文化、体育和娱乐业	13 067	9 792		3 275
公共管理、社会保障和社会组织	64 986	64 850		136

3－7　城镇非私营单位各种分组的在岗职工人数

(2017 年)　　单位:人

类　别	合　计	国有单位	城镇集体单位	其他单位
总　计	**1 056 608**	**313 586**	**13 849**	**729 173**
按国民经济行业分				
农、林、牧、渔业	982	982		
采矿业	5		5	
制造业	259 205	48 184	998	210 023
电力、热力、燃气及水生产和供应业	9 322	407		8 915
建筑业	329 431	16 674	11 321	301 436
批发和零售业	74 063	2 652	56	71 355
交通运输、仓储和邮政业	37 532	10 526	36	26 970
住宿和餐饮业	12 359	1 835	33	10 491
信息传输、软件和信息技术服务业	32 963	132		32 831
金融业	26 221	16 620		9 601
房地产业	21 308	2 019	165	19 124
租赁和商务服务业	22 288	11 899	115	10 274
科学研究和技术服务业	25 023	15 395		9 628
水利、环境和公共设施管理业	17 093	11 984	109	5 000
居民服务、修理和其他服务业	1 410	243	4	1 163
教育	73 181	66 773	305	6 103
卫生和社会工作	39 620	35 897	702	3 021
文化、体育和娱乐业	12 557	9 455		3 102
公共管理、社会保障和社会组织	62 045	61 909		136

3－8　城镇非私营单位各种分组的就业人员工资总额

（2017 年）　　单位：万元

类　　别	工资总额	国有单位	城镇集体单位	其他单位
总　　计	**8 196 220**	**3 151 294**	**100 377**	**4 944 550**
按国民经济行业分				
农、林、牧、渔业	4 917	4 917		
采矿业	24		24	
制造业	1 666 254	367 001	3 750	1 295 503
电力、热力、燃气及水生产和供应业	66 659	1 474		65 185
建筑业	2 377 798	148 242	87 081	2 142 475
批发和零售业	429 378	26 701	261	402 416
交通运输、仓储和邮政业	296 875	96 257	589	200 029
住宿和餐饮业	53 667	9 610	43	44 015
信息传输、软件和信息技术服务业	243 573	870		242 703
金融业	320 581	203 423		117 158
房地产业	152 286	17 645	267	134 375
租赁和商务服务业	138 659	55 423	859	82 378
科学研究和技术服务业	264 000	170 374		93 626
水利、环境和公共设施管理业	123 460	98 090	519	24 851
居民服务、修理和其他服务业	9 209	1 563	11	7 635
教育	725 148	684 888	1 818	38 443
卫生和社会工作	506 377	480 433	5 156	20 788
文化、体育和娱乐业	102 448	70 776		31 672
公共管理、社会保障和社会组织	714 908	713 607		1 301

3－9　主要年份城镇非私营单位在岗职工工资总额

单位:万元

年　　份	合　　计	国有单位	城镇集体单位	其他单位
1980	42 024	33 304	8 720	
1990	145 581	117 900	27 319	362
2000	511 784	375 482	45 363	90 939
2010	2 205 641	1 553 694	71 540	580 407
2011	2 962 726	1 570 047	141 242	1 251 437
2012	3 693 667	1 905 581	88 492	1 699 594
2013	4 876 812	2 213 845	93 016	2 569 951
2014	5 408 797	1 791 237	93 011	3 524 549
2015	6 132 271	2 219 316	77 517	3 835 438
2016	6 940 303	2 710 331	78 269	4 151 703
2017	7 416 789	3 011 664	62 929	4 342 197

3－10　城镇非私营单位各种分组的在岗职工工资总额

（2017 年）　　单位：万元

类　　别	工资总额	国有单位	城镇集体单位	其他单位
总　　计	**7 416 789**	**3 011 664**	**62 929**	**4 342 197**
按国民经济行业分				
农、林、牧、渔业	4 123	4 123		
采矿业	13		13	
制造业	1 623 796	360 247	2 740	1 260 809
电力、热力、燃气及水生产和供应业	65 573	1 474		64 099
建筑业	1 781 736	82 384	51 703	1 647 650
批发和零售业	421 490	25 728	259	395 503
交通运输、仓储和邮政业	274 700	93 237	436	181 027
住宿和餐饮业	52 544	9 346	43	43 156
信息传输、软件和信息技术服务业	237 102	870		236 232
金融业	311 404	203 423		107 982
房地产业	147 645	15 502	267	131 877
租赁和商务服务业	115 729	51 975	816	62 938
科学研究和技术服务业	246 973	157 506		89 467
水利、环境和公共设施管理业	112 685	87 459	486	24 740
居民服务、修理和其他服务业	9 136	1 563	11	7 562
教育	707 639	669 548	1 818	36 273
卫生和社会工作	499 040	474 187	4 340	20 513
文化、体育和娱乐业	100 357	69 289		31 068
公共管理、社会保障和社会组织	705 108	703 807		1 301

3－11 主要年份城镇非私营单位在岗职工平均工资

单位:元

年 份	合 计	国有单位	城镇集体单位	其他单位
1980	732	779	597	
1990	1 798	1 972	1 300	2 122
2000	8 756	9 335	5 123	9 708
2010	35 038	37 938	18 422	32 042
2011	39 816	43 606	24 262	38 406
2012	43 771	49 987	38 255	38 670
2013	46 744	58 166	40 548	40 171
2014	51 851	57 322	46 540	49 594
2015	57 730	67 039	48 768	53 620
2016	65 812	84 069	49 629	57 952
2017	72 686	96 839	46 432	62 403

3－12 城镇非私营单位各种分组的就业人员平均工资

（2017 年）

单位：元

类　别	平均工资	国有单位	城镇集体单位	其他单位
总　计	**70 017**	**90 642**	**49 161**	**61 613**
按国民经济行业分				
农、林、牧、渔业	15 015	15 015		
采矿业	26 778		26 778	
制造业	62 463	75 473	28 646	59 750
电力、热力、燃气及水生产和供应业	70 861	36 214		72 427
建筑业	59 035	45 176	50 406	60 747
批发和零售业	56 250	93 885	45 702	54 800
交通运输、仓储和邮政业	72 792	93 626	45 690	65 855
住宿和餐饮业	42 913	50 394	12 879	41 657
信息传输、软件和信息技术服务业	71 102	66 908		71 118
金融业	107 842	122 536		89 257
房地产业	68 576	69 276	16 656	68 910
租赁和商务服务业	51 481	44 459	62 225	57 486
科学研究和技术服务业	95 369	97 580		91 592
水利、环境和公共设施管理业	60 845	61 036	39 915	60 760
居民服务、修理和其他服务业	63 905	64 579	28 000	63 889
教育	94 323	97 766	67 066	58 655
卫生和社会工作	122 485	128 187	57 165	70 205
文化、体育和娱乐业	77 507	72 022		93 401
公共管理、社会保障和 社会组织	110 378	110 409		95 654

3－13 城镇非私营单位各种分组的在岗职工平均工资

（2017年） 单位：元

类　　别	平均工资	国有单位	城镇集体单位	其他单位
总　　计	**72 686**	**96 839**	**46 432**	**62 403**
按国民经济行业分				
农、林、牧、渔业	41 769	41 769		
采矿业	25 200		25 200	
制造业	63 182	76 291	27 098	60 392
电力、热力、燃气及水生产和 供应业	70 554	36 214		72 127
建筑业	59 539	49 839	46 781	60 648
批发和零售业	56 940	95 395	46 161	55 494
交通运输、仓储和邮政业	75 067	93 733	111 692	68 035
住宿和餐饮业	42 584	50 516	12 879	41 274
信息传输、软件和信息技术服务业	71 851	66 908		71 871
金融业	120 113	122 536		115 798
房地产业	70 401	77 937	16 656	70 062
租赁和商务服务业	52 231	43 724	70 362	61 983
科学研究和技术服务业	99 892	102 945		94 936
水利、环境和公共设施管理业	69 843	73 163	42 287	60 860
居民服务、修理和其他服务业	66 204	64 579	28 000	66 685
教育	97 171	100 787	67 066	59 260
卫生和社会工作	127 309	133 195	62 806	70 564
文化、体育和娱乐业	78 977	72 958		96 785
公共管理、社会保障和社会组织	113 983	114 023		95 654

3－14 城镇私营单位就业人员年末人数、工资

（2017 年）

类　　别	就业人员 人　　数 （人）	就业人员 平均工资 （元）
总　　计	**579 524**	**44 063**
按国民经济行业分		
农、林、牧、渔业	10 331	36 056
采矿业	458	31 971
制造业	135 473	42 386
电力、热力、燃气及水生产和供应业	743	41 968
建筑业	297 886	45 465
批发和零售业	44 878	42 677
交通运输、仓储和邮政业	10 775	40 007
住宿和餐饮业	8 911	38 946
信息传输、软件和信息技术服务业	10 260	49 443
金融业	1 798	39 946
房地产业	15 233	49 300
租赁和商务服务业	18 197	42 504
科学研究和技术服务业	6 004	43 442
水利、环境和公共设施管理业	1 700	42 435
居民服务、修理和其他服务业	5 683	40 271
教育	5 037	38 906
卫生和社会工作	3 034	54 189
文化、体育和娱乐业	3 123	43 569
公共管理、社会保障和社会组织		

注:本表为城镇私营抽样调查资料整理。

主要统计指标解释

社会从业人员 指在劳动年龄内，有劳动能力，参加社会劳动取得劳动报酬或经营收入的人口。包括：(1)单位从业人员；(2)私营企业和个体从业人员；(3)乡镇企业从业人员；(4)农村从业人员；(5)其他共五个部份。这一指标反映了一定时期内全部劳动力资源的实际利用情况，是研究我国基本国情国力的重要指标。

单位从业人员 指在各类法人单位工作，并由单位支付劳动报酬的人员，包括在岗职工和其他从业人员。

在岗职工 指在本单位工作且与本单位签订劳动合同，并由单位支付各项工资和社会保险、住房公积金的人员，以及上述人员中由于学习、病伤产假等原因暂未工作，仍由单位支付工资的人员。

其他从业人员 指除在岗职工以外，实际参加本单位生产或工作并从本单位取得劳动报酬的人员。具体包括：非全日制人员、聘用的正式离退休人员、兼职人员和第二职业者，以及在本单位工作的外籍和港澳台方人员。

城镇个体和私营劳动者 城镇私营劳动者指在工商管理部门注册登记，其经营地址设有县城关镇及以上的私营企业的劳动者。包括私营企业投资者和雇工。城镇个体劳动者指在工商管理部门注册登记，并持有城镇户口或在城镇长期居住，经批准从事个体工商经营的劳动者。包括：个体经营者和个体工商户劳动的家庭帮工和雇工。

农村从业人员 指农村人口中经常参加社会劳动并取得劳动报酬的整半劳动力。包括在乡镇企业及其他集体经济组织和农户中参加各项生产的劳动者及外出从事个体经营的劳动者。从事家庭副业，其收入相当于当地一个社会劳动者最低收入水平或参加社会劳动累计在三个月以上的劳动者，也包括在内。

工资总额 根据《关于工资总额组成的规定》，工资总额是指本单位在报告期内(季度或年度)直接支付给本单位从业人员的劳动报酬总额。包括计时工资、计件工资、奖金、津贴和补贴、加班加点工资、特殊情况下支付的工资。

工资总额是税前工资，包括单位从个人工资中直接为其代扣或代缴的房费、个人所得税、水费、电费、住房公积金和社会保险基金个人缴纳部分等。

工资总额不论是计人成本的还是不计人成本的，不论是以货币形式支付的还是以实物形式支付的，均应列人工资总额的计算范围。

工资总额由基本工资、绩效工资、工资性津贴和补贴、其他工资四部分组成。工资总额不包括病假、事假等情况的扣款。

基本工资也可称为标准工资、合同工资、谈判工资。指本单位在报告期内(季度或年度)支付给本单位从业人员的按照法定工作时间提供正常工作的劳动报酬。各单位给个人确定的底薪可作为基本工资。包括工龄工资(年功工资)。基本工资不含定时、定额发放的各种奖金、各种津贴和补贴、加班工资，也不包括补发的上一季度或上一年度的基础工资。

绩效工资也可称为效益工资、业绩工资。指根据本单位利润增长和工作业绩定期支付给本单位从业人员的奖金；支付给本单位从业人员的超额劳动报酬和增收节支的劳动报酬。具体包括：值加班工资、绩效奖金(如年度、季度、月度等)、全勤奖、生产奖、节约奖、劳动竞赛奖和其他名目的奖金；以及某工作事项完成后的提成工资、年底双薪等。但不包括人股分红、股权激励兑现的钱和各种资本性收益。

工资性津贴和补贴指本单位制定的员工相关工资政策中，为补偿本单位从业人员特殊或额外的劳动消耗和因其他特殊原因支付的津贴,以及为保证其工资水平不受物价影响而支付的物价补贴。具体包括:补偿特殊或额外劳动消耗的津贴及岗位性津贴、保健性津贴、技术性津贴、地区津贴和其他津贴;如过节费、通讯补贴、交通补贴、不休假补贴、无食堂补贴、单位发的可自行支配的住房补贴以及上的各种商业性保险等。上述各种项目均包括货币性质的,也包括实物性质的和各种形式的充值卡、购物卡(券)等。

其他工资指上述基本工资、绩效工资、工资性津贴和补贴三类工资均不能包括的发给从业人员的工资,如补发上一年度的工资等。

平均工资 是指在报告期内单位发放工资的人均水平。计算公式为:

$$平均工资=\frac{报告期工资总额}{报告期平均人数}。$$

四、人民生活

PEOPLE'S LIVELIHOOD

本篇内容包括：

1. 居民家庭基本情况
2. 居民生活收入情况
3. 居民拥有耐用消费品数量

城乡居民收入水平

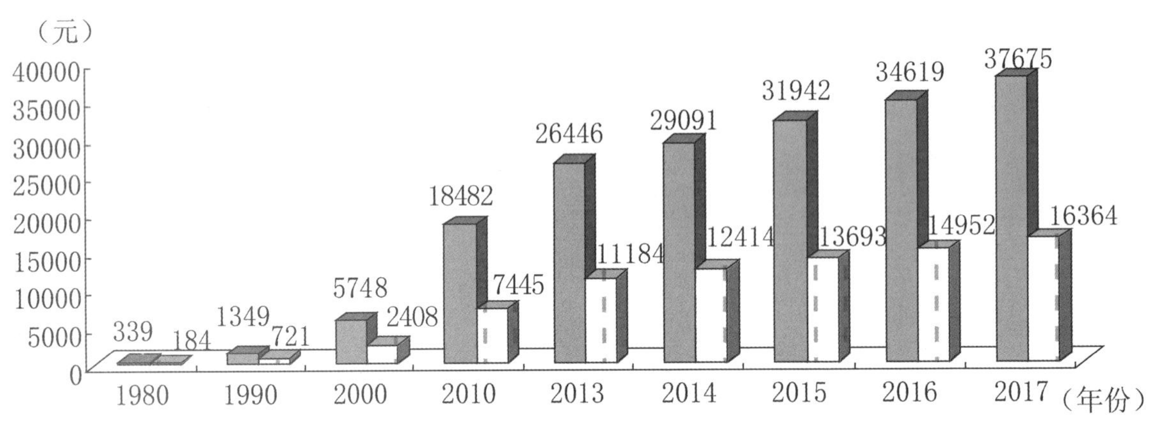

平均每百户家庭耐用消费品拥有量

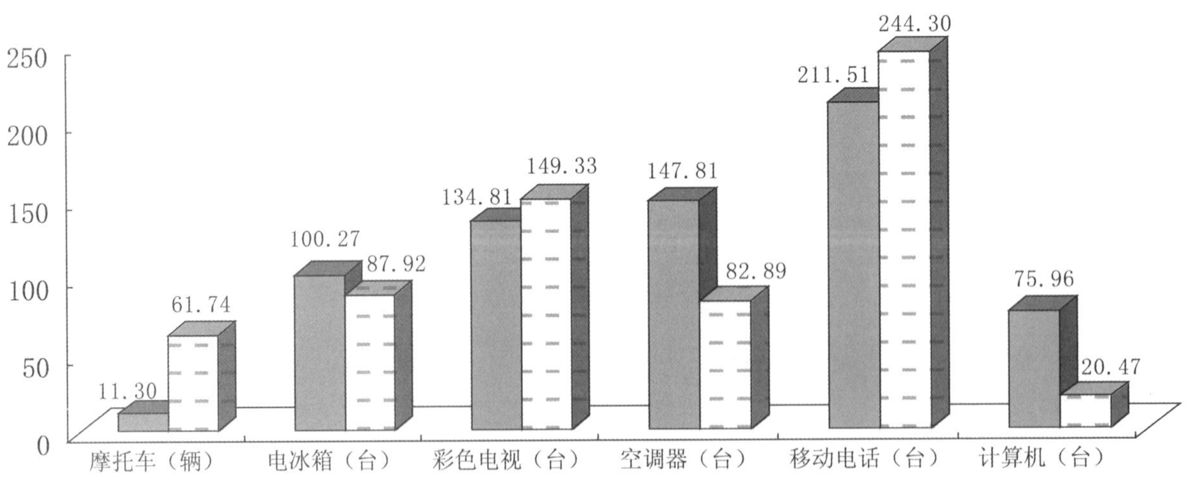

4－1　全市居民家庭生活基本情况

指　　标	1978	1980	1990	2000	2010	2013	2014	2015	2016	2017
就　　业(人)										
城镇居民每一劳动力负担人口		1.98	1.77	1.92	1.82	1.8	1.71	1.87	1.93	1.91
农村居民每一劳动力负担人口			1.78	1.45	1.4	1.46	1.42	1.43	1.43	1.43
收　　入(元)										
城镇居民人均可支配收入			1 349	5 748	18 482	26 446	29 091	31 942	34 619	37 675
农村居民人均可支配收入			721	2 408	7 445	11 184	12414	13 693	14 952	16 364
消　　费(元)										
城镇居民人均消费性支出			1 085	3 924	13 885	17 925	19 628	21 396	22 536	24 275
农村居民人均消费性支出			588	1 694	5 026	7 153	7 896	8 788	9 460	10 240
居　　住(平方米)										
城镇居民人均建筑面积			29.37	33.42	28.2	30.5	32.11	35.08	35.42	35.53
农村居民人均建筑面积				26.1	46.64	52.22	54.7	58.38	58.18	58.23
交通、通讯										
城镇居民每百户汽车拥有量(辆)					5.06	16.2	17.31	15.22	22.56	23.45
城镇居民每百户摩托车拥有量(辆)					8.71	11.8	17.95	13.34	11.52	11.3
城镇居民每百户拥有移动电话(部)					16.7	208.41	215.87	204.03	204.09	211.51
农村居民每百户汽车拥有量(辆)						12.42	12.64	15.82	19.53	20.81
农村居民每百户摩托车拥有量(辆)				14.00	48.00	56.06	64.98	62.29	63.3	61.74
农村居民每百户拥有移动电话(部)					148	204.24	222.7	227.27	235.44	244.3
文　　化(台/套)										
城镇居民每百户拥有彩色电视机			45	113	148.6	142.68	141.88	137.92	133.81	134.81
城镇居民每百户拥有照相机			18	35.7	48.31	44.55	39.53	30.93	23.94	24.52
城镇居民每百户拥有计算机					71.35	85.05	87.16	76.22	76.49	75.96
农村居民每百户拥有彩色电视机			6	48.75	121	129.09	140.4	140.07	145.12	149.33
农村居民每百户拥有照相机			1	3.5	7	4.42	3.25	0.01	0.6	0.67
农村居民每百户拥有计算机					8.00	21.82	16.25	21.89	19.19	20.47

注:2013 年之前农村居民人均可支配收入为人均纯收入指标,2013 年之后所有调查指标为新口径调查数据,统一为可支配收入,后同。

4－2　1980—2017 年城市住户基本情况

年　　份	调查户数（户）	平均每户家庭人口（人）	平均每户就业人口（人）	平均每个就业者负担人口(人)	平均每人每月家庭总收入（元）	平均每人每月可支配收入(元)	平均每人每月消费支出(元)
1980	120	4.28	2.16	1.98		28	28
1981	120	4.21	2.15	1.96	34	34	31
1982	120	4.21	2.17	1.94	36	36	31
1983	120	4.23	2.19	1.93	37	36	32
1984	120	4.09	2.18	1.88	44	43	39
1985	150	3.64	2.06	1.77	54	53	47
1986	150	3.66	2.05	1.79	64	64	54
1987	150	3.64	2.01	1.81	71	70	63
1988	200	3.54	1.94	1.82	84	83	76
1989	200	3.48	1.98	1.76	96	110	84
1990	200	3.34	1.88	1.77	113	112	90
1991	200	3.41	1.85	1.85	114	113	94
1992	200	3.35	1.81	1.85	129	128	111
1993	200	3.16	1.74	1.81	173	172	154
1994	200	3.11	1.74	1.79	256	255	216
1995	200	3.07	1.76	1.75	300	299	248
1996	200	3.03	1.67	1.82	334	334	268
1997	200	3.03	1.68	1.81	376	375	312
1998	200	3.09	1.76	1.75	408	406	320
1999	334	3.05	1.68	1.82	515	441	340
2000	300	3.21	1.67	1.92	482	479	327
2001	300	3.12	1.62	1.93	525	519	358
2002	300	2.99	1.55	1.93	603	588	399
2003	300	2.93	1.48	1.98	674	653	423
2004	300	2.78	1.53	1.82	762	733	488
2005	300	2.59	1.37	1.89	908	864	588
2006	300	2.61	1.43	1.83	992	944	629
2007	300	2.66	1.62	1.64	1 144	1 099	838
2008	300	2.81	1.63	1.72	1 326	1 271	962
2009	300	2.81	1.62	1.73	1 475	1 341	1 033
2010	300	2.77	1.52	1.82	1 652	1 540	1 157
2011	300	2.79	1.5	1.86	1 857	1 748	1 268
2012	300	2.83	1.58	1.79	2 096	1 989	1 369
2013	321	3.03	1.68	1.8	–	2 204	1 494
2014	468	3.14	1.84	1.71	2 672	2 424	1 636
2015	465	2.95	1.58	1.87	2 844	2 662	1 783
2016	471	2.92	1.51	1.93	3 070	2 885	1 878
2017	469	2.87	1.49	1.91	3 328	3 140	2 023

注：平均每个就业者负担人口含就业者本人。

4－3 城市居民家庭生活基本情况

项　　目	2016	2017
调查户数(户)	471	469
家庭人口(人)	1 373	1342
就业人口(人)	711	699
平均每户家庭人口(人)	2.92	2.87
平均每户就业人口(人)	1.51	1.49
平均每户就业面(%)	51.71	51.92
平均每一就业者负担人数(含就业者本人)(人)	1.93	1.93
平均每人家庭总收入(元)	36 835	39 931
平均每人可支配收入(元)	34 619	37 675
平均每人消费支出(元)	22 532	24 275
家庭常住人口(人)	1 359	1 334
建筑面积(平方米)	48 137.8	47 397
平均每人建筑面积(平方米)	35.42	35.53
平均每户建筑面积(平方米)	102.36	101.06

4-4 城市住户基本情况

（按收入分组,2017 年）

项　　目	总平均	低收入户	中低收入户	中等收入户	中高收入户	高收入户
调查户数(户)	469	93	94	94	94	94
家庭人口(人)	1342	349	281	255	224	233
家庭常住人口(人)	1334	350	279	252	223	230
就业人口(人)	697	179	164	124	101	129
平均每户家庭人口(人)	2.87	3.75	2.99	2.71	2.38	2.48
平均每户家庭常住人口(人)	2.84	3.76	2.97	2.68	2.37	2.45
平均每户就业人口(人)	1.49	1.92	1.74	1.32	1.07	1.37
平均每户就业面(%)	51.92	51.20	58.19	48.71	44.96	55.24
就业者负担人口(人)	1.93	1.95	1.72	2.05	2.22	1.81
人均可支配收入(元)	37 675	19 308	29 345	36 122	45 045	68 992
人均消费性支出(元)	24 275	15 354	20 608	19 697	30 220	40 824
离退休人数(人)	343	43	42	85	98	75

4-5 城市住户平均每百户主要消费品年末拥有量

品　　名	2016	2017
摩托车(辆)	11.52	11.30
助力车(辆)	70.86	73.61
家用汽车(辆)	22.56	23.45
洗 衣 机(台)	98.2	99.40
电 冰 箱(台)	100.53	100.27
彩色电视(台)	133.81	134.81
热水器(台)	97.56	98.99
照 相 机(架)	23.94	24.52
空 调 器(台)	146.18	147.81
微 波 炉(台)	74.36	75.91
电 话(台)	44.16	44.99
移动电话(台)	204.09	211.51
计算机(台)	76.49	75.96

4-6 城市居民平均每人每年收支

单位:元

项　　目	2016	2017
可支配收入	**34 619**	**37 675**
工资性收入	20 793	22 019
经营净收入	2 150	2 694
财产净收入	3 607	4 073
转移净收入	8 069	8 889
赡养收入	185	156
养老金或离退休金	8 784	9 662
经常性捐赠收入		
非收入所得	**437.4**	**654.2**
出售资产所得	87.9	178.3
记帐补贴	185.6	346.8
借贷性所得	**144.7**	**155.0**
提取储蓄存款	139.9	133.5
借入款		
家庭总支出	**27 587**	**28 572**
赡养支出	76.7	90.1
一次性捐赠支出	408.7	417.6
借贷性支出	**1354.9**	**923.8**
存入储蓄款	491.3	343.4
归还借款	1.36	7.32
借出款	2.95	10.35

4-7 城市居民平均每人每年收支

（按收入分组，2017年）　　　　单位：元

项　目	总平均	低收入户	中低收入户	中等收入户	中高收入户	高收入户
可支配收入	**37 675**	**19 308**	**29 345**	**36 122**	**45 045**	**68 992**
工资性收入	22 019	13 155	21 422	18 726	20 971	39 940
经营净收入	2 694	1 408	1 592	1 797	1 138	8 704
财产净收入	4 073	1 914	2 912	3 948	4 909	7 905
转移净收入	8 889	2 801	3 419	11 652	18 026	12 443
#赡养收入	156	127.0	42.9	158.7	334.9	157.6
养老金或离退休金	9 662	3 338	4 227	12 147	18 479	14 113
经常性捐赠收入						
非收入所得	**654.2**	**480.9**	**318.6**	**463.2**	**494.4**	**1 650.7**
出售资产所得	178.3	3.0	0.1	0.0	9.0	995.7
记帐补贴	346.8	260.6	300.8	383.5	413.5	424.3
借贷性所得	**155.0**	**4.7**	**252.4**	**178.2**	**386.7**	**1.7**
提取储蓄存款	133.5	0.0	221.9	104.7	386.7	0.0
借入款						
家庭总支出	**28 572**	**15 354**	**20 608**	**19 697**	**30 219**	**40 824**
赡养支出	90.1	10.1	85.9	35.7	217.3	142.8
一次性捐赠支出	417.6	260.9	294.5	427.1	827.1	385.0
借贷性支出	**923.8**	**329.2**	**1 091.8**	**619.5**	**1 538.0**	**1 308.8**
存入储蓄款	343.4	0.0	741.9	365.9	676.7	0.1
归还借款	7.32			25.11	15.36	
借出款	10.35	41.2				

4－8　城市住户平均每人每年消费支出及构成

项　　目	金　　额(元)		构　　成(%)	
	2016	2017	2016	2017
消费支出	**22 532**	**24 275**	**100**	**100**
食品烟酒	7 290	7 424	32.4	30.6
#粮　食	542	547	7.4	7.4
油　脂	276	269	3.8	3.6
肉禽蛋水产品类	2 206	2 190	30.3	29.6
#蛋　类	143	141	2.0	1.9
#水产类	482	513	6.6	6.9
蔬菜和食用菌	1 043	953	14.3	12.9
烟　类	372	447	5.1	6.0
酒和饮料	270	271	3.7	3.7
干鲜瓜果	579	570	7.9	7.7
糖果糕点及奶类	585	591	8.0	8.0
衣　着	1 811	1 900	8.0	7.8
#衣类	1 447	1 542	79.9	81.2
鞋类	364	357	21.0	18.8
生活用品及服务	1 243	1 323	5.5	5.4
#耐用消费品	251	252	20.2	1.0
医疗保健	1 083	1 015	4.8	4.2
交通和通信	2 559	3 003	11.4	12.4
教育文化娱乐	2 391	2 876	10.6	11.9
#文化娱乐用品	321	279	13.4	9.7
教　育	983	1 397	42.0	48.6
文化娱乐服务	1 088	1 201	45.5	41.7
居　住	5 623	6 173	25.0	25.4
其它商品与服务	531	560	2.4	2.3

4－9 城市住户平均每人每年购买消费品数量

品　　名	2016	2017
粮食(千克)	131.60	139.36
食用植物油(千克)	18.34	20.88
蔬菜及菜制品(千克)	140.16	144.23
猪肉(千克)	27.45	27.86
牛羊肉(千克)	4.70	5.31
家禽(千克)	10.33	10.55
鲜蛋(千克)	10.53	10.97
鱼(不包括虾)(千克)	17.10	17.94
白酒(千克)	1.78	1.75
啤酒(千克)	5.24	5.75
鲜瓜果(千克)	51.62	55.05
糕点(千克)	5.08	4.69
鲜奶(千克)	15.84	17.49
服装(元)	1 322.30	1 466.21
鞋(双)	2.97	2.77
罐装液化石油气(千克)	23.47	23.20
管道天然气(立方米)	40.84	40.00

4－10　城市居民居住情况

单位：户

类　　别	2016	2017
调查户数	**471**	**469**
按住宅建筑式样		
单栋住宅	68	68
四居室	13	13
三居室	103	104
二居室	226	224
一居室	44	43
普通楼房		
平房及其他	17	3
按房屋产权		
租赁公房	3	4
租赁私房	38	38
原有私房		
自建住房	68	68
房改私房	165	160
商品房	126	127
拆迁安置房	46	46
继承或获赠住房	7	7
借用房	4	4
其他	14	9
住户厕所类型	**471**	**468**
1. 水冲式卫生厕所	440	437
2. 水冲式非卫生厕所	5	5
3. 卫生旱厕	14	14
4. 普通旱厕	11	11
5. 无厕所	1	1
住户厕所使用情况		
本住户独用	453	451
几户合用	16	15
公用厕所	2	2
住户洗澡设施情况		
统一供热水	8	8
家庭自装热水器	437	434
其他	9	9
无洗澡设施	17	17

4－11 1985—2017 年农村居民家庭基本情况

年　份	调查县区（个）	调查数（户）	平均每户家庭人口（人）	平均每户整半劳动力（人）	平均每个劳动力负担人口（人）	平均每人可支配收入（元/人）	平均每人住房面积（平方米/人）
1985	6	380	5.64	3.04	1.85	412	15.98
1986	6	380	5.61	3.02	1.86	452	16.77
1987	6	390	5.41	2.82	1.91	501	18.36
1988	6	410	5.41	2.96	1.83	586	19.52
1989	6	410	5.36	3.52	1.52	660	20.69
1990	6	410	5.25	2.95	1.78	721	19.50
1991	6	410	5.02	2.79	1.80	768	19.78
1992	6	410	4.99	2.81	1.76	855	21.30
1993	6	410	4.91	2.86	1.72	969	19.69
1994	6	410	4.79	2.89	1.66	1 311	22.53
1995	6	410	4.75	2.91	1.63	1 626	23.71
1996	6	410	4.67	2.91	1.61	2 031	23.44
1997	6	410	4.55	2.84	1.60	2 359	25.12
1998	6	400	4.46	2.80	1.59	2 169	26.26
1999	6	400	4.30	2.89	1.49	2 318	26.77
2000	6	400	4.29	2.96	1.45	2 408	26.10
2001	6	400	4.28	2.93	1.46	2 542	27.92
2002	6	400	4.21	2.93	1.44	2 697	28.21
2003	6	400	4.16	2.92	1.42	2 850	29.46
2004	6	400	4.13	2.90	1.42	3 476	35.48
2005	7	400	4.14	2.92	1.42	3 960	38.66
2006	7	400	4.12	2.92	1.41	4 496	41.03
2007	7	400	4.10	2.92	1.40	5 168	42.32
2008	7	400	4.08	2.90	1.40	5 944	44.14
2009	7	400	4.04	2.89	1.40	6 498	45.04
2010	7	400	3.98	2.85	1.40	7 445	46.64
2011	6	400	4.10	2.96	1.39	8 780	49.21
2012	6	400	4.07	2.91	1.40	10 071	48.86
2013	6	330	3.98	2.72	1.46	11 184	52.22
2014	6	277	3.63	2.56	1.42	12 414	54.70
2015	6	297	3.54	2.47	1.43	13 693	58.38
2016	6	297	3.52	2.46	1.43	14 952	57.95
2017	6	298	3.52	2.46	1.43	16 364	58.23

注:2013 年之后人均常住人口指标为人均家庭人口。

4-12 农村居民家庭基本情况

（分县区,2017 年）

地区	调查数（户）	平均每户家庭人口（人）	平均每户整半劳动力（人）	6周岁及以上在校学生（人）	人均经营耕地（亩）	人均经营山地（亩）	平均每人年末住房（平方米）	人均可支配收入（元）
南昌市	298	3.52	2.46	231	1.85	0.14	58.38	16 364
湾里区	10	3.10	2.20	9	0.33		95.48	12 585
青山湖区	10	2.90	2.30	5			98.97	18 704
新建区	70	4.21	2.70	78	2.33	0.08	54.59	16 365
南昌县	68	3.43	2.54	50	1.70		64.08	17 971
安义县	70	3.31	2.44	39	1.26		56.50	14 602
进贤县	70	3.29	2.21	50	1.95	0.39	51.18	16 829

4－13　农村家庭房屋使用情况

项　　目	2016	2017	2017 年比 上年增长%
新建房户数(户)	3	4	33.3
平均每户年内新建房屋面积(平方米)	102.7	84.5	－17.7
新建房屋总费用(元)	150 000	210 000	40.0
平均每户年末使用房屋面积(平方米)	204.8	205.5	0.3
#生活用房面积	203.98	204.96	0.5
#砖木结构(户)	47	47	0.0
钢筋混凝土结构(户)	99	99	0.0
平均每人年末使用房屋面积(平方米)	58.18	58.39	0.4

4-14 农村居民家庭总收入和构成

项　目	平均每人(元)		构　成(%)	
	2016	2017	2016	2017
总 收 入	**22 225.0**	**22 799.3**	**100.0**	**100.0**
工资性收入	6 645.0	7 810.1	29.9	34.3
工资	5 713.0	7 163.2	86.0	91.7
实物福利	0.4	0.0	0.0	0.0
其他	930.9	646.9	14.1	8.3
家庭经营收入	12 989.0	12 360.8	58.4	54.2
农业收入	3 385.0	3 362.9	26.1	27.2
林业收入	124.8	70.4	1.0	0.6
牧业收入	4 734.0	3 381.1	36.4	27.4
渔业收入	173.5	171.9	1.3	1.4
采矿业				
制造业收入	370.3	436.8	2.9	3.5
电力、热力、燃气及水生产和供应业				
建筑业收入	70.6	487.1	0.5	3.9
交通、运输和邮电业收入	578.9	707.8	4.5	5.7
批发和零售贸易、餐饮业收入	2 958.3	3 066.0	22.8	24.8
住宿和餐饮业	143.8	140.5	1.1	1.1
租赁和商务服务业				
居民服务、修理和其他服务业	322.9	387.9	2.5	3.1
其他	11.8	10.1	0.1	0.1
农林牧渔服务业	114.4	138.4	0.9	1.1
财产性收入	85.8	116.6	0.4	0.5
转移性收入	2 505.4	2 511.9	11.3	11.0
#家庭非常住人口寄回收入	1 302.1	1 332.2	52.0	53.0

4-15 农村居民家庭总支出和构成

项　　目	平均每人(元)		构　　成(%)	
	2016	2017	2016	2017
总　支　出	**18 334**	**18 821.9**	**100.0**	**10.0**
生产经营费用支出	7 543	7 035.3	41.1	37.4
农业	1 112	1 171.0	14.7	16.6
林业	12.9	4.9	0.2	0.1
牧业	3 976	3 139.9	52.7	44.6
渔业	73.9	122.8	1.0	1.7
采矿业				
制造业	116.9	175.1	1.5	2.5
电力、热力、燃气及水生产和供应业				
建筑业	20.4	97.7	0.3	1.4
交通、运输和邮电业	191.3	125.1	2.5	1.8
批发和零售贸易	1 886	2 060.9	25.0	29.3
住宿和餐饮业	26.4	24.1	0.3	0.3
租赁和商务服务业				
居民服务、修理和其他服务业	80.7	87.5	1.1	1.2
其他				
农林牧渔服务业	46.3	26.3	0.6	0.4
购置资产及非经常性转移支出	808.4	838.6	4.4	4.5
#购置生产性固定资产支出	59.95	169.6	7.4	20.2
部分商业保险支出	0.42	0.0	0.0	0.0
生活消费支出	9 460	10 240.1	51.6	54.4
#文化娱乐用品及服务	330.6	257.2	3.5	2.5
财产性支出	1.4	2.5	0.0	0.0
转移性支出	258.5	299.3	1.4	1.6
借贷性支出	262.1	406.2	1.4	2.2

4－16 主要年份农村居民家庭可支配收入

（按人口平均）

单位:元

项目	1990	2000	2010	2011	2012	2013	2014	2015	2016	2017
人均可支配收入	**731**	**2 408**	**7 445**	**8 780**	**10 071**	**11 184**	**12 414**	**13 693**	**14 952**	**16 364**
按可支配收入来源分										
工资性收入	50	1 010	1 932	3 505	3 957	4 646	5 229	5 668	6 645	7 810
家庭经营净收入	632	1 293	2 765	3 647	4 232	4 475	4 935	5 665	5 948	6 183
第一产业	527	1 085	2 273	3 186	3 602	3 284	3 614	3 736	3 630	3 131
第二产业	24	97	137	104	77	101	114	323	313	681
第三产业	81	111	356	358	554	1 090	1 207	1 606	2 005	2 371
转移净收入	41	77	2 663	1 573	1 815	1 979	2 143	2 253	2 275	114
财产净收入	8	28	85	55	66	84	107	107	85	2 256
按可支配收入性质分										
生产性净收入	602	2 192	4 342	6 795	7 636	8 031	8 957	9 727	10 588	11 622
农业生产	527	1 085	2 273	3 186	3 602	3 284	3 614	3 736	3 630	3 131
非农业生产	75	1 107	2 069	3 609	4 034	4 747	5 343	5 991	6 958	8 491
非生产性净收入	130	216	3 104	1 986	2 435	3 153	3 457	3 966	4 364	4 742

4－17　农村住户平均每人可支配收入

（分县区，2017 年）

单位：元

地　　区	可支配收入	生产性可支配收入			非生产性可支配收入
			农业生产	非农业生产	
南　昌　市	**16 364**	**11 622**	**3 131**	**8 491**	**4 742**
湾　里　区	12 585	9 101	114	8 987	3 483
青 山 湖 区	18 704	13 957		13 957	4 747
新　建　区	16 365	12 842	3 607	9 235	3 523
南　昌　县	17 971	13 801	2 950	10 851	4 170
安　义　县	14 602	11 020	1 014	10 006	3 581
进　贤　县	16 829	9 299	4 164	5 135	7 530

4－18　农村住户生活消费支出

项　　目	平均每人(元)		构　　成(%)		商品性比重(%)	
	2016	2017	2016	2017	2016	2017
生活消费支出	**9 460**	**10 240**	**100**	**100**	**80.0**	**83.1**
食品烟酒	3 455	3 705	36.5	36.2	92.3	93.8
#主食	426	502	12.3	13.6	100.0	100.0
副食	3 029	3 203	86.4	86.4	100.0	100.0
衣着	517	577	5.5	5.6	99.8	100.0
居住	2 389	2 459	25.3	24.0	37.8	37.8
生活用品及服务	470	529	5.0	5.2	96.8	97.9
医疗保健	599	503	6.3	4.9	16.0	24.1
交通通信	1 107	1 507	11.7	14.7	54.8	65.0
教育文化娱乐	779	746	8.2	7.3	20.8	16.8
#文化娱乐用品	131	105	16.8	14.1	100.0	100.0
文化娱乐服务	200	152	25.7	20.4		
其他商品和服务	143	213	1.5	2.1	59.1	50.6

注:商品性比重是指生活消费品中商品性支出所占比重,不包括自产自用部分和文化及生活服务支出。

4－19　农村居民家庭现金收入和构成

项　　目	平均每人(元)		构　　成(%)	
	2016	2017	2016	2017
现　金　收　入	**21 355**	**21 785.39**	**100**	**100**
工资性收入	6 644	7 810.08	31.10	35.85
工资	5 713	7 163.18	91.72	91.72
其他工资性收入	931	646.90	8.28	8.28
现金经营性收入	12 230	11 420.87	52.42	52.42
农业	2 781	2 511.14	21.99	21.99
林业	20.8	21.75	0.19	0.19
牧业	4 685	3 342.32	29.27	29.27
渔业	172.1	171.13	1.50	1.50
采矿业				
制造业	370.3	436.80	3.82	3.82
电力、热力、燃气及水生产和供应业				
建　筑　业	70.6	487.11	4.27	4.27
批发和零售业	2 958	3 065.97	26.85	26.85
交通运输、仓储和邮政业	579	707.82	6.20	6.20
住宿和餐饮业	143.81	140.49	1.23	1.23
房地产业				
租赁和商务服务业				
居民服务、修理和其他服务业	322.9	387.90	3.40	3.40
其他行业	11.8	10.07	0.09	0.09
农林牧渔服务业	114.4	138.37	1.21	1.21
现金转移性收入	2 395	2 437.86	11.19	11.19
现金财产性收入	85.8	116.58	0.54	1.49

4-20 农村居民家庭现金支出和构成

项目	平均每人(元)		构成(%)	
	2016	2017	2016	2017
现金支出	**16 110.00**	**16 653.16**	**100.00**	**100.00**
生产经营现金费用支出	7 507.00	6 979.18	46.60	41.91
农业	1 096.00	1 153.44	6.80	16.53
林业	12.90	4.85	0.08	0.07
牧业	3 956.00	3 101.40	24.60	44.44
渔业	73.90	122.80	0.50	1.76
采矿业				
制造业	116.90	175.15	0.70	2.51
电力、热力、燃气及水生产和供应业				
建筑业	20.40	97.65	0.10	1.40
交通、运输和邮电业	191.30	125.09	1.20	1.79
批发和零售贸易	1 886.00	2 060.90	11.70	29.53
住宿和餐饮业	26.40	24.06	0.20	0.34
租赁和商务服务业				
居民服务、修理和其他服务业	80.70	87.50	0.50	1.25
其他				
农林牧渔服务业	46.30	26.33	0.30	0.38
购置资产及非经常性转移支出	808.40	838.60	5.00	5.04
#购置生产性固定资产支出	60.00		0.40	
部分商业保险支出	0.40	0.00	0.00	0.00
现金财产性支出	1.40	2.47	0.00	0.01
现金转移性支出	258.50	299.27	1.60	1.80
现金生活消费支出	7 272.00	8 127.40	45.10	48.80
借贷性支出	262.10	406.25	1.60	2.44

4－21 农村住户储蓄借贷

项　目	平均每人(元)		2017年比上年	
	2016	2017	增减额(元)	增长率(%)
借贷性所得	251.8	197.4	－54.40	－21.60
#从银行信用社得到的贷款				
借入款	91.8	69.4	－22.38	－24.38
收回借出款	1.7	0	－1.70	－100.00
提取储蓄存款	158.4	128.0	－30.41	－19.20
收回储蓄性保险本金				
借贷性支出	262.1	406.2	144.15	55.00
#归还银行信用社贷款	174.2	283.5	109.33	62.76
借出款				
归还借款	24.7	41.8	17.13	69.35
存入储蓄款	63.3	77.8	14.45	22.83
支出投资款				
年末手存现金				
年末存款余款				

4-22 主要年份农村住户按收入水平分组的户数构成

（按收入水平分组）

单位：户

分　组	1995	2000	2010	2011	2012	2013	2014	2015	2016	2017
调查户数	**410**	**400**	**400**	**400**	**400**	**330**	**277**	**297**	**297**	**298**
200元以下		3	6	3	1					
200-300元										
300-400元		2	1							
400-500元		5								
500-600元		4				1				
600-800元	15	12	2	2						
800-1000元	34	14	2							
1000-1500元	154	70	5							
1500-2000元	100	67	6	2	1	2				
2000元以上	107	223	378	393	398	327	275	295	286	292

4－23 主要年份农村住户平均每人每年主要食品消费量

单位:千克

品名	1990	2000	2010	2011	2012	2013	2014	2015	2016	2017
粮食	351.35	295.10	215.88	169.4	156.19	191.06	185.16	183.11	165.49	173.4
蔬菜	172.72	97.82	86.68	83.69	82.73	97.35	92.54	106.05	103.81	91.15
植物油	6.66	8.30	9.02	9.55	10.24	12.1	15.58	14.33	12.89	14.58
动物油	1.64	1.55	0.26	0.49	0.49	0.66	0.11	0.04	0.10	0.06
猪肉	10.18	10.76	11.46	11.98	12.02	15.39	14.67	14.26	14.62	14.82
牛羊肉	0.33	0.35	0.39	1.13	0.93	1.35	1.26	1.45	1.63	2.05
奶和奶制品	0.21	0.44	4.06	5.71	5.55	5.55	5.7	5.54	6.36	6.63
家禽	1.49	2.48	3.7	4.13	4.23	5.6	6.25	4.83	4.72	4.55
蛋类	2.96	4.57	6.36	5.82	5.96	6.50	7.29	8.28	5.22	6.18
水产品	3.07	5.11	7.26	7.35	8.12	9.41	9.14	9.93	9.76	9.82
食糖	1.36	1.05	0.4	0.4	0.37	0.41	2.05	0.53	0.42	0.39
酒	3.52	6.97	13.19	12.52	13.43	17.31	19.71	18.62	18.80	18.92
茶叶	0.07		0.07	0.05	0.02	0.02	0.03	0.04	0.03	0.05
糖果、糕点	1.52	1.87				2.58	2.73	2.83	2.29	2.40
水果	3.13	25.56	10.41	10.72	12.53	14.51	16.42	20.09	25.63	26.43

4－24　主要年份农村住户耐用物品拥有量

（按每百户年末平均拥有量计算）

品　　名	1990	2000	2010	2011	2012	2013	2014	2015	2016	2017
自 行 车(辆)	129	146.50	108.00	88.00	92.00	85.45				
电 风 扇(台)	84	180.25								
洗 衣 机(台)	1	9.25	30.00	42.00	45.00	46.55	43.32	46.13	52.19	57.05
电 冰 箱(台)	3	19.50	67.00	82.00	87.00	79.39	81.95	84.18	86.53	87.92
摩 托 车(辆)		14.00	48.00	46.00	48.00	56.06	64.98	62.29	63.30	61.74
黑白电视机(台)	56	74.00	8.00	4.00	4.00					
彩色电视机(台)	6	48.75	121.00	127.00	130.00	129.09	140.40	140.07	145.12	149.33
收 录 机(台)	18	26.25								
照 相 机(架)	1	3.50	7.00	4.00	4.00	4.42	3.25	0.01	0.60	0.67
空 调 机(台)			36.00	54.00	56.00	60.61	62.09	66.67	74.75	82.89
电 话 机(部)			58.00	37.00	35.00	37.88	49.10	48.15	42.42	45.64
移动电话(部)			148.00	187.00	200.00	204.24	222.70	227.27	235.44	244.30
影碟机(台)			32.00	23.00	24.00					
微波炉(台)			13.00	14.00	20.00	15.15	12.10	15.15	17.17	20.13
热水器(台)			36.00	49.00	55.00	49.70	56.68	56.23	66.33	70.81
家用计算机(台)			8.00	12.00	15.00	21.82	16.25	21.89	19.19	20.47
家用汽车(生活用)(台)			4.00	7.00	7.00	12.42	12.64	15.82	19.53	20.81

注:自行车、电风扇、黑白电视机、收录机、影碟机已无汇总数据。

4－25　农村住户劳动力文化程度

（2017年）　　　　单位:百劳率(%)

地　　区	文盲或半文盲	小学程度	初中程度	高中程度	中专程度	大专以上程度
南　昌　市	**4.20**	**32.10**	**48.70**	**12.14**		**2.90**
湾　里　区		31.80	63.60	4.60		
青 山 湖 区		34.80	43.50	17.40		4.30
新　建　区	6.30	29.60	50.80	11.10		2.10
南　昌　县	3.40	41.60	48.00	6.40		0.60
安　义　县	4.10	16.40	53.80	19.90		5.80
进　贤　县	3.90	41.30	40.00	11.60		3.20

主要统计指标解释

可支配收入　指调查户在调查期内获得的、可用于最终消费支出和储蓄的总和，即调查户可以用来自由支配的收入。可支配收入既包括现金，也包括实物收入。按照收入的来源，可支配收入包含四项，分别为：工资性收入、经营净收入、财产净收入和转移净收入。计算公式为：

可支配收入 = 工资性收入 + 经营净收入 + 财产净收入 + 转移净收入

其中：经营净收入 = 经营收入 - 经营费用 - 生产性固定资产折旧 - 生产税

财产净收入 = 财产性收入 - 财产性支出

转移净收入 = 转移性收入 - 转移性支出

工资性收入　指就业人员通过各种途径得到的全部劳动报酬和各种福利，包括受雇于单位或个人、从事各种自由职业、兼职和零星劳动得到的全部劳动报酬和福利。

经营净收入　指住户或住户成员从事生产经营活动所获得的净收入，是全部经营收入中扣除经营费用、生产性固定资产折旧和生产税之后得到的净收入。计算公式具体为：

经营净收入 = 经营收入 - 经营费用 - 生产性固定资产折旧 - 生产税

财产净收入　指住户或住户成员将其所拥有的金融资产、住房等非金融资产和自然资源交由其他机构单位、住户或个人支配而获得的回报并扣除相关的费用之后得到的净收入。财产净收入包括利息净收入、红利收入、储蓄性保险净收益、转让承包土地经营权租金净收入、出租房屋净收入、出租其他资产净收入和自有住房折算净租金等。

转移性收入　指国家、单位、社会团体对住户的各种经常性转移支付和住户之间的经常性收入转移。包括养老金或退休金、社会救济和补助、政策性生产补贴、政策性生活补贴、经常性捐赠和赔偿以及报销医疗费等；住户之间的赡养收入以及本住户非常住成员寄回带回的收入等转移性收入不包括住户之间的实物馈赠。

转移净收入计算公式为：转移净收入 = 转移性收入 - 转移性支出

消费支出　指住户用于满足家庭日常生活消费需要的全部支出，包括用于消费品的支出和用于服务性消费的支出。根据用途不同，消费支出可划分为食品烟酒、衣着、居住、生活用品及服务、交通通信、教育文化娱乐、医疗保健、其他用品及服务八大类。根据来源不同，消费支出可划分为现金消费支出、实物消费支出（含自产自用、来自单位、来自政府和其他社会组织）。

五、物　　价

PRICE

本篇内容包括：

1. 居民消费价格指数
2. 商品零售价格指数
3. 工业生产者出厂价格指数
4. 工业生产者购进价格指数

居民消费价格指数

（以上年价格为100）

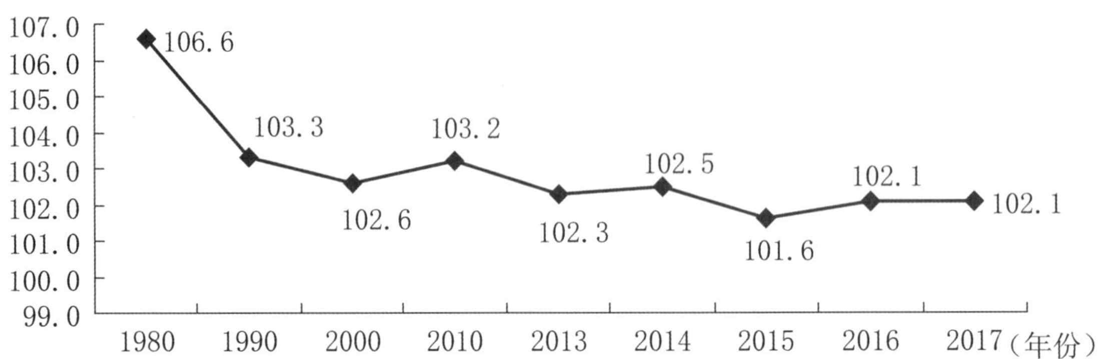

服务项目价格指数

（以上年价格为100）

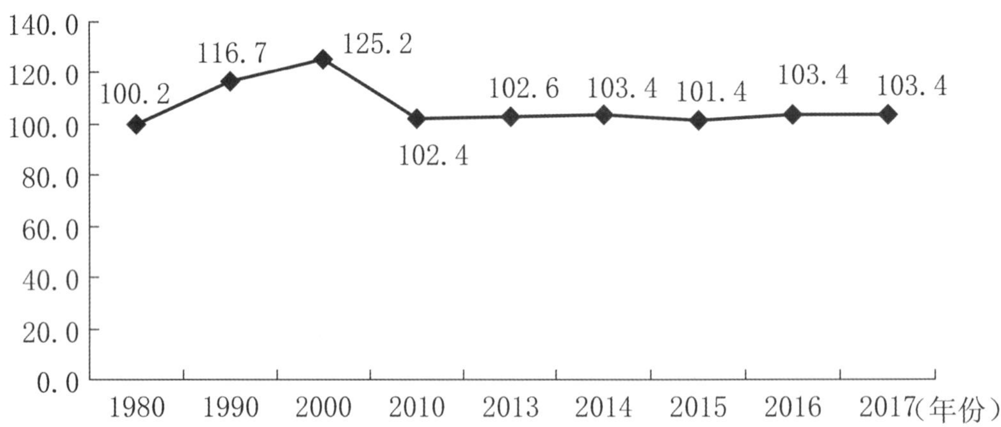

商品零售价格指数

（以上年价格为100）

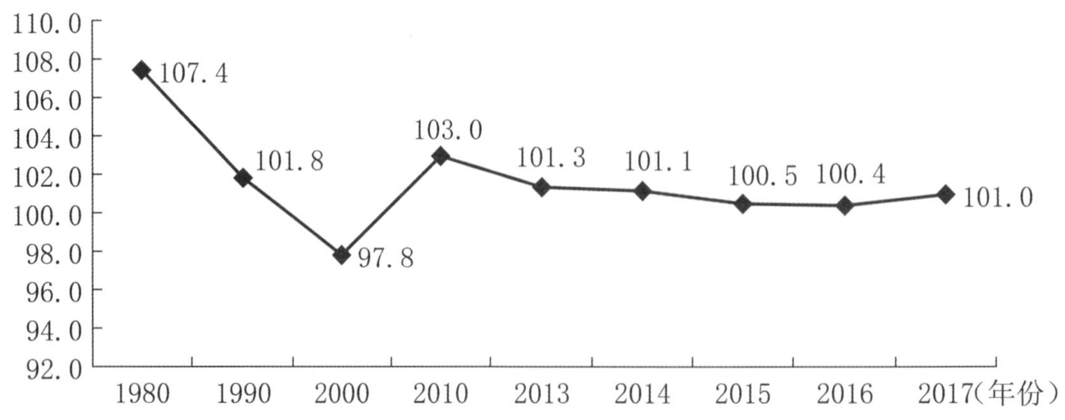

5-1 历年物价总指数

（以上年价格为100）

年份	消费价格指数	#服务项目价格指数	零售价格指数	工业生产者出厂价格指数	工业生产者购进价格指数
1980	106.57	100.20	107.44		
1990	103.30	116.70	101.80		
2000	102.60	125.20	97.80		
2010	103.20	102.40	103.00	102.88	108.12
2011	105.00	102.80	105.20	104.88	111.02
2012	102.90	101.80	102.40	98.88	97.82
2013	102.30	102.60	101.30	99.46	99.60
2014	102.50	103.40	101.10	99.08	95.90
2015	101.60	101.40	100.50	97.29	94.96
2016	102.10	103.40	100.40	99.07	98.29
2017	102.10	103.40	101.00	104.37	105.73

5-2 居民消费价格指数

（2017年，以上年价格为100）

项　　目	2017	项　　目	2017	项　　目	2017
居民消费价格总指数	**102.1**	鞋	100.9	通信工具	88.5
食品烟酒	**100.8**	鞋类加工服务	107.4	通信服务	107.1
食　　品	100.8	**居住**	**102.5**	邮递服务	100.0
粮　　食	101.6	租赁房房租	105.3	**教育文化和娱乐**	**101.0**
薯　　类	102.4	住房装潢材料	101.4	教　　育	102.9
豆　　类	104.1	物业管理费	100.0	教育用品	99.4
食用油	99.6	住房装潢维修	101.8	教育服务	103.0
菜	93.3	水电燃料	102.2	文娱耐用消费品	99.4
畜肉类	97.2	自有住房	102.5	其他文娱用品	99.3
禽肉类	104.7	**生活用品及服务**	**100.8**	文化娱乐服务	98.9
水产品	111.0	家　　具	108.7	旅　　游	98.4
蛋	97.3	室内装饰品	96.5	**医疗保健**	**107.2**
奶　　类	100.2	大型家用器具	99.0	药品及医疗器具	102.9
干鲜瓜果	107.1	小家电	105.2	中　　药	106.3
糖果糕点	104.5	家用纺织品	98.2	西　　药	103.9
调味品	102.4	家庭日用杂品	98.9	医疗服务	110.0
其他食品	105.5	个人护理用品	100.0	**其他用品和服务**	**102.4**
茶及饮料	98.7	家庭服务	104.4	首饰手表	101.7
烟　　酒	99.3	**交通和通信**	**102.6**	旅馆住宿	100.0
在外餐饮	101.6	交　　通	102.1	美容美发洗浴	101.6
衣着	**104.1**	交通工具	98.5	养老服务	107.7
服　　装	105.3	交通工具用燃料	111.5	金融保险	108.0
服装材料	99.2	交通工具使用和维修	99.0	其他服务	101.0
其他衣着及配件	96.4	交通费	100.1		
衣着加工服务费	104.2	通信	103.3		

5-3 商品零售价格指数

（2017年，以上年价格为100）

项　目	2017	项　目	2017
商品零售价格总指数	**101.0**	床上用品	96.5
食　品	**101.0**	**家用电器及音像器材**	**99.5**
粮　食	101.6	家庭设备	99.3
薯　类	102.4	文娱用耐用消费品	98.2
豆　类	104.1	专业音像器材	106.2
食用油	99.6	**文化办公用品**	**105.1**
菜	93.3	**日用品**	**97.4**
畜肉类	97.2	日用百货	99.8
禽肉类	104.2	厨具餐具茶具	100.6
水产品	111.0	清洗用品	92.8
蛋	97.3	其他日用品	95.7
奶　类	100.2	**体育娱乐用品**	**100.7**
干鲜瓜果	107.1	体育户外用品	101.7
糖果糕点	104.5	娱乐用品	100.1
调味品	102.4	**交通、通信用品**	**96.7**
其他食品	105.5	**家　具**	**108.7**
在外餐饮	101.6	**化妆品**	**100.5**
饮料、烟酒	**99.3**	**金银饰品**	**102.1**
茶及饮料	98.7	**中西药品及医疗保健用品**	**103.2**
烟　草	98.7	医疗卫生器具	100.3
酒　类	100.4	中　药	106.3
服装、鞋帽	**103.9**	西　药	103.9
服　装	105.0	保健器具及用品	98.1
鞋帽袜	100.3	**书报杂志及电子出版物**	**100.4**
其他衣着配件	101.3	**燃　料**	**108.0**
纺织品	**97.0**	**建筑材料及五金电料**	**101.3**
服装材料	99.2		

5-4 居民消费价格分月指数

（2017年，以上年同月价格为100）

类　别	1月	2月	3月	一季度平　均	4月	5月	6月	二季度平　均	上半年平　均
居民消费价格总指数	**102.5**	**100.1**	**101.8**	**101.5**	**102.1**	**102.8**	**102.5**	**102.5**	**102.0**
食品烟酒	102.9	96.0	98.4	99.0	100.0	102.4	102.4	101.6	100.3
食　品	103.8	93.4	97.6	98.1	99.8	103.1	103.2	102.0	100.0
粮　食	102.5	102.1	102.0	102.2	101.2	101.1	101.4	101.2	101.7
薯　类	110.9	100.0	99.3	103.2	86.0	86.4	84.8	85.7	93.5
豆　类	101.8	101.2	104.6	102.5	103.5	102.9	103.2	103.2	102.8
食用油	99.0	103.8	101.2	101.3	100.4	100.7	98.5	99.9	100.6
菜	94.0	63.9	75.0	75.9	84.7	96.7	108.9	95.7	84.8
畜肉类	107.5	98.8	99.0	101.6	97.3	95.9	94.7	96.0	98.7
禽肉类	113.6	102.2	104.0	106.4	105.6	106.7	105.5	105.9	106.2
水产品	115.5	112.3	117.0	114.9	116.9	117.7	114.0	116.2	115.5
蛋	96.5	91.0	91.7	93.1	93.4	92.0	91.8	92.4	92.7
奶　类	100.5	99.2	100.1	100.0	99.9	100.0	99.6	99.8	99.9
干鲜瓜果	103.5	99.7	108.8	104.0	112.4	123.9	113.6	116.5	110.3
糖果糕点	101.8	104.7	104.1	103.5	104.5	104.5	104.4	104.5	104.0
调味品	102.7	101.1	101.9	101.9	102.1	102.5	103.8	102.8	102.4
其他食品	107.9	108.3	103.4	106.5	108.8	108.1	105.6	107.5	107.0
茶及饮料	99.0	98.9	98.1	98.7	97.9	97.7	97.4	97.7	98.2
烟　酒	99.5	99.7	99.3	99.5	99.5	99.4	99.0	99.3	99.4
在外餐饮	102.1	101.8	100.7	101.5	100.8	102.0	102.1	101.6	101.6
衣　着	100.0	102.3	108.9	103.6	108.1	108.8	107.7	108.2	105.9
服　装	99.9	101.7	110.8	104.0	110.3	110.2	108.2	109.6	106.8
服装材料	100.0	100.0	100.0	100.0	100.0	100.0	100.0	100.0	100.0
其他衣着及配件	82.8	100.6	104.0	95.1	102.3	100.9	101.5	101.5	98.2
衣着加工服务费	111.9	108.4	99.0	106.2	104.0	104.0	104.4	104.1	105.2
鞋　类	102.1	104.0	104.5	103.5	102.3	106.2	107.8	105.4	104.4
居　住	103.0	103.1	102.6	102.9	102.3	102.3	102.4	102.3	102.6
租赁房房租	106.8	106.8	105.6	106.4	105.6	105.9	105.9	105.8	106.1
住房保养维修及管理	104.8	102.4	100.1	102.4	100.2	100.6	101.1	100.6	101.5
水电燃料	100.7	102.2	102.0	101.7	101.4	101.2	101.2	101.2	101.5
自有住房	103.1	103.1	103.1	103.1	102.8	102.8	102.8	102.8	102.9
生活用品及服务	99.8	100.3	100.8	100.3	100.9	100.3	101.8	101.0	100.6
家具及室内装饰品	106.2	106.1	106.4	106.2	106.3	106.3	106.5	106.4	106.3
家用器具	96.8	98.3	99.4	98.2	98.3	97.2	98.8	98.1	98.1
家用纺织品	98.3	98.5	98.0	98.3	99.0	98.2	97.5	98.2	98.2
家庭日用杂品	97.4	97.8	98.3	97.8	99.4	98.7	103.0	100.3	99.1
个人护理用品	101.0	101.9	100.8	101.2	101.1	100.6	101.5	101.0	101.1
家庭服务	106.3	103.4	107.4	105.7	107.4	107.4	105.9	106.9	106.3
交通和通信	104.2	102.7	104.2	103.7	103.7	104.2	101.6	103.2	103.4
交　通	105.3	102.8	104.3	104.1	103.0	102.4	100.5	102.0	103.0
通　信	102.5	102.5	104.1	103.0	105.0	107.3	103.4	105.2	104.1
教育文化和娱乐	102.7	100.5	102.4	101.9	102.4	102.0	101.3	101.9	101.9
教　育	106.8	101.9	101.9	103.5	101.9	101.9	101.9	101.9	102.7
文化娱乐	98.4	98.9	103.0	100.1	103.0	102.1	100.5	101.9	101.0
医疗保健	101.4	100.6	100.6	100.9	100.5	100.5	100.5	100.5	100.7
药品及医疗器具	103.6	101.5	101.5	102.2	101.3	101.3	101.3	101.3	101.8
医疗服务	100.0	100.0	100.0	100.0	100.0	100.0	100.0	100.0	100.0
其他用品和服务	102.8	103.3	102.8	102.9	103.0	103.2	103.2	103.1	103.0

（2017年，以上年同月价格为100）

类　别	7月	8月	9月	三季度平均	1-9月平均	10月	11月	12月	四季度平均	全年
居民消费价格总指数	**102.0**	**101.9**	**102.9**	**102.3**	**102.1**	**102.9**	**102.0**	**102.0**	**102.3**	**102.1**
食品烟酒	102.3	101.8	101.0	101.7	100.8	101.8	100.0	100.8	100.9	100.8
食　品	103.0	102.4	101.1	102.2	100.7	102.3	99.6	100.8	100.9	100.8
粮　食	101.7	101.4	101.7	101.6	101.7	101.8	101.4	101.0	101.4	101.6
薯　类	94.6	122.8	122.9	112.1	99.0	116.6	115.4	110.5	114.1	102.4
豆　类	103.4	105.3	105.6	104.8	103.5	106.6	105.8	105.5	106.0	104.1
食用油	96.2	98.5	99.0	97.9	99.7	98.5	99.8	100.0	99.4	99.6
菜	113.1	108.0	101.1	107.1	91.8	107.8	90.6	96.1	98.0	93.3
畜肉类	95.6	95.6	95.7	95.6	97.7	95.7	96.2	95.3	95.8	97.2
禽肉类	104.1	103.6	101.3	103.0	105.1	103.4	103.6	103.7	103.6	104.7
水产品	109.6	107.4	103.0	106.6	112.4	104.9	108.0	107.3	106.7	111.0
蛋	98.8	101.4	102.7	101.0	95.4	101.2	103.1	103.9	102.7	97.3
奶　类	99.8	100.8	100.7	100.4	100.1	100.8	100.9	100.6	100.8	100.2
干鲜瓜果	104.8	101.5	103.7	103.3	107.9	103.0	102.9	108.1	104.7	107.1
糖果糕点	104.3	106.0	106.4	105.6	104.5	105.3	103.9	104.1	104.4	104.5
调味品	103.0	102.9	102.9	102.9	102.5	102.9	101.9	101.2	102.0	102.4
其他食品	105.9	103.6	104.5	104.6	106.2	105.4	102.9	102.6	103.6	105.5
茶及饮料	97.6	98.5	99.8	98.7	98.3	100.5	99.6	99.8	100.0	98.7
烟　酒	99.1	99.1	99.6	99.3	99.4	99.1	99.1	99.1	99.1	99.3
在外餐饮	101.9	101.6	101.6	101.7	101.6	101.6	101.6	101.5	101.6	101.6
衣　着	104.8	104.0	106.2	105.0	105.6	103.6	98.2	98.0	99.9	104.1
服　装	105.8	107.4	111.6	108.2	107.2	104.6	97.6	98.0	100.0	105.3
服装材料	100.0	100.0	100.0	100.0	100.0	95.4	95.4	100.0	96.9	99.2
其他衣着及配件	96.5	91.6	91.6	93.3	96.6	92.1	92.6	102.5	95.7	96.4
衣着加工服务费	103.9	103.2	102.6	103.2	104.5	101.4	103.2	104.9	103.2	104.2
鞋　类	103.0	94.1	90.3	95.7	101.5	102.8	100.7	96.1	99.9	101.1
居　住	102.7	102.8	102.5	102.7	102.6	102.3	102.2	102.1	102.2	102.5
租赁房房租	105.9	106.2	103.7	105.3	105.8	103.7	103.7	103.7	103.7	105.3
住房保养维修及管理	101.1	100.8	100.8	100.9	101.3	101.6	101.4	101.9	101.6	101.4
水电燃料	101.6	102.3	103.4	102.4	101.8	103.2	103.9	103.1	103.4	102.2
自有住房	103.3	103.0	102.3	102.9	102.9	101.7	101.2	101.2	101.4	102.5
生活用品及服务	101.4	101.1	100.8	101.1	100.8	100.5	101.5	101.1	101.1	100.8
家具及室内装饰品	106.4	106.5	106.7	106.6	106.4	105.0	108.5	108.6	107.4	106.6
家用器具	101.1	102.9	102.5	102.1	99.5	101.8	103.9	102.0	102.6	100.2
家用纺织品	97.7	99.0	98.7	98.5	98.3	97.6	97.4	98.2	97.7	98.2
家庭日用杂品	100.9	98.4	98.6	99.3	99.1	98.6	98.0	98.4	98.3	98.9
个人护理用品	100.2	99.0	98.4	99.2	100.5	98.2	98.8	98.3	98.4	100.0
家庭服务	102.3	101.1	100.1	101.2	104.5	103.6	104.0	104.0	103.9	104.4
交通和通信	101.2	102.4	101.6	101.7	102.9	101.8	102.2	101.2	101.7	102.6
交　通	99.7	101.3	100.8	100.6	102.2	101.2	102.0	102.6	101.9	102.1
通　信	103.7	104.4	102.8	103.6	103.9	102.8	102.7	98.8	101.4	103.3
教育文化和娱乐	99.9	99.1	100.3	99.8	101.2	100.2	100.2	100.6	100.3	101.0
教　育	102.0	101.8	103.5	102.4	102.6	103.6	103.6	103.7	103.6	102.9
文化娱乐	97.7	96.2	96.8	96.9	99.6	96.4	96.3	97.1	96.6	98.8
医疗保健	101.3	101.5	120.0	107.6	103.0	120.1	120.2	118.5	119.6	107.2
药品及医疗器具	103.2	103.6	105.1	104.0	102.5	105.3	105.6	101.4	104.1	102.9
医疗服务	100.0	100.0	130.1	110.0	103.3	130.1	130.1	130.1	130.1	110.0
其他用品和服务	101.8	101.6	101.6	101.7	102.6	101.6	102.0	102.5	102.0	102.4

5－5 居民消费价格分月指数

（2017年，以上月价格为100）

类　别	1月	2月	3月	4月	5月	6月
居民消费价格总指数	**100.1**	**99.9**	**100.5**	**100.1**	**100.4**	**99.9**
食品烟酒	100.7	99.9	100.8	100.3	101.0	100.0
食　品	100.8	99.9	101.4	100.3	101.6	99.9
粮　食	100.2	100.3	100.0	100.0	100.0	100.1
薯　类	114.2	98.4	98.4	100.3	104.2	103.0
豆　类	101.2	102.4	99.8	99.4	99.4	100.1
食用油	98.8	100.7	100.4	99.2	100.0	100.6
菜	93.4	96.5	106.7	100.3	99.9	99.9
畜肉类	102.3	99.3	98.6	99.4	99.9	98.5
禽肉类	102.9	98.7	98.6	101.0	100.7	99.9
水产品	105.2	103.2	102.7	103.0	102.5	99.6
蛋	98.5	97.7	96.1	99.2	97.8	100.3
奶　类	100.0	98.7	100.9	100.4	100.1	99.5
干鲜瓜果	106.0	104.5	105.0	99.6	112.3	102.2
糖果糕点	99.5	100.0	100.7	101.1	100.0	100.1
调味品	99.9	99.6	100.9	100.2	98.7	101.3
其他食品	99.3	100.1	99.6	101.7	99.7	99.6
茶及饮料	100.2	99.8	99.4	100.0	99.8	99.7
烟　酒	100.2	99.9	99.0	100.1	100.0	100.0
在外餐饮	100.9	100.0	100.0	100.5	100.0	100.0
衣　着	96.5	98.9	103.7	100.1	100.3	100.1
服　装	95.0	99.2	104.6	99.0	100.0	100.2
服装材料	100.0	100.0	100.0	100.0	100.0	100.0
其他衣着及配件	97.3	103.4	103.5	98.3	98.6	100.6
衣着加工服务费	107.4	96.9	100.0	100.0	100.0	100.4
鞋　类	100.7	97.4	100.9	104.9	101.8	99.4
居　住	100.4	100.2	100.0	99.7	100.1	99.7
租赁房房租	100.0	100.0	101.7	100.0	100.2	100.0
住房保养维修及管理	99.6	100.1	100.0	100.2	100.5	100.5
水电燃料	101.7	100.5	99.5	99.0	99.7	98.8
自有住房	100.0	100.0	100.0	100.0	100.2	100.0
生活用品及服务	100.4	100.3	99.7	100.1	99.6	100.5
家具及室内装饰品	103.5	99.8	100.2	99.9	100.1	100.2
家用器具	99.1	101.3	100.0	99.9	99.2	100.8
家用纺织品	98.9	98.3	99.1	99.7	99.7	99.5
家庭日用杂品	100.2	99.2	99.4	100.5	99.7	101.9
个人护理用品	101.0	101.6	99.7	100.1	99.5	98.5
家庭服务	100.0	101.0	100.0	100.0	100.0	101.3
交通和通信	101.1	99.5	99.6	99.7	100.1	99.7
交　通	101.7	99.3	99.5	99.7	100.2	99.5
通　信	100.0	100.0	99.8	99.8	100.0	100.0
教育文化和娱乐	99.4	100.5	100.3	100.2	100.2	100.1
教　育	100.0	100.6	100.0	100.0	100.0	100.0
文化娱乐	98.8	100.3	100.6	100.4	100.5	100.3
医疗保健	99.9	100.0	100.0	100.7	100.0	100.0
药品及医疗器具	99.8	100.0	100.0	101.8	100.0	100.0
医疗服务	100.0	100.0	100.0	100.0	100.0	100.0
其他用品和服务	99.8	100.5	100.1	100.3	100.5	100.3

5－5续表 （2017年，以上月价格为100）

类　别	7　月	8　月	9　月	10　月	11　月	12　月
居民消费价格总指数	**99.7**	**100.2**	**101.5**	**99.9**	**99.7**	**100.1**
食品烟酒	99.9	100.4	100.1	99.5	98.3	100.0
食　　品	99.7	100.6	100.2	99.2	97.3	100.0
粮　　食	100.4	99.9	100.1	100.0	100.0	100.0
薯　　类	91.8	107.3	98.3	98.7	100.0	97.1
豆　　类	100.2	102.0	100.3	100.7	100.0	100.0
食 用 油	98.2	100.4	99.6	101.3	100.3	100.6
菜	108.8	105.0	100.3	100.8	87.8	98.4
畜 肉 类	98.8	99.5	100.8	99.9	99.3	98.9
禽 肉 类	98.9	101.8	101.0	100.2	99.6	100.4
水 产 品	97.3	98.2	97.6	100.1	98.5	99.5
蛋	104.0	104.2	105.2	98.4	100.4	102.5
奶　　类	100.2	101.0	99.9	100.1	100.1	99.7
干鲜瓜果	91.3	95.3	99.8	91.0	98.4	104.6
糖果糕点	100.1	101.4	100.9	100.0	99.8	100.6
调 味 品	100.0	100.8	100.5	100.2	99.3	99.9
其他食品	102.7	101.2	100.4	100.5	98.6	99.3
茶及饮料	100.3	100.0	100.1	100.2	99.8	100.5
烟　　酒	100.0	100.0	99.9	100.0	100.0	100.0
在外餐饮	100.1	100.0	100.0	100.0	100.0	100.0
衣　　着	97.3	99.8	100.8	100.5	100.0	100.2
服　　装	97.7	101.5	101.4	98.5	100.8	100.4
服装材料	100.0	100.0	100.0	100.0	100.0	100.0
其他衣着及配件	95.2	94.9	100.0	100.5	100.7	110.5
衣着加工服务费	99.6	99.2	99.5	98.8	101.8	101.7
鞋　　类	95.6	94.3	98.5	109.6	96.4	97.5
居　　住	100.1	100.6	100.5	100.3	100.3	100.1
租赁房房租	100.0	101.8	100.0	100.0	100.0	100.0
住房保养维修及管理	99.8	99.5	100.3	100.9	100.3	100.3
水电燃料	99.5	100.6	101.7	100.9	101.1	100.1
自有住房	100.5	100.6	100.0	99.9	99.9	100.0
生活用品及服务	100.2	99.6	99.8	100.2	100.7	100.2
家具及室内装饰品	99.9	99.9	99.9	100.1	104.9	100.0
家用器具	101.6	100.9	99.5	99.4	100.0	100.4
家用纺织品	100.4	101.6	99.8	100.4	100.0	100.8
家庭日用杂品	99.8	97.1	100.7	100.4	99.3	100.4
个人护理用品	99.3	99.5	99.0	100.0	100.7	99.5
家庭服务	98.9	100.0	99.0	103.5	100.4	100.0
交通和通信	99.4	100.6	100.2	100.3	100.4	100.5
交　　通	99.1	100.5	100.3	100.5	100.9	101.5
通　　信	99.9	100.7	100.0	99.9	99.8	98.9
教育文化和娱乐	99.9	99.3	101.0	99.5	100.0	100.2
教　　育	100.0	100.0	102.9	100.1	100.0	100.1
文化娱乐	99.7	98.5	98.8	98.8	100.0	100.4
医疗保健	100.8	100.2	118.2	100.0	100.1	98.6
药品及医疗器具	101.9	100.4	101.3	100.0	100.3	96.1
医疗服务	100.0	100.0	130.1	100.0	100.0	100.0
其他用品和服务	99.5	100.2	100.3	99.4	100.4	101.2

5-6 商品零售价格分月指数

(2017年,以上年同月价格为100)

类　别	1月	2月	3月	一季度平均	4月	5月	6月	二季度平均	上半年平均
商品零售价格总指数	**100.6**	**99.4**	**100.9**	**100.3**	**101.3**	**102.3**	**102.1**	**101.9**	**101.1**
食　品	103.6	95.2	98.5	99.0	100.4	103.2	103.2	102.3	100.6
粮　食	102.5	102.1	102.0	102.2	101.2	101.1	101.4	101.2	101.7
薯　类	110.9	100.0	99.3	103.2	86.0	86.4	84.8	85.7	93.5
豆　类	101.8	101.2	104.6	102.5	103.5	102.9	103.2	103.2	102.8
食用油	99.0	103.8	101.2	101.3	100.4	100.7	98.5	99.9	100.6
菜	94.0	63.9	75.0	75.9	84.7	96.7	108.9	95.7	84.8
畜肉类	107.5	98.8	99.0	101.6	97.3	95.9	94.7	96.0	98.7
禽肉类	112.3	101.3	103.3	105.5	104.9	106.2	105.0	105.4	105.4
水产品	115.5	112.3	117.0	114.9	116.9	117.7	114.0	116.2	115.5
蛋	96.5	91.0	91.7	93.1	93.4	92.0	91.8	92.4	92.7
奶　类	100.5	99.2	100.1	100.0	99.9	100.0	99.6	99.8	99.9
干鲜瓜果	103.5	99.7	108.8	104.0	112.4	123.9	113.6	116.5	110.3
糖果糕点	101.8	104.7	104.1	103.5	104.5	104.5	104.4	104.5	104.0
调味品	102.7	101.1	101.9	101.9	102.1	102.5	103.8	102.8	102.4
其他食品	107.9	108.3	103.4	106.5	108.8	108.1	105.6	107.5	107.0
在外餐饮	102.1	101.8	100.7	101.5	100.8	102.0	102.1	101.6	101.6
饮料、烟酒	99.5	99.6	99.2	99.4	99.4	99.2	98.8	99.1	99.3
茶及饮料	99.0	98.9	98.1	98.7	97.9	97.7	97.4	97.7	98.2
烟　草	99.1	99.7	98.5	99.1	98.5	98.5	98.5	98.5	98.8
酒　类	100.2	99.8	100.6	100.2	101.4	100.9	99.8	100.7	100.5
服装、鞋帽	98.9	101.9	109.0	103.1	107.8	108.7	107.7	108.1	105.6
纺织品	97.0	97.2	96.7	97.0	97.7	96.7	96.6	97.0	97.0
家用电器及音像器材	96.4	98.0	99.8	98.0	99.0	98.3	99.0	98.8	98.4
文化办公用品	104.2	108.2	108.6	107.0	108.8	109.2	110.0	109.3	108.2
日用品	97.1	97.4	97.2	97.2	97.2	96.9	99.2	97.7	97.5
体育娱乐用品	100.4	100.1	100.2	100.2	100.6	100.6	100.5	100.6	100.4
体育户外用品	102.5	102.0	102.2	102.2	104.1	104.1	103.0	103.7	103.0
娱乐用品	99.2	99.1	99.1	99.1	98.6	98.6	99.2	98.8	99.0
交通、通信用品	95.2	95.4	96.3	95.6	96.8	99.6	98.7	98.4	97.0
家　具	108.3	108.5	108.6	108.5	108.6	108.6	108.6	108.6	108.5
化妆品	100.3	101.3	100.9	100.8	102.1	101.9	102.9	102.3	101.5
金银饰品	103.6	104.4	103.6	103.9	105.3	104.7	103.9	104.6	104.3
中西药品及医疗保健用品	103.7	101.6	101.6	102.3	101.4	101.4	101.4	101.4	101.8
书报杂志及电子出版物	100.4	99.9	99.5	100.0	100.0	100.0	99.4	99.8	99.9
燃　料	108.5	111.2	110.6	110.1	108.8	106.7	103.9	106.4	108.3
建筑材料及五金电料	100.3	100.6	100.6	100.5	100.8	101.5	102.4	101.6	101.0

5-6 续表　　(2017年,以上年同月价格为100)

类　别	7月	8月	9月	三季度平均	1-9月平均	10月	11月	12月	四季度平均	全年
商品零售价格总指数	**101.2**	**101.2**	**101.3**	**101.2**	**101.1**	**101.1**	**100.5**	**100.4**	**100.7**	**101.0**
食　品	102.8	102.1	100.9	101.9	101.1	102.0	100.0	100.9	100.9	101.0
粮　食	101.7	101.4	101.7	101.6	101.7	101.8	101.4	101.0	101.4	101.6
薯　类	94.6	122.8	122.9	112.1	99.0	116.6	115.4	110.5	114.1	102.4
豆　类	103.4	105.3	105.6	104.8	103.5	106.6	105.8	105.5	106.0	104.1
食用油	96.2	98.5	99.0	97.9	99.7	98.5	99.8	100.0	99.4	99.6
菜	113.1	108.0	101.1	107.1	91.8	107.8	90.6	96.1	98.0	93.3
畜肉类	95.6	95.6	95.7	95.6	97.7	95.7	96.2	95.3	95.8	97.2
禽肉类	103.6	103.1	101.0	102.6	104.4	103.3	103.5	103.6	103.4	104.2
水产品	109.6	107.4	103.0	106.6	112.4	104.9	108.0	107.3	106.7	111.0
蛋	98.8	101.4	102.7	101.0	95.4	101.2	103.1	103.9	102.7	97.3
奶　类	99.8	100.8	100.7	100.4	100.1	100.8	100.9	100.6	100.8	100.2
干鲜瓜果	104.8	101.5	103.7	103.3	107.9	103.0	102.9	108.1	104.7	107.1
糖果糕点	104.3	106.0	106.4	105.6	104.5	105.3	103.9	104.1	104.4	104.5
调味品	103.0	102.9	102.9	102.9	102.5	102.9	101.9	101.2	102.0	102.4
其他食品	105.9	103.6	104.5	104.6	106.2	105.4	102.9	102.6	103.6	105.5
在外餐饮	101.9	101.6	101.6	101.7	101.6	101.6	101.6	101.5	101.6	101.6
饮料、烟酒	99.0	99.1	99.9	99.3	99.3	99.5	99.3	99.3	99.4	99.3
茶及饮料	97.6	98.5	99.8	98.7	98.3	100.5	99.6	99.8	100.0	98.7
烟　草	98.5	98.5	98.5	98.5	98.7	98.5	98.5	98.5	98.5	98.7
酒　类	100.3	100.1	101.6	100.7	100.5	100.1	100.2	100.2	100.2	100.4
服装、鞋帽	104.8	104.2	106.5	105.2	105.4	103.6	97.7	97.5	99.5	103.9
纺织品	96.3	97.8	97.6	97.3	97.1	96.4	96.2	97.9	96.9	97.0
家用电器及音像器材	100.9	100.9	100.3	100.7	99.2	99.7	101.5	100.1	100.4	99.5
文化办公用品	101.6	102.4	102.5	102.2	106.1	102.2	103.3	102.0	102.5	105.1
日用品	97.7	96.9	97.5	97.4	97.4	97.0	97.4	97.6	97.3	97.4
体育娱乐用品	100.6	101.5	102.1	101.4	100.7	100.5	100.3	101.0	100.6	100.7
体育户外用品	103.2	102.4	101.6	102.4	102.8	99.4	97.6	99.0	98.7	101.7
娱乐用品	99.2	100.9	102.3	100.8	99.6	101.1	101.9	102.2	101.7	100.1
交通、通信用品	96.8	96.8	96.8	96.8	96.9	96.2	95.8	96.3	96.1	96.7
家　具	108.6	108.6	108.6	108.6	108.6	106.5	110.5	110.5	109.2	108.7
化妆品	101.5	100.0	99.2	100.2	101.1	97.8	98.8	98.9	98.5	100.5
金银珠宝	100.0	98.6	98.7	99.1	102.5	100.0	100.8	102.2	101.0	102.1
中西药品及医疗保健用品	103.6	104.0	105.8	104.5	102.7	106.1	106.5	101.6	104.7	103.2
书报杂志及电子出版物	99.0	100.1	99.7	99.6	99.8	101.7	102.1	102.5	102.1	100.4
燃　料	103.4	107.0	107.6	106.0	107.5	108.4	110.4	108.9	109.3	108.0
建筑材料及五金电料	102.2	101.2	101.6	101.7	101.2	101.5	101.0	102.0	101.5	101.3

5－7 价 格 指 数

（2017年，以主要年份为基期）

指 标	居民消费价格指数	零售物价指数	服务项目价格指数
以1980年价格为100	734.1	490.5	2198.0
以1990年价格为100	351.1	234.8	1079.9
以2000年价格为100	141.7	123.1	153.6
以2010年价格为100	119.9	112.3	120.4
以2011年价格为100	114.3	106.8	117.0
以2012年价格为100	111.0	104.3	115.1
以2013年价格为100	108.6	103.0	112.1
以2014年价格为100	105.9	101.9	108.4
以2015年价格为100	104.3	101.4	107.0
以2016年价格为100	102.1	101.0	103.4

5－8 工业生产者出厂价格指数

（2017 年，以上年价格为 100）

项　　目	2017	项　　目	2017
工业生产者出厂价格总指数	**104.37**	按行业大类分	
按轻重工业分		农副食品加工业	100.39
轻　工　业	101.15	食品制造业	100.44
以农产品为原料	101.32	酒、饮料和精制茶制造业	99.54
以非农产品为原料	100.75	烟草制品业	100.00
重　工　业	106.19	纺织业	102.23
采　　掘		纺织服装、服饰业	96.17
原　材　料	101.74	皮革、毛皮、羽毛及其制品和制鞋业	104.55
加　　工	107.60	木材加工和木、竹、藤、棕、草制品业	101.61
按生产生活资料分		家具制造业	100.00
生　产　资　料	106.40	造纸和纸制品业	112.76
采　　掘		印刷和记录媒介复制业	93.81
原　材　料	101.83	文教、工美、体育和娱乐用品制造业	102.15
加　　工	107.62	化学原料和化学制品制造业	103.51
生　活　资　料	99.85	医药制造业	100.00
食　　品	100.41	橡胶和塑料制品业	104.25
衣　　着	98.56	非金属矿物制品业	106.27
一 般 日 用 品	99.62	黑色金属冶炼和压延加工业	136.96
耐 用 消 费 品	99.30	有色金属冶炼和压延加工业	118.84
按工业部门分		金属制品业	114.69
冶金工业	128.69	通用设备制造业	101.46
电力工业	99.82	专用设备制造业	100.52
煤炭及炼焦工业		汽车制造业	99.48
石油工业	98.74	铁路、船舶、航空航天和其他运输设备制造业	99.41
化学工业	101.81	电气机械和器材制造业	102.24
机械工业	100.69	计算机、通信和其他电子设备制造业	101.91
建筑材料工业	106.27	仪器仪表制造业	100.00
森林工业	101.42	废弃资源综合利用业	158.18
食品工业	100.20	电力、热力生产和供应业	99.82
纺织工业	102.23	燃气生产和供应业	98.74
缝纫工业	96.17	水的生产和供应业	100.00
皮革工业	104.76		
造纸工业	112.76		
文教艺术用品工业	95.41		
其它工业	102.40		

5－9 工业生产者购进价格指数

（2017 年，以上年价格为 100）

项 目	2017	项 目	2017
工业生产者购进价格总指数	**105.73**	烟草制品业	100.00
按九大类分		纺织业	101.00
燃料、动力类	103.59	皮革、毛皮、羽毛及其制品和制鞋业	103.49
黑色金属材料类	117.85	木材加工和木、竹、藤、棕、草制品业	99.61
其中：钢材	112.03	造纸和纸制品业	120.19
其它	125.99	印刷和记录媒介复制业	110.89
有色金属材料及电线类	114.28	石油加工、炼焦和核燃料加工业	104.74
化工原料类	105.39	化学原料和化学制品制造业	104.88
木材及纸浆类	116.79	医药制造业	97.19
建筑材料及非金属类	101.64	橡胶和塑料制品业	106.96
其它工业原材料及半成品类	100.91	非金属矿物制品业	102.42
农副产品类	106.56	黑色金属冶炼和压延加工业	111.08
纺织原料类	101.00	有色金属冶炼和压延加工业	111.80
按工业行业分		金属制品业	112.38
农业	102.85	通用设备制造业	99.62
林业	122.77	汽车制造业	100.82
畜牧业	103.28	铁路、船舶、航空航天和其他运输设备制造业	100.00
煤炭开采和洗选业	112.38	电气机械和器材制造业	102.19
黑色金属矿采选业	127.13	计算机、通信和其他电子设备制造业	100.72
有色金属矿采选业	128.82	仪器仪表制造业	97.21
非金属矿采选业	100.98	废弃资源综合利用业	105.69
农副食品加工业	101.59	电力、热力生产和供应业	100.07
食品制造业	102.47	燃气生产和供应业	98.54
酒、饮料和精制茶制造业	99.88	水的生产和供应业	99.82

5－10 工业生产者出厂价格分月指数

（2017 年，以上年同期价格为 100）

类　　别	1 月	2 月	3 月	4 月	5 月	6 月
工业生产者出厂价格指数	**103.04**	**103.30**	**103.97**	**103.23**	**103.64**	**104.80**
按轻重工业分						
轻　工　业	100.62	100.37	100.70	101.10	101.60	101.47
以农产品为原料	99.89	100.00	100.38	101.12	101.71	101.73
以非农产品为原料	102.23	101.16	101.38	101.02	101.33	100.85
重　工　业	104.43	104.98	105.84	104.43	104.78	106.71
采　　掘						
原　材　料	99.74	100.53	101.09	101.84	101.39	101.58
加　　工	105.94	106.41	107.36	105.25	105.84	108.35
按生产生活资料分						
生产资料	104.24	104.92	105.81	104.85	105.31	107.11
采　　掘						
原　材　料	99.68	100.52	101.11	101.93	101.47	101.67
加　　工	105.47	106.11	107.06	105.62	106.33	108.57
生活资料	100.42	99.75	99.92	99.65	99.90	99.75
食　　品	100.03	99.91	100.17	99.84	100.08	100.21
衣　　着	97.15	97.32	97.41	97.66	98.18	98.92
一般日用品	103.22	100.16	100.32	99.73	100.05	98.97
耐用消费品	99.37	99.93	99.92	99.97	100.04	99.96
按工业部门分						
冶金工业	125.01	128.58	130.56	121.20	121.14	132.06
电力工业	99.34	99.67	100.00	100.00	100.00	100.00
煤炭及炼焦工业						
石油工业	87.94	99.04	101.06	101.06	98.45	99.54
化学工业	101.52	101.03	101.73	100.82	100.70	100.70
机械工业	100.14	100.33	100.40	100.23	100.51	100.78
建筑材料工业	102.02	99.81	102.19	107.01	110.11	110.60
森林工业	100.39	102.42	102.43	102.59	102.05	101.23
食品工业	99.74	99.62	99.94	100.85	100.61	100.60
纺织工业	102.17	102.40	102.07	102.25	103.23	102.56
缝纫工业	95.75	95.79	95.97	95.78	95.89	96.33
皮革工业	100.95	101.47	101.27	102.62	104.15	105.58
造纸工业	99.03	100.67	104.00	105.50	112.41	113.68
文教艺术用品工业	98.19	95.09	95.88	95.97	96.12	94.48
其它工业	105.49	101.60	101.39	101.87	104.13	103.89

5－10 续表1　　（2017年，以上年同期价格为100）

类　别	7月	8月	9月	10月	11月	12月	累计
工业生产者出厂价格指数	**104.33**	**104.94**	**105.46**	**105.44**	**105.04**	**105.20**	**104.37**
按轻重工业分							
轻　工　业	101.38	101.49	101.54	101.58	100.93	101.02	101.15
以农产品为原料	101.54	101.62	101.71	102.23	101.93	101.98	101.32
以非农产品为原料	101.01	101.20	101.13	100.13	98.76	98.91	100.75
重　工　业	106.00	106.89	107.67	107.60	107.33	107.49	106.19
采　　掘							
原　材　料	101.29	101.81	102.02	102.80	103.27	103.52	101.74
加　　工	107.50	108.50	109.46	109.11	108.59	108.71	107.60
按生产生活资料分							
生产资料	106.34	107.09	107.86	107.96	107.56	107.67	106.40
采　　掘							
原　材　料	101.33	101.90	102.14	102.97	103.47	103.75	101.83
加　　工	107.68	108.48	109.38	109.27	108.62	108.68	107.62
生活资料	99.89	100.16	100.09	99.78	99.36	99.49	99.85
食　　品	100.37	100.73	100.76	100.88	100.97	100.93	100.41
衣　　着	99.04	99.43	99.44	99.54	98.86	99.89	98.56
一般日用品	99.16	99.56	99.52	99.04	97.72	98.22	99.62
耐用消费品	100.00	99.82	99.41	98.11	97.73	97.37	99.30
按工业部门分							
冶金工业	128.54	132.03	136.76	132.64	129.74	126.25	128.69
电力工业	99.64	99.84	99.84	99.84	99.84	99.84	99.82
煤炭及炼焦工业							
石油工业	99.54	99.54	99.54	97.81	97.81	105.00	98.74
化学工业	100.92	101.87	102.24	103.66	103.61	102.96	101.81
机械工业	100.86	101.09	101.20	101.15	100.86	100.72	100.69
建筑材料工业	106.79	104.39	101.24	104.87	107.59	117.78	106.27
森林工业	101.29	101.28	100.90	100.97	100.80	100.66	101.42
食品工业	100.34	100.30	100.25	100.25	100.08	99.86	100.20
纺织工业	102.25	102.70	102.85	102.51	101.08	100.64	102.23
缝纫工业	96.11	96.66	96.51	96.51	95.72	97.11	96.17
皮革工业	106.52	106.49	106.92	107.23	106.93	106.88	104.76
造纸工业	113.81	113.60	114.91	122.83	125.59	127.96	112.76
文教艺术用品工业	94.70	94.79	94.75	94.80	95.11	95.04	95.41
其它工业	103.95	104.08	103.71	102.09	97.71	99.45	102.40

（2017 年，以上年同期价格为 100）

类　　别	1 月	2 月	3 月	4 月	5 月	6 月
按工业行业分						
农副食品加工业	99.70	99.37	100.14	101.90	101.31	101.44
食品制造业	100.33	100.44	100.43	100.80	100.91	100.56
酒、饮料和精制茶制造业	98.57	98.92	98.22	97.93	98.34	98.15
烟草制品业	100.00	100.00	100.00	100.00	100.00	100.00
纺织业	102.17	102.40	102.07	102.25	103.23	102.56
纺织服装、服饰业	95.75	95.79	95.97	95.78	95.89	96.33
皮革、毛皮、羽毛及其制品和制鞋业	100.48	100.80	100.76	102.23	103.91	105.54
木材加工和木、竹、藤、棕、草制品业	100.44	102.74	102.75	102.94	102.33	101.40
家具制造业	100.00	100.00	100.00	100.00	100.00	100.00
造纸和纸制品业	99.03	100.67	104.00	105.50	112.41	113.68
印刷和记录媒介复制业	97.96	94.43	94.42	94.57	94.58	92.86
文教、工美、体育和娱乐用品制造业	99.96	99.99	101.75	101.65	101.97	101.67
化学原料和化学制品制造业	101.85	102.63	103.25	103.12	102.23	101.91
医药制造业	100.66	99.28	99.87	98.87	99.11	99.36
橡胶和塑料制品业	103.51	103.33	104.50	102.54	102.57	102.44
非金属矿物制品业	104.51	100.71	102.50	106.68	110.42	110.61
黑色金属冶炼和压延加工业	133.46	138.93	142.34	122.40	123.88	144.84
有色金属冶炼和压延加工业	120.46	120.81	118.83	121.11	118.25	116.89
金属制品业	110.55	113.59	115.06	113.91	114.28	113.71
通用设备制造业	99.44	100.37	101.25	101.05	101.65	101.37
专用设备制造业	100.08	100.20	100.20	100.13	100.26	100.58
汽车制造业	99.39	99.41	99.44	99.47	99.44	99.46
铁路、船舶、航空航天和其他运输设备制造业	100.04	101.00	100.49	99.53	100.00	98.10
电气机械和器材制造业	101.06	100.93	100.83	100.20	100.98	102.17
计算机、通信和其他电子设备制造业	101.55	102.40	102.54	102.46	102.84	103.10
仪器仪表制造业	100.00	100.00	100.00	100.00	100.00	100.00
废弃资源综合利用业	89.29	90.91	100.00	160.00	144.00	162.00
电力、热力生产和供应业	99.34	99.67	100.00	100.00	100.00	100.00
燃气生产和供应业	87.94	99.04	101.06	101.06	98.45	99.54
水的生产和供应业	100.00	100.00	100.00	100.00	100.00	100.00

5－10 续表 2－2　　（2017 年，以上年同期价格为 100）

类　　别	7 月	8 月	9 月	10 月	11 月	12 月	累计
按工业行业分							
农副食品加工业	100.84	100.39	100.16	100.17	99.91	99.41	100.39
食品制造业	100.59	100.61	100.25	100.10	100.09	100.17	100.44
酒、饮料和精制茶制造业	98.48	100.28	101.39	101.60	101.24	101.49	99.54
烟草制品业	100.00	100.00	100.00	100.00	100.00	100.00	100.00
纺织业	102.25	102.70	102.85	102.51	101.08	100.64	102.23
纺织服装、服饰业	96.11	96.66	96.51	96.51	95.72	97.11	96.17
皮革、毛皮、羽毛及其制品和制鞋业	106.69	106.47	107.05	107.45	106.80	106.45	104.55
木材加工和木、竹、藤、棕、草制品业	101.46	101.45	101.02	101.10	100.90	100.75	101.61
家具制造业	100.00	100.00	100.00	100.00	100.00	100.00	100.00
造纸和纸制品业	113.81	113.60	114.91	122.83	125.59	127.96	112.76
印刷和记录媒介复制业	92.86	92.86	92.77	92.77	92.88	92.87	93.81
文教、工美、体育和娱乐用品制造业	102.31	102.99	103.08	103.20	103.65	103.56	102.15
化学原料和化学制品制造业	101.76	103.16	103.78	107.51	106.46	104.35	103.51
医药制造业	99.54	100.16	100.19	100.62	101.16	101.15	100.00
橡胶和塑料制品业	103.33	104.61	105.58	106.33	106.25	106.02	104.25
非金属矿物制品业	107.42	105.45	102.64	104.82	104.89	114.21	106.27
黑色金属冶炼和压延加工业	139.75	142.18	147.42	142.02	136.30	132.74	136.96
有色金属冶炼和压延加工业	113.13	120.59	125.69	121.84	118.70	110.97	118.84
金属制品业	114.12	115.06	117.46	116.28	116.46	115.55	114.69
通用设备制造业	101.76	101.76	102.06	102.10	102.42	102.34	101.46
专用设备制造业	100.66	100.75	100.84	100.87	100.82	100.79	100.52
汽车制造业	99.30	99.36	99.38	99.83	99.66	99.58	99.48
铁路、船舶、航空航天和其他运输设备制造业	97.91	99.06	99.53	98.10	100.03	99.27	99.41
电气机械和器材制造业	102.59	103.57	104.08	104.20	103.26	103.07	102.24
计算机、通信和其他电子设备制造业	103.17	102.70	102.32	100.44	99.92	99.53	101.91
仪器仪表制造业	100.00	100.00	100.00	100.00	100.00	100.00	100.00
废弃资源综合利用业	162.00	162.00	170.00	170.00	230.00	273.00	158.18
电力、热力生产和供应业	99.64	99.84	99.84	99.84	99.84	99.84	99.82
燃气生产和供应业	99.54	99.54	99.54	97.81	97.81	105.00	98.74
水的生产和供应业	100.00	100.00	100.00	100.00	100.00	100.00	100.00

5－11 工业生产者购进价格分月指数

（2017年，以上年同期价格为100）

类　　别	1月	2月	3月	4月	5月	6月
工业生产者购进价格指数	**107.08**	**107.45**	**108.58**	**107.03**	**105.15**	**105.46**
按九大类分						
燃料、动力类	104.34	104.08	104.44	104.54	104.76	104.36
黑色金属材料类	131.59	134.06	136.56	123.17	108.57	113.23
钢材	108.28	109.61	109.55	108.71	109.77	111.81
其它	173.30	178.53	184.37	145.34	106.69	114.95
有色金属材料及电线类	113.07	114.50	112.82	112.77	112.86	113.32
化工原料类	102.76	103.28	105.26	105.79	105.73	106.32
木材及纸浆类	110.47	112.76	113.29	113.70	113.67	114.68
建筑材料及非金属类	102.71	102.36	102.41	102.28	102.36	102.10
其它工业原材料及半成品类	101.20	101.16	101.41	101.40	101.32	100.97
农副产品类	106.08	106.21	109.88	109.97	111.22	109.09
纺织原料类	101.00	100.99	101.18	101.16	101.20	101.04
按工业行业分						
农业	102.75	102.10	104.58	103.37	103.52	103.90
林业	121.64	124.38	133.11	139.38	146.95	132.93
畜牧业	101.43	101.19	102.07	102.04	102.37	102.84
煤炭开采和洗选业	114.10	112.54	113.94	115.03	115.56	114.72
黑色金属矿采选业	178.69	184.16	190.19	147.76	106.74	115.40
有色金属矿采选业	106.36	108.97	113.54	116.11	115.70	119.80
非金属矿采选业	102.95	102.65	102.93	101.70	100.87	99.89
农副食品加工业	104.23	104.14	104.59	104.29	104.40	102.21
食品制造业	100.57	100.72	101.54	101.46	101.78	102.33
酒、饮料和精制茶制造业	99.75	99.93	99.77	99.97	99.94	99.95
烟草制品业	100.00	100.00	100.00	100.00	100.00	100.00
纺织业	101.00	100.99	101.18	101.16	101.20	101.04
皮革、毛皮、羽毛及其制品和制鞋业	101.81	101.64	101.36	101.35	102.54	102.72
木材加工和木、竹、藤、棕、草制品业	100.00	99.67	99.53	99.54	99.52	99.54
造纸和纸制品业	112.61	115.51	115.89	116.23	116.28	117.74
印刷和记录媒介复制业	107.43	107.43	112.56	112.56	112.56	112.56
石油加工、炼焦和核燃料加工业	105.77	107.63	106.44	104.94	104.63	103.42
化学原料和化学制品制造业	101.87	102.33	104.87	105.21	104.78	105.15
医药制造业	98.43	96.31	96.16	94.93	94.45	95.05
橡胶和塑料制品业	105.57	106.25	106.45	107.61	108.72	109.99
非金属矿物制品业	102.47	102.09	101.95	103.00	104.08	104.65
黑色金属冶炼和压延加工业	107.56	108.85	108.81	108.10	109.00	110.89
有色金属冶炼和压延加工业	114.18	115.41	112.67	112.17	112.29	112.13
金属制品业	104.74	105.03	110.38	111.53	112.38	112.03
通用设备制造业	99.60	99.60	99.45	99.45	99.45	99.66
汽车制造业	101.06	101.06	101.12	101.41	101.11	101.16
铁路、船舶、航空航天和其他运输设备制造业	100.00	100.00	100.00	100.00	100.00	100.00
电气机械和器材制造业	101.68	102.01	102.27	102.60	102.04	102.40
计算机、通信和其他电子设备制造业	99.22	99.98	100.51	100.63	100.76	100.84
仪器仪表制造业	91.62	95.23	95.23	97.31	97.77	97.77
废弃资源综合利用业	105.51	105.92	107.21	108.44	101.23	101.80
电力、热力生产和供应业	100.64	100.64	100.61	100.55	100.79	100.65
燃气生产和供应业	95.09	95.09	100.10	100.10	99.16	99.03
水的生产和供应业	100.00	100.00	100.00	99.76	99.76	99.76

5－11 续表　　　　　　　　（2017 年，以上年同期价格为 100）

类　　别	7 月	8 月	9 月	10 月	11 月	12 月	累计
工业生产者购进价格指数	**105.21**	**105.46**	**106.09**	**105.14**	**103.95**	**102.45**	**105.73**
按九大类分							
燃料、动力类	103.75	103.61	103.57	102.19	101.85	101.77	103.59
黑色金属材料类	113.88	115.60	118.92	114.71	109.06	103.01	117.85
钢材	112.56	112.67	115.05	116.21	115.59	114.20	112.03
其它	115.43	119.38	123.94	112.22	100.34	90.47	125.99
有色金属材料及电线类	111.61	115.38	120.27	120.69	113.77	110.40	114.28
化工原料类	105.69	105.93	105.95	106.20	106.02	105.66	105.39
木材及纸浆类	114.86	116.23	122.44	125.89	125.71	117.28	116.79
建筑材料及非金属类	101.35	100.69	99.77	100.10	100.47	103.10	101.64
其它工业原材料及半成品类	100.45	100.52	100.64	100.72	100.66	100.47	100.91
农副产品类	109.82	107.38	105.61	103.77	102.04	98.58	106.56
纺织原料类	100.91	101.02	100.82	100.88	100.89	100.91	101.00
按工业行业分							
农业	104.33	103.30	102.93	101.49	101.55	100.63	102.85
林业	135.81	125.67	116.46	112.61	102.81	91.16	122.77
畜牧业	103.47	104.46	105.72	105.59	105.70	102.45	103.28
煤炭开采和洗选业	113.59	113.03	113.29	109.63	107.59	106.81	112.38
黑色金属矿采选业	115.83	120.03	124.76	112.47	99.96	89.81	127.13
有色金属矿采选业	123.84	132.04	159.26	158.19	148.13	142.62	128.82
非金属矿采选业	100.08	100.23	100.21	99.95	100.25	100.17	100.98
农副食品加工业	99.39	99.69	99.05	99.23	99.31	98.98	101.59
食品制造业	103.08	103.94	104.45	104.33	103.79	101.74	102.47
酒、饮料和精制茶制造业	99.96	99.91	99.81	99.86	99.89	99.84	99.88
烟草制品业	100.00	100.00	100.00	100.00	100.00	100.00	100.00
纺织业	100.91	101.02	100.82	100.88	100.89	100.91	101.00
皮革、毛皮、羽毛及其制品和制鞋业	105.13	104.61	105.63	105.51	105.18	104.39	103.49
木材加工和木、竹、藤、棕、草制品业	99.54	99.54	99.63	99.59	99.63	99.63	99.61
造纸和纸制品业	117.90	119.61	127.07	131.63	131.14	120.01	120.19
印刷和记录媒介复制业	112.56	112.56	112.56	109.40	109.40	109.40	110.89
石油加工、炼焦和核燃料加工业	103.25	104.57	103.80	104.10	104.20	104.18	104.74
化学原料和化学制品制造业	104.62	105.11	105.81	106.39	105.95	106.35	104.88
医药制造业	96.71	96.82	99.30	98.27	99.10	100.85	97.19
橡胶和塑料制品业	109.08	108.49	106.33	105.55	106.21	103.56	106.96
非金属矿物制品业	102.84	101.39	99.44	100.36	100.71	106.03	102.42
黑色金属冶炼和压延加工业	111.60	111.70	113.89	114.89	114.33	113.01	111.08
有色金属冶炼和压延加工业	109.56	112.51	113.77	114.39	108.28	105.31	111.80
金属制品业	113.32	114.58	114.48	116.66	117.24	116.45	112.38
通用设备制造业	99.66	99.66	99.66	99.66	99.66	99.96	99.62
汽车制造业	100.57	100.25	100.54	100.82	100.53	100.24	100.82
铁路、船舶、航空航天和其他运输设备制造业	100.00	100.00	100.00	100.00	100.00	100.00	100.00
电气机械和器材制造业	102.35	102.39	102.40	102.51	102.16	101.47	102.19
计算机、通信和其他电子设备制造业	100.99	101.16	101.22	101.30	101.04	100.97	100.72
仪器仪表制造业	98.01	97.77	97.77	99.37	99.37	100.00	97.21
废弃资源综合利用业	104.31	106.36	106.10	105.70	105.92	110.14	105.69
电力、热力生产和供应业	100.13	99.93	99.76	98.93	99.12	99.13	100.07
燃气生产和供应业	99.03	99.03	99.03	98.40	98.40	100.41	98.54
水的生产和供应业	99.76	99.76	99.76	99.76	99.76	99.76	99.82

5－12 工业生产者出厂价格分月指数

（2017 年，以上月价格为 100）

项　　目	1 月	2 月	3 月	4 月	5 月	6 月
工业生产者出厂价格指数	**99.75**	**100.07**	**100.61**	**100.00**	**100.58**	**100.23**
按轻重工业分						
轻　工　业	100.04	99.68	100.23	100.08	100.43	99.90
以农产品为原料	100.25	100.09	100.21	100.20	100.43	99.90
以非农产品为原料	99.59	98.75	100.26	99.80	100.44	99.91
重　工　业	99.59	100.29	100.82	99.96	100.67	100.40
采　　掘						
原　材　料	100.20	100.26	100.19	100.79	99.66	100.13
加　　工	99.40	100.30	101.02	99.71	100.98	100.48
按生产生活资料分						
生产资料	99.81	100.39	100.86	100.00	100.74	100.38
采　　掘						
原　材　料	100.21	100.29	100.21	100.85	99.64	100.15
加　　工	99.71	100.41	101.03	99.79	101.02	100.44
生活资料	99.61	99.35	100.03	100.01	100.23	99.85
食　　品	100.10	100.02	100.03	100.07	100.08	99.99
衣　　着	99.60	99.56	100.24	99.13	100.52	100.27
一般日用品	99.24	97.34	100.41	99.70	100.55	99.79
耐用消费品	98.85	100.22	99.40	100.67	100.04	99.36
按工业部门分						
冶金工业	99.85	102.27	104.60	98.38	101.13	101.67
电力工业	100.00	100.00	100.00	100.00	100.00	100.00
煤炭及炼焦工业						
石油工业	100.00	100.00	102.04	100.00	97.55	100.00
化学工业	100.56	99.91	100.46	99.91	99.86	99.83
机械工业	99.75	100.10	99.94	100.04	100.21	100.02
建筑材料工业	95.24	96.46	96.56	104.99	105.85	100.63
森林工业	100.07	102.12	99.98	100.03	99.47	99.41
食品工业	99.85	99.89	100.15	100.21	99.83	99.84
纺织工业	101.64	100.25	99.60	100.08	100.59	99.42
缝纫工业	99.40	99.27	100.09	98.30	100.08	99.76
皮革工业	100.14	100.30	100.59	101.23	101.54	101.45
造纸工业	100.69	102.26	102.46	102.06	104.86	101.19
文教艺术用品工业	96.79	96.85	100.85	100.03	100.15	99.93
其它工业	99.74	96.62	99.69	100.29	102.30	100.23

5－12 续表1 （2017年，以上月价格为100）

项　　目	7月	8月	9月	10月	11月	12月
工业生产者出厂价格指数	**100.08**	**100.75**	**100.73**	**100.68**	**100.47**	**101.12**
按轻重工业分						
轻　工　业	99.99	100.19	100.10	100.42	99.84	100.12
以农产品为原料	99.94	100.13	100.13	100.55	99.89	100.24
以非农产品为原料	100.11	100.32	100.04	100.12	99.74	99.84
重　工　业	100.13	101.06	101.07	100.82	100.80	101.65
采　　掘						
原　材　料	99.76	100.52	100.40	100.66	100.59	100.31
加　　工	100.25	101.22	101.27	100.86	100.87	102.04
按生产生活资料分						
生产资料	100.04	100.97	101.09	100.85	100.65	101.64
采　　掘						
原　材　料	99.73	100.56	100.42	100.70	100.62	100.32
加　　工	100.12	101.08	101.26	100.88	100.66	101.97
生活资料	100.18	100.23	99.87	100.27	100.03	99.85
食　　品	100.00	100.17	100.02	100.20	100.24	100.00
衣　　着	99.91	100.45	100.16	100.09	99.99	99.97
一般日用品	100.28	100.43	100.14	100.26	99.95	100.15
耐用消费品	100.61	100.01	99.00	100.55	99.63	99.00
按工业部门分						
冶金工业	101.53	104.43	103.24	100.08	101.72	104.86
电力工业	99.64	100.21	100.00	100.00	100.00	100.00
煤炭及炼焦工业						
石油工业	100.00	100.00	100.00	98.26	100.00	107.36
化学工业	99.99	100.76	100.67	101.43	99.95	99.61
机械工业	100.21	100.19	100.13	100.37	99.89	99.87
建筑材料工业	96.45	97.58	102.54	106.88	106.26	108.31
森林工业	100.06	99.70	99.71	100.07	99.99	100.07
食品工业	100.01	100.09	99.89	100.01	99.99	100.11
纺织工业	99.74	100.50	100.35	99.76	98.75	99.98
缝纫工业	99.46	100.61	100.06	99.99	100.06	100.01
皮革工业	100.96	100.05	100.40	100.31	99.82	99.90
造纸工业	99.82	99.20	101.34	107.26	101.82	102.22
文教艺术用品工业	100.12	100.07	99.93	100.06	100.33	99.91
其它工业	100.14	100.09	100.17	100.34	100.11	99.82

5－12 续表 2－1　　　　　　　　　　（2017 年，以上月价格为 100）

项　　目	1 月	2 月	3 月	4 月	5 月	6 月
按工业行业分						
农副食品加工业	99.72	99.83	100.31	100.38	99.61	99.72
食品制造业	99.96	99.96	100.08	100.48	100.07	99.67
酒、饮料和精制茶制造业	100.00	99.88	99.81	99.51	100.24	100.22
烟草制品业	100.00	100.00	100.00	100.00	100.00	100.00
纺织业	101.64	100.25	99.60	100.08	100.59	99.42
纺织服装、服饰业	99.40	99.27	100.09	98.30	100.08	99.76
皮革、毛皮、羽毛及其制品和制鞋业	100.14	100.20	100.54	101.37	101.48	101.51
木材加工和木、竹、藤、棕、草制品业	100.07	102.41	99.98	100.03	99.40	99.33
家具制造业	100.00	100.00	100.00	100.00	100.00	100.00
造纸和纸制品业	100.69	102.26	102.46	102.06	104.86	101.19
印刷和记录媒介复制业	96.39	96.39	100.00	100.00	100.00	100.00
文教、工美、体育和娱乐用品制造业	99.94	100.05	101.81	100.07	100.33	99.80
化学原料和化学制品制造业	100.85	100.68	100.57	100.02	99.53	99.43
医药制造业	100.02	99.47	100.10	100.10	100.09	100.01
橡胶和塑料制品业	101.59	99.82	101.27	99.29	99.79	99.92
非金属矿物制品业	95.97	95.42	97.03	104.19	105.98	100.61
黑色金属冶炼和压延加工业	99.09	102.44	108.31	95.61	102.32	102.82
有色金属冶炼和压延加工业	99.51	102.10	99.05	100.31	99.72	99.76
金属制品业	102.76	102.14	101.11	100.22	100.66	99.38
通用设备制造业	99.91	101.04	99.97	99.93	100.51	100.07
专用设备制造业	99.95	100.09	100.07	100.04	100.25	100.06
汽车制造业	99.05	100.03	100.02	99.94	100.04	99.97
铁路、船舶、航空航天和其他运输设备制造业	98.10	100.97	100.96	99.05	100.96	99.05
电气机械和器材制造业	100.22	99.71	100.04	99.77	100.49	100.70
计算机、通信和其他电子设备制造业	101.20	100.32	99.28	100.99	100.02	99.14
仪器仪表制造业	100.00	100.00	100.00	100.00	100.00	100.00
废弃资源综合利用业	100.00	100.00	100.00	160.00	90.00	112.50
电力、热力生产和供应业	100.00	100.00	100.00	100.00	100.00	100.00
燃气生产和供应业	100.00	100.00	102.04	100.00	97.55	100.00
水的生产和供应业	100.00	100.00	100.00	100.00	100.00	100.00

5－12 续表2－2　　（2017年，以上月价格为100）

项　　目	7月	8月	9月	10月	11月	12月
按工业行业分						
农副食品加工业	99.98	100.00	99.72	100.05	99.93	100.17
食品制造业	100.00	100.02	99.81	99.90	100.08	100.14
酒、饮料和精制茶制造业	100.24	100.87	100.54	99.95	100.17	100.07
烟草制品业	100.00	100.00	100.00	100.00	100.00	100.00
纺织业	99.74	100.50	100.35	99.76	98.75	99.98
纺织服装、服饰业	99.46	100.61	100.06	99.99	100.06	100.01
皮革、毛皮、羽毛及其制品和制鞋业	101.15	99.82	100.50	100.28	99.63	99.68
木材加工和木、竹、藤、棕、草制品业	100.07	99.66	99.67	100.08	99.99	100.08
家具制造业	100.00	100.00	100.00	100.00	100.00	100.00
造纸和纸制品业	99.82	99.20	101.34	107.26	101.82	102.22
印刷和记录媒介复制业	100.00	100.00	99.84	100.00	100.12	100.00
文教、工美、体育和娱乐用品制造业	100.35	100.59	100.15	100.16	100.44	99.84
化学原料和化学制品制造业	99.96	101.44	101.43	103.22	99.09	98.13
医药制造业	99.97	100.24	100.07	100.53	100.54	100.01
橡胶和塑料制品业	100.09	101.18	101.13	101.22	99.83	100.77
非金属矿物制品业	97.08	98.02	102.13	105.80	105.28	106.89
黑色金属冶炼和压延加工业	101.87	104.92	103.56	99.60	101.19	107.61
有色金属冶炼和压延加工业	101.42	106.27	102.95	100.78	100.20	98.62
金属制品业	100.81	100.98	102.30	100.79	101.60	101.86
通用设备制造业	100.18	99.94	100.53	99.98	100.18	100.09
专用设备制造业	100.08	100.09	100.06	100.05	99.92	100.12
汽车制造业	99.92	99.93	100.19	100.51	99.96	100.02
铁路、船舶、航空航天和其他运输设备制造业	99.81	99.23	100.97	99.04	100.00	101.20
电气机械和器材制造业	100.37	100.96	100.74	100.21	99.89	99.95
计算机、通信和其他电子设备制造业	100.96	99.99	98.64	100.85	99.45	98.73
仪器仪表制造业	100.00	100.00	100.00	100.00	100.00	100.00
废弃资源综合利用业	100.00	100.00	104.94	100.00	135.29	118.70
电力、热力生产和供应业	99.64	100.21	100.00	100.00	100.00	100.00
燃气生产和供应业	100.00	100.00	100.00	98.26	100.00	107.36
水的生产和供应业	100.00	100.00	100.00	100.00	100.00	100.00

5－13 工业生产者购进价格分月指数

（2017 年，以上月价格为 100）

项　　目	1 月	2 月	3 月	4 月	5 月	6 月
工业生产者购进价格指数	**100.75**	**100.11**	**100.93**	**99.43**	**99.09**	**99.43**
按九大类分						
燃料、动力类	101.68	99.58	99.19	99.98	100.21	99.80
黑色金属材料类	101.49	100.55	104.41	95.99	93.96	97.41
钢材	102.45	100.49	101.33	100.27	100.97	100.76
其它	100.43	100.63	107.91	91.41	85.71	92.78
有色金属材料及电线类	100.32	101.79	100.31	100.44	100.75	100.18
化工原料类	100.38	100.02	102.27	100.61	100.09	100.23
木材及纸浆类	101.98	102.21	100.19	100.33	99.83	100.77
建筑材料及非金属类	99.89	99.46	99.15	100.42	100.44	100.12
其它工业原材料及半成品类	100.17	99.88	100.11	99.80	99.98	99.88
农副产品类	99.60	100.41	101.70	100.72	99.95	98.45
纺织原料类	100.16	100.15	100.03	99.89	100.02	99.90
按工业行业分						
农业	99.57	99.15	100.08	100.24	99.84	100.52
林业	100.06	104.81	106.66	102.82	100.08	91.43
畜牧业	100.42	99.80	101.11	99.25	99.83	100.95
煤炭开采和洗选业	105.18	98.58	97.58	100.89	100.58	99.74
黑色金属矿采选业	100.49	100.60	108.25	91.02	85.06	92.38
有色金属矿采选业	102.31	102.74	102.73	103.76	104.82	101.91
非金属矿采选业	100.16	100.00	100.00	99.97	100.06	100.00
农副食品加工业	100.67	99.91	99.95	99.16	100.20	99.16
食品制造业	100.30	100.04	100.91	99.60	99.71	100.88
酒、饮料和精制茶制造业	100.00	99.97	100.03	99.99	99.95	100.02
烟草制品业	100.00	100.00	100.00	100.00	100.00	100.00
纺织业	100.16	100.15	100.03	99.89	100.02	99.90
皮革、毛皮、羽毛及其制品和制鞋业	101.00	99.80	99.86	100.42	101.28	100.15
木材加工和木、竹、藤、棕、草制品业	100.00	99.67	99.86	100.01	99.97	100.03
造纸和纸制品业	101.91	102.74	100.10	100.31	99.98	101.13
印刷和记录媒介复制业	100.00	100.00	104.78	100.00	100.00	100.00
石油加工、炼焦和核燃料加工业	103.31	100.15	98.81	97.94	99.62	99.20
化学原料和化学制品制造业	100.23	100.13	102.76	100.52	99.80	100.01
医药制造业	99.09	98.07	99.49	98.41	99.77	100.30
橡胶和塑料制品业	100.83	99.68	100.77	100.89	100.98	100.88
非金属矿物制品业	99.62	98.92	98.29	100.89	100.84	100.25
黑色金属冶炼和压延加工业	102.18	100.48	101.22	100.27	100.87	100.69
有色金属冶炼和压延加工业	100.00	101.63	99.92	99.88	100.04	99.87
金属制品业	104.58	100.55	103.79	101.15	99.85	99.34
通用设备制造业	99.75	100.00	100.00	100.00	100.00	100.21
汽车制造业	99.65	100.00	100.00	100.29	100.00	100.00
铁路、船舶、航空航天和其他运输设备制造业	100.00	100.00	100.00	100.00	100.00	100.00
电气机械和器材制造业	101.15	99.93	100.24	100.08	99.20	99.89
计算机、通信和其他电子设备制造业	99.89	100.09	100.49	100.00	99.98	100.13
仪器仪表制造业	100.00	101.76	100.00	100.00	98.27	100.00
废弃资源综合利用业	100.39	100.38	100.00	101.15	101.33	100.56
电力、热力生产和供应业	99.91	99.96	99.98	99.88	100.19	99.91
燃气生产和供应业	100.00	100.00	100.00	100.00	99.06	100.00
水的生产和供应业	100.00	100.00	100.00	99.76	100.00	100.00

5-13续表　　（2017年，以上月价格为100）

项　　目	7月	8月	9月	10月	11月	12月
工业生产者购进价格指数	**100.22**	**100.90**	**101.15**	**99.50**	**100.21**	**100.72**
按九大类分						
燃料、动力类	99.42	99.93	100.53	100.24	100.68	100.54
黑色金属材料类	102.05	105.68	104.11	95.38	99.49	103.28
钢材	100.77	101.73	102.45	101.20	100.23	100.74
其它	103.97	111.42	106.33	87.91	98.40	107.10
有色金属材料及电线类	100.69	103.53	104.05	100.60	98.44	98.96
化工原料类	99.76	100.58	100.29	100.82	100.23	100.26
木材及纸浆类	100.35	102.09	105.55	103.83	100.53	98.60
建筑材料及非金属类	99.55	98.68	100.35	100.90	101.21	102.94
其它工业原材料及半成品类	100.08	99.99	100.28	100.09	100.09	100.10
农副产品类	100.31	98.48	99.37	99.07	100.61	99.95
纺织原料类	100.11	100.11	100.21	100.15	100.20	99.96
按工业行业分						
农业	100.70	99.70	100.02	99.96	101.20	99.65
林业	99.03	93.78	96.47	95.49	98.65	102.63
畜牧业	100.35	101.13	101.31	100.11	100.52	97.71
煤炭开采和洗选业	99.14	99.97	102.13	100.51	101.62	100.89
黑色金属矿采选业	104.19	112.05	106.62	87.31	98.29	107.42
有色金属矿采选业	101.15	109.04	117.83	100.22	94.00	97.33
非金属矿采选业	99.97	100.13	99.95	100.00	99.99	99.93
农副食品加工业	99.50	99.99	100.00	100.03	100.20	100.22
食品制造业	100.54	100.88	100.50	100.04	99.86	98.50
酒、饮料和精制茶制造业	100.00	99.94	99.92	100.01	100.00	100.02
烟草制品业	100.00	100.00	100.00	100.00	100.00	100.00
纺织业	100.11	100.11	100.21	100.15	100.20	99.96
皮革、毛皮、羽毛及其制品和制鞋业	101.50	99.74	100.46	100.07	100.64	99.39
木材加工和木、竹、藤、棕、草制品业	100.00	100.00	100.08	99.97	100.03	100.00
造纸和纸制品业	100.43	102.37	106.62	104.43	100.46	98.17
印刷和记录媒介复制业	100.00	100.00	100.00	104.41	100.00	100.00
石油加工、炼焦和核燃料加工业	99.70	100.61	100.00	101.68	101.45	101.75
化学原料和化学制品制造业	100.01	100.69	100.79	100.88	99.72	100.65
医药制造业	101.11	99.83	102.88	99.21	100.66	102.14
橡胶和塑料制品业	99.00	100.26	98.73	100.64	101.84	99.05
非金属矿物制品业	99.13	97.19	100.77	101.85	102.46	105.95
黑色金属冶炼和压延加工业	100.71	101.59	102.25	101.10	100.22	100.72
有色金属冶炼和压延加工业	100.60	102.50	101.30	100.69	99.47	99.32
金属制品业	100.88	101.53	100.30	102.11	100.43	100.94
通用设备制造业	100.00	100.00	100.01	100.00	100.00	100.00
汽车制造业	100.06	99.68	100.28	100.28	100.00	100.00
铁路、船舶、航空航天和其他运输设备制造业	100.00	100.00	100.00	100.00	100.00	100.00
电气机械和器材制造业	100.31	99.94	100.19	100.28	100.26	100.01
计算机、通信和其他电子设备制造业	100.29	100.06	100.04	100.23	99.77	99.98
仪器仪表制造业	100.25	99.75	100.00	99.37	100.00	100.63
废弃资源综合利用业	100.93	101.38	101.09	100.00	100.00	102.52
电力、热力生产和供应业	99.47	99.79	99.88	99.94	100.14	100.07
燃气生产和供应业	100.00	100.00	100.00	99.33	100.00	102.03
水的生产和供应业	100.00	100.00	100.00	100.00	100.00	100.00

主要统计指标解释

居民消费价格指数(Consumer Price Index,简称 CPI)是反映居民购买并用于消费的一组代表性商品和服务项目价格水平的变化趋势和变动幅度的统计指标。调查内容既有城乡居民日常生活需要的各类消费品,也包括多种与人民生活密切相关的服务项目,如水、电、交通、教育、医疗等费用。该价格指数为分析和制定货币政策、价格政策、居民消费政策、工资政策以及进行国民经济核算提供科学依据。国际上通常将居民消费价格指数作为反映通货膨胀(或通货紧缩)程度的重要指标。

商品零售价格指数 是反映城市商品零售价格变动趋势的一种经济指数。零售物价的调整变动直接影响到城市居民的生活支出和国家的财政收入,影响居民购买力和市场供需平衡,影响消费与积累的比例。因此,计算零售价格指数,可以从一个侧面对上述经营活动进行观察和分析。

工业生产者出厂价格指数 是反映全部工业产品出厂价格总水平的变化趋势和变动幅度的统计指标。其中包括工业企业销给商业、外贸、物资部门的产品,还包括销给工业和其他部门的生产资料,以及直接销给居民的生活消费品。其目的在于准确地反映工业产品价格的变动趋势及程度,为国民经济核算、计算工业发展速度、宏观经济分析和调控、理顺价格体系等提供科学、准确的依据。

工业生产者购进价格指数 是反映全部原材料、燃料、动力价格变动趋势和变动幅度的统计指标。其调查内容包括:燃料动力类、黑色金属材料类、有色金属材料及电线类、化工原料类、木材及纸浆类、建筑材料及非金属类、其它工业原材料及半成品类、农副产品类、纺织原料类。其目的在于准确反映中间投入的原材料、燃料、动力价格的变动趋势及程度,为国民经济核算、分析等提供科学、准确的依据。

六、固定资产投资

INVESTMENT IN FIXED ASSETS

本篇内容包括：

1. 全社会固定资产投资
2. 固定资产投资(不含农户)
3. 各行业固定资产投资
4. 各县区固定资产投资

全社会固定资产投资

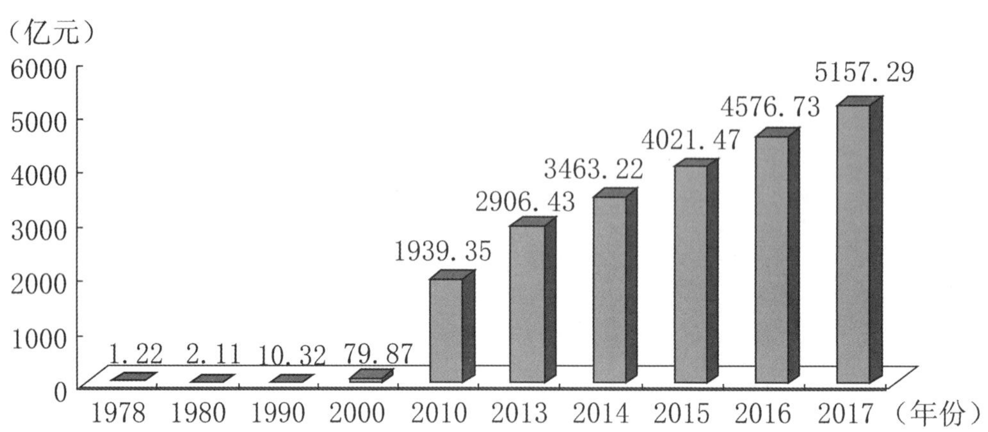

三次产业投资比重

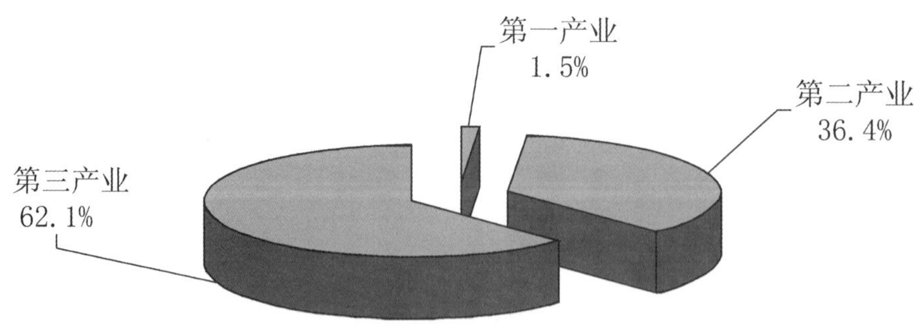

6－1 全社会固定资产投资

单位:万元

项 目	2017	2017 年比上年增长%
总 计	**51 572 856**	**12.7**
500 万元以上	51 151 841	12.7
#国 有	10 015 781	25.3
集 体	135 602	－66.0
非公有制	40 931 675	10.8
#房地产开发投资	7 906 914	17.2
农村农户投资	421 015	15.4

注:本表数据为 2017 年 12 月快报数,全篇同。

6－2 主要年份全社会固定资产投资

项 目	1978	1980	1990	2000	2010	2014	2015	2016	2017
一、投资总额(万元)	12 209	21 075	103 225	798 684	16 039 880	34 632 165	40 214 673	45 767 338	51 572 856
按隶属关系分									
中央、省属	7 831	9 099	37 947	238 557	1 586 946	1 966 612	2 060 528	1 681 337	2 028 848
市 属	4 378	11 976	65 278	560 127	14 452 934	32 665 553	38 154 145	44 086 001	49 544 008
按经济类型分									
城镇国有	11 624	19 765	82 902	539 651	3 939 096	6 557 961	6 180 218	7 480 236	5 473 470
城镇集体	325	840	2 905	17 564	478 999	271 754	223 417	398 883	125 602
其他经济类型					10 396 076	26 370 979	31 914 911	37 523 510	45 552 769
农村非农户	100	230	4 320	178 096	1 065 709	1 141 820	1 682 173		
农村个人	80	120	8 732	53 006	160 000	289 651	213 954	364 709	421 015
二、新增固定资产(万元)	7 775	18 092	86 174	367 220	14 129 202	20 039 262	26 928 797	27 718 134	31 438 365
#房地产开发			8 147	73 626	1 789 850	1 695 860	1 382 077	1 940 987	2 111 979
三、竣工房屋面积(万平方米)	39.57	101.24	190.19	355.48	1700.71	2 227	1 620	1 122	1 662
#房地产开发			29.28	92.1	399.12	510	434	417	559
#住 宅	22.71	57.69	131.72	265.75	507.75	573	380	364	408
#房地产开发			24.81	83.69	314.04	427	346	339	389

6-3 固定资产投资(不含农户)

(2017年)

单位:万元

指　　标	总　计	中　央	省	市	县	其　他
一、本年完成投资(万元)	51 151 841	564 922	1 463 926	6 562 871	8 017 554	34 542 568
#住宅投资	5 279 713	90 189	207 159	1 125 367	1 540 481	2 316 517
1.按企业登记注册类型分						
内　　资	49 785 194	560 531	1 437 676	6 358 946	7 790 285	33 637 756
国　　有	5 594 112	269 578	572 171	2 312 189	1 885 834	554 340
集　　体	135 602				20 127	115 475
股份合作	65 815		19 984	7 389	3 080	35 362
联　　营	14 653		8 805			5 848
有限责任公司	25 497 022	290 953	692 318	3 789 127	5 187 601	15 537 023
股份有限公司	989 359		144 398	50 306	94 180	700 475
私　　营	15 688 575			153 598	205 737	15 329 240
其他内资	1 800 056			46 337	393 726	1 359 993
港澳台投资	869 185		11 000	48 091	213 815	596 279
外商投资	442 000	4 391	15 250	155 834	13 454	253 071
个体经营	55 462					55 462
2.按建设性质分						
#新　　建	27 941 241	517 857	1 351 871	5 323 378	6 940 515	13 807 620
扩　　建	979 528		23 247	191 407	89 197	675 677
改建和技术改造	18 664 767	2 430	42 823	991 707	966 641	16 661 166
3.按构成分						
建筑工程	33 621 643	383 139	985 862	4 545 702	5 940 190	21 766 750
安装工程	6 409 328	58 482	151 551	950 053	1 128 634	4 120 608
设备工器具购置	8 202 422	110 926	66 648	543 733	367 355	7 113 760
其他费用	2 918 448	12 375	259 865	523 383	581 375	1 541 450
4.按产业分						
第一产业	342 889				21 674	321 215
第二产业	18 761 949	278 219	96 108	777 917	1 582 203	16 027 502
第三产业	32 047 003	286 703	1 367 818	5 784 954	6 413 677	18 193 851
二、本年新增固定资产(万元)	31 438 365	235 883	592 757	1 504 387	2 423 569	26 681 769
三、本年资金来源合计(万元)	57 085 954	367 390	826 337	4 182 646	5 752 860	29 896 451
#本年资金来源	51 968 930	319 354	621 577	3 778 949	5 635 784	29 518 023
国家预算内资金	1 162 122	77 648	23 184	434 690	452 383	174 217
国内贷款	4 705 413	11 100	79 365	1 060 232	626 727	82 859
债券	15 204				15 000	204
利用外资	318 741			96 137	130 715	91 889
自筹资金	38 618 129	229 414	504 875	2 072 215	4 153 389	28 872 397
其他资金来源	7 149 321	1 192	14 153	115 675	257 570	296 457

6－4　各行业固定资产投资

单位:万元

行　　业	2017	增长%
总　　计	**51 151 841**	**12.7**
农、林、牧、渔业	435 532	-0.5
工　　业	18 439 941	13.4
采 矿 业	12 407	-51.6
制 造 业	17 548 286	13.2
#农副食品加工业	980 857	-1.0
食品制造业	573 087	43.3
酒、饮料和精制茶制造业	108 459	-25.3
烟草制品业		-100.0
纺织业	380 722	33.4
纺织服装和服饰业	1 784 115	25.9
皮革、毛皮、羽毛及其制品业	138 136	104.0
木材加工及木、竹、藤、棕、草制	250 555	6.9
家具制造业	273 142	19.8
造纸及纸制品业	228 626	-29.1
印刷业和记录媒介的复制	351 238	-23.4
文教、美工、体育和娱乐用品制造业	223 040	11.9
石油加工、炼焦加工业	39 525	88.3
化学原料及化学制品制造业	586 484	53.7
医药制造业	580 205	1.0
化学纤维制造业	31 511	229.4
橡胶和塑料制品业	377 484	-12.2
非金属矿制品业	988 018	2.2
黑色金属冶炼和压延加工业	166 480	20.6
有色金属冶炼和压延加工业	319 489	-30.3
金属制品业	1 043 924	8.2
通用设备制造业	1 111 735	1.1
专用设备制造业	1 356 516	-10.3
汽车制造业	1 162 939	9.9
铁路、船舶、航空航天和其他运输设备制造业	291 545	44.6
电气机械及器材制造业	1 575 152	69.3
计算机、通信和其他电子设备制造业	1 877 513	64.9

6－4 续表　　　　　单位:万元

行　　业	2017	增长%
仪器仪表制造业	245 852	-41.8
其他制造业	408 100	18.5
废弃资源综合利用业	55 359	17.2
金属制品、机械和设备修理业	38 478	-25.3
电力、燃气及水的生产和供应业	879 248	20.2
电力、热力的生产和供应业	345 421	20.1
燃气生产和供应业	80 075	-12.3
水的生产和供应业	453 752	28.6
建　筑　业	372 893	-3.9
批发和零售业	5 553 427	11.8
交通运输、仓储和邮政业	1 454 335	3.4
铁路运输业	57 653	336.0
道路运输业	979 338	1.2
仓储业	279 352	33.3
邮政业	41 933	-19.6
住宿和餐饮业	976 562	-6.5
信息传输、软件和信息技术服务业	1 590 216	39.3
电信、广播电视和卫星传输服务业	10 187	-41.4
金融业	483 004	69.8
房地产业	9 987 450	11.2
租赁和商务服务业	2 954 005	7.0
科学研究和技术服务业	850 384	0.5
水利、环境和公共设施管理业	5 406 919	31.4
水利管理业	124 589	-48.5
生态保护和环境治理业	91 701	22.6
公共设施管理业	5 190 629	36.7
居民服务和其他服务业	518 421	-34.0
教育	554 883	-24.5
卫生和社会工作	547 586	64.6
#卫生	488 129	76.2
文化、体育和娱乐业	392 580	-19.9
公共管理和社会组织	633 703	47.4

6－5　按行业和登记注册类型分固定资产投资

（2017 年）

单位：万元

行　　业	合　计	内　资					
			国　有	集　体	股份合作	联　营	有　限 责任公司
总　　计	**51 151 841**	**49 785 194**	**5 594 112**	**135 602**	**65 815**	**14 653**	**25 497 022**
农、林、牧、渔业	**435 532**	**435 532**	**62 029**	**1 200**			**79 240**
农业	172 885	172 885	24 674	1 200			38 324
林业	22 072	22 072					7 192
畜牧业	90 307	90 307					11 372
渔业	57 625	57 625	1 350				8 285
农、林、牧、渔服务业	92 643	92 643	36 005				14 067
采矿业	**12 407**	**12 407**	**4 000**				**7 423**
煤炭开采和洗选业							
黑色金属矿采选业							
有色金属矿采选业							
非金属矿采选业							
开采辅助活动	12 407	12 407	4 000				7 423
制造业	**17 548 286**	**16 984 066**	**384 648**	**36 379**	**24 002**	**5 848**	**8 366 821**
农副食品加工业	980 857	957 919	17 503				356 621
食品制造业	573 087	552 600	17 834				193 102
酒、饮料和精制茶制造业	108 459	71 747					25 344
烟草制品业							
纺织业	380 722	380 722					143 336
纺织服装、服饰业	1 784 115	1 767 943	2 876				927 507
皮革、毛皮、羽毛及其制品和制	138 136	118 674		3 968			16 283
木材加工及木、竹、藤、棕、草	250 555	250 555	5 430				85 043
家具制造业	273 142	273 142					117 450
造纸及纸制品业	228 626	225 526					102 654
印刷和记录媒介复制业	351 238	351 238	2 140	2 870	3 725		216 199
文教、美工、体育和娱乐用品制	223 040	222 168	3 516				73 197
石油加工、炼焦加工业	39 525	39 525					9 653
化学原料及化学制品制造业	586 484	585 520					250 935
医药制造业	580 205	571 004	6 450		1 818		343 364
化学纤维制造业	31 511	19 481					16 026
橡胶和塑料制品业	377 484	377 484					141 287
非金属矿物制品业	988 018	976 395	4 800				427 104
黑色金属冶炼及压延加工业	166 480	166 480					72 059
有色金属冶炼及压延加工业	319 489	313 893	28 065				59 996
金属制品业	1 043 924	1 030 923	8 983		4 785		384 926
通用设备制造业	1 111 735	1 088 050	2 853	4 135		5 848	584 367
专用设备制造业	1 356 516	1 348 955	7 948	11 537			577 689
汽车制造业	1 162 939	1 007 801	44 198	3 397	10 712		430 366
铁路、船舶、航空航天和其他运	291 545	291 545	120 267	2 795	2 962		113 129
电气机械和器材制造业	1 575 152	1 512 396	31 530	3 690			1 046 921
计算机、通信和其他电子设备制	1 877 513	1 734 591	77 325				1 202 182
仪器仪表及制造业	245 852	245 852					168 646
其他制造业	408 100	408 100					240 339
废弃资源综合利用业	55 359	55 359					29 874
金属制品、机械和设备修理业	38 478	38 478	2 930	3 987			11 222
电力、热力、燃气及水生产和供应业	**879 248**	**816 632**	**278 655**				**355 489**
电力、热力的生产和供应业	345 421	345 421	137 607				96 275
燃气生产和供应业	80 075	32 110					27 427
水的生产和供应业	453 752	439 101	141 048				231 787
建筑业	**372 893**	**372 893**	**28 200**				**189 433**
房屋建筑业	36 035	36 035					31 514
土木工程建筑业	73 973	73 973	28 200				41 885
建筑安装业	34 288	34 288					12 930
建筑装饰业和其他建筑业	228 597	228 597					103 104
批发和零售业	**5 553 427**	**5 525 939**	**40 292**	**13 744**	**6 350**	**7 905**	**2 614 214**

行　　业	股　份有限公司	私　营	其　他	港澳台商投　　资	外商投资	个体经营
总　　计	**989 359**	**15 688 575**	**1 800 056**	**869 185**	**442 000**	**55 462**
农、林、牧、渔业		**263 630**	**29 433**			
农业		99 159	9 528			
林业		12 000	2 880			
畜牧业		78 935				
渔业		45 390	2 600			
农、林、牧、渔服务业		28 146	14 425			
采矿业		**984**				
煤炭开采和洗选业						
黑色金属矿采选业						
有色金属矿采选业						
非金属矿采选业						
开采辅助活动		984				
制造业	**195 819**	**7 349 523**	**621 026**	**224 798**	**336 122**	**3 300**
农副食品加工业	18 657	557 639	7 499	4 500	18 438	
食品制造业		322 515	19 149	7 750	12 737	
酒、饮料和精制茶制造业	7 742	34 836	3 825	26 864	9 848	
烟草制品业						
纺织业	7 696	229 690				
纺织服装、服饰业		801 836	35 724	5 220	7 652	3 300
皮革、毛皮、羽毛及其制品和制		95 650	2 773	16 342	3 120	
木材加工及木、竹、藤、棕、草		160 082				
家具制造业	3 660	144 383	7 649			
造纸及纸制品业		118 783	4 089	3 100		
印刷和记录媒介复制业		116 857	9 447			
文教、美工、体育和娱乐用品制		144 295	1 160		872	
石油加工、炼焦加工业		27 629	2 243			
化学原料及化学制品制造业	32 370	285 355	16 860		964	
医药制造业	2 584	211 330	5 458	9 201		
化学纤维制造业		3 455		12 030		
橡胶和塑料制品业		226 537	9 660			
非金属矿物制品业	1 823	518 222	24 446	4 200	7 423	
黑色金属冶炼及压延加工业	23 727	63 652	7 042			
有色金属冶炼及压延加工业		221 193	4 639		5 596	
金属制品业	4 720	610 165	17 344	4 335	8 666	
通用设备制造业	41 986	407 049	41 812	11 000	12 685	
专用设备制造业	10 395	649 780	91 606	1 997	5 564	
汽车制造业	20 035	457 005	42 088	10 162	144 976	
铁路、船舶、航空航天和其他运		42 729	9 663			
电气机械和器材制造业	12 218	400 365	17 672	17 755	45 001	
计算机、通信和其他电子设备制	3 691	305 539	145 854	90 342	52 580	
仪器仪表及制造业		30 635	46 571			
其他制造业	4 515	119 483	43 763			
废弃资源综合利用业		25 485				
金属制品、机械和设备修理业		17 349	2 990			
电力、热力、燃气及水生产和供应业	**78 491**	**96 021**	**7 976**	**58 866**	**3 750**	
电力、热力的生产和供应业	74 050	37 489				
燃气生产和供应业		4 683		44 215	3 750	
水的生产和供应业	4 441	53 849	7 976	14 651		
建筑业		**106 566**	**48 694**			
房屋建筑业		4 521				
土木工程建筑业			3 888			
建筑安装业		17 570	3 788			
建筑装饰业和其他建筑业		84 475	41 018			
批发和零售业	**78 447**	**2 437 280**	**327 707**			**27 488**

行　业	合　计	内　资					
			国　有	集　体	股份合作	联　营	有　限 责任公司
批发业	3 412 130	3 402 634	32 142	10 254	2 500	7 905	1 821 543
零售业	2 141 297	2 123 305	8 150	3 490	3 850		792 671
交通运输、仓储和邮政业	**1 454 335**	**1 404 637**	**442 985**	**6 132**		**900**	**656 667**
铁路运输业	57 653	57 653	3 383				50 015
道路运输业	979 338	964 154	437 546	2 212			446 040
水上运输业	6 279	6 279					
航空运输业	8 449	8 449					3 496
管道运输业							
装卸搬运和其他运输服务业	81 331	50 447		3 920			33 353
仓储业	279 352	275 722	2 056			900	107 589
邮政业	41 933	41 933					16 174
住宿和餐饮业	**976 562**	**955 188**	**10 960**	**5 155**	**2 019**		**177 848**
住宿业	267 484	263 084	10 960	5 155	2 019		66 417
餐饮业	709 078	692 104					111 431
信息传输、软件和信息技术服务业	**1 590 216**	**1 589 216**	**21 850**				**944 696**
电信、广播电视和卫星传输服务	10 187	10 187	350				9 837
互联网和相关服务	266 951	266 951	500				234 590
软件和信息技术服务业	1 313 078	1 312 078	21 000				700 269
金融业	**483 004**	**483 004**	**206 630**		**21 504**		**141 329**
货币金融服务	289 157	289 157	165 680		21 504		33 199
资本市场服务	71 292	71 292					43 275
保险业	57 175	57 175					57 175
其他金融活动	65 380	65 380	40 950				7 680
房地产业	**9 987 450**	**9 407 389**	**542 845**	**19 962**	**3 080**		**6 459 601**
租赁和商务服务业	**2 954 005**	**2 913 828**	**63 480**	**3 500**			**1 562 103**
租赁业	197 056	197 056					116 758
商务服务业	2 756 949	2 716 772	63 480	3 500			1 445 345
科学研究和技术服务业	**850 384**	**850 384**	**29 332**		**3 880**		**418 367**
研究与试验发展	51 336	51 336	14 366				15 830
专业技术服务业	476 348	476 348	14 414		3 880		241 208
科技推广和应用服务业	322 700	322 700	552				161 329
水利、环境和公共设施管理业	**5 406 919**	**5 391 222**	**2 130 292**	**15 633**			**3 121 033**
水利管理业	124 589	124 589	108 737	4 000			5 287
生态保护和环境治理业	91 701	91 701	7 900				72 179
公共设施管理业	5 190 629	5 174 932	2 013 655	11 633			3 043 567
居民服务、修理和其他服务业	**518 421**	**518 421**	**48 508**		**3 980**		**115 244**
居民服务业	216 257	216 257	42 420				30 040
机动车、电子产品和日用产品修理业	243 489	243 489	5 972		3 980		59 707
其他服务业	58 675	58 675	116				25 497
教　育	**554 883**	**554 883**	**225 627**		**1 000**		**106 913**
卫生和社会工作	**547 586**	**547 586**	**379 178**	**15 818**			**91 534**
卫　生	488 129	488 129	356 511	12 618			83 069
社会工作	59 457	59 457	22 667	3 200			8 465
文化、体育和娱乐业	**392 580**	**388 264**	**146 955**				**80 326**
新闻和出版业	20 905	20 905					2 850
广播、电视、电影和影视录音制作业	19 540	19 490	12 415				7 075
文化艺术业	209 811	208 845	126 803				42 674
体　育	17 987	17 987	7 737				98
娱乐业	124 337	121 037					27 629
公共管理、社会保障和社会组织	**633 703**	**633 703**	**547 646**	**18 079**			**8 741**
中国共产党机关							
国家机构	538 296	538 296	522 238	7 317			8 741
社会保障	16 000	16 000	16 000				
群众团体、社会团体和其他成员组织	22 400	22 400					
基层群众自治组织	57 007	57 007	9 408	10 762			

行　　业	股　份有限公司	私　营	其　他	港澳台商投　　资	外商投资	个体经营
批发业	58 040	1 240 065	230 185			9 496
零售业	20 407	1 197 215	97 522			17 992
交通运输、仓储和邮政业	**9 221**	**131 844**	**156 888**	**49 698**		
铁路运输业		4 255				
道路运输业	3 762	63 387	11 207	15 184		
水上运输业	2 999	3 280				
航空运输业		4 953				
管道运输业						
装卸搬运和其他运输服务业		6 393	6 781	30 884		
仓储业	2 460	23 817	138 900	3 630		
邮政业		25 759				
住宿和餐饮业	**5 230**	**710 199**	**43 777**			**21 374**
住宿业	2 460	133 843	42 230			4 400
餐饮业	2 770	576 356	1 547			16 974
信息传输、软件和信息技术服务业	**21 197**	**470 928**	**130 545**		**1 000**	
电信、广播电视和卫星传输服务						
互联网和相关服务		29 125	2 736			
软件和信息技术服务业	21 197	441 803	127 809		1 000	
金融业	**68 863**	**44 678**				
货币金融服务	64 988	3 786				
资本市场服务		28 017				
保险业						
其他金融活动	3 875	12 875				
房地产业	**251 425**	**2 057 981**	**72 495**	**519 099**	**60 962**	
租赁和商务服务业	**227 190**	**942 091**	**115 464**	**977**	**39 200**	
租赁业		72 522	7 776			
商务服务业	227 190	869 569	107 688	977	39 200	
科学研究和技术服务业	**2 980**	**303 444**	**92 381**			
研究与试验发展		13 502	7 638			
专业技术服务业	2 980	172 911	40 955			
科技推广和应用服务业		117 031	43 788			
水利、环境和公共设施管理业	**18 067**	**82 564**	**23 633**	**15 697**		
水利管理业		4 780	1 785			
生态保护和环境治理业		11 622				
公共设施管理业	18 067	66 162	21 848	15 697		
居民服务、修理和其他服务业	**10 482**	**308 306**	**31 901**			
居民服务业	10 482	128 186	5 129			
机动车、电子产品和日用产品修理业		163 381	10 449			
其他服务业		16 739	16 323			
教　育		**195 576**	**25 767**			
卫生和社会工作	**2 960**	**33 330**	**24 766**			
卫　生	2 960	26 933	6 038			
社会工作		6 397	18 728			
文化、体育和娱乐业	**2 987**	**149 700**	**8 296**	**50**	**966**	**3 300**
新闻和出版业		16 519	1 536			
广播、电视、电影和影视录音制作业				50		
文化艺术业	2 987	36 381			966	
体　育		10 027	125			
娱乐业		86 773	6 635			3 300
公共管理、社会保障和社会组织	**16 000**	**3 930**	**39 307**			
中国共产党机关						
国家机构						
社会保障						
群众团体、社会团体和其他成员组织	16 000		6 400			
基层群众自治组织		3 930	32 907			

6-6 固定资产投资资金来源

（2017 年） 单位：万元

行　　业	资金来源合　　计	上年末结余资金	本年资金来源小计	国家预算内资金	国内贷款
总　　计	**57 085 954**	**5 117 024**	**51 968 930**	**1 162 122**	**4 705 413**
按行业分					
农、林、牧、渔业	405 328	1 622	403 706	25 904	4 771
采矿业	12 409		12 409		
制造业	16 855 086	185 499	16 669 587	156 285	436 494
电力、热力、燃气及水生产和供应业	862 647	324	862 323	69 222	26 228
建筑业	368 248		368 248	28 761	200
批发和零售业	5 289 338	42 725	5 246 613	23 276	10 200
交通运输、仓储和邮政业	1 388 420	150 495	1 237 925	121 370	127 401
住宿和餐饮业	975 014	2 650	972 364		
信息传输、软件和信息技术服务业	1 588 275	82 879	1 505 396	7 844	47 000
金融业	408 433	192 175	216 258		
房地产业	17 898 384	4 023 819	13 874 565	23 766	3 392 376
租赁和商务服务业	2 906 028	109 609	2 796 419	124 805	54 440
科学研究和技术服务业	837 246	14 312	822 934	30 430	200
水利、环境和公共设施管理业	4 930 757	195 153	4 735 604	377 473	569 503
居民服务、修理和其他服务业	513 728	7 608	506 120	1 116	
教　育	512 066	32 522	479 544	18 148	
卫生和社会工作	461 171	35 639	425 532	21 044	35 000
文化、体育和娱乐业	276 164	4 878	271 286	15 019	
公共管理、社会保障和社会组织	597 212	35 115	562 097	117 659	1 600
按地区分					
东　湖　区	2 235 476	209 437	2 026 039	60 055	37 510
西　湖　区	4 466 739	269 789	4 196 950	35 280	120 606
青 云 谱 区	2 171 711	227 493	1 944 218	3 561	76 622
湾　里　区	779 973	119 482	660 491	32 672	17 030
青 山 湖 区	6 922 257	187 193	6 735 064	68 376	88 500
新　建　区	3 692 206	18 694	3 673 512	215 164	252 977
南　昌　县	10 371 912	702 541	9 669 371	130 558	570 021
安　义　县	1 212 472	71 130	1 141 342	12 339	4 500
进　贤　县	1 853 159	143 405	1 709 754	13 087	15 300
经济开发区	7 499 052	377 995	7 121 057	208 559	232 366
高新开发区	6 630 263	379 402	6 250 861	107 471	1 627 204
红谷滩新区	6 641 869	1 852 549	4 789 320	30 000	1 209 749

注：全市投资中含市内跨县区投资。

(2017年)　　单位:万元

行　　业	债　券	利用外资	#外　商直接投资	自筹资金	#企事业单位自有资金	其他资金
总　　计	**15 204**	**318 741**		**38 618 129**		**7 149 321**
按行业分						
农、林、牧、渔业		2 998		368 522		1 511
采矿业				12 409		
制造业		58 907		15 918 970		98 931
电力、热力、燃气及水生产和供应业				691 879		74 994
建筑业				339 287		
批发和零售业		39 196		5 150 216		23 725
交通运输、仓储和邮政业	6	90 795		888 972		9 381
住宿和餐饮业				970 345		2 019
信息传输、软件和信息技术服务业				1 416 749		33 803
金融业				204 258		12 000
房地产业	6 000	26 210		3 864 547		6 561 666
租赁和商务服务业	198	27 730		2 527 542		61 704
科学研究和技术服务业		4 200		787 249		855
水利、环境和公共设施管理业	9 000	65 785		3 487 482		226 361
居民服务、修理和其他服务业				502 851		2 153
教　育				455 396		6 000
卫生和社会工作				359 333		10 155
文化、体育和娱乐业				255 476		791
公共管理、社会保障和社会组织		2 920		416 646		23 272
按地区分						
东　湖　区				1 843 125		85 349
西　湖　区		3 630		3 293 657		743 777
青 云 谱 区		31 800		1 572 384		259 851
湾　里　区				465 715		145 074
青 山 湖 区	15 000			6 160 610		402 578
新　建　区		112 501		2 963 879		128 991
南　昌　县		35 973		7 369 468		1 563 351
安　义　县		5 100		1 094 182		25 221
进　贤　县				1 531 259		150 108
经济开发区	204	115 495		6 033 557		530 876
高新开发区		14 242		4 190 476		311 468
红谷滩新区				1 599 321		1 950 250

6－7 固定资产投资主要分类

（2017 年）

单位：万元

行 业	本 年 完成投资	按技术构成分			
		建筑工程	安装工程	设备工器具购置	其他费用
总 计	**51 151 841**	**33 621 643**	**6 409 328**	**8 202 422**	**2 918 448**
按行业分					
农、林、牧、渔业	435 532	292 050	47 153	55 548	40 781
采矿业	12 407	9 604		2 803	
制造业	17 548 286	10 741 956	1 819 342	4 308 112	678 876
电力、热力、燃气及水生产和供应业	879 248	509 913	197 682	152 917	18 736
建筑业	372 893	159 010	31 258	181 907	718
批发和零售业	5 553 427	3 494 424	815 294	990 256	253 453
交通运输、仓储和邮政业	1 454 335	947 164	264 845	170 930	71 396
住宿和餐饮业	976 562	615 131	199 896	141 417	20 118
信息传输、软件和信息技术服务业	1 590 216	671 112	206 654	672 413	40 037
金融业	483 004	345 411	113 851	22 132	1 610
房地产业	2 080 536	1 789 243	138 020	79 086	74 187
租赁和商务服务业	2 954 005	2 181 290	295 797	433 578	43 340
科学研究和技术服务业	850 384	539 093	94 933	208 693	7 665
水利、环境和公共设施管理业	5 406 919	4 367 833	586 261	199 743	253 082
居民服务、修理和其他服务业	518 421	319 612	95 856	100 267	2 686
教育	554 883	386 332	72 963	85 194	10 394
卫生和社会工作	547 586	399 199	67 056	65 768	15 563
文化、体育和娱乐业	392 580	294 868	33 929	59 964	3 819
公共管理、社会保障和社会组织	633 703	455 398	107 834	24 560	45 911

行业	按建设性质分			本年新增固定资产（万元）	施工项目（个）	
	#新建	#扩建	#改建和技术改造			#本年新开工
总计	**27 941 241**	**979 528**	**18 664 767**	**31 438 365**	**8 886**	**6 731**
按行业分						
农、林、牧、渔业	267 777	56 643	87 947	352 124	127	96
采矿业	8 620		984	9 088	3	1
制造业	8 545 465	385 486	6 674 172	11 769 369	3 633	2 820
电力、热力、燃气及水生产和供应业	704 470	18 260	83 334	623 742	172	114
建筑业	7 540	4 200	207 859	362 719	56	51
批发和零售业	949 660	50 109	4 199 391	4 819 801	1 543	1 273
交通运输、仓储和邮政业	1 078 442	69 276	258 472	541 157	180	127
住宿和餐饮业	110 528	8 384	831 539	902 052	328	295
信息传输、软件和信息技术服务业	427 847	8 472	732 387	1 250 291	264	182
金融业	377 977		91 943	360 847	37	24
房地产业	1 725 524	27 725	293 720	2 732 030	223	117
租赁和商务服务业	853 973	99 656	1 834 671	3 321 328	707	487
科学研究和技术服务业	57 591	12 964	660 567	848 639	233	162
水利、环境和公共设施管理业	3 784 108	184 979	1 405 718	1 915 008	775	516
居民服务、修理和其他服务业	61 568		418 227	456 393	160	133
教育	177 451	36 951	272 515	405 455	172	125
卫生和社会工作	385 710	11 518	125 294	240 937	64	50
文化、体育和娱乐业	175 009	1 235	195 323	258 524	95	77
公共管理、社会保障和社会组织	335 067	3 670	290 704	268 861	114	81

6－8 分县区固定资产投资情况

单位:万元

指　　标	全　市	东湖区	西湖区	青云谱区	湾里区	青山湖区	新建区
固定资产投资	51 151 841	2 060 735	4 039 670	2 424 600	578 606	6 686 463	4 252 530
#工业投资	18 439 941	55 953	140 241	528 843	21 029	2 719 796	1 433 616
采 矿 业	12 407						4 000
制 造 业	17 548 286	37 061	130 427	525 943	13 039	2 706 621	956 381
电力、燃气及水的生产和供应业	879 248	18 892	9 814	2 900	7 990	13 175	473 235
按构成分							
建筑工程	33 621 643	1 801 752	2 352 603	873 010	467 143	3 731 075	3 198 182
安装工程	6 409 328	111 306	698 705	179 324	23 997	1 342 935	820 648
设备工器具购置	8 202 422	59 609	536 766	1 238 630	6 644	1 157 693	86 749
其他费用	2 918 448	88 068	451 596	133 636	80 822	454 760	146 951
按登记注册类型							
#内　资	49 785 194	2 032 819	3 952 994	2 406 206	548 049	6 655 009	4 157 016
国　有	5 594 112	269 300	112 090	209 205	234 912	33 646	1 024 126
集　体	135 602	3 987	17 087	35 031		18 127	17 968
股份合作	65 815	7 599	3 850	21 534	1 000	3 725	
联　营	14 653			5 848			
有限责任公司	25 497 022	503 209	2 795 251	943 625	123 066	4 535 249	1 974 113
股份有限	989 359	32 070	93 200	32 867	42 063	35 422	98 828
私　营	15 688 575	1 199 226	923 424	928 600	140 328	1 179 679	713 396
其　他	1 800 056	17 428	8 092	229 496	6 680	849 161	328 585
港澳台投资	865 685		86 676	7 187	29 557	31 454	95 514
外商投资	442 000	1 000		2 141			
个体经营	55 462	26 916		9 066	1 000		
本年新增固定资产	31 438 365	1 731 984	3 225 041	1 515 102	257 908	5 827 365	2 178 040
本年施工项目(个)	8 886	510	913	149	52	1 890	654
#本年新开工	6 731	391	839	107	35	1 202	447

注:全市投资中含市内跨县区投资。

6－8 续表 单位:万元

指　　标	南昌县	安义县	进贤县	经济开发区	高新开发区	红谷滩新区
固定资产投资	8 887 008	1 202 204	1 682 800	7 192 003	6 171 888	5 239 149
#工业投资	4 911 471	881 013	923 372	4 263 558	2 561 049	
采 矿 业				5 604	2 803	
制 造 业	4 801 809	854 210	897 257	4 199 980	2 425 558	
电力、燃气及水的生产和供应业	109 662	26 803	26 115	57 974	132 688	
按构成分						
建筑工程	6 367 051	465 786	1 172 492	6 601 698	2 356 349	3 854 647
安装工程	1 173 027	193 948	113 039	165 865	607 939	794 988
设备工器具购置	1 098 935	437 735	231 090	259 708	2 764 692	201 458
其他费用	247 995	104 735	166 179	164 732	442 908	388 056
按登记注册类型						
#内　资	8 538 302	1 163 004	1 667 100	6 904 606	5 907 509	5 118 395
国　有	228 570	95 157	352 684	254 221	1 120 929	1 059 820
集　体	31 896			1 207	10 299	
股份合作				6 603	19 984	1 520
联　营	8 805					
有限责任公司	2 000 865	71 021	260 366	5 308 692	4 604 421	2 242 411
股份有限	167 538		40 703	112 523	20 160	313 985
私　营	6 040 148	996 826	1 006 597	952 606	126 649	1 481 096
其　他	60 480		6 750	268 754	5 067	19 563
港澳台投资	164 409		15 700	180 002	161 552	93 634
外商投资	162 317	39 200		107 395	102 827	27 120
个体经营	18 480					
本年新增固定资产	7 529 156	768 690	1 278 474	1 367 119	3 621 223	2 138 263
本年施工项目(个)	2 226	149	260	1 427	436	210
#本年新开工	2 090	103	196	948	259	112

主要统计指标解释

全社会固定资产投资 固定资产投资额（又称固定资产投资完成额），是以货币形式表现的在一定时期内建造和购置固定资产的工作量以及与此有关的费用的总称。它是反映固定资产投资规模、结构和发展速度的综合性指标，又是观察工程进度和考核投资效果的重要依据。

全社会固定资产投资包括城镇500万元投资、房地产开发投资、农村非农户投资和农村农户投资。

固定资产按国民经济行业分 国民经济行业类别是按企业、事业、行政单位所从事的生产或其他社会经济活动性质的同一性进行的分类。固定资产投资统计中的国民经济行业分类，基本建设项目只能属于一种国民经济行业；更新改造、其他固定资产投资根据整个企、事业单位所属的行业来划分，一般情况下，一个企、事业单位只能属于一种国民经济行业。为了更准确地反映国民经济和行业之间的比例关系，联合企业（总厂）所属分厂属于不同行业的，原则上按分厂划分行业。

固定资产投资按建设性质分 建设项目的性质是指固定资产再生产的性质，一般分为新建、扩建、改建、单纯建造生活设施、迁建、恢复、单位购置。基本建设根据整个建设项目的情况确定；更新改造和其他固定资产投资按整个企业、事业、行政单位的情况确定。一般情况下，一个基本建设项目或企业、事业、行政单位只能有一种建设性质。目前基本建设和更新改造是根据我国现行的计划管理体制区分的，所以基本建设和更新改造都可以分别按新建、扩建和改建等划分。

1. 新建一般是指从无到有，"平地起家"开始建设的企业、事业和行政单位或独立的工程。现有企业、事业、行政单位一般不属于新建。但如有的单位原有基础很小，经过建设后新增的固定资产价值超过该企业、事业、行政单位原有固定资产价值（原值）三倍以上的也应作为新建。

2. 扩建是指在厂内或其他地点，为扩大原有产品的生产能力（或效益）或增加新的产品生产能力，而增建主要的生产车间（或主要工程）、分厂、独立的生产线的企业、事业单位。行政、事业单位在原单位增建业务用房（如学校增建建学用房、医院增建门诊部、病房等）也作为扩建。

3. 改建是指原有设施进行技术改造或更新（包括相应配套的辅助性生产、生活福利设施），没有增建主要生产车间、分厂等的企业、事业单位。现有企业、事业单位为适应市场变化的需要，而改变企业的主要产品种类，或原有产品生产作业线由于各工序（车间）之间能力不平衡，为填平补充充分发挥原有生产能力而增建不增加本企业主要产品设计能力的车间. 也应用为改建。

4. 单纯建造生活设施是指在不扩建、改建生产性工程和业务用房的情况下，单纯建造职工住宅、托儿所、子弟学校、医务室、浴室、食堂等生活福利设施的企业、事业及行政单位。

5. 迁建是指为改变生产力布局或由于城市环境保护和安全生产的需要等原因而搬迁另地建设的企业、事业单位。在搬迁另地建设过程中，不论是维持原来规模还是扩大规模都按迁建统计。

6. 恢复是指因自然灾害、战争等原因，使原有的固定资产全部或部分报废，以后又投资恢复建设的单位。不论是按原规模恢复还是在恢复的同时进行扩建的都按恢复统计。尚未建成投产的基本建设项目或企业、事业单位，因自然灾害而损坏的，不作为恢复项目，仍按原有建设性质划分。

7. 单纯购置是指现有企业、事业、行政单位单纯购置不需要安装的设备、工具、器具、而不进行工程建设的单位。有些单位当年虽然只从事一些购置活动，但其设计中规定有建筑安装活动，应根据文件的内容来确定建设性质，不得作为单纯购置统计。

固定资产投资按构成分 固定资产投资活动按其工作内容和实现方式分为建筑工程，安装工程，设备、工具、器具购置，其他费用。

1. 建筑工程是指各种房屋、建筑物的建造工程，又称建筑工作量。这部分投资额必须兴工动料，通过施工活动才能实现,是固定资产投资额的重要组成部分。

2. 安装工程是指各种设备、装置的安装工程,又称安装工作量。安装工程包括:①生产、动力、起重、运输、传动和医疗、实验等各种需要安装设备的装配和安装,与设备相连的工作台、梯子、栏杆等装设工程,附属于被安装设备的管线敷设工程,被安装设备的绝缘、附腐、保温、油漆等工作;②为测定安装工程质量,对单个设备、系统设备进行单机试运、系统联动无负荷试运工作(投料试运工作台不包括在内)。在安装工程中,不包括被安装设备本身价值。

3. 设备、工具、器具购置是指建设单位或企、事业单位购置或自制的,达到固定资产标准的设备、工具、器具的价值。①设备是指各种生产设备、传导设备、动力设备、运输设备等,分为需要安装的设备和不需要安装的设备两种;②工具、器具是指具有独立用途的各种生产用具、工作工具的仪器。

4. 用于更新的设备是指为更新陈旧设备而购置的设备。用于更新的设备与原有设备在台数和价值上不一定相等。

5. 购置旧设备是指从外单位购入的,已经使用过的各种设备,不包括从国外购进的旧设备。

6. 其他费用是指在固定资产建造和购置过程中发生的。其中:①土地购置费是指建设项目通过划拨方式或出让方式取得土地使用权而支付的各项费用;②旧建筑物购置费是指购置已使用过的各种旧房屋及其他建筑物的费用。

施工项目 指报告期内进行过建筑或安装施工活动的项目。凡是报告期内施过工的建设项目,不论施工时间长短,均作为施工项目统计。施工项目个数可以反映一定时期固定资产投资的实际规模,与同期建成投产的建设项目个数相比,可以从建设速度的角度反映固定资产投资的效果。根据建设项目施工活动的不同性质,施工项目又分为:本年正式施工项目、本年收尾项目和以前年度全部停缓建项目。

全部建成投产项目 工业项目是指设计文件规定形式能力的主体工程及其相应配套的辅助设施全部建成,经负荷试运转,证明具备生产设计规定合格产品的条件,并经过验收鉴定合格或达到竣工验收标准,与生产性工程配套的生产福利设施可满足近期正常生产的需要,正式移交生产的建设项目;非工业项目是指设计文件规定的主体工程和相应配套工程全部建成,能够发挥设计规定的工程效益,经验收鉴定合格或达到竣工标准,正式移交使用的建设项目。

新增生产能力 指通过固定资产投资活动而增加的设计能力(或工程效益),是以实物形态表现的固定资产投资成果的指标,也是考核投资经济效果的重要依据之一。新增生产能力的计算,是以能独立发挥生产能力或效益的单项工程(或项目)为对象。当单项工程(或项目)建成,经有关部门鉴定合格,正式移交投入生产,即可计算新增生产能力。新增生产能力的数量一般按设计能力计算。设计文件中规定的在正常情况下能够达到的生产能力,而不论投产后的实际产量如何。以设备数量、建筑物容积、面积、长度等表示为新增生产能力(或效益),则按建成的实际数量计算。

新增固定资产 新增固定资产(又称交付使用的固定资产),是指已经完成建造和购置过程,并已交付生产或使用单位的固定资产的价值。新增固定资产是表示固定资产投资成果的价值指标,也是反映建设进度,计算固定资产投资效果的重要数据。

七、城市公用事业

URBAN PUBLIC UTILITY

本篇内容包括：

1. 城市自来水供应
2. 市政公用设施
3. 城市公共交通
4. 园林绿化
5. 环境保护、环境卫生
6. 用电情况

市政道路总长度

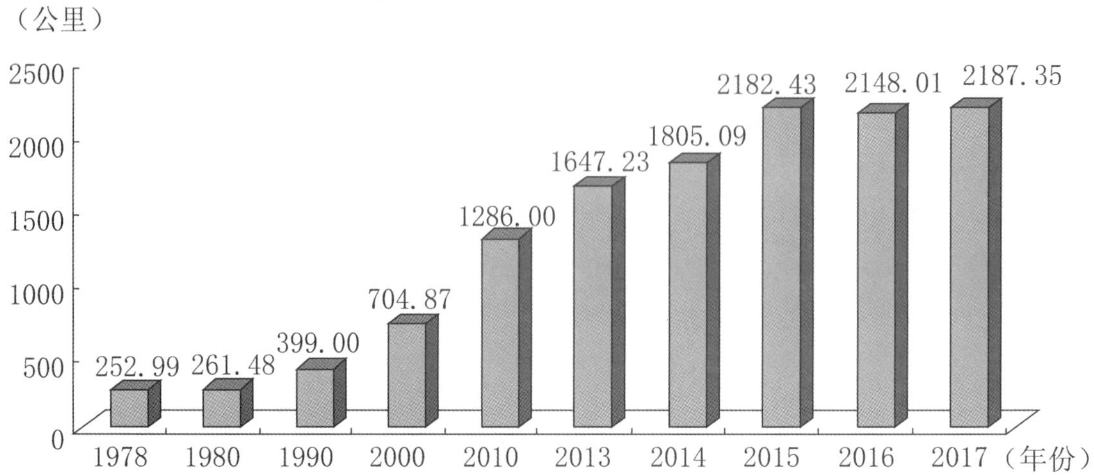

城 市 供 水

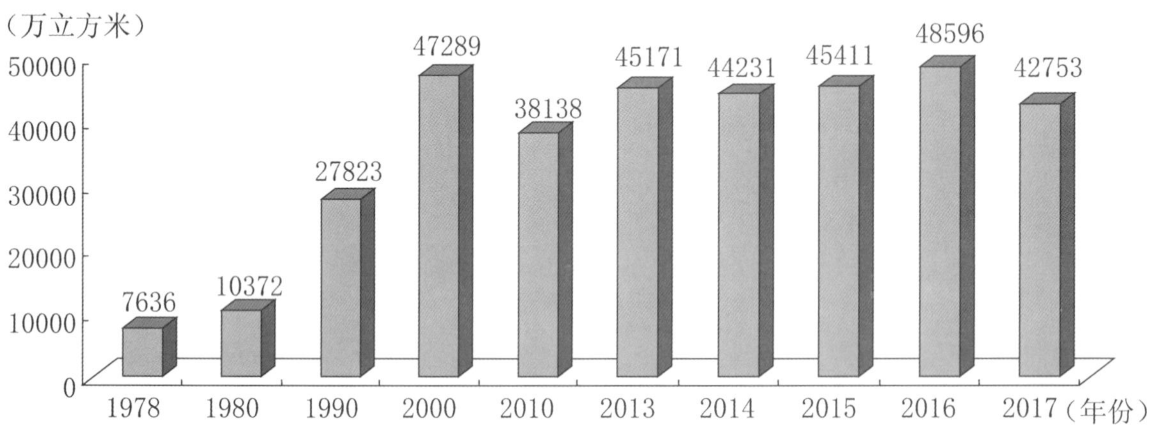

城 市 用 电

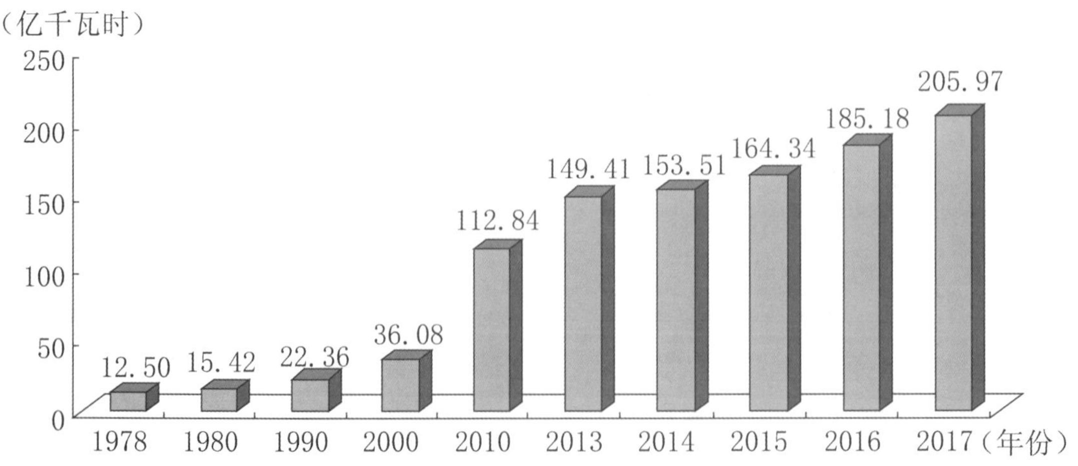

7－1 市政公用设施

项　　目	2017
道路总长度(公里)	2 187.35
道路总面积(万平方米)	4 356.79
人行道总面积(万平方米)	801.22
桥梁(座)	330
#立交桥	38
排水管长度(公里)	3 664.76
城镇路灯盏数(盏)	183 349
液化气储气能力(吨)	2 261
液化气供应总量(吨)	53 537
#家庭用量	31 434.7
液化气用气数(万户)	26.13
#家庭用气数(万户)	25.96
用气人口(万人)	50.88
天然气供应总量(万立方米)	49 630.21
#家庭用量	14 001.46
天然气用气户数(万户)	106.74
#家庭用气数(万户)	105.99
用气人口(万人)	271.81
气化率(%)	96.47

7－2 城市自来水供应

项　　目	2017
水厂个数(个)	16
综合生产能力(万立方米/日)	201
年末供水管长度(公里)	5 066.49
全年供水总量(万立方米)	46 888.13
#生产用水(万立方米)	7 717.51
生活用水(万立方米)	16 314.7
用水人口(万人)	326.01
平均每人每天生活用水(升)	212.68
自来水普及率(%)	97.46

7－3 城市公共交通

项　　目	2017
年末实有运营车辆(辆)	3 691
公共汽车	3 691
运营线路条数(条)	
公共汽车	282
轨道交通	2
运营线路长度(公里)	
公共汽车	5 007.1
轨道交通	48.47
全年客运量(万人次)	
公共汽车	39 102.5
轨道交通	10 976.17
出租汽车	
年末营运车辆(辆)	5 453
客运量(万人次)	17 545.8

7－4 城市园林绿化

项　　目	2017
城市园林绿地面积(公顷)	12 676
公园绿地面积(公顷)	4 244.81
人均公园绿地面积(平方米)	11.8
城市绿化覆盖面积(公顷)	13 377.5
建成区绿化覆盖率(%)	43.94
建成区绿地率(%)	39.87
苗圃面积(公顷)	512.96
公园(含动物园,个)	62
公园面积(公顷)	645.4

注:本表数据来源于市建委。

7－5　城市环境卫生

项　　目	2017
全年清扫面积(万平方米)	5 139
全年清运生活垃圾(万吨)	148.93
生活垃圾无害化处理(万吨)	148.93
公共厕所数(座)	182
环卫机械数量(辆)	1 939
清洁卫生工作人员(人)	12 622
垃圾中转站(座)	182
果壳箱(个)	14 881

7－6　全社会用电量

单位:万千瓦时

项　　目	2016	2017
全社会用电	**1 851 760**	**2 059 733**
全行业用电	1 470 498	1 659 430
第一产业	22 005	20 639
第二产业	963 590	1 096 480
工业	926 178	1 054 552
建筑业	37 413	41 929
第三产业	484 900	542 311
居民生活用电	381 262	400 307
城镇	281 285	299 763
乡村	99 978	100 544

7－7 环境保护

项　目	2016	2017
一、"三废"排放、处理及综合利用情况		
污水集中处理率(%)	93.5	99.8
废水排放总量(万吨)	32 550	31 794
#工业废水(万吨)	10 258	3 861
工业废气排放总量(亿标立方米)	1 539	1 876
工业二氧化硫排放量(吨)	13 780	12 377
工业烟尘排放量(吨)	33 926	23 416
工业固废产生量(万吨)	156	170
工业固废综合利用量(万吨)	150	156
工业固废综合利用率(%)	96	91.5
工业危险废弃物处置利用率(%)	100	98.5
医疗废物处置率(%)	100	100
二、污染治理情况		
工业企业用于污染治理资金(万元)	21 221	25 331
#治理废水(万元)	3 081	6 341
治理固体废弃物(万元)	323	702

主要统计指标解释

年末自来水生产能力 指年末城建部门管理的自来水厂和社会单位自备水源的取水、净化、送水出厂输水干管等环节的实际生产能力。

年末供水管道长度 指从送水泵至用户水表之间所有管道的长度。

全年供水总量 指公用自来水厂和社会单位自备水源全年的供水总量,包括有效供水量及损失水量。

生活用水量 指居民日常生活与公共福利设施的用水量。包括饮食店、旅馆、医院、理发店、浴池、洗衣店、游泳池、商店、学校、机关、部队等单位的用水量。

年末实有铺装道路长度 指除土路外,路面经过铺装宽度在3.5米以上的道路,包括高级、次高级道路和普通道路。

城市下水道总长度 指所有排水总管、干管、支管及暗渠、检查井、连接井进出水口等长度之和。

年末实有公共汽(电)车辆 指年底可参加营运的全部车辆数。包括年底营运车辆数和库存查封未参加营运的车辆,不包括非营运车辆,如架线车、油罐车、工程车、货车及其他专用车辆和借人的客运车辆。

营运线路长度 指设置的固定营运线路长度,包括郊区营运线路长度。不包括临时行驶的线路长度。

燃气普及率 指报告期末城区内使用燃气的人口与总人口的比率。计算公式为:

$$燃气普及率=\frac{城区用气人口(含暂住人口)}{城区人口+城区暂住人口}\times 100\%$$

供水综合生产能力 指按供水设施取水、净化、送水、出厂输水干管等环节设计能力计算的综合生产能力。包括在原设计能力的基础上,经挖、革、改增加的生产能力。

供水管道长度 指从送水泵至用户水表之间所有管道的长度。

供水总量 指供水企业(单位)供出的全部水量,包括有效供水量和漏损水量。有效供水量指水厂将水供出厂外后,各类用户实际使用到的水量,包括售水量和免费供水量。

用水人口 指由城市供水设施供给居民家庭用水的人口,包括农业用水人口、非农业用水人口等。

人均日生活用水量 指每一用水人口平均每天的生活用水量。计算公式:

$$人均日生活用水量=\frac{居民家庭用水量+公共服务用水量+免费供水量中的生活用水量}{用水人口}\div 报告期日历日数\times 1000升$$

用水普及率 指报告期末城市用水人口数与城区人口总数的比率。计算公式:

$$用水普及率=\frac{城区用水人口(含暂住人口)}{城区人口+城区暂住人口}\times 100\%$$

绿化覆盖面积 指城市中的乔木、灌木、草坪等所有植被的垂直投影面积。包括公园绿地、防护绿地、生产绿地、附属绿地、其他绿地的绿化种植覆盖面积、屋顶绿化覆盖面积以及零散树木的覆盖面积,不含各类绿地中的水域面积以及没有被植被覆盖的面积(硬化道路、无屋顶绿化的建筑物等)。

绿地面积 指报告期末用作园林和绿化的各种绿地面积。包括公园绿地、生产绿地、防护绿地、附属绿地和其他绿地的面积。

公园绿地 城市中向公众开放的、以游憩为主要功能,有一定的游憩设施和服务设施,同时兼有健全生态、美化景观、防灾减灾等综合作用的绿化用地。

人均公园绿地面积 指报告期末区域内城区人口平均每人拥有的公园绿地面积。人口数采用年底人口数。计算公式为:

$$人均公园绿地面积=\frac{公园绿地面积}{城区人口+城区暂住人口}\times 100\%$$

建成区绿地率 指报告期末建成区内绿地面积与建成区面积的比率。计算公式:

$$建成区绿地率=\frac{建成区绿地面积}{建成区面积}\times 100\%$$

建成区绿化覆盖率 指报告期末建成区内绿化覆盖面积与建成区面积的比率。计算公式为：

$$建成区绿化覆盖率=\frac{建成区绿化覆盖面积}{建成区面积}\times 100\%$$

生活垃圾清运量 指收集和运送到各生活垃圾处理场（厂）和生活垃圾最终消纳点的生活垃圾数量。生活垃圾指城市日常生活或为城市日常生活提供服务的活动中产生的固体废物以及法律行政规定的视为城市生活垃圾的固体废物。包括：居民生活垃圾、商业垃圾、集市贸易市场垃圾、街道清扫垃圾、公共场所垃圾和机关、学校、厂矿等单位的生活垃圾。

生活垃圾无害化处理量 指用卫生填埋、堆肥、焚烧等工艺方法处理生活垃圾的总量。即生活垃圾在无害化处理厂（场）处理的垃圾总量。

污水处理厂集中处理率 指报告期内通过污水处理厂处理的污水量与污水排放总量的比率。计算公式：

$$污水处理厂集中处理率=\frac{污水处理厂处理的污水量}{污水排放总量}\times 100\%$$

工业废水处理量 指经各种水治理设施（含城镇污水处理厂、工业废水处理厂）实际处理的工业废水量，包括处理后外排的和处理后回用的工业废水量。虽经处理但未达到国家或地方排放标准的废水量也应计算在内。计算时，如遇有车间和厂排放口均有治理设施，并对同一废水分级处理时，不应重复计算工业废水处理量。

工业废水排放量 指经过企业厂区所有排放口排到企业外部的工业废水量。包括生产废水、外排的直接冷却水、废气治理设施废水、超标排放的矿井地下水和与工业废水混排的厂区生活污水，不包括独立外排的间接冷却水（清浊不分流的间接冷却水应计算在内）。

工业废气排放量 指企业厂区内燃料燃烧和生产工艺过程中产生的各种排入空气中含有污染物的气体的总量，以标准状态（273K，101325Pa）计算。

二氧化硫排放量 指企业在燃料燃烧和生产工艺过程中排入大气的二氧化硫总质量。工业中二氧化硫主要来源于化石燃料（煤、石油等）的燃烧，还包括含硫矿石的冶炼或含硫酸、磷肥等生产的工业废气排放。

烟（粉）尘排放量 指企业在燃料燃烧和生产工艺过程中排入大气的烟尘及工业粉尘的总质量之和。烟尘或工业粉尘排放量可以通过除尘系统的排风量和除尘设备出口烟尘浓度相乘求得。

一般工业固体废物产生量 指未被列入《国家危险废物名录》或者根据国家规定的危险废物鉴别标准（GB5085）、固体废物浸出毒性浸出方法（GB5086）及固体废物浸出毒性测定方法（GB/T 15555）鉴别方法判定不具有危险特性的工业固体废物。计算公式是：

一般工业固体废物产生量 =（一般工业固体废物综合利用量 - 其中：综合利用往年贮存量）+ 一般工业固体废物贮存量 +（一般工业固体废物处置量 - 其中：处置往年贮存量）+ 一般工业固体废物倾倒丢弃量

一般工业固体废物综合利用量 指通过回收、加工、循环、交换等方式，从固体废物中提取或者使其转化为可以利用的资源、能源和其他原材料的固体废物量（包括当年利用的往年工业固体废物累计贮存量）。如用作农业肥料、生产建筑材料、筑路等。综合利用量由原产生固体废物的单位统计。

一般工业固体废物综合利用率 指一般工业固体废物综合利用量占一般固体废物产生量与综合利用往年贮存量之和的百分率。计算公式为：

$$一般工业固体废物利用率=\frac{一般工业固体废物综合利用量}{一般工业固体废物生产量+综合利用往年贮存量}\times 100\%$$

危险废弃物处置利用率 指危险废弃物处置量占危险废弃物产生量与处置往年贮存量之和的百分率。计算公式为：

$$危险废弃物处置利用率=\frac{危险废弃物处置量}{危险废弃物生产量+综合利用往年贮存量}\times 100\%$$

环境保护投资指数 指一个地区用于环境保护的投资额占地区生产总值（按当年价格计算）的比重。计算公式为：

$$环境保护投资指数=\frac{用于环境保护的投资额}{地区生产总值（当年价格）}\times 100\%$$

八、财政·金融

PUBLIC FINANCE, BANKING AND INSURANCE

本篇内容包括:

1. 财政收支
2. 金融机构存贷款
3. 商业保险概况

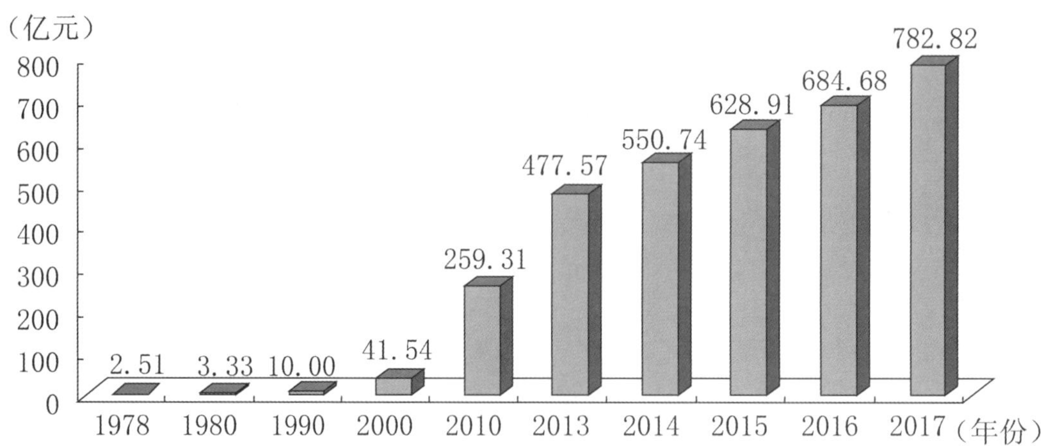

金融机构人民币存贷款余额

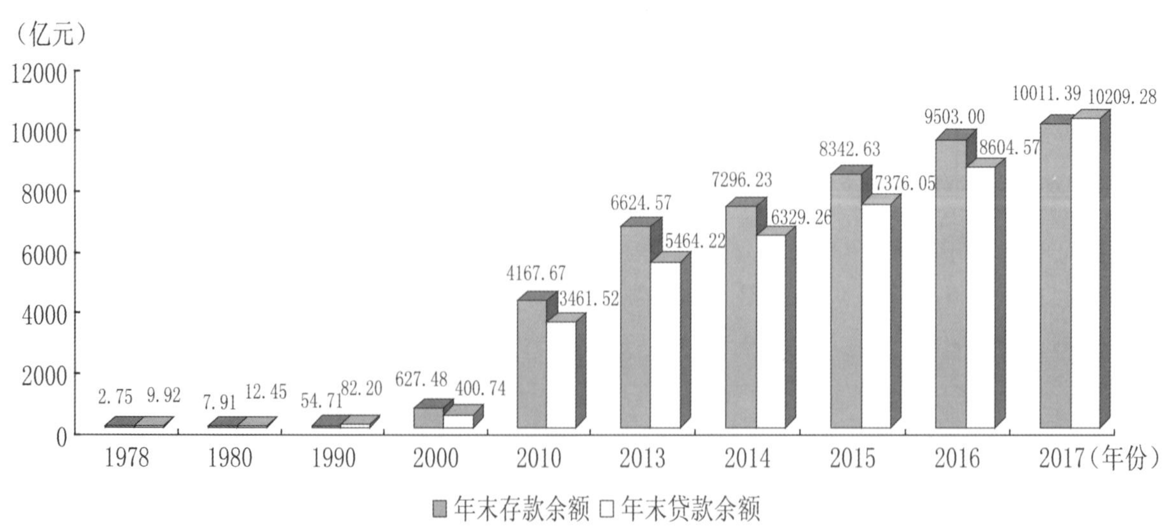

8-1 财 政 收 入

单位:万元

年 份	财政总收入	一般公共预算收入						上交中央收 入	财政总收入占GDP比重(%)
			税收收入				非税收入		
				#增值税	营业税	企业所得税			
1994	182 958	81 683	69 291				12 392		10.1
1995	204 548	100 551	83 486				17 065		8.3
1996	253 226	119 393	93 362				26 031		8.2
1997	264 936	135 653	106 697				28 956		7.1
1998	301 878	156 418	120 876	25 111	55 967	7 550	35 542		7.6
1999	327 446	167 714	131 975	25 347	58 635	13 563	35 739		7.7
2000	415 414	183 011	149 313	36 044	65 950	11 451	33 698		8.9
2001	486 936	214 131	178 099	39 061	70 841	27 289	36 032		9.3
2002	590 771	257 466	204 032	39 087	89 231	29 487	53 434		9.8
2003	764 711	314 094	240 631	46 315	118 917	22 525	73 463		10.8
2004	901 988	421 911	323 321	47 873	172 200	33 100	98 590		10.6
2005	1 138 723	582 783	390 510	60 258	201 404	48 429	141 565	517 936	11.3
2006	1 341 955	681 075	541 782	72 722	245 728	65 589	139 351	617 396	11.3
2007	1 660 063	872 199	714 032	88 111	331 300	90 568	158 167	732 421	11.9
2008	1 898 665	1 021 477	810 109	88 224	358 746	100 815	211 364	802 342	11.4
2009	2 117 141	1 158 800	955 725	90 963	449 573	108 902	203 064	871 822	11.5
2010	2 593 063	1 464 650	1 241 615	109 989	542 595	125 197	223 035	1 066 737	11.6
2011	3 254 979	1 870 273	1 584 510	140 346	673 643	174 503	285 763	1 316 082	12.0
2012	4 089 000	2 401 427	2 001 690	151 891	871 127	257 675	399 737	1 603 833	13.5
2013	4 775 662	2 919 097	2 453 517	211 938	1 020 353	301 333	465 580	1 776 288	14.1
2014	5 507 386	3 422 065	2 875 277	305 189	1 122 252	351 446	546 788	2 011 577	14.9
2015	6 289 109	3 893 412	3 157 905	350 598	1 207 890	399 635	735 507	2 248 355	15.7
2016	6 846 784	4 021 831	3 186 658	766 736	736 004	422 673	835 173	2 551 515	15.6
2017	7 828 242	4 170 774	3 261 844	1 261 765	7 165	534 844	908 930	3 337 607	16.2

注:1. 1994-2009年企业所得税含退税;

2. 1994-1997年国有资产经营收益体现为国有企业上缴利润;

3. 1997年地方财政收入和非税收入包含当年纳入基金预算收入的城市教育附加费、矿产资源补偿费、排污费和城市水资源费收入;

4. 从2002年开始,上交中央收入包含上划所得税;

5. 农业税收包含农业税、农业特产税(2006年含烟叶税部分)、耕地占用税、契税;

6. 以上数据根据南昌市历年财政总决算整理得出。

8－2 一般公共预算收入

单位:万元

项目	2013	2014	2015	2016	2017
总　　计	**2 919 097**	**3 422 065**	**3 893 412**	**4 021 831**	**4 170 774**
税收收入	**2 453 517**	**2 875 277**	**3 157 905**	**3 186 658**	**3 261 844**
#增值税	211 938	305 189	350 598	766 736	1 261 765
营业税	1 020 353	1 122 252	1 207 890	736 004	7 165
企业所得税	301 333	351 446	399 635	422 673	534 844
个人所得税	103 234	129 136	163 161	186 852	178 859
资源税	1 956	3 176	3 279	4 783	9 778
城市维护建设税	157 885	173 129	180 940	213 775	226 182
房产税	59 451	69 764	84 832	85 708	115 045
印花税	36 559	37 972	40 412	49 837	61 099
城镇土地使用税	49 682	69 794	74 480	80 366	79 533
土地增值税	190 184	261 096	283 525	251 209	301 962
车船税	16 776	18 041	22 101	23 795	32 181
耕地占用税	25 120	18 889	62 196	34 184	62 028
契　税	279 046	315 393	284 856	330 728	391 403
非税收入	**465 580**	**546 788**	**735 507**	**835 173**	**908 930**
#国有资本经营收入		1 060	6 488		
行政性收费收入	271 028	293 600	298 023	403 233	298 792
罚没收入	51 241	56 546	46 513	69 928	176 342
专项收入	77 866	87 444	227 504	208 935	227 352
国有资源(资产)有偿使用收入	49 628	81 391	129 570	127 263	159 263
其他收入	15 817	26 747	27 409	22 254	54

8－3　一般公共预算支出

单位：万元

项　　目	2013	2014	2015	2016	2017
总　　计	**4 193 652**	**4 731 561**	**5 431 789**	**5 832 565**	**6 531 223**
一般公共服务	372 832	422 895	444 772	538 799	683 904
国防	6 167	5 828	4 480	4 915	3 175
公共安全	229 668	245 040	280 627	339 858	413 586
教育	734 317	814 016	854 606	900 287	998 001
科学技术	54 172	79 045	82 004	101 403	217 331
文化体育与传媒	41 322	46 846	54 496	67 295	78 855
社会保障和就业	446 254	463 715	617 643	670 641	759 333
医疗卫生与计划生育	374 524	460 359	564 207	587 977	688 874
节能环保	44 613	39 817	77 535	44 717	120 843
城乡社区事务	686 669	672 851	893 236	1 054 280	1 146 753
农林水事务	309 934	354 848	379 786	347 070	403 273
交通运输	363 644	412 005	408 265	360 906	342 113
资源勘探电力信息等	289 033	311 153	368 801	486 049	251 866
商业服务业等	40 823	39 807	60 784	48 426	44 015
金融	1 037	663	1 448	1 861	703
援助其他地区					
国土海洋气象等	14 838	15 707	17 382	20 914	30 505
住房保障支出	118 769	169 327	256 655	161 160	195 093
粮油物资储备	6 065	11 702	12 532	9 172	7 121
债务付息支出	5 845	114 189	4 447	49 353	85 240
债务发行费用			761	2 236	283
其他支出	53 126	51 748	47 322	35 246	60 356

8-4 财政收支总额及增长速度

(1978—2017)

年份	财政总收入(万元)	一般公共预算支出(万元)	收支差额(万元)	比上年增长(%)	
				财政总收入	一般公共预算支出
1978	25 144	9 046	16 098	36.5	33.8
1979	29 827	12 452	17 375	18.6	37.7
1980	33 283	11 411	21 872	11.6	-8.4
1981	36 294	12 589	23 705	9.0	10.3
1982	36 418	12 449	23 969	0.3	-1.1
1983	37 761	13 456	24 305	3.7	8.1
1984	42 362	17 687	24 675	12.2	31.4
1985	55 665	24 455	31 210	31.4	38.3
1986	62 808	33 970	28 838	12.8	38.9
1987	66 114	34 442	31 672	5.3	1.4
1988	77 381	42 103	35 278	17.0	22.2
1989	87 833	49 048	38 785	13.5	16.5
1990	99 960	55 090	44 870	13.8	12.3
1991	106 250	62 186	44 064	6.3	12.9
1992	123 700	69 867	53 833	16.4	12.4
1993	163 492	71 828	91 664	32.2	2.8
1994	182 958	81 546	101 412	11.9	13.5
1995	204 548	102 101	102 447	11.8	25.2
1996	253 226	119 608	133 618	23.8	17.1
1997	264 936	145 353	119 583	4.6	21.5
1998	301 878	160 750	141 128	13.9	10.6
1999	327 446	218 552	108 894	8.5	36.0
2000	415 414	237 688	177 726	26.9	8.8
2001	486 936	281 618	205 318	17.2	18.5
2002	590 771	342 542	248 229	21.3	21.6
2003	764 711	395 944	368 767	29.4	15.6
2004	901 988	521 873	380 115	18.0	31.8
2005	1 138 723	757 947	380 776	26.2	45.2
2006	1 341 955	933 749	408 206	17.8	23.2
2007	1 660 063	1 168 596	491 467	23.7	25.2
2008	1 898 665	1 476 667	421 998	14.4	26.4
2009	2 117 141	1 817 014	300 127	11.5	23.0
2010	2 593 063	2 320 305	272 758	22.5	27.7
2011	3 254 979	2 988 005	266 974	25.5	28.8
2012	4 089 000	3 459 909	629 091	25.6	15.8
2013	4 775 662	4 193 652	582 010	16.8	21.2
2014	5 507 386	4 731 561	775 825	15.3	12.8
2015	6 289 109	5 431 789	857 320	14.2	14.8
2016	6 846 784	5 832 565	1 014 219	8.9	7.4
2017	7 828 242	6 531 223	1 297 019	14.3	12.0

8－5　各地区一般公共预算收入

(2017 年)　　单位:万元

地　　区	一般公共预算收入	增值税	营业税	企业所得税	个人所得税	其他收入
全　市	**4 170 774**	**1 261 765**	**7 165**	**534 844**	**178 859**	**2 188 141**
东湖区	130 508	34 973	132	27 966	18 777	48 660
西湖区	173 632	38 476	382	68 395	16 625	49 754
青云谱区	98 121	37 260	328	18 147	5 355	37 031
湾里区	67 500	22 663	513	6 391	2 363	35 570
青山湖区	154 470	44 470	504	18 678	6 332	84 486
新建区	305 720	86 703	245	15 002	8 047	195 723
南昌县	637 968	206 020	178	46 297	14 013	371 460
安义县	87 386	19 162	701	2 670	863	63 990
进贤县	156 864	59 279	1 014	5 613	2 379	88 579
经济开发区	150 927	46 888	89	24 801	5 610	73 539
高新开发区	280 984	76 490	91	47 352	9 943	147 108
红谷滩新区	344 719	53 338	447	72 736	12 460	205 738

注:本表财政收入不含中央两税收入。

8－6　各地区一般公共预算支出

(2017 年)　　单位:万元

地　　区	一般公共预算支出	一般公共服务	教　育	社会保障和就业	医疗卫生	农林水事务	其他支出
全　市	**6 531 223**	**683 904**	**998 001**	**759 333**	**688 874**	**403 273**	**2 997 838**
东湖区	236 450	43 865	35 804	50 078	28 150	1 877	76 676
西湖区	276 427	39 100	53 783	48 729	21 589	1 838	111 388
青云谱区	158 564	31 474	37 018	24 157	16 260	585	49 070
湾里区	146 092	27 965	21 403	24 229	12 069	12 479	47 947
青山湖区	265 403	46 932	53 740	22 068	29 408	17 618	95 637
新建区	647 848	82 371	135 980	73 479	92 243	59 169	204 606
南昌县	1 122 491	108 616	195 039	115 647	158 256	147 722	397 211
安义县	230 945	20 504	46 887	25 065	32 169	32 529	73 791
进贤县	441 937	46 876	87 995	68 654	89 372	69 200	79 840
经济开发区	266 924	39 113	28 153	13 136	10 467	4 002	172 053
高新开发区	314 597	38 653	33 302	14 792	8 936	4 228	214 686
红谷滩新区	410 687	55 669	44 944	8 085	8 184	1 265	292 540

8-7 金融机构本外币信贷资金平衡表年末余额

（2017 年）　　单位:万元

指　　标	年末余额	比年初增减	比年初增长(%)
各项存款	**101 373 363**	**5 097 805**	**5.3**
境内存款	101 291 879	5 116 110	5.3
住户存款	29 132 371	1 431 037	5.2
活期存款	13 041 915	604 590	4.9
定期及其他存款	16 090 456	826 446	5.4
非金融企业存款	42 637 051	4 536 230	11.9
活期存款	20 284 875	2 992 492	17.3
定期及其他存款	22 352 176	1 543 738	7.4
广义政府存款	22 605 862	1 285 787	6.0
财政性存款	7 062 493	-95 663	-1.3
机关团体存款	15 543 369	1 381 450	9.8
非银行业金融机构存款	6 916 595	-2 136 944	-23.6
境外存款	81 485	-18 305	-18.3
各项贷款	**103 645 752**	**16 573 415**	**19.0**
境内贷款	103 110 068	16 458 449	19.0
住户贷款	29 285 352	6 463 299	28.3
短期贷款	7 440 815	1 403 805	23.3
中长期贷款	21 844 537	5 059 494	30.1
非金融机构及机关团体贷款	73 774 534	9 945 150	15.6
短期贷款	21 735 313	2 615 278	13.7
中长期贷款	49 077 169	7 631 950	18.4
票据融资	1 857 362	-577 929	-23.7
融资租赁	983 017	285 623	41.0
各项垫款	121 673	-9 772	-7.4
非银行业金融机构贷款	50 182	50 000	27 472.5
境外贷款	535 685	114 966	27.3

注:本表统计口径包括中国人民银行、政策性银行、国有独资商业银行、邮政信汇局、其他商业银行、农村合作银行、城市信用社、农村信用社、信托投资公司、财务公司等金融机构。后同。

8-8 金融机构人民币信贷资金平衡表年末余额

（2017 年） 单位：万元

指　　标	年末余额	比年初增减	比年初增长（%）
各项存款	**100 113 903**	**5 083 913**	**5.3**
境内存款	100 043 263	5 061 299	5.3
住户存款	28 698 392	1 473 403	5.4
活期存款	12 859 385	640 119	5.2
定期及其他存款	15 839 008	833 284	5.6
非金融企业存款	41 842 658	4 338 486	11.6
活期存款	19 861 461	2 903 065	17.1
定期及其他存款	21 981 196	1 435 421	7.0
广义政府存款	22 589 766	1 305 954	6.1
财政性存款	7 062 493	-95 663	-1.3
机关团体存款	15 527 273	1 401 617	9.9
非银行业金融机构存款	6 912 447	-2 056 544	-22.9
境外存款	70 639	22 615	47.1
各项贷款	**102 092 754**	**16 047 070**	**18.6**
境内贷款	102 005 925	15 992 244	18.6
住户贷款	29 284 597	6 463 124	28.3
短期贷款	7 440 088	1 403 614	23.3
中长期贷款	21 844 509	5 059 510	30.1
非金融机构及机关团体贷款	72 671 146	9 479 121	15.0
短期贷款	20 948 218	2 169 561	11.6
中长期贷款	48 762 211	7 611 556	18.5
票据融资	1 857 362	-577 929	-23.7
融资租赁	983 017	285 623	41.0
各项垫款	120 339	-9 690	-7.5
非银行业金融机构贷款	50 182	50 000	27 472.5
境外贷款	86 829	54 825	171.3

8－9 财产保险公司主要指标

单位:万元

指标	保费收入		赔款支出	
	2016	2017	2016	2017
合 计	**485 965**	**569 567**	**249 914**	**287 863**
企业财产保险	14 892	19 387	7 212	12 535
机动车辆保险	379 376	417 856	202 402	225 538
货物运输保险	2 255	2 571	949	883
责任保险	13 265	18 235	6 130	9 801
信用保证保险	28 321	50 623	7 911	10 273
农业保险	7 777	8 440	6 083	4 432
其它财产保险	40 079	52 455	19 226	24 401

8－10 人寿保险公司主要指标

单位:万元

指标	2011	2012	2013	2014	2015	2016	2017
原保险保费收入	**407 271**	**422 173**	**500 789**	**690 719**	**807 866**	**1 041 162**	**1 343 134**
寿险小计	320 685	324 612	370 190	508 021	547 215	638 189	719 564
普通寿险	20 726	22 601	26 086	291 456	342 243	406 948	487 197
分红寿险	297 220	299 357	340 992	213 063	201 186	227 219	228 030
投资连结保险	171	143	139	137	136	97	94
万能寿险	2 568	2 511	2 973	3 365	3 651	3 926	4 243
年金保险	49 373	53 465	75 865	101 929	168 015	267 798	458 079
意外伤害险	13 509	13 915	18 496	22 229	18 204	20 149	23 702
健康险	23 704	30 182	36 239	58 540	74 432	115 026	141 789
赔付支出	**60 253**	**65 418**	**129 102**	**149 552**	**234 067**	**244 750**	**215 926**
赔款支出	8 077	10 004	13 892	15 819	28 281	42 970	47 363
死伤医疗给付	4 889	6 380	7 493	8 828	11 728	14 182	18 555
满期给付	35 328	30 260	92 094	105 868	164 089	159 211	116 309
年金给付	11 959	18 774	15 622	19 037	29 970	28 387	33 699

8-11 上市公司数量和股票发行量

年 份	上市公司数量（个）	股票发行量（亿股）	A 股	H 股	B 股	股票筹资额（亿元）	A 股	配股	B 股
2012	17								
2013	16	0.55	0.55			4.80	4.80		
2014	16	2.56	2.56			16.19	16.19		
2015	17	1.99	1.99			22.44	22.44		
2016	18	14.06	14.06			166.47	166.47		
2017	19	3.08	3.08			22.39	22.39		

主要统计指标解释

财政收入 国家财政参与社会产品分配所得的收入，是实现国家职能的财力保证。内容几经变化，目前主要包括：

(1)各项税收包括增值税、营业税、消费税、土地增值税、城市维护建设税、资源税、城镇土地使用税、印花税、固定资产投资方向调节税、个人所得税、企业所得税、关税、农牧业税和耕地占用税等。

(2)专项收入包括征收排污费、征收城市水资源收入、教育费附加收入等。

(3)其他收入包括基本建设贷款归还收入、国家能源交通重点建设基金收入、国家预算调节基金收入等。

财政支出 国家财政将筹集起来的资金进行分配使用，以满足经济建设和各项事业的需要，主要包括：一般公共服务、外交、国防、公共安全、教育、科学技术、文化体育与传媒、社会保障和就业、医疗卫生、环境保护、城乡社区事务、农林水事务、交通运输、工业商业金融等事务和其他支出等科目。

中央财政收入和地方财政收入 按财政体制划分的中央本级收入和地方本级收入。1994 年分税制财政体制以后，属于中央财政的收入包括关税、海关代征消费税和增值税，消费税，中央企业所得税，地方银行和外资银行及非银行金融企业所得税，铁道、银行总行、保险总公司等集中缴纳的营业税、所得税和城市维护建设税，增值税的75%部分，海洋石油资源税和证券(印花)税的75%部分。属于地方财政的收入包括营业税，地方企业所得税，个人所得税，城镇土地使用税，固定资产投资方向调节税，土地增值税，城镇维护建设税，房产税，车船使用税，印花税，农牧业税，农业特产税，耕地占用税，契税，增值税，证券交易税(印花税)的25%部分和除海洋石油资源税以外的其他资源税。

中央财政支出和地方财政支出 根据政府在经济和社会活动中的不同职责，划分中央和地方政府的事权，按照政府的事权划分确定的支出。中央财政支出包括国防支出，武装警察部队支出，中央级行政管理费和各项事业费，重点建设支出以及中央政府调整国民经济结构、协调地区发展，实施宏观调控的支出。地方财政支出主要包括地方行政管理和各项事业费，地方统筹的基本建设、技术改造支出，支援农村生产支出，城市维护，建设经费和价格补贴支出等。

信贷资金 国家银行用于发放贷款的资金叫信贷资金。中国人民银行信贷资金的来源有各项存款、对国际金融机构负债、流通中货币、银行自有资金及当年结益等。信贷资金的运用有各项贷款、黄金占款、外汇占款、财政借款及在国际金融机构中的资产等。

存款 企业、机关、团体或居民根据可以收回的原则，把货币资金存入银行或其他信用机构保管并取得一定利息的一种信用活动形式。根据存款对象的不同可划分：企业存款、财政存款、机关团体存款、对外贸易存款、城乡居民储蓄存款、农村存款等科目，它是银行信贷资金的主要来源。

贷款 银行或其他信用机构根据必须归还的原则，按一定利率，为企业、个人等提供资金的一种信用活动形式。我国银行贷款，分流动资金贷款、固定资产贷款、城乡个体工商户贷款以及农业贷款等科目。

九、农　　业

AGRICULTURE

本篇内容包括：

1. 乡镇组织
2. 农村劳动力分布
3. 耕地面积变化
4. 农林牧渔业生产
5. 主要农产品产量
6. 农业机械化、电气化
   水利化、化学化水平
7. 农作物受灾情况
8. 农村扶贫情况

农林牧渔业总产值

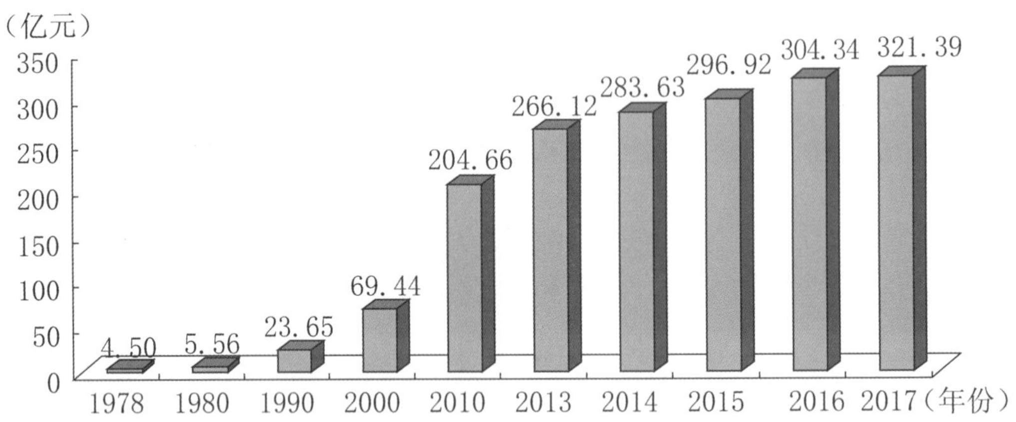

农林牧副渔业占总产值比重

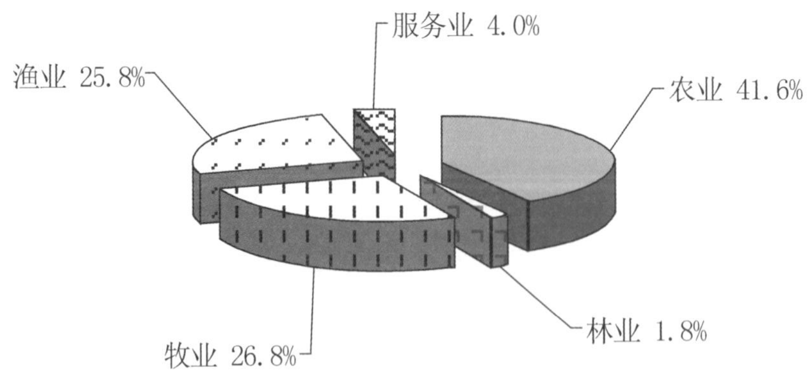

9－1 农村乡镇基本情况

项　　目	2016	2017	项　　目	2016	2017
一、乡镇政府(个)	80	80	五、自来水受益村委会个数(个)	566	611
#镇 政 府	52	52			
二、村民委员会(个)	1 179	1 179	占村委会总个数比重(%)	48.0	51.8
三、村民小组(个)	9 593	9 555	六、通宽带的村委会个数(个)	1 120	1 136
四、通有线电视的村委会个数(个)	1 150	1 155			
占村委会总个数比重(%)	97.5	98.0	占村委会总个数比重(%)	95.0	96.4

9－2 县区乡镇组织

地　　区	乡镇政府(个)	#镇政府	村民委员会(个)	村民小组(个)
合　　计	80	52	1179	9 555
东湖区	1	1	21	91
西湖区	1	1	13	13
青云谱区	1	1	12	69
湾里区	4	4	40	239
青山湖区	4	4	60	288
新建区	18	12	287	1 890
南昌县	16	9	265	2 333
安义县	10	7	104	1 183
进贤县	21	9	264	2 831
经济开发区	1	1	29	202
高新开发区	2	2	48	295
红谷滩新区	1	1	36	121

9－3 耕地面积变化情况

单位:公顷

项　目	2016	2017
年末面积	**275 900**	**275 619**
按类型分:		
水田	209 758	209 612
水浇地	5 931	5 865
旱地	60 211	60 143
按县区分:		
东 湖 区	1 001	992
西 湖 区	34	20
青云谱区	17	11
湾 里 区	3 120	3 110
青山湖区	2 145	2 115
新 建 区	83 573	83 475
南 昌 县	84 692	84 584
安 义 县	25 207	25 192
进 贤 县	76 111	76 121

注:该表数据由市国土局提供,依据自然资源部下发的南昌市 2016 年度及 2017 年度变更调查数据,按照三县六区的区划填写。

9-4 县区农村劳动力资源及乡村从业人员

(2017年) 单位:人

项　目	全　市	东湖区	西湖区	青云谱区	湾里区	青山湖区	新建区
一、乡村劳动力资源总数	**1 713 687**	**21 684**	**14 763**	**28 752**	**26 411**	**85 983**	**350 680**
男　性	910 209	11 374	8 109	15 253	14 010	46 511	184 981
女　性	803 478	10 310	6 654	13 499	12 401	39 472	165 699
二、乡村从业人员合计	**1 439 975**	**16 196**	**12 991**	**24 569**	**22 424**	**72 688**	**285 572**
男　性	764 052	8 705	7 145	13 689	12 183	39 295	155 065
女　性	675 923	7 491	5 846	10 880	10 241	33 393	130 507

9-4续表 (2017年) 单位:人

项　目	南昌县	安义县	进贤县	经济开发区	高新开发区	红谷滩新区
一、乡村劳动力资源总数	**448 227**	**112 811**	**474 411**	**44 517**	**76 502**	**28 946**
男　性	236 044	59 907	251 485	24 826	40 057	17 652
女　性	212 183	52 904	222 926	19 691	36 445	11 294
二、乡村从业人员合计	**366 173**	**108 590**	**394 060**	**35 773**	**75 807**	**25 132**
男　性	193 410	52 600	208 111	20 861	39 721	13 267
女　性	172 763	55 990	185 949	14 912	36 086	11 865

9－5　县区农林牧渔业总产值

（2017 年，按当年价格计算）　　单位：万元

地　　区	农林牧渔业总　产　值	农业产值	林业产值	牧业产值	渔业产值	农林牧渔服务业产值
合　　计	**3 213 916**	**1 338 714**	**58 257**	**860 783**	**828 909**	**127 253**
东湖区	11 542	8 934	225	408	1 945	30
西湖区						
青云谱区						
湾里区	48 661	18 380	7 060	13 325	776	9 120
青山湖区	9 078	2 637		4 252	2 071	118
新建区	928 698	363 549	24 004	268 285	234 516	38 344
南昌县	948 899	462 339	5 573	258 576	190 631	31 780
安义县	205 590	98 840	8 624	42 872	41 233	14 021
进贤县	932 669	330 103	12 009	236 540	326 200	27 817
经济开发区	25 354	5 950	574	13 441	4 417	972
高新开发区	67 101	33 805	188	13 104	16 213	3 791
红谷滩新区	36 324	14 177		9 980	10 907	1 260

9－6 农、林、牧、渔业总产值

单位:万元

项　　目	2016	2017	2017 年比上年增长 %
农林牧渔业总产值	**3 043 396**	**3 213 916**	**4.0**
一、农业产值	**1 262 221**	**1 338 714**	**5.6**
粮食作物	710 466	741 254	5.9
经济作物	95 920	98 746	1.0
蔬菜、食用菌及花卉盆景园艺	361 459	390 690	7.3
水果、坚果、茶、饮料和香料	39 651	45 250	11.6
中草药材	811	1 447	76.8
其他农作物	53 914	61 327	6.6
#饲料作物	2 042	1 364	－35.2
二、林业产值	**55 585**	**58 257**	**4.2**
林木的培育和种植	31 258	32 651	3.9
林产品	14 532	15 504	6.4
竹木采运	9 795	10 102	1.9
三、牧业产值	**851 072**	**860 783**	**1.2**
牲畜饲养	47 448	44 968	－5.4
#牛	35 914	34 837	－3.1
羊	1 004	1 068	5.5
猪的饲养	544 991	556 570	2.6
家禽的饲养	249 947	251 224	－0.4
狩猎和捕捉动物	21	21	0.0
其他动物饲养	8 665	8 000	－5.6
四、渔业产值	**756 068**	**828 909**	**3.9**
五、农林牧渔服务业产值	**118 450**	**127 253**	**6.7**

注:增长速度系按可比价格(即上年价格)计算。

9－7 主要年份农林牧渔业商品产值和商品率

年份	农林牧渔业商品产值（万元）	农业	林业	牧业	渔业	农林牧渔服务业	农林牧渔业商品率（%）
1990	142 005	75 753	595	52 649	13 008		59.8
2000	472 610	151 913	3 397	190 211	127 089		68.1
2010	1 580 847	487 820	7 512	679 069	389 627	16 819	77.2
2011	1 780 058	553 606	8 146	773 292	429 117	15 897	77.5
2012	1 942 797	605 566	9 264	802 242	508 696	17 029	77.9
2013	2 072 139	639 598	9 914	841 428	562 953	18 246	77.9
2014	2 206 524	678 114	11 593	893 998	602 783	20 036	77.8
2015	2 305 370	766 448	12 226	871 941	636 700	18 055	77.6
2016	2 291 122	849 750	24 838	707 597	698 671	10 266	75.3
2017	2 446 837	927 058	24 786	731 008	753 647	10 338	76.1

9－8 农林牧渔业商品产值和商品率

（分县区，2017 年）

地区	农林牧渔业商品产值（万元）	农业	林业	牧业	渔业	农林牧渔服务业	农林牧渔业商品率（%）
合计	**2 446 837**	**927 058**	**24 786**	**731 008**	**753 647**	**10 338**	**76.1**
东湖区	7 848	6 075	153	277	1 323	20	68.0
西湖区							
青云谱区							
湾里区	30 509	10 777	1 374	11 850	608	5 900	62.7
青山湖区	8 000	2 373		3 784	1 843		88.1
新建区	688 996	244 816	5 086	235 602	203 492		74.2
南昌县	740 858	349 071	3 790	207 013	180 984		78.1
安义县	153 966	78 355	5 035	36 452	34 124		74.9
进贤县	723 319	197 863	8 781	206 365	310 310		77.6
经济开发区	22 335	5 549	567	11 787	3 485	947	88.1
高新开发区	44 140	21 163		10 199	9 307	3 471	65.8
红谷滩新区	26 866	11 016		7 679	8 171		74.0

9－9　农林牧渔业总产出、中间消耗和增加值

项　　目	绝对数(万元)		构　　成(%)	
	2016	2017	2016	2017
一、农林牧渔业总产出	**3 043 396**	**3 213 916**	**100.0**	**100.0**
农　　业	1 262 221	1 338 714	41.5	41.7
林　　业	55 585	58 257	1.8	1.8
牧　　业	851 072	860 783	28.0	26.8
渔　　业	756 068	828 909	24.8	25.8
农林牧渔服务业	118 450	127 253	3.9	4.0
二、农林牧渔业中间消耗	**1 121 621**	**1 228 912**	**100.0**	**100.0**
农　　业	461 538	488 245	41.1	39.7
林　　业	16 286	17 075	1.5	1.4
牧　　业	352 197	402 860	31.4	32.8
渔　　业	232 157	257 138	20.7	20.9
农林牧渔服务业	59 443	63 594	5.3	5.2
三、农林牧渔业增加值	**1 921 775**	**1 985 004**	**100.0**	**100.0**
农　　业	800 683	850 469	41.7	42.8
林　　业	39 299	41 182	2.0	2.1
牧　　业	498 875	457 923	26.0	23.1
渔　　业	523 911	571 771	27.3	28.8
农林牧渔服务业	59 007	63 659	3.0	3.2

9－10　农林牧渔业总产出、中间消耗和增加值

(分县区,2017 年)

地　　区	农林牧渔业总产出(万元)	农林牧渔业中间消耗(万元)	农林牧渔业增加值(万元)	占总产出比重(%)	
				中间消耗	增加值
合　　计	**3 213 916**	**1 228 912**	**1 985 004**	**38.2**	**61.8**
东湖区	11 542	5 087	6 455	44.1	55.9
西湖区					
青云谱区					
湾里区	48 661	19 550	29 111	40.2	59.8
青山湖区	9 078	3 811	5 267	42.0	58.0
新建区	928 698	358 583	570 115	38.6	61.4
南昌县	948 899	366 696	582 203	38.6	61.4
安义县	205 590	79 768	125 822	38.8	61.2
进贤县	932 669	344 097	588 572	36.9	63.1
经济开发区	25 354	11 054	14 300	43.6	56.4
高新开发区	67 101	26 284	40 817	39.2	60.8
红谷滩新区	36 324	13 982	22 342	38.5	61.5

9－11　农林牧渔业中间消耗

项　目	绝对数(万元)		构　成(%)	
	2016	2017	2016	2017
总　额	**1 121 621**	**1 228 912**	**100.0**	**100.0**
(一)物质消耗	1 001 383	1 058 517	89.3	86.1
#用种量	157 027	173 861	14.0	14.2
饲料、饲草	466 370	446 144	41.6	36.3
肥料	120 126	124 016	10.7	10.1
燃料	51 931	57 358	4.6	4.7
农药	12 674	16 813	1.1	1.4
用电量	77 504	97 464	6.9	7.9
小农具购置	3 701	4 228	0.3	0.3
办公用品购置	1 234	1 267	0.1	0.1
其他物质消耗	110 816	137 366	9.9	11.2
(二)生产服务支出	120 238	170 395	10.7	13.9

9－12　农林牧渔业中间消耗率

(分县区,2017 年)

单位:%

地　区	农　业	林　业	牧　业	渔　业	农林牧渔服务业
合　计	**36.5**	**29.3**	**46.8**	**31.0**	**50.0**
东湖区	44.6	40.4	45.3	42.0	46.7
西湖区					
青云谱区					
湾里区	38.4	29.4	41.0	32.7	51.5
青山湖区	36.8		44.0	43.8	52.5
新建区	36.5	27.2	47.1	31.5	50.1
南昌县	36.3	31.8	47.1	31.3	48.6
安义县	37.0	30.9	48.1	30.7	51.5
进贤县	35.6	30.7	46.7	30.2	49.6
经济开发区	39.6	35.2	48.8	32.7	50.1
高新开发区	39.2	34.6	41.4	34.2	52.7
红谷滩新区	40.2		40.3	33.1	52.0

9-13 农作物播种面积和产量

项目	播种面积(万公顷)		单产(千克/公顷)		总产量(万吨)		
	2016	2017	2016	2017	2016	2017	2017年比上年增长%
合计	**51.87**	**50.03**					
一、粮食作物	**35.72**	**35.41**	**6 795**	**7 138**	**242.75**	**252.76**	**4.1**
1.谷物	34.30	34.01	6 954	7 011	238.49	238.48	0.0
稻谷	33.94	33.66	6 965	7 021	236.39	236.34	0.0
早稻	15.27	14.88	6 489	6 534	99.10	97.21	-1.9
晚稻	18.67	18.78	7 354	7 406	137.28	139.13	1.3
一晚	2.57	3.05	7 697	7 960	19.77	24.29	22.9
二晚	16.10	15.73	7 300	7 299	117.51	114.84	-2.3
小麦	0.01	0.01	2 000	1 817	0.03	0.02	-19.6
杂谷	0.34	0.34	6 058	6 263	2.08	2.12	2.3
2.豆类	0.90	0.88	1815	1 898	1.64	1.68	2.5
#大豆	0.80	0.78	1 823	1915	1.45	1.50	3.0
3.薯类	0.53	0.51	24 905	24 668	13.08	12.60	-3.7
二、经济作物	**16.15**	**14.62**					
#棉花	0.13	0.12	1 395	1 375	0.18	0.17	-5.6
油料	7.97	7.76	1 514	1 549	12.06	12.03	-0.2
花生	1.63	1.61	3 254	3 242	5.30	5.23	-1.3
油菜籽	5.70	5.51	1 086	1 128	6.20	6.22	0.3
芝麻	0.63	0.63	888	906	0.56	0.58	3.6
甘蔗	0.10	0.10	41 973	43 910	4.34	4.63	6.7
蔬菜	4.02	4.05	31 752	31 960	127.77	129.32	1.2
瓜果类	0.39	0.40	25 354	25 603	9.91	10.35	4.4
其他类	3.52	2.13					

9－14　农作物播种面积

（分县区，2017 年）

单位：公顷

项　　目	全市	东湖区	西湖区	青云谱区	湾里区	青山湖区	新建区
合　　计	**500 283**	**1 981**			**2 934**	**1 490**	**124 943**
一、粮食作物	**354 100**	**285**			**2 091**	**1 334**	**91 402**
1.谷　物	340 146	285			1 989	1 334	87 444
稻　谷	336 625	285			1 989	1 334	87 261
早　稻	148 777	66			300	267	37 641
晚　稻	187 848	219			1 689	1 067	49 620
一　晚	30 519	154			1 359	800	9 855
二　晚	157 329	65			330	267	39 765
小　麦	131						128
杂　谷	3 390						55
2.豆　类	8 846				58		1 860
#大　豆	7 812				11		1 557
3.薯　类	5 108				44		2 098
二、经济作物	**146 183**	**1 696**			**843**	**156**	**33 541**
#棉　花	1 245						175
油　料	77 635				110		21 659
花　生	16 139				28		4 539
油菜籽	55 133				70		16 687
芝　麻	6 363				12		433
药　材	429				7		
甘　蔗	1 054						41
蔬　菜	40 464	1 696			238	156	5 508
瓜果类	4 041				8		659
其他类	21 315				480		5 499

（分县区，2017 年）

单位：公顷

项　　目	南昌县	安义县	进贤县	经　济 开发区	高　新 开发区	红谷滩 新　区
合　　计	**162 535**	**52 944**	**133 826**	**2 497**	**11 945**	**5 188**
一、粮食作物	**129 259**	**27 931**	**86 753**	**1 719**	**10 530**	**2 796**
1. 谷　物	127 686	26 258	80 333	1 695	10 350	2 772
稻　谷	127 589	25 706	77 644	1 695	10 350	2 772
早　稻	60 307	7 997	36 483	474	3 902	1 340
晚　稻	67 282	17 709	41 161	1 221	6 448	1 432
一　晚	2 693	8 896	3 630	697	2 435	
二　晚	64 589	8 813	37 531	524	4 013	1 432
小　麦		3				
杂　谷	97	549	2 689			
2. 豆　类	879	488	5 433	10	98	20
#大　豆	545	285	5 316	3	79	16
3. 薯　类	694	1 185	987	14	82	4
二、经济作物	**33 276**	**25 013**	**47 073**	**778**	**1 415**	**2 392**
#棉　花		909	145	16		
油　料	7 480	13 096	33 247	487	166	1 390
花　生	797	1 269	8 841	175	64	426
油菜籽	6 596	11 601	18 880	312	85	902
芝　麻	87	226	5 526		17	62
药　材			377	45		
甘　蔗	371	77	534		31	
蔬　菜	15 221	8 385	7 090	179	989	1 002
瓜果类	969	651	1 620	30	104	
其他类	9 235	1 895	4 060	21	125	

9－15　主要农作物总产量

（分县区,2017 年）　　　　单位:吨

项　　目	全市	东湖区	西湖区	青云谱区	湾里区	青山湖区	新建区
一、粮食作物	**2 527 630**	**1 697**			**12 367**	**8 004**	**675 691**
1. 谷　物	2 384 834	1 697			11 884	8 004	611 970
稻　谷	2 363 364	1 697			11 884	8 004	611 465
早　稻	972 073	385			1 594	1 562	248 215
晚　稻	1 391 291	1 312			10 290	6 442	363 250
一　晚	242 936	924			8 310	4 800	79 937
二　晚	1 148 355	388			1 980	1 642	283 313
小　麦	238						230
杂　谷	21 232						275
2. 豆　　类	16 790				63		3 415
#大　豆	14 960				13		2 995
3. 薯　类	126 006				420		60 306
二、经济作物							
#棉　花	1 712						194
油　料	120 276				117		29 557
花　生	52 318				30		15 780
油菜籽	62 192				73		13 249
芝　麻	5 766				14		528
药　材							
甘　蔗	46 281						1 778
蔬　菜	1 293 222	54 633			3 016	4 000	120 128
瓜果类	103 463				116		18 764
其他类							

9－15 续表　　（分县区,2017年）　　单位:吨

项　目	南昌县	安义县	进贤县	经　济 开发区	高　新 开发区	红谷滩 新　区
一、粮食作物	**936 779**	**212 859**	**576 284**	**10 970**	**74 529**	**18 450**
1.谷　物	929 208	175 580	543 454	10 785	73 839	18 413
稻　谷	928 588	172 138	526 551	10 785	73 839	18 413
早　稻	397 198	47 269	239 461	2 924	24 565	8 900
晚　稻	531 390	124 869	287 090	7 861	49 274	9 513
一　晚	23 408	70 491	29 325	4 598	21 143	
二　晚	507 982	54 378	257 765	3 263	28 131	9 513
小　麦		8				
杂　谷	620	3 434	16 903			
2.豆　类	2 671	1 225	9 200	17	174	25
#大　豆	1 868	861	9 051	10	143	19
3.薯　类	4 900	36 054	23 630	168	516	12
二、经济作物						
#棉　花		1 398	99	21		
油　料	11 475	24 511	51 071	860	236	2 449
花　生	3 308	3 087	28 102	535	107	1 369
油菜籽	7 946	21 214	18 238	325	117	1 030
芝　麻	221	210	4 731		12	50
药　材						
甘　蔗	18 417	6 006	19 031		1 049	
蔬　菜	668 874	196 278	189 469	3 078	26 988	26 758
瓜果类	30 210	19 558	30 477	1 410	2 928	
其他类						

9-16 茶叶、水果生产情况

项　目	2016	2017	2017年比上年增长%
一、产　量(吨)			
茶　叶	1 916	1 917	0.1
#红　茶	13	13	
绿　茶	1 892	1 892	
园林水果	37 421	40 336	7.8
#柑　桔	26 055	24 901	-4.4
梨　子	2 828	2 699	-4.6
桃　子	1 799	2 067	14.9
二、年末茶园面积(公顷)	**1 383**	**1 381**	**-0.1**
#当年采摘	1 348	1 346	-0.2
当年新增	2	1	-50.0
三、年末果园面积(公顷)	**6 745**	**7 189**	**6.6**
#当年新增	128	536	318.8

9－17　茶叶、水果产量

（分县区，2017 年）

单位：吨

地　区	茶叶	#红茶	#绿茶	园林水果	#柑桔	#梨
合　计	**1 917**		**1 892**	**40 336**	**24 901**	**2 699**
湾里区	39		38	1 476	273	
新建区	11		1	3 926	1 847	207
南昌县	810		810	7 797	6 648	549
安义县	1			11 019	3 629	1 284
进贤县	844		831	15 566	12 183	659
经济开发区	200		200	189		
高新开发区				153	111	
红谷滩新区	12		12	210	210	

9－18　茶园、果园面积

（分县区，2017 年）

单位：公顷

地　区	茶　园	果　园	#柑桔	#梨
合　计	**1 381**	**7 189**	**4 084**	**758**
湾里区	373	118	26	
新建区	38	485	271	32
南昌县	175	573	439	48
安义县	1	2 185	472	427
进贤县	612	3 690	2 795	251
经济开发区	134	10		
高新开发区		98	51	
红谷滩新区	48	30	30	

9－19 林业生产情况

项　　目	2016	2017	2017年 比上年增长%
一、当年荒山荒(沙)地造林面积(公顷)	**2 468**	**1 814**	**－26.5**
#用　材　林		224	
经　济　林	933	867	－7.1
防　护　林	1 482	723	－51.2
二、飞播造林面积(公顷)			
三、当年新封山(沙)育林面积(公顷)	**1 074**	**1 060**	**－1.3**
四、森林改培面积(公顷)			
五、森林抚育面积(公顷)	**4 068**	**3 500**	**－14.0**
六、人工更新面积(公顷)			
七、封山育林面积(公顷)	**26 503**	**25 115**	**－5.2**
八、零星(四旁)植树(万株)	**149**	**271**	**81.7**
九、育苗面积(公顷)	**4 684**	**4 602**	**－1.8**
十、主要产品产量			
油　桐　籽(吨)			
油　茶　籽(吨)	11 524	31 576	174.0
板　　　栗(吨)		12	
棕　　　片(吨)			
松　　　脂(吨)	165	180	9.1
木材采伐(万立方米)	0.92	0.92	持平
竹材采伐(万根)	22.28	7.30	－67.2

9－20　牧业生产情况

项　　目	2016	2017	2017年 比上年增长%
一、肉猪出栏数(万头)	**332.66**	**319.50**	**－4.0**
出售和自宰肉用牛(万头)	6.41	5.59	－12.9
出售和自宰肉用羊(只)	23 272	25 012	7.5
出售和自宰肉用兔(只)	15 025	12 136	－19.2
出售和自宰肉用禽(万只)	5 523.76	5 135.19	－7.0
二、肉类总量(万吨)	**37.95**	**35.69**	**－5.9**
猪　肉(万吨)	28.97	27.35	－5.6
牛　肉(吨)	7 641	6 483.00	－15.2
羊　肉(吨)	408	429.00	5.2
兔　肉(吨)	30	22.00	－26.7
禽　肉(万吨)	7.81	7.44	－4.8
三、牛奶产量(万吨)	**3.59**	**2.54**	**－29.3**
四、年底养蜂数(箱)	**5 143**	**4 632.00**	**－9.9**
五、禽蛋产量(万吨)	**17.20**	**15.58**	**－9.4**
六、牛年底数(万头)	**18.15**	**15.78**	**－13.0**
#奶　牛	0.88	0.47	－46.9
七、猪年底数(万头)	**194.14**	**160.22**	**－17.5**
# 能繁殖母猪	20.36	15.73	－22.7
八、羊年底数(只)	**22 512**	**21 530**	**－4.4**
九、兔年底数(只)	**6 593**	**6 606**	**0.2**
十、家禽年底数(万只)	**3 439.43**	**3 065.76**	**－10.9**

9－21　牧业生产情况

（分县区，2017 年）

项　　目	全市	东湖区	西湖区	青云谱区	湾里区	青山湖区	新建区
一、出栏肉猪头数（万头）	**319.50**				**5.52**	**3.00**	**93.87**
出售和自宰肉用牛（头）	55 886	622			296		8 308
出售和自宰肉用羊（只）	25 012	273			910		3 801
出售和自宰肉用兔（只）	12 136						
出售和自宰肉用禽（万只）	5 135.19	2.95			10.96	3.50	562.29
二、肉类总产量（吨）	**356 935**	**135**			**5 001**	**2 592**	**90 815**
猪　　肉	273 540				4 761	2 550	81 705
牛　　肉	6 483	87			47		1165
羊　　肉	429	4			18		76
兔　　肉	22						
禽　　肉	74 400	44			165	42	6 961
三、牛奶产量（吨）	**25 392**						**3 353**
四、年底养蜂数（箱）	**4 632**						**113**
蜂蜜产量（吨）	334						1
五、禽蛋产量（吨）	**155 846**	**53**			**476**	**75**	**13 566**
六、牛年底数（头）	**157 840**	**786**			**732**	**385**	**38 019**
#能繁殖母牛	77 586				227		20 057
#肉　牛	41 584	786			65		6 278
奶　牛	4 655						924
七、生猪年底数（万头）	**160.22**					**1.50**	**43.88**
#能繁殖母猪（头）	157 312					2700	46 407
八、羊年底数（只）	**21 530**	**150**			**1 306**		**4 062**
九、兔年底数（只）	**6 606**						
十、家禽年底数（万只）	**3 065.76**	**2.10**			**8.22**	**1.20**	**450.52**

9－21 续表 （分县区,2017 年）

项目	南昌县	安义县	进贤县	经济开发区	高新开发区	红谷滩新区
一、出栏肉猪头数(万头)	**95.05**	**21.18**	**86.46**	**2.03**	**8.56**	**3.83**
出售和自宰肉用牛(头)	14 652	5 425	22 772	1 953	1 360	498
出售和自宰肉用羊(只)	5 604	9 375	2 614	770	1 665	
出售和自宰肉用兔(只)		12 136				
出售和自宰肉用禽(万只)	2 300.67	273.22	1 928.20	18.25	17.59	17.56
二、肉类总产量(吨)	**110 338**	**23 665**	**110 731**	**1 823**	**8 231**	**3 604**
猪肉	79 599	18 834	73 787	1 320	7 642	3 342
牛肉	1 564	623	2 519	196	232	50
羊肉	84	166	37	14	30	
兔肉		22				
禽肉	29 091	3 975	33 290	293	327	212
三、牛奶产量(吨)	**7 997**		**11 208**	**2439**	**395**	
四、年底养蜂数(箱)	**165**	**874**	**3 480**			
蜂蜜产量(吨)	8	130	195			
五、禽蛋产量(吨)	**98 750**	**9 010**	**31 978**	**202**	**1 560**	**176**
六、牛年底数(头)	**20 614**	**25 053**	**67 453**	**1 422**	**861**	**2 515**
#能繁殖母牛	9 807	10 303	34 844	922	593	833
#肉牛	14 356	5 425	13 045	277	40	1 312
奶牛	1 224		1 317	1 025	165	
七、生猪年底数(万头)	**40.24**	**14.79**	**56.84**		**0.36**	**2.61**
#能繁殖母猪(头)	37 963	12 200	53 669		350	4 023
八、羊年底数(只)	**3 802**	**9 011**	**2 585**	**544**	**70**	
九、兔年底数(只)		**6 606**				
十、家禽年底数(万只)	**1 121.06**	**160.86**	**1 299.48**	**3.12**	**10.34**	**8.86**

9－22 渔业生产情况

项　　目	2016	2017	2017年比上年增长%
一、渔业乡(个)	**3**	**3**	
二、渔业村(个)	**31**	**30**	**－3.2**
三、渔业户(万户)	**2.90**	**2.83**	**－2.4**
四、渔业人口(万人)	**12.44**	**12.32**	**－1.0**
五、渔业从业人员(万人)	**7.84**	**7.78**	**－0.7**
专业从业人员(万人)	4.29	4.19	－2.3
#捕　　捞	0.75	0.75	0.2
养　　殖	3.06	2.95	－3.5
兼业从业人员(万人)	2.40	2.42	1.0
六、已养殖面积(万公顷)	**5.69**	**5.69**	**0.1**
#池　　塘	1.64	1.64	
水　　库	0.53	0.53	
湖　　泊	3.15	3.15	
七、养殖单产(千克/公顷)	**6 335**	**6 636**	**4.8**
#池　　塘	12 553	13 278	5.8
水　　库	7 183	7 221	0.5
湖　　泊	2 690	2 780	3.3
八、水产品总产量(万吨)	**42.51**	**44.22**	**4.0**
#养　　殖	36.02	37.73	4.7
#池　　塘	20.59	21.78	5.8
水　　库	3.83	3.85	0.5
湖　　泊	8.47	8.75	3.3
#鱼　　类	32.48	37.53	15.5
甲 壳 类	2.04	3.48	70.6
贝　　类	0.94	2.56	172.3
九、珍珠产量(吨)	**68**	**60**	**－11.8**
十、鱼苗产量(亿尾)	**32.76**	**31.56**	**－3.7**
十一、鱼种产量(吨)	**36 735**	**37 179**	**1.2**

注:本表数据来源于农业部门。

9－23　渔业生产情况

（分县区,2017 年）

项　　目	全市	东湖区	西湖区	青云谱区	湾里区	青山湖区	新建区
一、渔业乡(个)	**3**						**1**
二、渔业村(个)	**30**	**1**					**7**
三、渔业户(户)	**28 263**	**157**			**45**	**143**	**4 052**
四、渔业人口(人)	**123 197**	**644**			**180**	**574**	**14 025**
五、渔业从业人员(人)	**77 756**	**566**			**150**	**469**	**8 551**
专业从业人员(人)	41 943	266			60	279	4 990
# 捕　　捞	7 479	166					1 507
养　　殖	29 516	100			40	279	2 326
兼业从业人员(人)	24 207	300			80	190	3 029
六、已养殖面积(公顷)	**56 863**	**103**			**154**	**118**	**8 027**
#池　　塘	16 404	103			22	118	2 559
水　　库	5 334				132		2 225
湖　　泊	31 490						2 112
七、养殖单产(千克/公顷)	**6 636**	**11 337**			**3 006**	**11 174**	**10 103**
#池　　塘	13 278	11 337			7 545	11 174	13 963
水　　库	7 221				2 250		9 223
湖　　泊	2 780						5 568
八、水产品总产量(吨)	**442 195**	**1 229**			**467**	**1 317**	**96 511**
#养　　殖	377 335	1 173			463	1 317	81 093
#池　　塘	217 810	1 173			166	1 317	35 726
水　　库	38 517				297		20 519
湖　　泊	87 546						11 762
#鱼　　类	375 326	1 223			457	1 317	78 647
甲 壳 类	34 815	6			1		12 436
贝　　类	25 621						3 712
九、珍 珠 产 量(吨)	**60**						**44**
十、鱼苗产量(亿尾)	**31.56**						**8.03**
十一、鱼种产量(吨)	**37 179**				**24**		**5 696**

注:本表数据来源于农业部门。

9－23 续表　　　　　　　　　　　　　　（分县区,2017 年）

项　　目	南昌县	安义县	进贤县	经　济 开发区	高　新 开发区	红谷滩 新　区
一、渔业乡(个)			**2**			
二、渔业村(个)	**1**		**18**	**3**		
三、渔业户(户)	**11 976**	**1 273**	**8 834**	**176**	**1 600**	**7**
四、渔业人口(人)	**43 118**	**5 916**	**54 138**	**722**	**3 850**	**30**
五、渔业从业人员(人)	**33 109**	**4 147**	**28 099**	**353**	**2 280**	**32**
专业从业人员(人)	22 674	2 077	9 992	313	1 280	12
#捕　　捞	1 832	188	3 451	15	320	
养　　殖	18 373	1 562	5 967	153	710	6
兼业从业人员(人)	7 901	1 847	10 139	30	680	11
六、已养殖面积(公顷)	**11 669**	**3 183**	**30 770**	**400**	**30 770**	**30**
#池　　塘	8 270	2 080	2 219	260	743	30
水　　库	105	1 066	1 746	60		
湖　　泊	1 247		26 464		1 667	
七、养殖单产(千克/公顷)	**11 498**	**10 722**	**3 669**	**7 305**	**288**	**10 333**
#池　　塘	13 334	13 523	14 853	9 135	7 248	10 333
水　　库	5 611	5 456	6 344	3 633		
湖　　泊	6 211		2 440		2 084	
八、水产品总产量(吨)	**153 543**	**36 735**	**139 049**	**3 022**	**10 012**	**310**
#养　　殖	134 170	34 128	112 898	2 922	8 861	310
#池　　塘	110 264	28 127	32 964	2 375	5 388	310
水　　库	591	5 814	11 078	218		
湖　　泊	7 748		64 563		3 473	
#鱼　　类	131 617	32 683	116 072	3 021	9 979	310
甲　壳　类	11 773	713	9 858	1	27	
贝　　类	8 795	2 377	10 737			
九、珍珠产量(吨)	**2**	**8**	**6**			
十、鱼苗产量(亿尾)	**9.40**	**2.33**	**11.80**			
十一、鱼种产量(吨)	**21 991**	**3 542**	**5 926**			

注:本表数据来源于农业部门。

9－24 农业经济效益

（分县区，2017年）

项　　目	全市	东湖区	西湖区	青云谱区	湾里区	青山湖区	新建区
农业劳动力创造农林牧渔业总产值（元/人）	47 442	9 825			43 021	106 800	53 863
农业劳动力创造农林牧渔业增加值（元/人）	29 302	5 495			25 737	61 965	33 066
农业劳动力创造农林牧渔业商品产值（元/人）	36 119	6 681			26 973	94 118	39 961
农业劳动力生产农产品（千克/人）							
粮　　食	3 731	144			1 093	9 416	3 919
棉　　花	3						1
油　　料	178				10		171
肉　　类	527	11			442	3 049	527
水　产　品	653	105			41	1 549	560

9－24 续表

（分县区，2017年）

项　　目	南昌县	安义县	进贤县	经　济 开发区	高　新 开发区	红谷滩 新　区
农业劳动力创造农林牧渔业总产值（元/人）	42 515	44 858	55 512	19 148	31 909	37 031
农业劳动力创造农林牧渔业增加值（元/人）	26 085	27 453	35 032	10 800	19 410	22 777
农业劳动力创造农林牧渔业商品产值（元/人）	33 194	33 594	43 052	16 868	20 990	27 389
农业劳动力生产农产品（千克/人）						
粮　　食	4 197	4 644	3 430	828	3 544	1 881
棉　　花		31	1	2		
油　　料	51	535	304	65	11	250
肉　　类	494	516	659	138	391	367
水　产　品	688	802	828	228	476	32

9－25　主要农业机械年末拥有量

项　　目	2016	2017	2017年比上年增长%
一、农业机械总动力（万千瓦）	**233.28**	**245.11**	**5.1**
#柴油发动机动力	180.14	189.52	5.2
汽油发动机动力	14.22	14.87	4.5
电动机动力	39.89	40.70	2.0
二、主要农业机械与设备			
大中型拖拉机(混合台)	7 253	8 133	12.1
大中型拖拉机(万千瓦)	36.07	40.85	13.3
小型拖拉机(混合台)	62 678	63 816	1.8
小型拖拉机(万千瓦)	68.91	70.16	1.8
大中型拖拉机配套农具(部)	8 420	9 174	9.0
小型拖拉机配套农具(部)	52 882	53 806	1.8
农用排灌动力机械(台)	70 220	70 382	0.2
农用排灌动力机械(万千瓦)	50.43	50.60	0.3
#柴油机(台)	47 915	47 999	0.2
#柴油机(万千瓦)	21.30	21.35	0.2
电动机(台)	21 737	21 815	0.4
电动机(万千瓦)	28.73	28.84	0.4
农用水泵(台)	28 888	36 483	26.3
节水灌溉类机械(套)	230	230	持平
联合收获机(台)	5 405	5 987	10.8
机动割晒机(台)	2	2	持平
机动脱粒机(台)	4 869	4 721	－3.0

9－26　农业机耕、水电、化肥、水利情况

项　　目	2016	2017	2017年 比上年增长%
一、农业机械化情况			
当年实际机耕面积（千公顷）	395.45	381.07	－3.6
当年实际机播面积（千公顷）	126.02	145.12	15.2
当年实际机收面积（千公顷）	352.92	349.38	－1.0
当年实际机电灌溉面积（千公顷）	143.88	148.52	3.2
二、农业电气化情况			
农村用电量（万千瓦小时）	136 629	136 642	0.0
乡镇村办水电站个数（个）	12	11	－8.3
发电能力（千瓦）			
三、农业化学化情况			
化肥施用量（实物量）（万吨）	37.65	37.01	－1.7
氮　　肥	10.49	10.26	－2.2
磷　　肥	8.04	7.73	－3.9
钾　　肥	5.51	5.36	－2.8
复　合　肥	13.62	13.66	0.4
化肥施用量（折纯量）（万吨）	14.30	14.14	－1.1
氮　　肥	3.39	3.33	－1.6
磷　　肥	2.36	2.28	－3.4
钾　　肥	2.44	2.37	－2.9
复　合　肥	6.11	6.16	0.8
农用塑料薄膜使用量（吨）	2 210	2 216	0.3
#地膜使用量（吨）	1 200	1 196	－0.3
地膜覆盖面积（公顷）	8 656	8 414	－2.8
农药使用量（吨）	5 095	4 899	－3.9
农用柴油使用量（吨）	33 726	33 961	0.7
四、农业水利化情况			
总灌溉面积（千公顷）	196.45	196.45	持平

9－27　农业电气化情况

（分县区,2017 年）

地　区	农村用电量（万千瓦时）	乡镇村办水电站个数（个）	水电站发电能力（千瓦）
合　　计	**136 642**	**11**	
东湖区	1 748		
西湖区			
青云谱区	2 081		
湾里区	1 898		
青山湖区	20 565		
新建区	18 086	1	
南昌县	45 105		
安义县	5 165	9	
进贤县	27 986	1	
经济开发区	3 031		
高新开发区	9 618		
红谷滩新区	1 359		

9－28　农业水利化情况

（分县区,2017 年）

地　区	总灌溉面积（千公顷）	耕地灌溉面积（有效灌溉面积）（千公顷）	林地灌溉面积（千公顷）	园地灌溉面积（千公顷）
合　　计	**196.45**	**189.77**	**4.52**	**2.16**
东湖区	0.01	0.01		
湾里区	2.55	2.55		
青山湖区	10.50	8.99		1.51
新建区	38.34	37.04	0.65	0.65
南昌县	73.64	69.77	3.87	
安义县	18.82	18.82		
进贤县	52.59	52.59		

9－29 农业化学化情况

（分县区，2017 年） 单位：吨

地　区	化肥施用量（实物量）	氮　肥	磷　肥	钾　肥	复合肥
合　计	**370 055**	**102 553**	**77 281**	**53 550**	**136 671**
东湖区	684	145	153	192	194
西湖区					
青云谱区					
湾里区	1 748	355	324	254	815
青山湖区	492	228	60	68	136
新建区	98 452	30 883	26 869	15 812	24 888
南昌县	124 378	25 439	14 870	16 913	67 156
安义县	33 002	9 135	9 286	6 452	8 129
进贤县	88 905	29 536	18 329	10 744	30 296
经济开发区	10 036	2 981	3 953	1 343	1 759
高新开发区	7 592	2 140	1 814	991	2 647
红谷滩新区	4 766	1 711	1 623	781	651

9－29 续表　（分县区，2017 年）　单位：吨

地　区	化肥施用量（折纯量）	氮　肥	磷　肥	钾　肥	复合肥
合　计	**141 395**	**33 326**	**22 833**	**23 704**	**61 532**
东湖区	285	61	65	86	73
西湖区					
青云谱区					
湾里区	657	113	72	99	373
青山湖区	182	69	13	33	67
新建区	32 355	8 687	5 835	6 878	10 955
南昌县	56 422	7 606	6 859	8 379	33 578
安义县	15 768	4 299	4 205	3 206	4 058
进贤县	28 827	10 517	3 924	3 780	10 606
经济开发区	2 385	694	818	437	436
高新开发区	2 894	769	571	417	1 137
红谷滩新区	1 620	511	471	389	249

9－30　水利灌溉设施

（年末数）

项　　目	2016	2017
一、水利工程数量		
水库数量(座)	493	493
其中:大(1)型		
大(2)型		
中　　型	8	8
小(1)型	68	68
小(2)型	417	417
塘坝数量(座)	11 148	11 148
窖池数量(座)	282	282
水电站数量(座)	12	11
泵站数量(处)	3 176	3 176
水闸数量(座)	2 661	2 661
农村集中式供水工程数量(处)	371	369
机电井数量(眼)	173 964	173 964
二、灌溉面积(千公顷)		
总灌溉面积	196.45	196.45
其中:耕地灌溉面积(有效灌溉面积)	189.77	189.77
新增耕地灌溉面积	0.78	
减少耕地灌溉面积		
实际耕地灌溉面积	181.65	181.65

注:本表数据来源于水利部门。

9－31　主要年份农作物受灾情况

单位：公顷

年　份	受灾面积	旱　灾	水　灾	病虫灾	其　他
1990	212 673	115 160	70 073	4 767	22 673
2000	36 968	13 403	4 917		18 648
2010	189 127		127 492		61 635
2011	91 065	33 590	53 163		4 312
2012	23 356		22 460		896
2013	35 048	21 295	13 506		269
2014	22 028		18 934		3 094
2015	24 524		23 684		840
2016	24 474		24 061		413
2017	21 613		19 640		

9－31 续表

单位：公顷

年　份	成灾面积	旱　灾	水　灾	病虫灾	其　他
1990	105 327	62 280	33 860	2 287	6 900
2000	30 974	11 402	3 044		16 528
2010	100 526		72 549		27 977
2011	37 456	13 200	21 816		2 440
2012	11 657		10 861		791
2013	9 906	7 134	2 794		
2014	8 003		6 826		1 177
2015	14 667		14 667		
2016	9 796		9 783		13
2017	11 502		9 536		

注：本表数据来源于民政部门。

9-32 农村扶贫对象分布情况(未脱贫)

单位:人

	2016	2017
南　昌　市	24 188	17 377
湾　里　区	579	671
南　昌　县	5 672	3 808
新　建　区	6 871	3 943
安　义　县	3 343	3 301
进　贤　县	7 723	5 654

注:本表数据来于市扶贫办。

主要统计指标解释

农林牧渔业总产值 指以货币表现的农、林、牧、渔业全部产品和对农林牧渔业生产活动进行的各种支持性服务活动的价值总量，它反映一定时期内农林牧渔业生产总规模和总成果。1957 年以前的农林牧渔业总产值中包括了厩肥和农民自给性手工业（如农民自制衣服、鞋、袜，自己从事粮食初步加工等）。1958 年及以后，林业中增加了村及村以下竹木采伐产值；牧业中取消了厩肥产值；副业中取消了农民自给性手工业产值，增加了村及村以下办的工业产值；渔业中增加了海洋捕捞水产品产值。1980 年及以后，在副业中增加了农民家庭兼营工业商品部分的产值。从 1984 年起村及村以下工业产值划归工业。从 1993 年起取消副业，将野生动物的捕猎划入牧业、野生植物采集和农民家庭兼营商品性工业划归农业。从 2003 年起，执行新的国民经济行业分类标准，农林牧渔业总产值中包括了农林牧渔服务业产值。林业中增加了森林采运业产值。农业中取消了家庭兼营商品性工业产值，将野生林产品的采集划归林业。

农林牧渔业总产值的计算方法通常是按农、林、牧、渔业产品及其副产品的产量分别乘以各自单位产品价格求得；少数生产周期较长，当年没有产品或产品产量不易统计的，则采用间接方法框算其产值。

农林牧渔业中间消耗 指各种经济类型的农业生产单位和农户，在农业生产经营过程中消耗的各种物质产品和劳务价值的总和。包括物质消耗和生产服务支出两个部分。计入中间消耗必须具备以下两个条件：一是与总产值相对应的生产过程中所消耗的物质产品和劳务；二是本期消耗的不属于固定资产的低值易耗品。

农林牧渔业增加值 指各种经济类型的农业生产单位和农户从事农业生产经营活动所提供的社会最终产品的货币表现。增加值的计算方法有两种，一是生产法：农林牧渔业增加值 = 农林牧渔业总产值一农林牧渔业中间消耗；二是分配法：农林牧渔业增加值 = 固定资产折旧 + 劳动者报酬 + 生产税净额 + 营业盈余。

粮食产量 指全社会的产量。包括国有经济经营的、集体统一经营的和农民家庭经营的粮食产量，还包括工矿企业办的农场和其他生产单位的产量。粮食除包括稻谷、小麦、玉米、高梁、谷子及其他杂粮外，还包括薯类和豆类。其产量计算方法，豆类按占豆荚后的干豆计算；薯类（包括甘薯和马铃薯，不包括芋头和木薯）1963 年以前按每 4 公斤鲜薯折 1 公斤粮食汁算，从 1964 年开始改为按 5 公斤鲜薯折 1 公斤粮食计算。城市郊区作为蔬菜的薯类（如马铃薯等）按鲜品计算，并且不作粮食统计。其他粮食一律按脱粒后的原粮计算。

油料产量 指全部油料作物的生产量。包括花生、油菜籽、芝麻、向日葵籽、胡麻籽（亚麻籽）和其他油料。不包括大豆、木本油料和野生油料。花生以带壳干花生计算。

水产品产量 指人工养殖的水产品和天然生长的水产品的捕捞量。包括海水的鱼类、虾蟹类、贝类和藻类以及内陆水域的鱼类、虾蟹类和贝类，不包括淡水生植物。水产品产量是通过各级水产和统计部门逐级上报取得数据。1995 年及以前，贝类中牡蛎按鲜肉汁算；蚶、蛤、蛏 5 公斤鲜品折 1 斤计算。1996 年以后则统一按鲜品计算。

猪、牛、羊肉产量 指当年出栏并已屠宰、除去头蹄下水后带骨肉（即胴体重）的重量。包括全社会范围内的产量。

期初（末）畜禽存栏头（只）数 指报告期初（末）农村各种合作经济组织和国营农场、农民个人、机关、团体、学校、工矿企业、部队等单位以及城镇居民饲养的大牲畜、猪、羊、家禽等畜禽的存栏数。

耕地面积 指可以用来种植农作物、经常进行耕锄的田地，包括熟地、当年新开荒地、连续撂荒未满三年的耕地和当年的休闲地（轮歇地），还包括以种植农作物为主并附带种植桑树、茶树、果树和其他林木的土地,以及沿海、沿湖地区已围垦利用的"海涂""湖田"等面积。但不包括属于专业性的桑园、茶园、果园、果木苗圃、林地、芦苇地、天然或人工草地面积。

农作物播种面积 指实际播种或移植有农作物的面积。凡是实际种植有农作物的面积,不论种植在耕地上还是种植在非耕地上,均包括在农作物播种面积中。在播种季节基本结束后,因遭灾而重新改种和补种的农作物面积,也包括在内。它是反映耕地面积利用情况的一个重要指标。

有效灌溉面积 指具有一定的水源,地块比较平整,灌溉工程或设备已经配套,在一般年景下当年能够进行正常灌溉的耕地面积。在一般情况下,有效灌溉面积应等于灌溉工程或设备已经配套,能够进行正常灌溉的水田和水浇地面积之和。它是反映耕地抗旱能力的一个重要指标。

农用化肥施用量 指本年内实际用于农业生产的化肥数量,包括氮肥、磷肥、钾肥和复合肥。化肥施用量要求按折纯量计算数量。折纯量是指把氮肥、磷肥、钾肥分别按含氮、含五氧化二磷、含氧化钾的100%成分进行折算后的数量。复合肥按其所含主要成分折算。公式为:

折纯量 = 实物量 × 某种化肥有效成分含量的百分比

农业机械总动力 指主要用于农、林、牧、渔业的各种动力机械的动力总和。包括耕作机械、排灌机械、收获机械、农用运输机械、植物保护机械、牧业机械、林业机械、渔业机械和其他农业机械[内燃机按引擎马力折成瓦(特)计算、电动机按功率折成瓦(特)计算]。不包括专门用于乡、镇、村、组办工业、基本建设、非农业运输、科学试验和教掌等非农业生产方面用的动力机械与作业机械。这个指标的统计数据主要来源于农机部门。

乡村从业人员 指乡村人口中劳动年龄(16周岁)以上实际参加生产经营活动并取得实物或货币收入的人员,包括劳动年龄内经常参加劳动的人员,也包括超过劳动年龄但经常参加劳动的人员。但不包括户口在家的在外学生、现役军人和丧失劳动能力的人,也不包括待业人员和家务劳动者。从业人员按从事主业时间最长(时间相同按收入)分为农业从业人员、工业从业人员、建筑业从业人员、交运仓储及邮政业从业人员、批零贸易和餐饮业从业人员、其他从业人员。

十、工　业

INDUSTRY

本篇内容包括：

1. 规上工业企业单位数
2. 工业增加值、总产值
3. 主要工业产品产量
4. 规模以上工业企业经济指标
5. 工业园区主要指标

规模以上工业主营业务收入

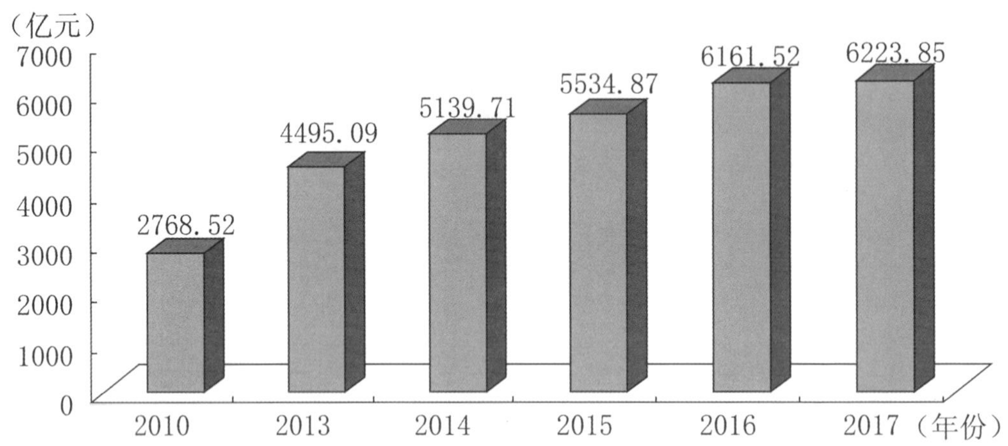

规模以上工业增加值构成

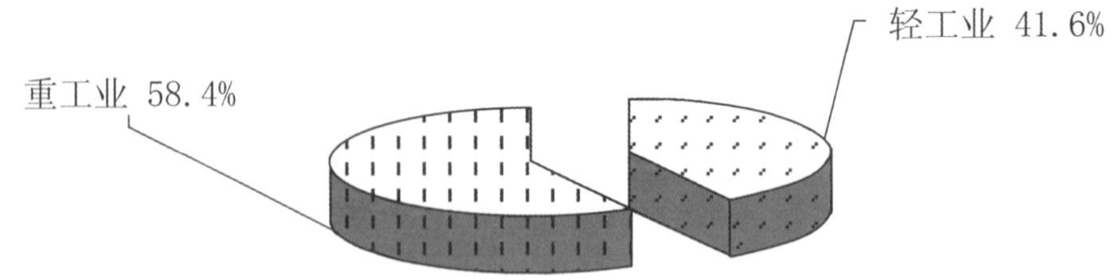

10－1　规模以上工业企业单位数

（2017年）

类　　别	企业单位数（户）	#亏损企业
总　　计	**1 473**	**204**
按登记注册类型及隶属关系分		
国有企业	15	5
中央企业	1	
地方企业	14	5
集体企业	5	1
股份合作企业	8	3
有限责任公司	783	112
股份有限公司	63	6
私营企业	458	50
港、澳、台商投资企业	63	12
外商投资企业	77	15
其他经济类型	1	
#国有控股企业	96	17
按轻、重工业分		
轻工业	732	85
重工业	741	119
按企业规模分		
大型企业	47	5
中型企业	263	23
小型企业	1 124	168
微型企业	39	8

10－1 续表 1　　　　　　　　　　　　　(2017 年)

类　别	企业单位数(户)	#亏损企业
按工业行业分		
非金属矿采选业	3	
农副食品加工业	105	8
食品制造业	40	6
酒、饮料和精制茶制造业	22	5
烟草制品业	1	
纺织业	56	8
纺织服装、服饰业	246	23
皮革、毛皮、羽毛及其制品和制鞋业	12	4
木材加工和木、竹、藤、棕、草制品业	19	1
家具制造业	8	
造纸和纸制品业	19	3
印刷和记录媒介复制业	31	7
文教、工美、体育和娱乐用品制造业	15	1
化学原料和化学制品制造业	69	6
医药制造业	80	6
橡胶和塑料制品业	49	11
非金属矿物制品业	127	21
黑色金属冶炼和压延加工业	15	6
有色金属冶炼和压延加工业	62	7
金属制品业	72	10
通用设备制造业	60	6

类　别	企业单位数（户）	#亏损企业
专用设备制造业	63	7
汽车制造业	90	10
铁路、船舶、航空航天和其他运输设备制造业	10	2
电气机械和器材制造业	79	14
计算机、通信和其他电子设备制造业	75	27
仪器仪表制造业	13	3
废弃资源综合利用业	7	
金属制品、机械和设备修理业	2	2
电力、热力生产和供应业	8	
燃气生产和供应业	7	
水的生产和供应业	8	
按地区分		
西湖区	2	
青云谱区	44	3
湾里区	20	7
青山湖区	264	27
新建区	200	21
南昌县	315	29
安义县	122	5
进贤县	146	6
经济开发区	222	57
高新开发区	166	55

注:本表总计数为集团公司按总部所在地统计,县区数据为集团公司按子公司所在地统计。

10－2　规模以上工业企业增加值增速

类　　别	2016年比2015年增长（%）	2017年比2016年增长（%）
总　　计	**9.2**	**9.5**
按登记注册类型及隶属关系分		
国有企业	17.6	15.1
中央企业	-11.6	188.6
地方企业	17.8	14.7
集体企业	9.9	4.4
股份合作企业	1.7	-44.7
有限责任公司	10.0	9.7
股份有限公司	1.7	9.5
私营企业	6.7	3.7
港、澳、台商投资企业	6.2	11.6
外商投资企业	9.4	15.3
其他经济类型	4.6	-1.0
#国有控股企业	0.5	14.2
按轻、重工业分		
轻工业	3.0	3.8
重工业	15.9	14.2
按企业规模分		
大型企业	13.4	12.8
中型企业	5.2	5.2
小型企业	9.7	7.0
微型企业	-74.7	30.5
按工业行业分		
非金属矿采选业	44.5	-44.9
农副食品加工业	10.5	4.4
食品制造业	10.1	-15.4
酒、饮料和精制茶制造业	-23.9	-7.3
烟草制品业	-5.6	13.6
纺织业	7.3	16.0
纺织服装、服饰业	5.4	-12.0
皮革、毛皮、羽毛及其制品和制鞋业	15.0	20.6
木材加工和木、竹、藤、棕、草制品业	14.9	3.0
家具制造业	8.8	10.1

10－2 续表

类　　别	2016年比2015年增长（%）	2017年比2016年增长（%）
造纸和纸制品业	-4.5	3.1
印刷和记录媒介复制业	-19.0	-12.4
文教、工美、体育和娱乐用品制造业	17.5	-26.4
化学原料和化学制品制造业	-7.3	16.0
医药制造业	-5.8	2.9
橡胶和塑料制品业	17.0	35.3
非金属矿物制品业	-6.9	-5.1
黑色金属冶炼和压延加工业	-10.3	13.0
有色金属冶炼和压延加工业	12.3	7.1
金属制品业	12.6	-4.4
通用设备制造业	12.0	2.6
专用设备制造业	13.3	2.2
汽车制造业	17.1	19.9
铁路、船舶、航空航天和其他运输设备制造业	-1.8	15.0
电气机械和器材制造业	6.4	12.5
计算机、通信和其他电子设备制造业	54.2	24.6
仪器仪表制造业	30.1	21.4
废弃资源综合利用业	22.8	-4.0
金属制品、机械和设备修理业	4.3	-37.9
电力、热力生产和供应业	-4.3	9.1
燃气生产和供应业	4.0	13.5
水的生产和供应业	5.4	6.3
按地区分		
西　湖　区	7.8	8.5
青 云 谱 区	8.0	9.1
湾　里　区	9.0	10.0
青 山 湖 区	8.2	9.2
新　建　区	8.8	9.4
南　昌　县	9.6	9.5
安　义　县	8.9	9.4
进　贤　县	9.4	9.1
经济开发区	9.7	9.6
高新开发区	9.8	10.2

10－3 各县区规模以上工业企业单位数

(2017 年) 单位:户

分　类	全　市	西湖区	青云谱区	湾里区	青山湖区	新建区
总　计	**1 473**	**2**	**44**	**20**	**264**	**200**
按登记注册类型及隶属关系分						
国有企业	15		1		2	7
中央企业	1					1
地方企业	14		1		2	6
集体企业	5			1	1	1
股份合作企业	8		1	2	1	2
有限责任公司	783	2	33	8	170	89
股份有限公司	63		2	1	2	10
私营企业	458		6	5	71	85
港、澳、台商投资企业	63		1	2	9	2
外商投资企业	77			1	8	4
其他经济类型	1					
#国有控股企业	96	1	11		8	22
按轻、重工业分						
轻工业	732	1	25	5	225	98
重工业	741	1	19	15	39	102
按企业规模分						
大型企业	47	1	2		2	2
中型企业	263		7	1	52	53
小型企业	1 124	1	35	19	208	132
微型企业	39				2	13

（2017年）　　单位：户

分　类	南昌县	安义县	进贤县	经济开发区	高新开发区
总　计	**315**	**122**	**146**	**222**	**166**
按登记注册类型及隶属关系分					
国有企业	4		1	4	2
中央企业					
地方企业	4		1	4	2
集体企业			1	1	
股份合作企业				1	1
有限责任公司	199	15	75	133	75
股份有限公司	10	1	5	13	21
私营企业	69	102	56	44	20
港、澳、台商投资企业	16	2	4	8	20
外商投资企业	16	2	4	18	27
其他经济类型	1				
#国有控股企业	28	1	3	22	23
按轻、重工业分					
轻工业	138	35	85	77	43
重工业	177	87	61	145	123
按企业规模分					
大型企业	5		5	15	15
中型企业	75	13	22	39	17
小型企业	229	106	117	159	130
微型企业	6	3	2	9	4

10－4 各县区规模以上工业企业总产值增速

（2017年） 单位：%

分 类	全 市	西湖区	青云谱区	湾里区	青山湖区	新建区
总 计	**13.1**	**38.7**	**11.1**	**58.0**	**－6.9**	**14.4**
按登记注册类型及隶属关系分						
国有企业	14.8		16.2		－42.0	61.0
中央企业	190.3					190.3
地方企业	14.4		16.2		－42.0	54.3
集体企业	3.4			－60.7	59.1	10.0
股份合作企业	－31.6		－96.8	58.8	13.6	－23.4
有限责任公司	12.1	38.7	－9.7	41.8	－24.9	33.1
股份有限公司	15.9		18.2	66.3	64.7	6.0
私营企业	9.6		－53.1	124.0	－15.9	0.4
港、澳、台商投资企业	18.1		9.0	30.6	－26.9	－4.5
外商投资企业	18.9			－11.6	－35.2	79.6
其他经济类型						
#国有控股企业	15.1	39.5	16.8		－21.4	26.6
按轻、重工业分						
轻工业	6.8	39.5	－15.8	244.4	－22.9	1.9
重工业	17.3	1.7	13.8	45.1	26.2	21.9
按企业规模分						
大型企业	15.0	39.5	16.9		63.3	－9.3
中型企业	8.5		4.1	124.8	－10.1	4.3
小型企业	13.9	1.7	－53.5	48.8	－26.7	57.2
微型企业	41.3				－29.0	4.3

10-4续表　　　　　　　　　　　　(2017年)　　　　　　　　　　　　单位:%

分　　类	南昌县	安义县	进贤县	经济开发区	高新开发区
总　　计	**10.6**	**22.4**	**14.5**	**21.8**	**15.3**
按登记注册类型及隶属关系分					
国有企业	81.3		18.1	1.8	-31.5
中央企业					
地方企业	81.3		18.1	1.8	-31.5
集体企业			20.1	-16.7	
股份合作企业				-44.3	-10.5
有限责任公司	7.7	14.6	12.5	18.6	21.8
股份有限公司	13.3	18.8	7.8	50.2	4.3
私营企业	6.4	24.6	16.5	3.2	927.6
港、澳、台商投资企业	20.1	-0.5	13.6	33.5	9.9
外商投资企业	20.6	11.2	25.0	26.3	11.5
其他经济类型					
#国有控股企业	-10.3	18.8	14.4	42.2	20.5
按轻、重工业分					
轻工业	14.1	29.1	15.6	22.7	5.6
重工业	7.7	20.8	12.6	21.4	27.8
按企业规模分					
大型企业	-16.6		5.1	28.8	7.1
中型企业	17.7	21.0	14.8	5.1	24.1
小型企业	14.7	22.9	18.0	19.5	53.1
微型企业	48.4	19.7	16.2	166.8	47.9

10-5 工 业 产 品 产 量

（2017年）

类　　别	2017年	2017年比2016年增长（%）
配混合饲料（万吨）	1 140.15	3.6
乳 制 品（万吨）	6.41	-2.0
罐　　头（吨）	8 403.00	8.4
软 饮 料（万吨）	197.48	-1.2
白　　酒（万千升）	5.38	13.7
啤　　酒（万千升）	27.45	-0.9
精 制 茶（吨）	1 338.10	-7.5
卷　　烟（亿支）	658.27	1.9
纱（万吨）	4.34	21.1
布（万米）	4 923.10	-18.4
纯棉布	2 454.30	-27.5
棉混纺交织布	2 430.70	-7.7
纯化纤布	38.10	147.4
印 染 布（万米）	4 914.30	-17.1
服　　装（万件）	23 265.20	-9.6
机制纸及纸板（万吨）	64.39	-2.3
家　　具（万件）	131.62	9.9
化学药品原药（吨）	10 914.00	-7.6
中 成 药（吨）	34 163.00	0.5
轮胎外胎（万条）	135.89	-10.4
塑料制品（吨）	18 128	-2.3
水　　泥（万吨）	762.03	0.8
玻璃保温容器（万个）	1 223.40	-8.3
耐火材料制品（吨）	7 371.90	2.9
生　　铁（万吨）	306.91	-2.5
粗钢（万吨）	364.56	1.4
钢材（万吨）	381.93	2.9
棒　　材	76.96	10.3
钢　　筋	227.27	0.6
线　　材	64.63	1.4
工业锅炉（蒸发量吨）	1 487.00	26.7
金属切削机床（台）	1 469.00	0.8
#数控机床	60.00	7.1
气体压缩机（台）	8 340 398	26.6
矿山设备（吨）	13 905.00	126.5
小型拖拉机（台）	6 165.00	-9.8
汽　车（万辆）	44.01	7.1
#载货汽车	22.32	15.4
交流电动机（万千瓦）	48.17	2.9
变压器（万千伏安）	2 274.11	22.1
通信及电子网络用电缆（对千米）	275 247.00	-82.0
房间空气调节调器（万台）	452.48	55.5
智能手机(万部)	3 363.67	62.0
彩色电视机（万台）	23.58	17.6

10－6 主要工业产品产量

年份 地区	纱 （吨）	布 （万米）	机制纸及纸板 （吨）	卷烟 （箱）	水泥 （吨）	生铁 （吨）	粗钢 （吨）
1978		7 976	32 582	131 434	66 459	43 435	
1980		12 294	43 471	156 104	86 365		
1985	21 806	9 176	59 000	235 075	137 700	29 115	
1990	23 287	9 923	61 641	284 900	208 500	99 584	
1991	22 437	8 391	53 944	275 100	256 400	79 000	
1992	20 483	8 571	54 561	277 000	286 800	141 100	
1993	19 647	8 612	58 800	265 500	299 500	214 900	
1994	22 917	11 304	68 715	246 262	363 500	260 322	
1995	24 185	13 565	83 030	231 606	353 071	269 571	
1996	21 312	12 918	94 573	232 647	404 700	318 974	
1997	23 997	14 624	97 196	232 849	367 300	315 978	
1998	22 025	8 845	73 765	253 475	280 000	418 343	
1999	25 071	11 739	97 340	256 953	360 000	512 521	
2000	26 108	13 285	81 584	331 999	330 000	668 086	
2001	25 734	13 734	94 159	347 773	380 000	787 965	
2002	19 571	11 512	71 507	357 519	300 000	1 156 589	
2003	21 478	7 879	38 704	373 359	830 000	1 247 582	
2004	34 470	9 689	24 433	382 420	2 487 034	1 376 691	1 439 918
2005	29 829	10 920	200 811	417 131	2 883 350	1 599 938	2 138 261
2006	32 667	9 353	350 336	549 201	3 009 909	1 800 093	2 625 213
2007	33 174	9 645	343 122	540 388	3 437 337	2 301 400	3 000 419
2008	23 934	8 692	345 595	593 699	3 762 884	2 067 330	2 416 311
2009	24 454	10 468	347 579	617 200	3 453 229	2 290 209	2 522 525
2010	30 019	12 691	370 923	662 000	3 191 663	2 349 595	2 569 247
2011	33 401	6 838	350 932	703 000	3 124 336	2 367 653	2 618 644
2012	34 323	7 061	344 177	1 198 000	4 049 977	2 954 403	3 283 067
2013	40 845	8 808	388 474	1 278 000	5 148 459	3 030 734	3 475 441
2014	43 994	8 713	354 369	1 353 000	6 844 905	3 054 852	3 526 646
2015	47 534	7 384	380 774	1 356 000	7 661 475	3 130 198	3 542 624
2016	36 667	6 033	659 212	1 292 200	7 475 158	3 149 144	3 595 701
2017	43 351	4 923	643 931	1 316 534	7 620 327	3 069 052	3 645 581
西湖区							
青云谱区							
湾里区	3 160						
青山湖区	1 256	542				3 069 052	3 645 581
新建区	3 886	2 000			3 241 011		
南昌县	9 501	2 381			1 771 616		
安义县	20 227						
进贤县	5 321		1 793		2 607 700		
经济开发区			642 138				
高新开发区				1 316 534			

10－6 续表

年 份 地 区	钢 材 （吨）	交流电动机 （千瓦）	金属切削机 床 （台）	汽 车 （辆）	电视机 （台）	手 机 （台）	房间空气调节器 （台）
1978	77 481	233 511		1 523			
1980	206 674			1 868	4 572		
1985	253 800	354 900	1 124	4 923	178 269		
1990	223 270	341 840	676	6 604	125 138		
1991	262 600	401 800	921	8 836	114 700		
1992	292 000	473 800	1 479	14 687	162 740		
1993	342 200	567 800	1 534	21 705	163 500		
1994	347 444	557 514	1 328	21 407	123 200		
1995	418 881	455 331	1 313	23 668	112 947		289
1996	448 688	296 140	1 410	16 855	61 345		1 136
1997	483 591	227 566	1 404	17 340	63 115		1 820
1998	565 325	168 864	998	19 258	22 675		
1999	640 230	196 200	1 045	26 330	280 500		
2000	808 495	205 700	1 254	27 500	182 600		
2001	1 012 324	245 900	1 393	37 188	299 884		
2002	1 411 050	369 400	1 972	51 685	414 937		
2003	1 568 126	496 900	2 453	64 042	635 774		
2004	1 908 032	772 755	2 863	73 722	704 717		436 907
2005	2 630 435	513 237	2 186	89 294	891 068		1 666 717
2006	2 884 050	717 515	2 087	96 666	642 238		812 041
2007	3 193 036	1 013 175	1 781	108 743	390 635		1 362 679
2008	2 720 937	847 055	753	103 433	446 184		1 306 308
2009	3 080 403	1 589 641	324	124 623	357 681		1 327 249
2010	3 071 304	1 060 721	527	199 687	306 217		1 712 105
2011	3 127 036	1 134 751	983	203 745	45 754		1 904 143
2012	3 639 342	790 239	1 304	217 715	152 740	19 126 453	2 803 064
2013	3 852 158	968 606	1 279	262 220	180 607	20 450 673	3 198 693
2014	3 736 732	535 822	1 533	316 564	195 745	14 099 533	3 284 302
2015	3 757 631	590 057	1 658	324 712	235 615	5 846 321	3 728 673
2016	3 712 859	468 322	1 512	411 025	200 543	41 554 141	3 495 157
2017	3 819 282	481 710	1 469	440 072	235 822	33 636 729	4 524 762
西湖区							
青云谱区				310 384			
湾里区							
青山湖区	3 688 592						
新建区							
南昌县			187	79 474			
安义县							
进贤县							
经济开发区	130 690		1 222			21 224 728	4 524 762
高新开发区		481 710	60		235 822	12 412 001	

注：本表总计数为集团公司按总部所在地统计，县区数据为集团公司按子公司所在地统计。

10－7 规模以上工业企业经济指标

（2005—2017）

指　　标	2005	2006	2007	2008	2009	2010	2011
企业单位数(户)	769	902	939	940	1 116	1 154	968
#亏损企业	112	121	89	109	90	84	58
资产总计(万元)	7577563	8 681 856	10 985 418	14 067 603	16 915 391	19 615 369	22 846 285
流动资产合计(万元)	3610821	4 175 216	5 012 135		7 025 769	9 064 364	10 339 923
负债总计(万元)	4424764	4 980 976	6 151 429	8 458 812	9 738 016	11 389 304	13 001 559
所有者权益(万元)	2854041	3 411 435	4 832 832	5 608 791	6 728 155	7 988 382	9 784 213
主营业务收入(万元)	7094866	9 594 223	12 691 776	18 147 581	21 198 359	27 685 238	33 436 557
主营业务税金及附加	226720	272 317	380 174	437 821	487 916	578 202	725 979
营业费用	363261	394 664	408 043	461 493	649 688	717 262	785 625
利润总额(万元)	341750	383 342	532 297	539 416	967 280	1 387 275	1 683 301
全部从业人员年平均人数(人)	215277	218 724	227 621	246 243	285 943	301 514	374 042
总资产贡献率(%)	11.69	12.81	13.96	13.82	13.79	15.30	15.81
资本保值增值率(%)	110.02	119.53	141.67	114.40	127.97	118.73	122.48
资产负债率(%)	58.39	57.37	56.00	60.13	57.57	58.06	56.91
流动资产周转率(次)	2.03	2.42	2.84	2.99	3.02	3.05	3.28
成本费用利润率(%)	5.31	4.38	4.68	3.26	4.90	5.45	5.40
全员劳动生产率(元/人)	107391	140 434	177 133	204 673	215 114	215 884	203 516
产品销售率(%)	98.34	99.12	98.17	98.47	98.13	98.04	97.90

10－7 续表

指　　标	2012	2013	2014	2015	2016	2017
企业单位数(户)	1 015	1 078	1 211	1 300	1 385	1 473
#亏损企业	89	82	120	170	172	204
资产总计(万元)	26 023 037	28 594 476	36 277 945	41 704 834	50 818 607	57 852 476
流动资产合计(万元)	12 112 575	13 162 371	17 202 585	20 028 478	23 353 950	30 406 520
负债总计(万元)	14 358 282	15 663 786	19 206 522	21 923 813	26 151 945	31 449 097
所有者权益(万元)	11 583 912	12 791 768	16 877 068	19 443 521	24 416 682	26 403 379
主营业务收入(万元)	38 646 913	44 950 898	51 397 103	55 348 665	61 615 233	62 238 498
主营业务税金及附加	830 114	965 669	1 159 140	1 274 256	1 104 974	1 386 463
营业费用	945 327	1 138 548	1 423 181	1 573 545	1 738 980	1 735 970
利润总额(万元)	2 113 992	2 507 625	3 167 045	3 097 572	3 610 540	3 758 497
全部从业人员年平均人数(人)	405 540	418 944	446 633	444 758	494 316	458 430
总资产贡献率(%)	16.67	17.64	16.94	14.72	13.30	13.19
资本保值增值率(%)	118.39	110.43	131.94	115.21	125.58	110.51
资产负债率(%)	55.18	54.78	52.94	52.57	51.46	54.40
流动资产周转率(次)	3.21	3.44	3.00	2.78	2.66	2.38
成本费用利润率(%)	5.93	6.06	6.66	6.01	6.26	6.50
全员劳动生产率(元/人)	258 597	276 762	309 121	326 435	326 007	369 105
产品销售率(%)	98.64	98.35	98.21	98.75	99.10	99.00

10－8 规模以上工业企业主要经济指标

（2017年）　　单位：万元

项　　目	主营业务收　　入	主营业务税金及附加	主营业务成　　本	营业费用
总　　计	**62 238 498**	**1 386 463**	**52 997 905**	**1 735 970**
按登记注册类型及隶属关系分				
国有企业	8 160 729	146 280	6 784 601	479 472
中央企业	37 921	147	30 972	643
地方企业	8 122 808	146 132	6 753 629	478 830
集体企业	20 963	73	18 639	530
股份合作企业	90 494	189	81 375	2 213
有限责任公司	26 960 359	1 105 500	23 094 102	513 467
股份有限公司	8 797 320	43 502	7 087 430	282 653
私营企业	9 525 365	44 590	8 519 301	196 749
港、澳、台商投资企业	4 329 608	18 525	3 825 096	139 138
外商投资企业	4 348 991	27 790	3 582 799	121 748
其他经济类型	4 670	15	4 562	
#国有控股企业	20 896 835	1 153 382	17 210 660	711 760
按轻、重工业分				
轻工业	21 814 567	1 086 216	17 467 579	840 455
重工业	40 423 932	300 247	35 530 326	895 515
按企业规模分				
大型企业	33 028 681	1 223 187	27 471 459	948 182
中型企业	14 116 195	97 760	12 070 567	439 141
小型企业	14 868 850	65 083	13 252 855	343 478
微型企业	224 772	432	203 024	5 168
按工业行业分				
非金属矿采选业	65 405	641	57 840	709
农副食品加工业	8 231 137	23 059	7 196 907	202 051
食品制造业	687 128	4 233	557 502	49 403
酒、饮料和精制茶制造业	433 177	10 357	306 747	64 120
烟草制品业	1 751 828	944 651	616 743	30 224
纺织业	706 732	3 609	622 682	27 206
纺织服装、服饰业	1 697 294	11 441	1 449 307	35 928
皮革、毛皮、羽毛及其制品和制鞋业	629 985	1 935	552 223	14 563
木材加工和木、竹、藤、棕、草制品业	328 857	5 374	285 299	5 566
家具制造业	127 441	1 276	109 721	2 892

项　　目	资产合计	流动资产	#产成品	负　　债 合　　计	所有者权益 合　　计
总　　计	**57 852 476**	**30 406 520**	**1 790 428**	**31 449 097**	**26 403 379**
按登记注册类型及隶属关系分					
国有企业	8 985 559	6 196 583	309 667	6 001 213	2 984 346
中央企业	107 384	80 346	14 535	125 322	－17 938
地方企业	8 878 174	6 116 237	295 131	5 875 890	3 002 284
集体企业	10 952	8 675	1 254	10 206	746
股份合作企业	53 909	12 002	674	9 996	43 913
有限责任公司	26 067 039	12 149 469	660 734	15 197 727	10 869 312
股份有限公司	9 215 416	4 391 936	293 850	3 809 075	5 406 341
私营企业	5 902 168	3 276 655	230 486	2 291 798	3 610 370
港、澳、台商投资企业	3 541 597	2 182 967	79 617	1 853 165	1 688 432
外商投资企业	4 074 566	2 187 795	214 146	2 274 682	1 799 884
其他经济类型	1 272	438		1 235	37
#国有控股企业	26 434 754	11 570 321	667 646	15 490 266	10 944 488
按轻、重工业分					
轻工业	18 061 231	8 644 514	545 695	7 305 947	10 755 284
重工业	39 791 245	21 762 006	1 244 732	24 143 150	15 648 095
按企业规模分					
大型企业	35 239 135	18 162 856	1 010 519	21 422 044	13 817 091
中型企业	9 692 887	4 511 427	296 467	4 022 608	5 670 279
小型企业	12 647 567	7 572 655	476 745	5 883 344	6 764 223
微型企业	272 887	159 582	6 696	121 101	151 786
按工业行业分					
非金属矿采选业	22 281	8 173	832	3 821	18 460
农副食品加工业	4 622 701	2 238 321	154 091	2 345 950	2 276 751
食品制造业	504 999	257 771	23 256	212 465	292 534
酒、饮料和精制茶制造业	463 564	134 367	14 930	283 054	180 510
烟草制品业	1 794 160	1 376 295	50 236	577 222	1 216 938
纺织业	926 847	246 373	14 422	359 761	567 086
纺织服装、服饰业	1 064 295	437 901	24 283	350 920	713 375
皮革、毛皮、羽毛及其制品和制鞋业	605 168	356 421	6 144	125 529	479 639
木材加工和木、竹、藤、棕、草制品业	143 902	62 560	3 984	38 448	105 454
家具制造业	37 823	21 539	3 029	10 414	27 409

项　　目	主营业务收　入	主营业务税金及附加	主营业务成　本	营业费用
造纸和纸制品业	866 506	4 049	729 736	20 168
印刷和记录媒介复制业	405 968	3 751	325 823	7 042
文教、工美、体育和娱乐用品制造业	431 710	3 327	378 041	11 459
化学原料和化学制品制造业	1 444 059	37 001	1 210 466	37 468
医药制造业	2 931 686	26 192	2 045 634	310 248
橡胶和塑料制品业	1 231 771	5 382	1 057 518	23 464
非金属矿物制品业	2 143 818	11 568	1 834 107	71 959
黑色金属冶炼和压延加工业	1 555 659	15 718	1 105 203	14 583
有色金属冶炼和压延加工业	1 702 129	4 581	1 546 709	20 410
金属制品业	1 953 283	13 513	1 752 087	36 457
通用设备制造业	1 139 238	7 615	940 102	22 937
专用设备制造业	1 461 144	10 576	1 253 593	45 751
汽车制造业	10 454 939	158 568	8 677 054	517 183
铁路、船舶、航空航天和其他运输设备制造业	114 507	1 292	100 042	2 804
电气机械和器材制造业	3 833 627	19 868	3 431 592	85 947
计算机、通信和其他电子设备制造业	8 379 879	16 118	7 710 146	47 693
仪器仪表制造业	120 809	804	91 054	7 718
废弃资源综合利用业	142 908	766	132 093	983
金属制品、机械和设备修理业	2 610	1	2 384	82
电力、热力生产和供应业	6 477 416	33 986	6 266 635	956
燃气生产和供应业	386 535	653	346 214	6 417
水的生产和供应业	399 316	4 559	306 704	11 580
按地区分				
西　湖　区	274 389	2 867	221 936	10 030
青 云 谱 区	3 604 983	100 153	2 872 015	282 768
湾　里　区	156 647	630	141 968	5 146
青 山 湖 区	2 932 312	26 137	2 254 906	74 425
新　建　区	6 194 942	48 458	5 432 584	151 615
南　昌　县	10 765 236	73 145	9 220 446	421 478
安　义　县	1 887 901	3 107	1 687 475	27 773
进　贤　县	3 965 622	52 452	3 540 141	80 047
经济开发区	12 004 870	63 874	10 188 714	279 626
高新开发区	12 103 430	969 138	9 654 471	324 014

项　　目	资产合计	流动资产	#产成品	负　债 合　计	所有者权益 合　计
造纸和纸制品业	675 397	196 337	19 488	356 349	319 048
印刷和记录媒介复制业	573 268	293 885	15 638	159 975	413 293
文教、工美、体育和娱乐用品制造业	164 364	68 786	6 715	48 262	116 102
化学原料和化学制品制造业	1 119 677	552 005	43 337	394 615	725 062
医药制造业	3 869 280	1 667 458	130 029	1 108 575	2 760 705
橡胶和塑料制品业	562 745	307 184	29 214	143 705	419 040
非金属矿物制品业	2 087 935	1 043 130	45 972	796 450	1 291 485
黑色金属冶炼和压延加工业	987 784	513 467	2 908	389 516	598 268
有色金属冶炼和压延加工业	1 200 127	743 337	46 594	608 488	591 639
金属制品业	817 614	433 220	65 683	315 245	502 369
通用设备制造业	903 302	554 570	89 607	554 624	348 678
专用设备制造业	1 024 640	560 080	64 105	425 708	598 932
汽车制造业	10 520 152	6 988 089	367 158	6 803 864	3 716 288
铁路、船舶、航空航天和其他运输设备制造业	327 986	160 116	4 686	99 394	228 592
电气机械和器材制造业	3 797 233	2 302 636	159 938	2 201 973	1 595 260
计算机、通信和其他电子设备制造业	9 352 907	7 614 242	378 324	6 280 911	3 071 996
仪器仪表制造业	413 587	329 209	7 513	148 201	265 386
废弃资源综合利用业	141 729	102 151	6 947	83 558	58 171
金属制品、机械和设备修理业	5 944	3 079	199	3 107	2 837
电力、热力生产和供应业	7 410 579	315 894	681	5 290 571	2 120 008
燃气生产和供应业	453 205	86 440	1 062	290 125	163 080
水的生产和供应业	1 257 281	431 486	9 422	638 296	618 985
按地区分					
西　湖　区	1 089 427	390 480	9 326	571 558	517 869
青 云 谱 区	3 086 465	2 043 795	107 976	1 436 486	1 649 979
湾　里　区	137 340	98 565	2 835	90 416	46 924
青 山 湖 区	2 868 785	1 118 253	46 864	1 119 907	1 748 878
新　建　区	2 919 155	1 478 454	101 068	1 511 502	1 407 653
南　昌　县	8 465 879	4 210 506	267 606	3 525 528	4 940 351
安　义　县	1 970 391	1 166 650	29 936	640 102	1 330 289
进　贤　县	1 982 560	1 175 644	142 138	1 045 633	936 927
经济开发区	11 573 510	6 478 543	506 588	6 237 587	5 335 923
高新开发区	13 500 509	9 207 965	485 906	7 412 850	6 087 659

10－8 续表2 单位:万元

项　　目	利润总额	#盈利企业的利润额	#亏损企业的亏损额	企业亏损面(%)	资产负债率(%)	产品销售率(%)	全部从业人员年平均人数(人)	人均实现利润(元)
总　　计	**3 758 497**	**3 867 243**	**108 746**	**13.8**	**54.4**	**99.0**	**458 430**	**81 986**
按登记注册类型及隶属关系分								
国有企业	432 996	433 656	660	33.3	66.8	98.8	37 681	114 911
中央企业	89	89			116.7	102.7	369	2 412
地方企业	432 907	433 567	660	35.7	66.2	98.8	37 312	116 024
集体企业	－153	195	348	20.0	93.2	93.6	591	－2 589
股份合作企业	2 886	3 381	495	37.5	18.5	97.9	458	63 013
有限责任公司	1 261 922	1 302 762	40 840	14.3	58.3	99.0	221 728	56 913
股份有限公司	946 955	950 615	3 660	9.5	41.3	100.4	53 811	175 978
私营企业	487 203	500 519	13 316	10.9	38.8	98.2	78 020	62 446
港、澳、台商投资企业	227 070	237 798	10 728	19.0	52.3	99.3	29 949	75 819
外商投资企业	399 577	438 278	38 701	19.5	55.8	98.5	36 147	110 542
其他经济类型	41	41			97.1	102.4	45	9 111
#国有控股企业	970 153	979 143	8 990	17.7	58.6	99.0	128 723	75 367
按轻、重工业分								
轻工业	1 542 598	1 579 983	37 385	11.6	40.5	99.1	188 268	81 936
重工业	2 215 900	2 287 261	71 361	16.1	60.7	99.0	270 162	82 021
按企业规模分								
大型企业	2 043 234	2 052 394	9 160	10.6	60.8	99.4	211 799	96 470
中型企业	1 014 545	1 057 513	42 968	8.7	41.5	98.7	125 499	80 841
小型企业	695 387	750 348	54 961	14.9	46.5	98.7	120 348	57 781
微型企业	5 331	6 989	1 658	20.5	44.4	98.2	784	67 997
按工业行业分								
非金属矿采选业	4 672	4 672			17.1	99.3	402	116 219
农副食品加工业	558 079	558 842	763	7.6	50.7	101.0	29 450	189 501
食品制造业	42 840	46 541	3 701	15.0	42.1	99.0	8 571	49 982
酒、饮料和精制茶制造业	29 061	42 643	13 582	22.7	61.1	97.8	6 900	42 117
烟草制品业	50 406	50 406			32.2	97.1	5 389	93 535
纺织业	35 031	35 458	427	14.3	38.8	98.9	9 226	37 970
纺织服装、服饰业	98 303	99 849	1 546	9.3	33.0	98.2	43 691	22 500
皮革、毛皮、羽毛及其制品和制鞋业	40 611	40 953	342	33.3	20.7	100.0	5 406	75 122
木材加工和木、竹、藤、棕、草制品业	22 311	22 312	1	5.3	26.7	99.9	2 631	84 800
家具制造业	9 449	9 449			27.5	99.2	1 411	66 967

单位:万元

项　　目	利润总额	#盈利企业的利润额	#亏损企业的亏损额	企业亏损面(%)	资产负债率(%)	产品销售率(%)	全部从业人员年平均人数(人)	人均实现利润(元)
造纸和纸制品业	59 358	60 281	923	15.8	52.8	98.6	3 555	166 970
印刷和记录媒介复制业	40 504	42 708	2 204	22.6	27.9	95.0	5 512	73 483
文教、工美、体育和娱乐用品制造业	24 944	24 952	8	6.7	29.4	101.4	5 017	49 719
化学原料和化学制品制造业	101 214	104 406	3 192	8.7	35.2	98.0	12 858	78 717
医药制造业	401 108	402 904	1 796	7.5	28.7	97.9	29 619	135 423
橡胶和塑料制品业	103 308	107 173	3 865	22.4	25.5	99.5	8 104	127 478
非金属矿物制品业	157 042	163 756	6 714	16.5	38.1	99.5	16 336	96 132
黑色金属冶炼和压延加工业	326 174	330 250	4 076	40.0	39.4	99.6	7 022	464 503
有色金属冶炼和压延加工业	83 986	89 360	5 374	11.3	50.7	98.9	11 755	71 447
金属制品业	90 123	92 061	1 938	13.9	38.6	96.8	14 112	63 863
通用设备制造业	76 399	81 293	4 894	10.0	61.4	98.4	10 434	73 221
专用设备制造业	91 460	92 460	1 000	11.1	41.5	97.5	20 253	45 159
汽车制造业	666 680	669 036	2 356	11.1	64.7	98.4	54 360	122 642
铁路、船舶、航空航天和其他运输设备制造业	4 143	5 090	947	20.0	30.3	104.4	1 310	31 626
电气机械和器材制造业	155 245	178 005	22 760	17.7	58.0	99.3	22 210	69 899
计算机、通信和其他电子设备制造业	303 788	327 424	23 636	36.0	67.2	99.1	71 911	42 245
仪器仪表制造业	7 516	10 139	2 623	23.1	35.8	93.2	1 705	44 082
废弃资源综合利用业	2 728	2 728			59.0	95.3	755	36 132
金属制品、机械和设备修理业	-81		81	100.0	52.3	90.9	118	-6 864
电力、热力生产和供应业	74 216	74 216			71.4	100.0	41 710	17 793
燃气生产和供应业	24 364	24 364			64.0	97.0	1 913	127 360
水的生产和供应业	73 516	73 516			50.8	99.9	4 784	153 671
按地区分								
西　湖　区	38 570	38 570			52.5	100.0	3 922	98 343
青云谱区	127 569	129 035	1 466	6.8	46.5	96.7	22 945	55 598
湾　里　区	2 506	3 601	1 095	35.0	65.8	96.8	1 788	14 016
青山湖区	410 277	420 006	9 729	10.2	39.0	98.1	42 754	95 962
新　建　区	315 965	321 021	5 056	10.5	51.8	99.2	48 233	65 508
南　昌　县	666 416	730 209	63 793	9.2	41.6	99.7	81 737	81 532
安　义　县	122 057	122 486	429	4.1	32.5	98.0	18 017	67 745
进　贤　县	175 955	176 143	188	4.1	52.7	96.0	32 448	54 227
经济开发区	899 401	935 817	36 416	25.7	53.9	98.5	93 328	96 370
高新开发区	642 847	690 839	47 992	33.1	54.9	99.9	72 233	88 996

注:本表总计数为集团公司按总部所在地统计,县区数据为集团公司按子公司所在地统计。

10－9　规模以上国有控股工业企业经济指标

指　标	2005	2006	2007	2008	2009	2010	2011
企业单位数(户)	154	133	115	113	103	104	87
#亏损企业	47	40	36	39	24	21	8
资产总计(万元)	5 007 771	5 771 591	6 404 587	9 909 633	10 413 857	12 219 294	12 672 054
流动资产合计(万元)	2 480 545	2 890 060	3 260 298		4 567 928	5 980 741	5 765 530
负债总计(万元)	3 071 758	3 532 261	3 929 888	6 497 418	6 774 871	7 983 472	7 886 287
所有者权益(万元)	1 637 256	1 953 806	2 474 699	3 412 215	3 189 970	4 044 067	4 780 344
主营业务收入(万元)	4 091 743	5 133 265	6 237 079	8 507 005	8 789 991	11 390 307	12 127 610
主营业务税金及附加	184 770	225 836	329 058	368 877	427 615	508 752	611 883
营业费用	164 814	192 157	211 579	238 594	291 895	312 125	314 905
利润总额(万元)	181 959	222 865	280 694	193 958	322 655	495 441	575 176
全部从业人员年平均人数(人)	116 807	111 928	111 706	120 866	118 685	114 622	153 285
总资产贡献率(%)	12.19	13.68	14.97	13.65	11.98	13.17	14.39
资本保值增值率(%)	97.52	130.24	126.38	165.43	106.65	126.77	118.21
资产负债率(%)	61.34	61.20	61.36	65.57	65.06	65.33	62.23
流动资产周转率(次)	1.74	1.87	2.09	1.98	1.92	1.90	2.15
成本费用利润率(%)	4.86	4.77	4.99	2.43	3.87	4.75	5.11
全员劳动生产率(元/人)	106 511	134 546	164 367	191 495	200 887	216 172	169 742
产品销售率(%)	99.71	100.17	98.46	99.26	98.88	98.39	99.07

10－9 续表

指　　标	2012	2013	2014	2015	2016	2017
企业单位数(户)	92	91	97	100	92	96
#亏损企业	15	17	18	24	20	17
资产总计(万元)	13 448 747	13 943 680	16 131 686	18 198 107	22 049 071	26 434 754
流动资产合计(万元)	6 177 867	6 412 129	7 644 733	8 783 497	8 809 382	11 570 321
负债总计(万元)	8 175 400	8 560 502	9 733 271	10 875 987	12 685 301	15 490 266
所有者权益(万元)	5 255 273	5 380 594	6 528 958	7 119 408	9 363 769	10 944 488
主营业务收入(万元)	12 511 044	13 936 445	15 669 462	16 290 765	18 174 053	20 896 835
主营业务税金及附加	701 158	804 799	969 779	1 072 994	883 215	1 153 382
营业费用	352 501	387 579	483 797	476 243	592 538	711 760
利润总额(万元)	645 482	692 290	967 315	932 311	972 886	970 153
全部从业人员年平均人数(人)	150 576	146 129	149 920	112 216	139 539	128 723
总资产贡献率(%)	15.52	16.11	17.26	15.63	13.54	12.91
资本保值增值率(%)	109.94	102.38	121.34	109.04	131.52	112.89
资产负债率(%)	60.79	61.39	60.34	59.76	57.53	58.60
流动资产周转率(次)	2.06	2.20	2.07	1.88	2.09	1.99
成本费用利润率(%)	5.61	5.56	6.88	6.38	5.84	5.10
全员劳动生产率(元/人)	76 402	274 910	234 908	386 395	333 976	396 426
产品销售率(%)	98.73	98.52	98.29	100.23	100.28	99.00

10－10　国有控股工业企业主要经济指标

（2017 年）　　　　单位:万元

项　目	企业单位数（户）	#亏损企业	主营业务收入	主营业务税金及附加	主营业务成本	营业费用	资产合计	流动资产	#产成品
总　计	**96**	**17**	**20 896 835**	**1 153 382**	**17 210 660**	**711 760**	**26 434 754**	**11 570 321**	**667 646**
按登记注册类型及隶属关系分									
国有企业	15	5	8 160 729	146 280	6 784 601	479 472	8 985 559	6 196 583	309 667
中央企业	1		37 921	147	30 972	643	107 384	80 346	14 535
地方企业	14	5	8 122 808	146 132	6 753 629	478 830	8 878 174	6 116 237	295 131
股份合作企业									
有限责任公司	61	10	10 447 388	990 381	8 668 726	125 422	12 835 484	3 264 840	192 206
股份有限公司	13	1	1 564 138	14 279	1 105 973	95 848	4 054 693	1 773 316	147 489
港、澳、台商投资企业	5	1	548 528	1 291	511 275	9 124	409 704	252 186	10 590
外商投资企业	2		176 052	1 151	140 085	1 894	149 315	83 395	7 694
其他经济类型									
按轻、重工业分									
轻工业	34	7	3 358 846	964 162	1 646 629	186 666	6 480 917	3 146 938	145 206
重工业	62	10	17 537 989	189 221	15 564 031	525 093	19 953 837	8 423 383	522 440
按企业规模分									
大型企业	11		17 801 524	1 138 978	14 571 914	624 263	22 515 095	9 870 933	529 843
中型企业	31	4	2 340 188	11 446	2 011 731	61 143	2 671 171	1 078 895	97 617
小型企业	53	13	750 605	2 958	622 756	26 277	1 235 128	612 035	40 180
微型企业	1		4 518		4 259	76	13 359	8 459	6
按工业行业分									
农副食品加工业	3		9 653	2	9 342	96	22 577	13 618	233
食品制造业	2	1	13 450	157	11 929	191	12 200	5 916	565
酒、饮料和精制茶制造业	1		1 721	4	1 180	316	1 674	1 121	605
烟草制品业	1		1 751 828	944 651	616 743	30 224	1 794 160	1 376 295	50 236
纺织业	2		14 114	31	7 074	8 035	430 503	10 513	6 807
纺织服装、服饰业	7	1	80 392	1 073	28 720	218	126 726	118 346	245
造纸和纸制品业	1		5 909	23	5 857	6	10 329	3 129	158
印刷和记录媒介复制业	7	3	260 050	2 871	197 727	4 082	407 308	229 478	10 670
化学原料和化学制品制造业	4	1	188 066	549	145 064	7 383	384 201	153 447	2 431
医药制造业	6		940 149	12 611	538 314	133 127	2 588 699	999 722	65 318
橡胶和塑料制品业	3	2	11 485	19	9 909	343	12 661	6 501	1 043

10－10 续表1 （2017年） 单位：万元

项　　目	企业单位数（户）	#亏损企业	主营业务收入	主营业务税金及附加	主营业务成本	营业费用	资产合计	流动资产	#产成品
非金属矿物制品业	13	2	543 172	3 222	452 447	22 972	411 668	170 430	16 599
黑色金属冶炼和压延加工业	2	1	5 112	3	5 289		26 784	2 614	
有色金属冶炼和压延加工业	6	1	609 467	1 960	559 149	6 015	461 095	310 442	26 574
金属制品业	1	1	5 560	8	5 592	27	1 470	925	333
通用设备制造业	4		493 481	2 369	405 515	2 659	468 670	291 853	63 167
专用设备制造业	2		23 120	508	17 357	912	40 925	23 913	4 296
汽车制造业	9	1	8 191 302	143 355	6 850 262	456 242	8 979 728	6 220 905	314 529
铁路、船舶、航空航天和其他运输设备制造业	5	1	66 622	192	61 815	1 282	279 565	145 108	2 376
电气机械和器材制造业	3		618 422	2 806	515 127	20 774	1 068 018	685 916	86 913
计算机、通信和其他电子设备制造业	3	1	10 484	108	8 755	110	17 935	8 730	2 125
仪器仪表制造业	1	1	552	3	386	69	1 584	1 580	5
废弃资源综合利用业	1		22 785	195	15 367	28	69 908	47 178	2 106
电力、热力生产和供应业	3		6 385 450	33 298	6 186 167	359	7 323 557	287 416	
燃气生产和供应业	5		374 396	644	335 740	6 261	418 730	72 926	987
水的生产和供应业	1		270 095	2 721	219 834	10 030	1 074 081	382 298	9 326
按地区分									
西　湖　区	1		270 095	2 721	219 834	10 030	1 074 081	382 298	9 326
青 云 谱 区	11	2	3 444 387	99 269	2 745 170	276 105	2 901 739	1 934 171	105 562
湾　里　区									
青 山 湖 区	8	2	39 610	522	33 146	1 241	526 803	79 517	6 494
新　建　区	22	4	1 185 486	14 477	979 014	44 390	1 334 285	662 593	32 705
南　昌　县	28	4	1 846 713	21 250	1 637 440	76 459	2 280 679	966 215	91 378
安　义　县	1		101 180		85 787	1 123	229 387	110 746	998
进　贤　县	3		38 990	182	29 552	1 616	55 388	31 499	514
经济开发区	22	5	1 703 785	13 478	1 278 043	90 239	3 088 816	1 294 342	140 689
高新开发区	23	5	3 351 907	954 147	1 888 253	127 664	4 212 394	2 693 987	159 847

10－10 续表2

项　　目	负债合计（万元）	所有者权益合计（万元）	利润总额（万元）	#盈利企业的利润额	#亏损企业的亏损额
总　　计	**15 490 266**	**10 944 488**	**970 153**	**979 143**	**8 990**
按登记注册类型及隶属关系分					
国有企业	6 001 213	2 984 346	432 996	433 656	660
中央企业	125 322	－17 938	89	89	
地方企业	5 875 890	3 002 284	432 907	433 567	660
股份合作企业					
有限责任公司	7 798 846	5 036 638	284 676	291 622	6 946
股份有限公司	1 289 210	2 765 483	216 329	216 776	447
港、澳、台商投资企业	282 860	126 844	15 748	16 686	938
外商投资企业	118 137	31 178	20 404	20 404	
其他经济类型					
按轻、重工业分					
轻工业	2 208 971	4 271 946	286 076	287 934	1 858
重工业	13 281 294	6 672 543	684 077	691 209	7 132
按企业规模分					
大型企业	13 343 571	9 171 524	777 712	777 712	
中型企业	1 466 584	1 204 587	153 138	154 551	1 413
小型企业	666 756	568 372	39 122	46 700	7 578
微型企业	13 355	4	181	181	
按工业行业分					
农副食品加工业	19 107	3 470	308	308	
食品制造业	4 833	7 367	224	383	159
酒、饮料和精制茶制造业	696	978	78	78	
烟草制品业	577 222	1 216 938	50 406	50 406	
纺织业	223 466	207 037	477	477	
纺织服装、服饰业	75 213	51 513	1 188	1 220	32
造纸和纸制品业	5 740	4 589	9	9	
印刷和记录媒介复制业	94 967	312 341	33 696	35 086	1 390
化学原料和化学制品制造业	91 185	293 016	19 551	19 998	447
医药制造业	628 403	1 960 296	163 436	163 436	
橡胶和塑料制品业	8 105	4 556	－2	275	277

10－10 续表2－1

项　　目	企业亏损面（%）	资产负债率（%）	产品销售率（%）	全部从业人员年平均人数（人）	人均实现利润（元）
总　　计	**17.7**	**58.6**	**99.0**	**128 723**	**75 367**
按登记注册类型及隶属关系分					
国有企业	33.3	66.8	98.8	37 681	114 911
中央企业		116.7	102.7	369	2 412
地方企业	35.7	66.2	98.8	37 312	116 024
股份合作企业					
有限责任公司	16.4	60.8	99.1	73 145	38 919
股份有限公司	7.7	31.8	98.0	15 343	140 995
港、澳、台商投资企业	20.0	69.0	101.3	1 661	94 810
外商投资企业		79.1	102.2	893	228 488
其他经济类型					
按轻、重工业分					
轻工业	20.6	34.1	97.6	33 450	85 523
重工业	16.1	66.6	99.3	95 273	71 802
按企业规模分					
大型企业		59.3	98.9	101 389	76 706
中型企业	12.9	54.9	99.7	21 510	71 194
小型企业	24.5	54.0	98.4	5 813	67 301
微型企业		100.0	100.0	11	164 545
按工业行业分					
农副食品加工业		84.6	102.9	66	46 667
食品制造业	50.0	39.6	103.1	176	12 727
酒、饮料和精制茶制造业		41.6	99.6	50	15 600
烟草制品业		32.2	97.1	5 389	93 535
纺织业		51.9	100.5	633	7 536
纺织服装、服饰业	14.3	59.4	99.2	7 790	1 525
造纸和纸制品业		55.6	75.0	124	726
印刷和记录媒介复制业	42.9	23.3	95.2	2 992	112 620
化学原料和化学制品制造业	25.0	23.7	98.3	2 329	83 946
医药制造业		24.3	98.4	12 109	134 971
橡胶和塑料制品业	66.7	64.0	94.6	231	－87

10－10 续表3

项　　目	负债合计（万元）	所有者权益合计（万元）	利润总额（万元）	#盈利企业的利润额	#亏损企业的亏损额
非金属矿物制品业	169 978	241 690	53 852	54 403	551
黑色金属冶炼和压延加工业	2 548	24 236	－422		422
有色金属冶炼和压延加工业	336 956	124 139	20 937	24 822	3 885
金属制品业	903	567	－139		139
通用设备制造业	341 108	127 562	28 409	28 409	
专用设备制造业	25 361	15 564	2 878	2 878	
汽车制造业	6 000 978	2 978 750	429 504	430 810	1 306
铁路、船舶、航空航天和其他运输设备制造业	76 746	202 819	853	1 187	334
电气机械和器材制造业	668 477	399 541	36 154	36 154	
计算机、通信和其他电子设备制造业	4 607	13 328	252	274	22
仪器仪表制造业	18	1 566	－26		26
废弃资源综合利用业	38 177	31 731	1 493	1 493	
电力、热力生产和供应业	5 240 455	2 083 102	67 649	67 649	
燃气生产和供应业	283 799	134 931	23 132	23 132	
水的生产和供应业	571 219	502 862	36 257	36 257	
按地区分					
西　湖　区	571 219	502 862	36 257	36 257	
青 云 谱 区	1 386 555	1 515 184	111 459	112 899	1 440
湾　里　区					
青 山 湖 区	277 830	248 973	2 130	3 106	976
新　建　区	820 911	513 374	69 104	69 978	874
南　昌　县	1 223 104	1 057 575	30 612	81 775	51 163
安　义　县	49 920	179 467	9 825	9 825	
进　贤　县	34 456	20 932	2 372	2 372	
经济开发区	1 108 060	1 980 756	159 891	163 295	3 404
高新开发区	1 840 547	2 371 847	182 361	187 320	4 959

10－10 续表3－1

项　　目	企业亏损面（%）	资产负债率（%）	产品销售率（%）	全部从业人员年平均人数（人）	人均实现利　润（元）
非金属矿物制品业	15.4	41.3	100.0	2 487	216 534
黑色金属冶炼和压延加工业	50.0	9.5	100.0	51	－82 745
有色金属冶炼和压延加工业	16.7	73.1	100.7	1 805	115 994
金属制品业	100.0	61.4	100.0	65	－21 385
通用设备制造业		72.8	97.0	3 842	73 943
专用设备制造业		62.0	97.5	481	59 834
汽车制造业	11.1	66.8	98.7	36 364	118 112
铁路、船舶、航空航天和其他运输设备制造业	20.0	27.5	109.1	907	9 405
电气机械和器材制造业		62.6	100.5	3 221	112 245
计算机、通信和其他电子设备制造业	33.3	25.7	94.2	225	11 200
仪器仪表制造业	100.0	1.1	100.3	45	－5 778
废弃资源综合利用业		54.6	73.3	338	44 172
电力、热力生产和供应业		71.6	100.0	41 331	16 368
燃气生产和供应业		67.8	96.9	1 782	129 809
水的生产和供应业		53.2	100.0	3 890	93 206
按地区分					
西　湖　区		53.2	100.0	3 890	93 206
青 云 谱 区	18.2	47.8	99.8	19728	56 498
湾　里　区					
青 山 湖 区	25.0	52.7	102.1	1 885	11 300
新　建　区	18.2	61.5	100.0	13 169	52 475
南　昌　县	14.3	53.6	100.2	13 400	22 845
安　义　县		21.8	99.2	713	137 798
进　贤　县		62.2	96.1	300	79 067
经济开发区	22.7	35.9	97.8	16017	99 826
高新开发区	21.7	43.7	98.2	16 644	109 566

注：本表总计数为集团公司按总部所在地统计，县区数据为集团公司按子公司所在地统计。

10-11 主要年份规模以上集体企业经济指标

指 标	2000	2005	2010	2015	2017
企业单位数(户)	154	31	17	5	5
#亏损企业	17	8	2	1	1
资产总计(万元)	187 149	41 857	28 795	10 992	10 952
流动资产合计(万元)	83 807	20 674	13 953	7 945	8 675
负债总计(万元)	115 384	42 862	19 244	9 437	10 206
所有者权益(万元)	71 765	-1 004	9 551	1 555	746
主营业务收入(万元)	221 337	90 257	148 247	16 627	20 963
主营业务税金及附加(万元)	2 773	174	1 106	76	73
营业费用(万元)	7 010	1 658	1 866	440	530
利润总额(万元)	8 891	1 722	7 588	141	-153
全部从业人员年平均人数(人)	20 598	4 173	2 792	400	591
总资产贡献率(%)	10.65	7.20	39.01	6.31	4.94
资本保值增值率(%)	106.44	-52.84	111.12	4.70	61.75
资产负债率(%)	61.65	102.40	66.83	85.85	93.20
流动资产周转率(次)	3.01	4.37	10.63	2.10	2.86
成本费用利润率(%)	4.21	1.96	5.56	0.86	-0.70
全员劳动生产率(元/人)	33 769	75 785	127 672	170 308	96 736
产品销售率(%)	94.82	97.02	98.14	87.53	93.60

10－12 规模以上外商及港、澳、台投资工业企业经济指标

指　标	2000	2005	2010	2015	2017
企业单位数(户)	43	108	154	143	140
#亏损企业	12	15	25	29	27
资产总计(万元)	959 262	2 336 495	5 943 078	6 959 227	7 616 162
流动资产合计(万元)	467 449	1 169 323	3 232 430	3 104 716	4 370 762
负债总计(万元)	634 918	1 292 154	3 565 779	3 653 424	4 127 848
所有者权益(万元)	317 943	786 531	2 179 736	3 292 700	3 488 314
主营业务收入(万元)	575 563	2 106 119	7 367 487	10 558 719.8	8 678 599
主营业务税金及附加(万元)	9 545	28 573	64 630	42 613	46 315
营业费用(万元)	31 737	123 244	287 063	393 178	260 886
利润总额(万元)	25 215	137 675	517 089	579 081	626 648
全部从业人员年平均人数(人)	23 389	42 481	79 440	74 913	66 096
总资产贡献率(%)	8.62	14.86	13.85	12.38	11.44
资本保值增值率(%)	103.22	152.17	123.13	113.96	107.49
资产负债率(%)	66.19	55.30	60.00	52.50	54.20
流动资产周转率(次)	1.30	1.89	2.28	3.42	2.12
成本费用利润率(%)	4.62	7.13	7.43	5.77	7.80
全员劳动生产率(元/人)	54 297	140 159	218 997	380 689	340 811
产品销售率(%)	97.06	95.95	96.66	99.30	98.90

10－13　规模以上股份制工业企业经济指标

指　　标	2000	2005	2010	2015	2017
企业单位数(户)	43	264	446	722	846
#亏损企业	6	36	36	91	118
资产总计(万元)	1 530 821	3 458 108	9 992 914	24 865 525	35 282 454
流动资产合计(万元)	779 257	1 621 165	4 300 320	11 511 999	16 541 405
负债总计(万元)	903 324	2 026 371	6 087 918	13 217 694	19 006 802
所有者权益(万元)	569 156	1 390 789	3 884 695	11 386 725	16 275 652
主营业务收入(万元)	778 318	2 774 547	12 188 753	28 174 212	35 757 678
主营业务税金及附加(万元)	3 677	15 403	45 838	1 042 248	1 149 002
营业费用(万元)	59 849	148 683	256 801	671 066	796 121
利润总额(万元)	32 335	110 326	422 877	1 549 412	2 208 877
全部从业人员年平均人数(人)	72 586	97 307	129 171	240 028	275 539
总资产贡献率(%)	7.97	7.32	9.42	14.98	14.38
资本保值增值率(%)	142.05	97.81	118.90	120.62	107.41
资产负债率(%)	59.01	58.60	60.92	53.16	53.90
流动资产周转率(次)	1.12	1.79	2.83	2.46	2.55
成本费用利润率(%)	4.30	4.20	3.64	5.99	6.80
全员劳动生产率(元/人)	39 417	84 614	189 063	294 757	364 038
产品销售率(%)	96.13	99.24	98.80	98.39	99.30

10-14 规模以上私营工业企业经济指标

指　　标	2000	2005	2010	2015	2017
企业单位数(户)	31	225	455	402	458
#亏损企业	4	15	10	39	50
资产总计(万元)	31 595	382 492	1 621 181	4 636 780	5 902 168
流动资产合计(万元)	14 534	183 498	564 687	1 786 357	3 276 655
负债总计(万元)	12 764	158 144	536 099	1 742 775	2 291 798
所有者权益(万元)	18 832	224 347	1 067 477	2 848 875	3 610 370
主营业务收入(万元)	56 665	788 364	5 604 136	10 863 288	9 525 365
主营业务税金及附加(万元)	471	23 130	27 073	58 841	44 590
营业费用(万元)	1 491	58 790	121 993	228 284	196 749
利润总额(万元)	377	51 492	304 061	573 649	487 203
全部从业人员年平均人数(人)	2 564	27 469	61 807	85 084	78 020
总资产贡献率(%)	7.57	29.13	29.40	18.06	12.92
资本保值增值率(%)	122.64	122.93	109.42	101.14	124.30
资产负债率(%)	40.40	41.35	33.07	37.59	38.80
流动资产周转率(次)	2.28	4.47	9.92	6.09	3.94
成本费用利润率(%)	0.70	7.66	6.04	5.61	5.40
全员劳动生产率(元/人)	63 473	110 321	225 028	331 914	367 011
产品销售率(%)	98.02	97.62	97.61	99.05	98.20

10－15 工业园区主要经济指标

(2017 年)

项 目	本年实际累计开发面积（平方公里）	投产工业企业数（户）	招商实际到位资金		工业增加值比上年增长（%）	出口交货值	
			绝对数（亿元）	比上年增长（%）		绝对数（亿元）	比上年增长（%）
全市总计	**60.18**	**1674**	**726.70**	**32.8**	**10.3**	**338.41**	**14.8**
国家级园区							
南昌小蓝经济技术开发区	6.60	370	105.42	58.2	12.7	115.23	28.5
南昌经济技术开发区	22.80	376	275.37	47.4	11.6	83.30	22.3
南昌高新技术产业开发区	11.70	346	209.62	45.9	11.2	103.02	－6.8
省级重点园区							
南昌昌东工业园区	9.58	270	55.04	23.6	－15.9	24.21	52.5
江西新建长堎工业园区	3.50	170	41.22	67.6	12.5	11.74	65.8
南昌昌南工业园区	2.00	23	14.24	24.2	－15.8	0.27	－78.7
江西安义工业园区	4.00	119	25.79	－62.8	9.9	0.65	－29.1
江西进贤经济开发区(筹建)	10.27	90	44.11	83.1	13.9	0.05	－95.9

10－15 续表

项 目	主营业务收入		利润总额		从业人员	
	绝对数（亿元）	比上年增长（%）	绝对数（亿元）	比上年增长（%）	绝对数（人）	比上年增长（%）
全市总计	**5 386.34**	**9.2**	**363.73**	**20.7**	**388 469**	**－2.7**
国家级园区						
南昌小蓝经济技术开发区	1 135.97	4.8	81.82	14.7	83 098	－3.1
南昌经济技术开发区	1 227.54	12.0	91.20	35.6	101 755	1.4
南昌高新技术产业开发区	2 141.46	11.0	143.11	33.3	116 029	0.0
省级重点园区						
南昌昌东工业园区	127.59	－17.5	7.27	－66.7	28 974	－28.5
江西新建长堎工业园区	574.97	10.9	29.32	33.1	39 962	3.7
南昌昌南工业园区	15.75	－11.8	0.73	－24.3	2 015	－24.1
江西安义工业园区	163.07	18.2	10.27	7.3	16 636	1.8
江西进贤经济开发区(筹建)	150.89	16.5	7.06	4.8	16 372	2.2

注:全市总计数不含进贤经济开发区数据。

主要统计指标解释

工业 指从事自然资源的开采,对采掘品和农产品进行加工再加工的物质生产部门,具体包括:(1)对自然资源的开采,如采矿、晒盐、森林采伐等(但不包括禽兽捕猎和水产捕捞);(2)对农副产品的加工、再加工,如粮油加工、食品加工、轧花、缫丝、纺织、制革等;(3)对采掘品的加工、再加工,如炼铁、炼钢、炼焦、化工生产、机器制造、木材加工以及自来水、煤气的生产和电力的生产及供应;(4)对工业品的修理、翻新,如修理机械设备、交通运输工具等。

1984 年以前农村的村及村以下办工业归属农业,1984 年及以后划归工业。

工业统计调查单位 工业统计调查单位分为两类:独立核算法人工业企业和工业活动单位。

(1)独立核算法人工业企业是指从事工业生产经营活动的单位。独立核算法人工业应同时具备以下条件:①依法成立,有自己的名称、组织机构和场所,能够承担民事责任;②独立拥有和使用资产,承担负债,有权与其他单位签订合同;③独立核算盈亏,并能够编制资产负债表。

(2)工业活动单位是指在一个场所从事一种或主要从事一种工业生产活动的经济单位。它包括独立核算工业企业按主营业务活动(即工业生产活动)划分的主营业务活动单位和非工业企业所属的工业生产活动单位(即原非独立核算工业生产单位)。工业活动单位,一般应同时具备以下三个条件:①具有一个场所,从事一种或主要从事一种工业活动;②单独组织工业生产、经营或业务活动;③单独核算收入和支出。

工业企业经济类型 是按企业生产资料和产品归属对象划分企业类型。1992 年以前,执行的是由国家统计局和国家工商行政管理局于 1980 年联合颁发的《关于统计上划分经济类型的暂行规定》及近几年来的补充规定,将我国经济类型划分为:全民所有制、集体所有制、全民与集体合营、全民与大陆私人合营、全民与华侨或港澳台工商业者合营、集体与大陆私人合营、集体与华侨或港澳台工商业者合营、中外合营、华侨或港澳台工商业者经营、外资经营、个体经营、其他等十二种。随着经济体制改革的不断深化和社会经济的发展,我国国民经济结构发生了新的变化,出现了一些新的经济成份,原有的分类已不能反映我国体制格局发展变化的新情况。为此,国家统计局和国家工商行政管理局在调查研究的基础上,联合颁发了修订后的《关于经济类型划分暂行规定》,将我国经济成份划分为九种类型:

(1)国有经济工业是指生产资料归国家所有的一种经济类型,是社会主义公有制经济的重要组成部分。包括中央和地方各级国家机关、事业单位和社会团体使用国有资产投资举办的企业,也包括实行企业化经营,国家不再核拨经费或核拨部分经费的事业单位和从事经营性活动的社会团体,以及上述企业、事业单位和社会团体使用自有资金投资举办的企业。

(2)集体经济工业是指生产资料归公民集体所有的一种经济类型,是社会主义公有制经济的组成部分。包括城乡所有用集体投资举办的企业,以及部分个人通过集资自愿放弃所有权并依法经工商行政管理机关认定为集体所有制的企业。

(3)私营经济工业是生产资料归公民私人所有,以雇佣劳动力为基础的一种经济类型。包括所有按国家法律、规定登记注册的私营独资企业、私营合伙企业和私营有限责任公司。

(4)个体经济工业是指生产资料归劳动者个人所有,以个体劳动为基础,劳动成果归劳动者个人占有和支配的一种经济类型。包括所有按国家有关规定登记注册的个体工商户和个人合伙经营者。

(5)联营经济工业是指不同所有制性质的企业之间或者企业、事业单位之间共同投资组成新的经济实体的一种经济类型。联营经济只包括具备法人条件的紧密型联营企业。

(6)股份制经济工业是指全部注册资本由全体股东共同出资,并以股份形式投资举办企业而形成的一种经济类型。股份制经济主要有股份有限公司和有限责任公司两种组织形式。国有、集体、联营、私营企业等经济组织虽然以股份制形式经营,但不以股份有限公司或有限责任公司登记注册的,仍按原有所有制性质划归经济类型。

(7)外商投资经济工业是指国外投资者根据我国有关涉外经济的法律、法规,以合资、合作或独资的形式在大陆境内开办企业而形成的一种经济类型。外商投资经济包括中外合资经营企业、中外合作经营企业和外资企业的三种形式。

(8)港、澳、台投资经济工业是指港、澳、台地区投资者依照中华人民共和国有关涉外经济的法律、法规,以合资、合作或独资的形式在大陆举办企业而形成的一种经济类型。港、澳、台投资经济参照外商投资经济,可分为合资经营企业、合作经营企业和独资企业三种形式。

(9)其他经济工业是指以上八种类型之外的其他经济类型。随着经济体制改革的深化,可能会出现新的经济形式,或遇到不易划清的,可列入其他经济类型。

轻工业 指主要提供生活消费品和制作手工工具的工业。按其所使用的原料不同,可分为两大类:(1)以农产品为原料的轻工业,是指直接或间接以农产品为基本原料的轻工业。主要包括食品制造、饮料制造、烟草加工、纺织、缝纫、皮革和毛皮制作、造纸以及印刷等工业;(2)以非农产品为原料的轻工业,是指以工业品为原料的轻工业。主要包括文教体育用品、化学药品制造、合成纤维制造、日用化学制品、日用玻璃制品、日用金属制品、手工工具制造、医疗器械制造、文化和办公用机械制造等工业。

重工业 是指为国民经济各部门提供物质技术基础的主要生产资料的工业。按其生产性质和产品用途,可以分为下列三类:(1)采掘(伐)工业,是指对自然资源的开采,包括石油开采、煤炭开采、金属矿开采、非金属矿开采和木材采伐等工业;(2)原材料工业,指向国民经济各部门提供基本材料、动力和燃料的工业。包括金属冶炼及加工、炼焦及焦炭化学、化工原料、水泥、人造板以及电力、石油和煤炭加工等工业;(3)加工工业,是指对工业原材料进行再加工制造的工业。包括装备国民经济各部门的机械设备制造工业、金属结构、水泥制品等工业,以及为农业提供的生产资料如化肥、农药等工业。

根据上述划分原则,修理业中以重工业产品为修理作业对象的划为重工业,反之划为轻工业。

大、中、小、微型企业划分 根据工业信息化部、国家统计局、国家发展改革委、财政部《关于印发中小企业划型标准规定的通知》(工信部联企业〔2011〕300 号),结合统计工作的实际情况,2011 年制定了统计上大中小微型企业划分办法。它以法人企业或单位作为对企业规模的划分对象,以从业人员数、营业收入两项指标为划分标准。企业规模的具体划分标准见下表。

指标名称	计算单位	大型	中型	小型	微型
从业人员数(X)	人	X≥1000	300≤X<1000	20≤X<300	X<20
营业收入(Y)	万元	Y≥40000	2000≤Y<40000	300≤Y<2000	Y<300

(1)表中的“工业企业”包括采矿业,制造业,电力、热力、燃气及水的生产和供应业三个行业的企业。

(2)企业划分指标以现行统计制度为准。①从业人员,是指期末从业人员,没有期末从业人员数的,采用全年平均人员数代替。②营业收入,工业采用主营业务收入。

(3)大型、中型和小型企业须同时满足所列指标的下限,否则下划一档;微型企业只须满足所列指标中的一项即可。

(4)企业划分由政府综合统计部门根据统计年报每年确定一次。定报统计原则上不进行调整。

工业总产值 是指以货币表现的工业企业在一定时期内生产的已出售或可供出售工业产品总量,它反映一定时间内工业生产的总规模和总水平。它包括:在本企业内不再进行加工,经检验、包装入库(规定不需包装的产品除外)的成品价值,工业性作业价值,自制半成品、在产品期末初差额价值。工业总产值采用“工厂法”计算,即以工业企业作为一个整体,按企业工业生产活动的最终成果来计算,企业内部不允许重复计算,不能把企业内部各个车间(分厂)生产的成果相加。但在企业之间、行业之间、地区之间存在着重复计算。

轻重工业总产值的划分也是按“工厂法”计算的,即一个工业企业在正常情况下生产的主要产品的性质属于轻工业,则该企业的全部总产值作为轻工业总产值;一个工业企业生产的主要产品的性质属于重工业,则该企业的全部总产值作为重工业总产值。

工业销售产值 是指以货币表现的工业企业是一定时期内销售的本企业生产的工业产品总量。包括已销售的成品、半成品价值,对外提供的工业性作业价值和对本企业基本建设部门、生活福利部门等提供的产品和工业性作业及自制设备的价值。

工业增加值 是指工业企业在报告期内以货币形式表现的工业生产活动的最终成果,是企业全部生产活动的总成果扣除了在生产过程中消耗或转换的物质产品和劳务价值后的余额,即企业生产过程中新增加的价值。

所有者权益 是指企业投资人对企业净资产的所有权,包括企业投资者对企业的投入资本以及形成的资本公积金、盈余公积金和未分配利润等的所有权。

固定资产原值 指企业在建造、购置、安装、改建、扩建、技术改造某项固定资产时所支出的全部货币总额。它一般包括买价、包装费、运杂费和安装费等。

固定资产净值 是指固定资产原价减去历年已提折旧额后的净额。

流动资产 是指可以在一年或者超过一年的一个营业周期内变现或者耗用的资产,包括现金及各种存款、短期投资、应收及预付货款、存货等。

流动负债 是指将在一年或者超过一年的一个营业周期内偿还的债务。包括短期借款、应付票据、应付帐款、预收货款、应付工资、应交税金、应付利润、其他应付款、预提费用等。

主营业务收入 指企业销售产品的销售收入和提供劳务等主要经营业务取得的业务总额。1994 年实施新的税制后,取消了产品税,开征消费税,增值税由价内税改为价外税,因此,主营业务收入中不再含增值税。

利润总额 是指企业实现的利润总额,等于盈利企业的利润额减亏损企业的亏损额。

利税总额 指企业利润总额、产品销售税金及附加和应交增值税之和。

工业经济效益综合指数 是综合衡量工业经济效益各方面在数量上总体水平的一种特殊相对数,是反映工业经济运行质量的总量指标。它是以各项工业经济效益指标实际数值分别除以该项指标的全国标准值并乘以各自权数,加总后除以总权数求得。

工业经济效益综合指数的计算方法:

$$\text{工业经济效益综合指数} = \sum\left(\frac{\text{某项经济效益指标报告期数值}}{\text{该项指标全国标准值}} \times \text{权数}\right) \div \text{总权数}$$

权数是根据上述各项工业经济效益指标在综合经济效益中的重要程度,由专家调查确定的,各项权数之和即是总权数。

工业产品销售率 指报告期销售产值与同期全部工业总产值之比,反映工业产品生产已实现销售的程度。计算公式为:

$$\text{工业产品销售率}(\%) = \frac{\text{报告期现价工业销售产值}}{\text{报告期现价工业总产值}} \times 100\%$$

工业资金利税率 指报告期已实现的利润、税金总额与同期的资产(流动资产和固定资产净值)之比,反映企业资金运用的经济效益指标。

计算公式为：

$$工业资金利税率(\%)=\frac{报告期累计实现利税总额}{报告期平均流动资产+固定资产净值平均余额}\times\frac{12}{累计数}\times100\%$$

工业增加值率 指报告期工业增加值与同期工业总产值之比，反映降低中间消耗的经济效益指标。

计算公式为：

$$工业增加值率(\%)=\frac{报告期工业增加值}{报告期现价工业总产值(新规定)+报告期销项税额}\times100\%$$

工业成本费用利润率 指报告期实现利润与成本费用之比，反映降低成本的经济效益的指标。

计算公式为

$$工业成本费用利润率(\%)=\frac{利润总额}{成本费用总额}\times100\%$$

成本费用总额 指企业的产品销售成本、产品销售费用、管理费用和财务费用之和。由于1994年工业财务统计年报中没有财务费用指标，故用利息支出代替(1993年全省利息支出占财务费用的91.7%)。

工业全员劳动生产率 指根据产品的价值量指标计算的平均每一个职工在单位时间内的产品生产量。是考核企业经济活动的重要指标，是企业生产技术水平、经营管理水平、职工技术熟练程度和劳动积极性的综合表现。目前我国的全员劳动生产率是将工业企业的工业增加值除以同一时期全部职工的平均人数来计算的。

计算公式：

$$全员劳动生产率(元/人)=\frac{工业增加值}{全部职工平均人数}\times\frac{12}{累计月数}$$

流动资产周转次数 指一定时期内流动资产完成的周转次数，是反映工业企业投入流动资产的周转速度的指标。计算公式为：

$$流动资产周转次数(次)=\frac{报告期累计产品销售收入}{报告期流动资产平均余额}\times\frac{12}{累计月数}$$

资本金 指企业在工商行政管理部门登记的注册资金合计。企业资本金按投资主体可分为国家资本金、法人资本金、个人资本金和外商资本金等。资本金会计包括企业各种投资主体注册的全部资本金。

总资产 指企业拥有或控制的全部资产。包括流动资产、长期投资、固定资产、无形及递延资产、其他长期资产、递延税项等，即为企业资产负债表的资产总计项。

(1)流动资产指企业可以在一年内或者超过一年的一个生产周期内变现或耗用的资产合计。包括现金及各种存款、短期投资、应收及预付款项、存货等。

(2)固定资产指企业固定资产净值、固定资产清理、在建工程、待处理固定资产损失所占用的资金合计。

(3)无形资产指企业长期使用而没有实物形态的资产。包括专利权、非专利技术、商标权、著作权、土地使用权、商誉等。

总负债 指企业承担并需要偿还的全部债务。包括流动负债和长期负债、递延税项等，即为企业资产负债表的负债合计项。

(1)流动负债指企业在一年内或者超过一年的一个营业周期内需要偿还的债务合计，其中包括短期借款、应付及预收款项、应付工资、应交税金和应交利润等。

(2)长期负债指企业在一年以上或者超过一年的一个生产周期以上需要偿还的债务合计，其中包括长期借款、应付债务、长期应付款项等。

所有者权益 指企业投资人对企业净资产的所有权。企业净资产等于企业全部资产减去全部负债后的余额，其中包括投资者对企业的最初投人，以及资本公积金、盈余公积金和未分配利润。对股份制企业即为股东权益。

十一、能　　源

ENERGY

本篇内容包括：

能源生产弹性系数

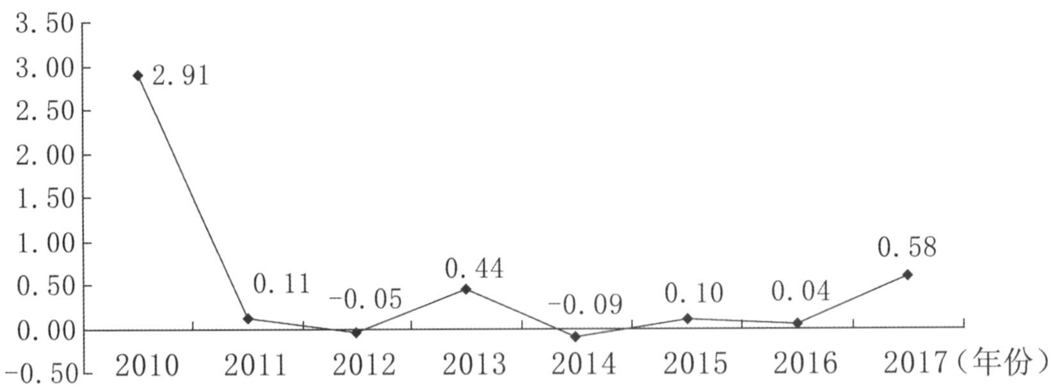

能源消费弹性系数

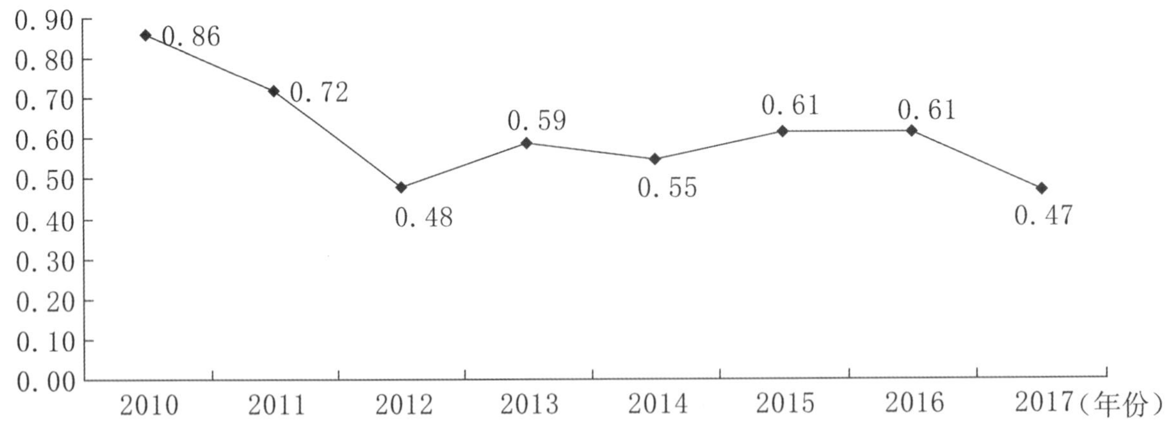

11-1 规模以上工业企业能源购进、消费与库存

（2017年）

单位：吨

项　目	年初库存	购进量	#购自省外	消费合计	工业生产消　费	非 工 业生产消费	合计中：运输工具消　费	年末库存
原煤	173 132	3 745 037	2 959 684	3 718 935	3 706 662	12 273		199 214
洗精煤（用于炼焦）	33 128	1 213 119	1 213 119	1 214 669	1 214 669			31 553
其他洗煤	24 850	496 858	493 294	502 777	502 777			18 932
焦炭	33 572	472 912	468 586	1 315 212	1 315 212			29 144
焦炉煤气（万立方米）				37 208	37 208			
高炉煤气（万立方米）				506 394	506 394			
转炉煤气（万立方米）				42 897	42 897			
天然气（气态）（万立方米）	343	12 980		13 086	13 073	13		190
液化天然气（液态）	22	1 446	460	1 451	1 445	5		
汽油	52	13 909	429	13 914	12 713	1 201	10 877	37
煤油		14		14	14			
柴油	1 723	29 952	195	30 770	27 176	3 594	14 597	632
燃料油	800	2 138	71	2 701	2 701			114
液化石油气	1 563	1 642		3 151	3 151			52
石油焦	85	1 568	1 568	1 649	1 649			4
热力（百万千焦）		394 789		394 789	394 789			
电力（万千瓦小时）		12 045 240		1 769 849	1 762 353	7 496		
生物燃料（吨标准煤）	814	84 458	11 251	86 218	86 194	24		382
余热余压（百万千焦）				9 208 048	9 208 048			
其他燃料（吨标准煤）		6 503		28 304	28 304			

11－2　规模以上工业企业水消费量

单位:万立方米

项　　目	取水量	外供水量
合计	**61 909**	**49 476**
地表淡水	55 130	
地下淡水	601	
自来水	6 155	49 315
雨水	15	
其他水	9	160
补充资料:		
外排水量	89 606	
重复用水量	129 395	
直流冷却水量(河湖水)	7 985	
污水处理企业污水处理量	82 712	

11－3 规模以上工业企业主要能源库存量

（2017 年末，按行业分）　　　　单位：吨

项　　目	原煤	洗精煤	其他洗煤	焦炭	汽油	柴油	燃料油	液化石油气
总　　计	**199 214**	**31 553**	**18 932**	**29 144**	**37**	**632**	**114**	**52**
农副食品加工业	188				4	9		
食品制造业								
酒、饮料和精制茶制造业	1 371							
烟草制品业								
纺织业					5	79		
纺织服装、服饰业								
皮革、毛皮、羽毛及其制品和制鞋业								
木材加工和木、竹、藤、棕、草制品业								
家具制造业								
造纸和纸制品业	53 225					97		
印刷和记录媒介复制业								
文教、工美、体育和娱乐用品制造业								
石油加工、炼焦和核燃料加工业								
化学原料和化学制品制造业								
医药制造业	270					1		
化学纤维制造业								
橡胶和塑料制品业					2		59	
非金属矿物制品业	3 400					99		
黑色金属冶炼和压延加工业		31 553	18 932	29 111	21	280		
有色金属冶炼和压延加工业	51			33		45	55	34
金属制品业								19
通用设备制造业								
专用设备制造业								
汽车制造业					4	11		
铁路、船舶、航空航天和其他运输设备制造业								
电气机械和器材制造业								
计算机、通信和其他电子设备制造业						9		
仪器仪表制造业								
其他制造业								
废弃资源综合利用业								
金属制品、机械和设备修理业								
电力、热力生产和供应业	140 709							
燃气生产和供应业								
水的生产和供应业								

11－4　规模以上工业企业主要能源消费量

（2017 年，按行业分）　　单位：吨

项　　目	原煤	洗精煤	其他洗煤	焦炭	天然气（气态）（万立方米）	液　化天然气	汽油
总　　计	**3 718 935**	**1 214 669**	**502 777**	**1 315 212**	**13 086**	**1 451**	**13 914**
农副食品加工业	109 205				453	1	417
食品制造业	3 813				451		261
酒、饮料和精制茶制造业	9 731				1 174		60
烟草制品业			3 564		536		119
纺织业	2 535				44		170
纺织服装、服饰业	4 379						1 219
皮革、毛皮、羽毛及其制品和制鞋业	725						80
木材加工和木、竹、藤、棕、草制品业	794						71
家具制造业							4
造纸和纸制品业	596 087				1 183		14
印刷和记录媒介复制业	632				69		177
文教、工美、体育和娱乐用品制造业	3 522						212
石油加工、炼焦和核燃料加工业							
化学原料和化学制品制造业	34 640			366	140		191
医药制造业	56 752				569		267
化学纤维制造业							
橡胶和塑料制品业					570		194
非金属矿物制品业	51 185				241	615	430
黑色金属冶炼和压延加工业		1 214 669	499 213	1 311 615			120
有色金属冶炼和压延加工业	4 066			2 321	2 698	215	126
金属制品业	1 213				153	578	595
通用设备制造业				909	473		158
专用设备制造业	4 049				10		394
汽车制造业	2 285				4 082	37	1 984
铁路、船舶、航空航天和其他运输设备制造业	548						38
电气机械和器材制造业	1 219				237		450
计算机、通信和其他电子设备制造业					1	5	231
仪器仪表制造业							4
其他制造业							
废弃资源综合利用业							25
金属制品、机械和设备修理业							
电力、热力生产和供应业	2 831 554						5 901
燃气生产和供应业							
水的生产和供应业							

11－4 续表 （2017 年，按行业分） 单位：吨

项目	煤油	柴油	燃料油	液化石油气	石油焦	热力（百万千焦）	电力（万千瓦时）	生物燃料（吨标准煤）
总计	**14**	**30 770**	**2 701**	**3 151**	**1 649**	**394 789**	**1 769 849**	**86 218**
农副食品加工业	1	696	443			2 533	63 554	156
食品制造业		783					13 637	
酒、饮料和精制茶制造业		44				76 887	14 205	
烟草制品业		800					6 525	
纺织业		287	14				20 983	11 077
纺织服装、服饰业		388					29 294	
皮革、毛皮、羽毛及其制品和制鞋业							9 099	
木材加工和木、竹、藤、棕、草制品业						2	2 860	
家具制造业		1					1 100	
造纸和纸制品业		88					109 051	842
印刷和记录媒介复制业		29					7 599	805
文教、工美、体育和娱乐用品制造业							3 576	
石油加工、炼焦和核燃料加工业								
化学原料和化学制品制造业		580				315 368	20 644	837
医药制造业		429					31 182	15 627
化学纤维制造业								
橡胶和塑料制品业		17					22 755	4 129
非金属矿物制品业		9 454	85		1 649		68 163	
黑色金属冶炼和压延加工业		1 646		350			140 172	
有色金属冶炼和压延加工业		2 130	2 159	2 280			68 962	17
金属制品业		468		448			24 651	
通用设备制造业	5	102					17 837	
专用设备制造业		108					23 994	
汽车制造业	8	6 402		74			103 861	164
铁路、船舶、航空航天和其他运输设备制造业		40					1 202	
电气机械和器材制造业		413					38 893	
计算机、通信和其他电子设备制造业		162					74 663	
仪器仪表制造业							2 003	
其他制造业								
废弃资源综合利用业		38					1 191	
金属制品、机械和设备修理业							18	
电力、热力生产和供应业		4 640					818 912	52 565
燃气生产和供应业		68					164	
水的生产和供应业		378					28 312	

11－5　各县区规模以上工业主要能源消费量

(2017 年)　　单位:吨

县　区	原　煤	洗精煤	其他洗煤	焦　炭	原　油
合　计	**3 718 935**	**1 214 669**	**502 777**	**1 315 212**	
东湖区					
西湖区					
青云谱区					
湾里区	995			1 146	
青山湖区	16 652	1 214 669	499 213	1 310 485	
新建区	2 822 039				
南昌县	106 097				
安义县	24 410			2 305	
进贤县	52 407			909	
经济开发区	634 866			366	
高新开发区	61 455		3 564		
红谷滩新区					

11－5 续表　　(2017 年)　　单位:吨

县　区	汽　油	煤　油	柴　油	燃料油
合　计	**13 914**	**14**	**30 770**	**2 701**
东湖区				
西湖区	245		371	
青云谱区	1 428	8	7 017	
湾里区	407		1 142	
青山湖区	1 405		2 553	
新建区	253	6	979	
南昌县	2 576		2 736	
安义县	23		2 112	2 258
进贤县	1 104		2 145	40
经济开发区	250		3 384	403
高新开发区	537		3 283	
红谷滩新区				

11－6 电力消费量

单位:万千瓦时

项　　目	2016年	2017年
工　业	**926 178**	**1 054 552**
食品、饮料和烟草制造业	54 972	61 924
纺织业	20 427	21 028
服装鞋帽、皮革羽绒及其制品业	13 338	14 319
木材加工及制品和家具制品业	6 316	5 652
造纸及纸制品业	12 044	18 691
印刷业和记录媒介的复制	6 357	6 519
文体用品制造业	4 679	5 047
石油加工、炼焦及核燃料加工业	1 248	515
化学原料及化学制品制造业	11 436	12 595
医药制造业	19 932	21 599
化学纤维制造业	3 431	3 279
橡胶和塑料制品业	26 427	31 142
非金属矿物制品业	48 163	49 219
黑色金属冶炼及压延加工业	73 950	78 454
有色金属冶炼及压延加工业	65 319	77 759
金属制品业	14 274	18 027
通用及专用设备制造业	15 071	26 915
交通运输、电气、电子设备制造业	111 272	158 444
工艺品及其他制造业	28 109	31 626
废弃资源和废旧材料回收加工业	493	580
电力、热力的生产和供应业	374 407	393 168
燃气生产和供应业	933	978
水的生产和供应业	11 338	14 802

11－7　能源生产弹性系数

年　份	能源生产比上年增长(％)	电力生产比上年增长(％)	地区生产总值比上年增长(％)	能源生产弹性系数	电力生产弹性系数
2010	40.69	1 037.08	14.0	2.91	74.08
2011	1.46	20.39	13.0	0.11	1.57
2012	-0.57	-8.03	12.5	-0.05	-0.64
2013	4.70	5.47	10.7	0.44	0.51
2014	-0.91	-2.01	9.8	-0.09	-0.21
2015	0.98	1.68	9.6	0.10	0.18
2016	0.36	-3.00	9.0	0.04	-0.33
2017	5.24	11.88	9.0	0.58	1.32

11－8　能源消费弹性系数

年　份	能源消费比上年增长(％)	电力消费比上年增长(％)	地区生产总值比上年增长(％)	能源消费弹性系数	电力消费弹性系数
2010	12.00	11.19	14.0	0.86	0.80
2011	9.34	14.12	13.0	0.72	1.09
2012	6.00	5.89	12.5	0.48	0.47
2013	6.28	9.58	10.7	0.59	0.90
2014	5.35	2.74	9.8	0.55	0.28
2015	5.89	7.06	9.6	0.61	0.74
2016	5.52	12.68	9.0	0.61	1.41
2017	4.22	11.23	9.0	0.47	1.25

主要统计指标解释

工业企业能源消费 工业企业能源消费指独立核算的法人工业企业在报告期内实际使用的能源数量。能源消费数量分别用价值量和实物量表示。

能源消费 能源消费指独立核算的法人企业在报告期内实际使用的能源的数量，包括主营活动和附营活动实际使用能源数量；并包括由本企业（作为投资单位）代填的乡镇建筑企业为完成本企业建筑项口而实际使用的能源数量。能源消费数量用价值量和实物量表示。

消费的核算原则："谁消费谁统计"，即能源在哪个企业使用，就由哪个企业统计消费。

消费的核算方法：能源进入第一道生产工序，改变了原来的形态或性能，或者已经实际投入使用，即作消费统计。

能源库存 能源库存是指独立核算法人企业在报告期初、期末实际结存的能源的数量和价值。

库存的核算原则："谁支配谁统计"，即凡是本企业有权支配动用的能源，不论存放何处，都应作本企业库存统计；反之，本企业无权支配动用的能源，即使存在本企业仓库，也不能作为本企业库存统计。

库存的核算方法：凡属本企业有权支配动用的某一时点实际结存的能源，都应作本企业库存统计。

能源弹性系数 即一个指标的变化速率对另一相关指标的变化速率之比，用以反映两个相关指标之间变化速率的敏感性。通常表示：在某一指标增长1%时，另一指标相应增长的速率。

能源弹性系数＝能源量年增长速度/GDP年增长速度

能源生产弹性系数 该指标是研究能源生产增长速度与GDP增长速度之间关系的指标。计算公式为：

能源生产弹性系数＝能源生产增长速度/GDP增长速度

能源消费弹性系数 该指标是反映能源消费增长速度与GDP增长速度之间关系的指标。计算公式为：

能源消费弹性系数＝能源消费增长速度/GDP增长速度

电力生产弹性系数 该指标是研究电力生产增长速度与GDP增长速度之间关系的指标。计算公式为：

电力生产弹性系数＝电力生产增长速度/GDP增长速度

电力消费弹性系数 该指标是反映电力消费增长速度与GDP增长速度之间关系的指标。计算公式为：

电力消费弹性系数＝电力消费增长速度/GDP增长速度

十二、建　筑　业

GENERAL SURVEY

本篇内容包括：

1. 建筑业主要经济指标
2. 建筑业企业生产情况
3. 建筑业企业财务情况
4. 各县区建筑业主要经济指标

建筑业总产值

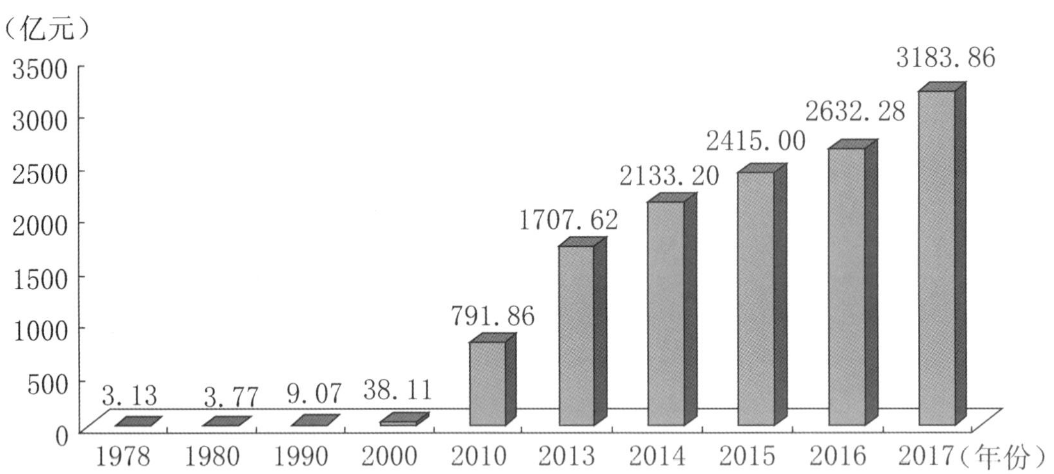

施工房屋面积及竣工房屋面积

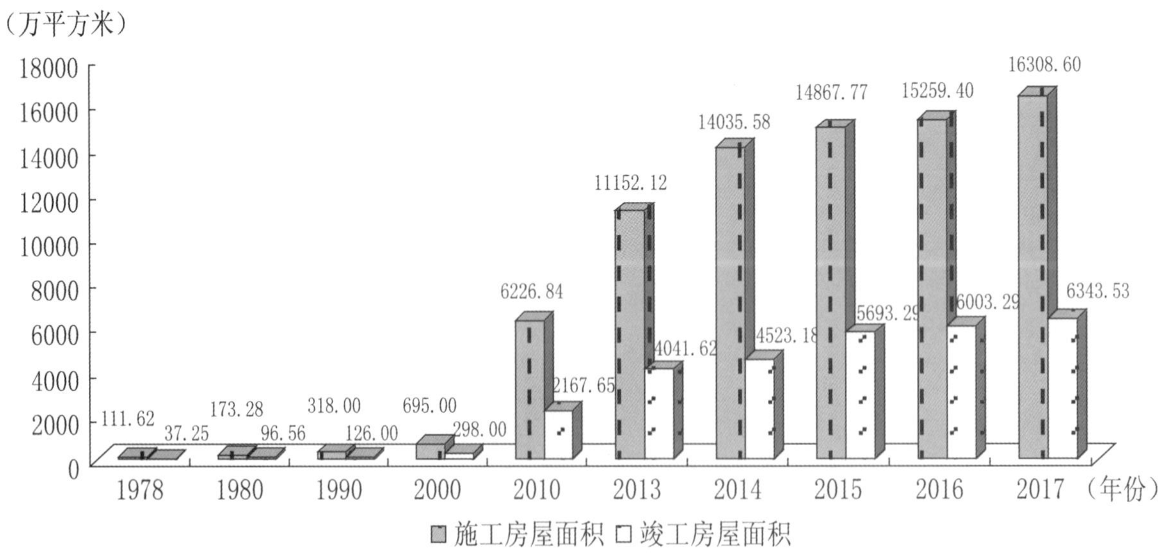

12－1 建筑业主要经济指标

指　　标	2016	2017	2017年比 2016年增长%
企业个数（个）	**527**	**731**	**38.7**
#有工作量的企业个数	503	711	41.4
建筑业合同情况（万元）			
签订的合同额	53 304 189	69 895 600	31.1
上年结转合同额	24 442 962	31 816 937	30.2
本年新签合同额	28 861 227	38 078 662	31.9
承包工程完成情况（万元）			
直接从建设单位承揽工程完成的产值	26 113 994	31 279 442	19.8
自行完成施工产值	25 868 757	31 067 117	20.1
分包出去工程的产值	245 237	212 324	-13.4
从建设单位以外承揽工程完成的产值	454 040	771 150	69.8
建筑业总产值（万元）	**26 322 798**	**31 838 556**	**21.0**
#装饰装修产值	1 466 635	1 701 344	16.0
在外省完成的产值	9 908 208	11 912 672	20.2
建筑工程产值	22 634 257	27 224 281	20.3
安装工程产值	2 167 780	2 647 005	22.1
其他产值	1 520 761	1 966 981	29.3
竣工产值（万元）	**13 992 687**	**15 269 023**	**9.1**
房屋建筑施工及竣工面积（万平方米）			
房屋建筑施工面积	15 259.40	16 308.60	6.9
#本年新开工面积	6 053.02	6 069.00	0.3
房屋建筑竣工面积	6 003.29	6 343.53	5.7
住宅房屋	3 956.72	4 226.57	6.8
商业及服务用房屋	496.14	411.06	-17.1
商厦房屋（批发和零售用房）	197.96	162.53	-17.9
宾馆用房屋（住宿用房）	23.28	32.25	38.5
餐饮用房屋（餐饮用房）	39.84	8.07	-79.7
商务会展用房屋	17.94	33.66	87.6
其他商业及服务用房屋（居民服务业用房）	217.13	174.54	-19.6
办公用房屋	343.03	385.02	12.2
科研、教育、医疗用房屋	370.82	473.37	27.7
科学研究用房屋	32.58	50.40	54.7
教育用房屋	262.96	339.45	29.1
医疗用房屋（卫生医疗用房）	75.28	83.52	10.9
文化、体育、娱乐用房屋	89.81	77.39	-13.8
厂房及建筑物	506.13	608.86	20.3
厂房	335.02	463.07	38.2
仓库	65.13	33.02	-49.3
其他未列明的房屋建筑物	175.54	128.10	-27.0

注：建筑业统计范围为具有建筑业资质等级的独立核算建筑业企业。

12－1 续表1

指　　标	2016	2017	2017年比2016年增长%
竣工房屋价值(万元)	**9 071 720**	**9 491 187**	**4.6**
住宅房屋	5 891 605	6 460 518	9.7
商业及服务用房屋	756 830	631 532	－16.6
商厦房屋(批发和零售用房)	265 816	238 822	－10.2
宾馆用房屋(住宿用房)	51 190	48 393	－5.5
餐饮用房屋(餐饮用房)	95 659	11 264	－88.2
商务会展用房屋	25 423	48 274	89.9
其他商业及服务用房屋(居民服务业用房)	318 743	284 778	－10.7
办公用房屋	552 063	555 696	0.7
科研、教育、医疗用房屋	643 649	632 725	－1.7
科学研究用房屋	51 351	104 299	103.1
教育用房屋	443 330	397 705	－10.3
医疗用房屋(卫生医疗用房)	148 967	130 720	－12.2
文化、体育、娱乐用房屋	129 016	141 016	9.3
厂房及建筑物	743 152	860 736	15.8
厂房	554 639	678 511	22.3
仓库	83 675	53 867	－35.6
其他未列明的房屋建筑物	271 732	155 095	－42.9
年末资产负债(万元)			
流动资产合计	14 864 165	18 673 060	25.6
#存　货	3 072 301	4 514 703	46.9
固定资产合计	1 107 574	1 259 886	13.8
固定资产原值	1 447 763	1 602 136	10.7
累计折旧	577 757	656 302	13.6
#本年折旧	92 277	106 891	15.8
在建工程	133 352	209 539	57.1
资产合计	18 005 926	23 162 958	28.6
流动负债合计	10 274 866	13 419 436	30.6
#应付账款	3 375 392	5 107 341	51.3
非流动负债合计	977 456	1 089 720	11.5
负债合计	11 819 704	15 147 358	28.2

12－1 续表 2

指　　标	2016	2017	2017 年比 2016 年增长%
所有者权益合计	6 186 222	8 015 599	29.6
#实收资本	3 188 933	3 872 894	21.4
国家资本	603 516	529 735	－12.2
集体资本	165 299	153 957	－6.9
法人资本	747 781	1 037 538	38.7
个人资本	1 638 334	2 105 715	28.5
港澳台资本	6 343	25 288	298.7
外商资本	27 660	20 660	－25.3
损益及分配（万元）			
营业收入	24 718 508	27 945 125	13.1
工程结算收入	24 404 988	27 144 766	11.2
营业成本	22 400 762	25 711 254	14.8
工程结算成本	22 041 131	24 892 439	12.9
营业税金及附加	618 333	402 673	－34.9
工程结算税金及附加	601 300	369 630	－38.5
其他业务利润	11 374	15 213	33.8
销售费用	102 076	74 222	－27.3
管理费用	601 152	699 940	16.4
#税金	55 942		
财务费用	135 292	169 887	25.6
#利息收入	14 884	15 677	5.3
#利息支出	101 847	114 452	12.4
营业利润	928 720	917 993	－1.2
营业外收入	15 359	18 230	18.7
#补贴收入	1 225		
营业外支出	23 990	8 305	－65.4
利润总额	923 280	913 088	－1.1
#应交所得税	201 548	223 076	10.7
工资、福利费（万元）			
应付职工薪酬	**2 058 076**	**2 518 975**	**22.4**

12－2 建筑业企业生产情况

（总承包和专业承包资质企业，2017 年）

项目	企业个数（个）	#有工作量的企业	建筑业合同情况 签订的合同额（万元）	上年结转	本年新签
总　计	**731**	**711**	**69 895 600**	**31 816 937**	**38 078 662**
一、按登记注册类型分组					
内资企业	723	704	65 255 583	28 539 193	36 716 389
国有企业	28	27	6 695 532	3 487 229	3 208 303
集体企业	32	32	2 909 724	1 178 793	1 730 930
股份合作企业	5	5	41 526	15 099	26 427
有限责任公司	371	361	38 405 719	17 163 502	21 242 217
国有独资公司	14	14	5 362 589	1 862 252	3 500 337
其他有限责任公司	357	347	33 043 130	15 301 249	17 741 880
股份有限公司	38	38	5 541 869	2 624 758	2 917 111
私营企业	237	229	11 518 294	4 026 833	7 491 460
其他企业	12	12	142 916	42 977	99 938
港、澳、台商投资企业	6	6	4 627 644	3 277 606	1 350 038
与港澳台商合资经营	4	4	4 593 227	3 263 470	1 329 756
港、澳、台商投资股份有限公司	2	2	34 417	14 135	20 281
外商投资企业	2	2	12 771	185	12 585
中外合资经营企业	1	1	400	100	300
二、按国民经济行业分组					
房屋建筑业	351	345	45 743 708	23 360 510	22 383 198
土木工程建筑业	191	189	16 959 217	5 967 572	10 991 644
铁路、道路、隧道和桥梁工程建筑	129	127	13 166 202	4 460 576	8 705 626
水利和内河港口工程建筑	23	23	1 678 411	657 707	1 020 703
工矿工程建筑	5	5	1 104 227	481 315	622 912
架线和管道工程建筑	12	12	644 825	247 276	397 549
其他土木工程建筑	22	22	365 551	120 697	244 853
建筑安装业	63	60	3 955 970	1 597 647	2 358 322
电气安装	24	23	1 235 663	95 781	1 139 881
管道和设备安装	8	8	109 613	43 854	65 759
其他建筑安装业	31	29	2 610 693	1 458 012	1 152 681
建筑装饰和其他建筑业	126	118	3 237 103	891 254	2 345 848
建筑装饰业	89	83	2 872 123	814 366	2 057 757
工程准备活动	3	3	38 244	3 277	34 967
提供施工设备服务	1	1	732		732
其他未列明建筑业	33	31	326 002	73 610	252 391

项　　目	企业个数（个）	#有工作量的企业	建筑业合同情况 签订的合同额（万元）	上年结转	本年新签
三、按隶属关系分组					
中央	10	10	2 998 616	1 332 709	1 665 906
省	75	73	30 936 024	16 757 249	14 178 775
市	99	98	8 124 526	3 242 132	4 882 393
县	107	105	6 257 952	2 479 096	3 778 855
街道					
镇	15	15	842 119	431 319	410 800
乡	1	1	357 025	128 520	228 505
其他	412	399	20 289 864	7 430 883	12 858 981
四、按企业资质等级分组					
施工总承包	533	527	66 110 088	30 559 941	35 550 147
特级	6	6	10 839 520	6 366 641	4 472 879
一级	119	119	43 410 065	20 719 778	22 690 287
二级	197	195	8 299 253	2 568 511	5 730 742
三级及以下	211	207	3 561 248	905 010	2 656 238
专业承包	198	185	3 785 910	1 257 044	2 528 866
一级	38	38	2 023 847	181 033	1 842 813
二级	78	74	1 472 584	979 097	493 486
三级及以下	82	73	289 478	96 912	192 566
五、按营业状态分					
营业	727	707	69 677 509	31 679 125	37 998 384
停业（歇业）	1	1	177 209	127 195	50 014
当年关闭	2	2	21 885	9 442	12 443
其他	1	1	17 293	1 130	16 163
六、按控股情况分					
国有控股	88	86	34 816 895	18 174 886	16 642 009
集体控股	54	54	3 873 588	1 375 233	2 498 354
私人控股	529	515	28 698 276	11 285 216	17 413 059
港澳台商控股	5	5	446 915	117 916	328 999
外商控股	1	1	400	100	300
其他	54	51	2 059 923	863 632	1 196 290

项　　目	承包工程完成情况			
	直接从建设单位承揽工程产值	自行完成施工产值	分包出去工程产值	从建设单位以外承揽工程完成的产值
总　　计	**31 279 442**	**31 067 117**	**212 324**	**771 150**
一、按登记注册类型分组				
内资企业	30 140 695	29 928 370	212 324	771 150
国有企业	2 342 567	2 342 338	229	19 522
集体企业	1 301 072	1 295 604	5 468	14 209
股份合作企业	45 009	44 909	100	50
有限责任公司	15 905 809	15 830 997	74 811	329 063
国有独资公司	1 154 386	1 153 386	1 000	416
其他有限责任公司	14 751 423	14 677 611	73 811	328 647
股份有限公司	2 624 864	2 623 914	950	3 572
私营企业	7 814 723	7 684 130	130 592	401 713
其他企业	106 649	106 477	172	3 019
港、澳、台商投资企业	1 126 483	1 126 483		
与港澳台商合资经营	1 092 353	1 092 353		
港、澳、台商投资股份有限公司	34 130	34 130		
外商投资企业	12 551	12 551		
中外合资经营企业	390	390		
二、按国民经济行业分组				
房屋建筑业	21 136 922	21 084 524	52 398	354 585
土木工程建筑业	6 884 374	6 839 440	44 933	112 184
铁路、道路、隧道和桥梁工程建筑	5 344 764	5 303 192	41 572	103 171
水利和内河港口工程建筑	530 345	529 008	1 337	4 361
工矿工程建筑	442 286	442 286		135
架线和管道工程建筑	346 413	345 791	621	
其他土木工程建筑	220 565	219 162	1 402	4 516
建筑安装业	1 614 753	1 607 636	7 117	20 454
电气安装	272 833	271 392	1 440	6 229
管道和设备安装	63 400	63 192	208	15
其他建筑安装业	1 278 519	1 273 051	5 468	14 209
建筑装饰和其他建筑业	1 643 679	1 535 804	107 874	283 926
建筑装饰业	1 436 633	1 332 420	104 213	272 963
工程准备活动	32 202	32 202		
提供施工设备服务				347
其他未列明建筑业	174 843	171 181	3 661	10 615

12－2 续表 2－2　（总承包和专业承包资质企业，2017 年）　单位：万元

项　　目	承包工程完成情况			
	直接从建设单位承揽工程产值	自行完成施工产值	分包出去工程产值	从建设单位以外承揽工程完成的产值
三、按隶属关系分组				
中央	1 306 427	1 306 427		
省	9 555 692	9 534 200	21 492	89 968
市	3 329 245	3 322 323	6 922	90 633
县	2 954 490	2 929 573	24 917	120 721
街道				
镇	616 703	616 703		
乡	428 587	428 587		
其他	13 018 522	12 863 000	155 522	468 609
四、按企业资质等级分组				
施工总承包	29 318 464	29 213 593	104 870	480 818
特级	4 031 600	4 031 600		
一级	18 955 204	18 921 877	33 327	195 434
二级	4 913 006	4 881 965	31 041	91 674
三级及以下	1 418 652	1 378 150	40 501	193 708
专业承包	1 961 266	1 853 812	107 454	290 332
一级	1 212 615	1 108 157	104 457	257 524
二级	559 380	558 794	585	9 964
三级及以下	189 270	186 859	2 411	22 843
五、按营业状态分				
营业	31 227 554	31 015 230	212 324	771 150
停业（歇业）	20 803	20 803		
当年关闭	18 849	18 849		
其他	10 522	10 522		
六、按控股情况分				
国有控股	11 045 280	11 024 418	20 861	113 408
集体控股	1 842 917	1 836 532	6 384	22 859
私人控股	16 869 659	16 687 402	182 256	622 752
港澳台商控股	211 428	211 428		
外商控股	390	390		
其他	1 310 054	1 307 232	2 821	12 129

项　　目	建筑业总产值	#装饰装修产值	#在外省完成产值	按构成分			竣工产值
				建筑工程	安装工程	其他产值	
总　　计	**31 838 268**	**1 701 344**	**11 912 672**	**27 224 281**	**2 647 005**	**1 966 981**	**15 269 023**
一、按登记注册类型分组							
内资企业	30 699 521	1 697 249	11 574 521	26 222 572	2 509 967	1 966 981	14 780 977
国有企业	2 361 860	76 584	847 021	1 951 341	407 760	2 758	1 059 113
集体企业	1 309 813	31 996	214 514	1 162 146	122 639	25 026	591 896
股份合作企业	44 959	931		43 977	956	25	37 520
有限责任公司	16 160 061	1 031 901	7 295 058	13 962 506	1 127 411	1 070 142	7 717 957
国有独资公司	1 153 802		799 625	922 818	170 382	60 600	731 644
其他有限责任公司	15 006 258	1 031 901	6 495 432	13 039 688	957 028	1 009 541	6 986 313
股份有限公司	2 627 486	90 768	1 008 547	2 272 738	49 230	305 516	1 541 688
私营企业	8 085 843	463 093	2 200 440	6 725 533	799 818	560 492	3 769 256
其他企业	109 496	1 973	8 939	104 328	2 150	3 018	63 544
港、澳、台商投资企业	1 126 483	4 240	338 150	989 835	136 647		476 069
与港澳台商合资经营	1 092 353	120	338 150	956 265	136 087		473 449
港、澳、台商投资股份有限公司	34 130	4 120		33 570	560		2 620
外商投资企业	12 551			12 161	390		12 151
中外合资经营企业	390				390		
二、按国民经济行业分组							
房屋建筑业	21 439 109	882 519	7 332 654	18 813 819	1 153 063	1 472 227	11 249 932
土木工程建筑业	6 951 625	78 505	3 258 239	6 025 577	698 027	228 021	2 847 177
铁路、道路、隧道和桥梁工程建筑	5 406 364	66 999	2 502 944	5 102 851	123 643	179 869	1 952 444
水利和内河港口工程建筑	533 369	107	220 600	486 377	43 500	3 491	185 616
工矿工程建筑	442 421		260 369	108 776	332 266	1 378	447 386
架线和管道工程建筑	345 791	5 100	217 588	151 603	193 295	892	133 507
其他土木工程建筑	223 678	6 299	56 737	175 969	5 321	42 388	128 222
建筑安装业	1 628 090	65 249	454 311	1 069 590	478 651	79 848	445 102
电气安装	277 621	2 316	8 714	30 483	244 524	2 614	32 333
管道和设备安装	63 207	33		58 884	4 178	144	6 280
其他建筑安装业	1 287 261	62 899	445 597	980 222	229 948	77 090	406 488
建筑装饰和其他建筑业	1 819 731	675 215	867 466	1 315 583	317 263	186 884	726 985
建筑装饰业	1 605 383	669 366	825 125	1 142 606	295 091	167 685	625 030
工程准备活动	32 202			32 116		86	9 836
提供施工设备服务	347				347		
其他未列明建筑业	181 797	5 848	42 340	140 860	21 825	19 111	92 117

项　目	建筑业总产值	#装饰装修产值	#在外省完成产值	按构成分			竣工产值
				建筑工程	安装工程	其他产值	
三、按隶属关系分组							
中央	1 306 427		788 041	1 061 583	187 660	57 184	529 937
省	9 624 168	197 234	3 887 654	8 617 688	675 621	330 858	4 548 575
市	3 412 956	87 245	1 111 671	2 954 516	297 142	161 297	1 643 654
县	3 050 294	182 601	1 074 411	2 618 276	133 005	299 012	1 556 982
街道							
镇	616 703	146 569	365 739	567 877	13 098	35 727	373 912
乡	428 587	13 201	109 816	428 587			190 215
其他	13 331 610	1 073 267	4 567 654	10 911 290	1 339 377	1 080 941	6 372 930
四、按企业资质等级分组							
施工总承包	29 694 411	979 769	10 782 744	25 532 938	2 302 954	1 858 519	14 348 156
特级	4 031 600	120 379	2 097 188	3 274 351	200 830	556 418	2 188 087
一级	19 117 311	497 355	7 199 172	16 787 959	1 457 247	872 104	8 634 196
二级	4 973 639	155 012	1 220 665	4 435 063	289 972	248 603	2 670 973
三级及以下	1 571 859	207 022	265 719	1 035 563	354 903	181 392	854 899
专业承包	2 144 144	721 719	1 129 928	1 691 631	344 051	108 461	921 041
一级	1 365 682	477 169	853 860	1 077 355	219 675	68 651	660 584
二级	568 759	227 195	258 148	460 014	76 647	32 097	179 382
三级及以下	209 702	17 354	17 919	154 261	47 728	7 712	81 075
五、按营业状态分							
营业	31 786 380	1 701 469	11 895 961	27 173 441	2 645 965	1 966 974	15 228 289
停业(歇业)	20 803	19	16 710	19 996	800	7	2 461
当年关闭	18 849			18 609	240		18 359
其他	10 522			10 522			18 068
六、按控股情况分							
国有控股	11 137 827	208 122	4 249 582	10 036 583	883 707	217 535	4 872 249
集体控股	1 859 392	52 925	572 184	1 641 781	166 643	50 967	870 760
私人控股	17 310 155	1 343 647	6 584 884	14 418 966	1 396 822	1 494 367	8 756 416
港澳台商控股	211 428	4 240	136 895	74 781	136 647		116 282
外商控股	390				390		
其他	1 319 362	92 552	369 124	1 052 457	62 793	204 110	653 488

项　　目	房屋建筑施工面积（万平方米）	#本年新开工面积	房屋竣工面　积（万平方米）	房屋竣工价　值（万元）
总　　计	**16 308**	**6 069**	**6 343**	**9 491 187**
一、按登记注册类型分组				
内资企业	15 098	5 836	6 034	9 162 425
国有企业	739	191	140	251 508
集体企业	728	323	296	619 997
股份合作企业	52	8	22	36 597
有限责任公司	8 551	3 077	3 069	4 746 223
国有独资公司	410	151	121	67 250
其他有限责任公司	8 141	2 925	2 948	4 678 973
股份有限公司	1 332	477	547	987 955
私营企业	3 650	1 733	1 933	2 473 855
其他企业	43	24	24	46 287
港、澳、台商投资企业	1 200	225	300	316 777
与港澳台商合资经营	1 200	225	300	316 777
港、澳、台商投资股份有限公司				
外商投资企业	9	8	9	12 151
中外合资经营企业				
二、按国民经济行业分组				
房屋建筑业	14 805	5 554	5 840	8 722 423
土木工程建筑业	1 178	402	362	585 715
铁路、道路、隧道和桥梁工程建筑	986	348	350	571 383
水利和内河港口工程建筑	135	41	8	8 809
工矿工程建筑	12			
架线和管道工程建筑				
其他土木工程建筑	44	12	2	5 522
建筑安装业	226	83	110	149 495
电气安装				
管道和设备安装				
其他建筑安装业	226	83	110	149 495
建筑装饰和其他建筑业	97	28	30	33 720
建筑装饰业	53	3	7	4 430
工程准备活动				
提供施工设备服务				
其他未列明建筑业	44	24	23	29 290

项　　目	房屋建筑施工面积（万平方米）	#本年新开工面积	房屋竣工面　积（万平方米）	房屋竣工价　值（万元）
三、按隶属关系分组				
中央	229	94	41	80 907
省	5 717	1 429	1 523	2 453 907
市	1 930	625	803	1 305 486
县	2 203	915	745	1 298 124
街道				
镇	404	180	166	240 652
乡	266	165	88	168 852
其他	5 527	2 639	2 960	3 912 598
四、按企业资质等级分组				
施工总承包	16 033	5 960	6 270	9 434 886
特级	3 412	1 096	1 176	1 854 776
一级	9 389	3 234	3 436	5 280 089
二级	2 610	1 284	1 318	1 834 819
三级及以下	621	345	339	465 200
专业承包	274	108	73	56 468
一级	2	1		76
二级	245	93	60	43 425
三级及以下	26	13	12	12 966
五、按营业状态分				
营业	16 267	6 054	6 308	9 452 501
停业（歇业）	4	2		2 461
当年关闭	15	4	14	18 323
其他	19	7	18	18 068
六、按控股情况分				
国有控股	6 718	1 812	1 773	2 714 712
集体控股	1 080	414	463	833 971
私人控股	8 033	3 611	3 676	5 317 398
港澳台商控股	22	10	18	32 903
外商控股				
其他	454	222	410	592 369

12－3 建筑业企业财务状况

（总承包和专业承包资质企业，2017 年） 单位：万元

项 目	流动资产合 计	#应收工程款	#存货	固定资产合 计	固定资产原 价	累计折旧	#本年折旧
总 计	**18 673 060**	**5 486 718**	**4 514 703**	**1 259 886**	**1 602 136**	**656 302**	**106 891**
一、按登记注册类型分组							
内资企业	17 091 900	5 169 698	3 976 558	1 248 215	1 586 913	652 510	105 858
国有企业	1 606 054	157 515	306 810	131 670	169 475	58 600	9 659
集体企业	569 971	126 992	125 711	79 540	86 466	22 441	2 981
股份合作企业	55 417	8 305	31 822	7 606	10 428	3 149	435
有限责任公司	10 103 597	3 214 511	2 319 310	630 702	888 700	409 097	66 611
国有独资公司	1 460 676	375 315	273 549	63 812	100 330	51 838	4 442
其他有限责任公司	8 642 920	2 839 196	2 045 761	566 889	788 370	357 259	62 169
股份有限公司	1 084 254	720 678	152 907	34 404	41 768	18 168	2 135
私营企业	3 644 798	938 723	1 039 643	364 234	389 994	141 034	24 015
港、澳、台商投资企业	1 577 016	315 059	537 946	10 929	14 419	3 729	996
与港澳台商合资经营	1 560 537	308 715	528 537	7 382	10 593	3 211	717
港、澳、台商投资股份有限公司	16 478	6 343	9 409	3 546	3 825	518	278
外商投资企业	4 142	1 961	198	741	804	62	35
中外合资经营企业							
二、按国民经济行业分组							
房屋建筑业	10 694 687	2 754 930	3 183 903	728 000	879 015	318 943	47 406
土木工程建筑业	6 011 436	2 078 423	986 557	407 046	540 643	260 150	48 108
铁路、道路、隧道和桥梁工程建筑	4 752 871	1 678 223	801 182	312 001	407 790	192 197	43 209
水利和内河港口工程建筑	556 668	244 776	54 122	32 972	59 896	31 975	1 024
工矿工程建筑	285 250	43 878	26 796	9 249	23 502	14 253	997
架线和管道工程建筑	178 617	43 517	62 631	18 179	30 342	15 184	2 457
其他土木工程建筑	238 028	68 028	41 825	34 643	19 112	6 539	419
建筑安装业	952 367	327 440	148 946	50 139	79 895	36 613	5 127
电气安装	248 389	68 486	25 307	19 876	39 629	20 747	2 153
管道和设备安装	107 827	58 103	16 903	1 041	1 810	928	577
其他建筑安装业	596 150	200 850	106 736	29 221	38 455	14 937	2 396
建筑装饰和其他建筑业	1 014 569	325 924	195 295	74 700	102 582	40 595	6 248
建筑装饰业	819 362	249 787	148 906	50 886	71 513	28 037	4 724
工程准备活动	14 578	5 828	2 564	1 664	1 986	1 081	87
提供施工设备服务	6 008	3 015	364	2 165	5 505	3 510	
其他未列明建筑业	174 620	67 293	43 459	19 982	23 576	7 966	1 436

项　　目	流动资产合　　计	#应收工程款	#存货	固定资产合　　计	固定资产原　　价	累计折旧	#本年折旧
三、按隶属关系分组							
中央	1 066 635	303 615	150 304	42 445	92 614	53 158	3 834
省	7 105 657	2 140 108	1 948 432	309 278	469 553	229 321	44 302
市	3 563 539	1 255 117	696 669	178 695	197 831	72 882	12 176
县							
街道							
镇							
乡							
其他	6 072 947	1 653 815	1 466 303	599 825	694 328	250 814	40 877
四、按企业资质等级分组							
施工总承包	17 454 297	5 058 504	4 305 137	1 171 981	1 481 590	603 841	98 746
特级	2 329 339	458 953	861 820	120 896	176 247	72 495	10 047
一级	11 526 347	3 723 989	2 865 092	659 440	937 341	415 014	68 677
二级	2 219 142	627 572	404 802	238 451	227 723	79 982	11 602
三级及以下	1 379 469	247 988	173 422	153 193	140 278	36 349	8 419
专业承包	1 218 762	428 214	209 565	87 905	120 546	52 461	8 144
一级	530 778	182 841	44 872	33 113	57 124	28 470	4 806
二级	522 821	179 057	144 067	26 031	33 681	12 572	1 799
三级及以下	165 162	66 314	20 625	28 760	29 740	11 418	1 538
五、按营业状态分							
营业	18 647 959	5 481 944	4 502 183	1 254 921	1 595 922	653 907	106 834
停业（歇业）	7 703	3 177	384	3 017	4 773	1 756	25
当年关闭	10 861	218	9 843	138	614	476	24
其他	6 536	1 378	2 292	1 809	825	162	7
六、按控股情况分							
国有控股	9 588 497	2 769 606	2 349 186	395 280	566 002	273 505	47 560
集体控股	802 748	210 282	202 699	105 298	117 975	34 218	3 356
私人控股	7 395 232	2 299 962	1 736 532	706 796	841 971	319 437	51 032
港澳台商控股	134 116	25 443	27 506	5 143	6 553	1 649	996
外商控股							
其他	752 465	181 423	198 778	47 367	69 633	27 491	3 945

项　　目	在建工程	资产总计	流动负债合计	#应付账款	非流动负债合计	负债合计
总　　计	**209 539**	**23 162 958**	**13 419 436**	**5 107 341**	**1 089 720**	**15 147 358**
一、按登记注册类型分组						
内资企业	209 299	21 231 317	11 901 502	4 401 430	933 720	13 473 403
国有企业	8 735	2 487 334	1 337 134	216 576	241 124	1 670 471
集体企业	12 186	708 412	333 822	71 308	4 736	367 177
股份合作企业	45	67 502	52 549	3 245	135	53 085
有限责任公司	92 159	12 365 278	7 851 287	3 070 029	631 585	8 653 098
国有独资公司	12	1 720 613	1 429 462	493 884	6 469	1 489 662
其他有限责任公司	92 147	10 644 665	6 421 824	2 576 144	625 116	7 163 436
股份有限公司	4 045	1 176 631	894 269	665 406	15 232	912 876
私营企业	92 128	4 395 262	1 421 092	372 815	23 406	1 787 847
港、澳、台商投资企业	239	1 926 756	1 517 406	705 477	156 000	1 673 427
与港澳台商合资经营		1 897 093	1 505 623	704 361	156 000	1 661 623
港、澳、台商投资股份有限公司	239	29 663	11 783	1 115		11 804
外商投资企业		4 884	528	433		528
中外合资经营企业						
二、按国民经济行业分组						
房屋建筑业	124 296	13 543 955	7 067 926	2 506 641	799 512	8 315 034
土木工程建筑业	75 432	7 379 249	5 027 311	1 952 217	280 624	5 445 705
铁路、道路、隧道和桥梁工程建筑	64 062	5 859 043	3 965 325	1 529 770	258 691	4 322 272
水利和内河港口工程建筑	1 126	647 191	462 887	193 993	21 290	486 914
工矿工程建筑		369 384	322 656	118 115	392	323 048
架线和管道工程建筑	2 955	212 133	152 306	59 808	250	152 577
其他土木工程建筑	7 288	291 496	124 136	50 529		160 892
建筑安装业	3 723	1 079 060	727 150	380 076	2 373	747 423
电气安装	751	320 001	187 864	88 561	559	192 315
管道和设备安装		109 663	81 539	58 245	1 013	82 552
其他建筑安装业	2 972	649 396	457 746	233 269	801	472 556
建筑装饰和其他建筑业	6 086	1 160 693	597 048	268 406	7 209	639 195
建筑装饰业	3 111	924 597	479 180	215 468	1 177	511 565
工程准备活动	618	18 053	8 552	3 359	61	10 244
提供施工设备服务	170	11 268	2 896	672	5 259	8 784
其他未列明建筑业	2 186	206 774	106 418	48 906	710	108 601

项　目	在建工程	资产总计	流动负债合　计	#应付账款	非流动负　债合　计	负债合计
三、按隶属关系分组						
中央	2 577	1 253 457	1 049 547	523 550	8 651	1 121 845
省	43 923	8 745 543	6 210 901	2 553 704	624 009	6 857 643
市	34 026	4 271 391	2 981 128	1 150 229	178 778	3 229 289
县						
街道						
镇						
乡						
其他	113 408	7 809 634	2 709 873	835 380	242 179	3 398 864
四、按企业资质等级分组						
施工总承包	202 217	21 729 396	12 617 679	4 810 128	1 073 362	14 274 102
特级	16 919	2 865 113	1 767 769	702 391	176 000	1 972 847
一级	94 072	14 307 783	8 819 894	3 501 905	799 410	10 013 059
二级	67 551	2 895 125	1 185 434	440 872	62 895	1 359 400
三级及以下	23 674	1 661 374	844 581	164 958	35 056	928 795
专业承包	7 321	1 433 561	801 757	297 213	16 358	873 256
一级	833	595 681	337 228	95 944	3 977	364 139
二级	4 243	613 369	337 936	155 168	8 439	377 691
三级及以下	2 244	224 511	126 592	46 099	3 941	131 424
五、按营业状态分						
营业	208 392	23 128 011	13 412 977	5 105 924	1 089 560	15 139 797
停业（歇业）		10 819	293	214		293
当年关闭		12 230	3 457	62	160	3 617
其他	1 147	11 897	2 708	1 139		3 651
六、按控股情况分						
国有控股	58 825	11 859 206	8 807 170	3 474 824	785 255	9 757 029
集体控股	17 843	1 010 771	485 948	94 038	7 969	522 985
私人控股	129 607	9 289 520	3 491 317	1 333 478	254 150	4 189 433
港澳台商控股	239	148 911	96 571	29 697		96 592
外商控股						
其他	3 022	854 549	538 428	175 301	42 344	581 318

项　　目	所有者权益合计	#实收资本						
			国家资本	集体资本	法人资本	个人资本	港澳台资本	外商资本
总　　计	**8 015 599**	**3 872 894**	**529 735**	**153 957**	**1 037 538**	**2 105 715**	**25 288**	**20 660**
一、按登记注册类型分组								
内资企业	7 757 914	3 731 756	466 915	153 957	1 026 038	2 084 845		
国有企业	816 862	155 248	104 507		50 037	704		
集体企业	341 235	150 488	24 619	121 179	4 688			
股份合作企业	14 417	7 857		3 952	30	3 874		
有限责任公司	3 712 180	1 993 076	302 710	19 709	673 410	997 245		
国有独资公司	230 950	230 258	40 122	983	189 152			
其他有限责任公司	3 481 229	1 762 817	262 587	18 726	484 257	997 245		
股份有限公司	263 754	167 954	33 026	8 245	52 493	74 189		
私营企业	2 607 415	1 255 105	25	870	245 378	1 008 832		
港、澳、台商投资企业	253 329	139 138	62 820		9 500	20 870	25 288	20 660
与港澳台商合资经营	235 470	124 050	62 820		9 500	20 870	10 200	20 660
港、澳、台商投资股份有限公司	17 859	15 088					15 088	
外商投资企业	4 355	2 000			2 000			
中外合资经营企业								
二、按国民经济行业分组								
房屋建筑业	5 228 921	2 115 876	268 029	119 989	424 735	1 279 761	2 700	20 660
土木工程建筑业	1 933 543	1 320 291	218 965	17 088	495 422	569 316	19 500	
铁路、道路、隧道和桥梁工程建筑	1 536 771	1 061 767	142 473	10 604	442 836	465 852		
水利和内河港口工程建筑	160 276	101 003	51 418	983	15 223	33 378		
工矿工程建筑	46 335	21 290	16 290		5 000			
架线和管道工程建筑	59 555	40 171	450		13 180	7 041	19 500	
其他土木工程建筑	130 603	96 059	8 333	5 500	19 182	63 044		
建筑安装业	331 637	181 132	36 971	16 482	37 808	89 869		
电气安装	127 686	78 432	19 500	14 332	8 191	36 408		
管道和设备安装	27 110	17 738			4 122	13 616		
其他建筑安装业	176 839	84 961	17 471	2 150	25 495	39 845		
建筑装饰和其他建筑业	521 497	255 594	5 769	397	79 572	166 768	3 088	
建筑装饰业	413 032	193 164	2 705	36	58 233	129 101	3 088	
工程准备活动	7 809	2 464	2 464					
提供施工设备服务	2 483	2 320			2 320			
其他未列明建筑业	98 172	57 646	600	361	19 018	37 666		

项　目	所有者权益合计	#实收资本						
			国家资本	集体资本	法人资本	个人资本	港澳台资本	外商资本
三、按隶属关系分组								
中央	131 611	114 588	65 166	300	48 143	978		
省	1 887 900	775 090	355 407	13 447	261 989	116 086	7 500	20 660
市	1 042 101	540 778	88 941	34 445	149 989	267 402		
县								
街道								
镇								
乡								
其他	4 410 770	2 242 353	2 576	47 908	521 469	1 652 611	17 788	
四、按企业资质等级分组								
施工总承包	7 455 294	3 568 165	501 284	142 943	951 064	1 942 012	10 200	20 660
特级	892 266	280 537	62 820			197 057		20 660
一级	4 294 724	1 957 041	385 072	91 547	635 160	835 061	10 200	
二级	1 535 724	884 027	40 944	25 496	237 824	579 762		
三级及以下	732 579	446 558	12 447	25 899	78 079	330 130		
专业承包	560 305	304 729	28 451	11 013	86 473	163 703	15 088	
一级	231 541	120 717	17 373	5	40 125	60 125	3 088	
二级	235 677	114 345	956	4 717	28 228	80 443		
三级及以下	93 086	69 666	10 121	6 291	18 120	23 133	12 000	
五、按营业状态分								
营业	7 988 214	3 860 797	528 564	151 951	1 033 397	2 100 935	25 288	20 660
停业（歇业）	10 525	5 636			3 856	1 780		
当年关闭	8 613	3 006		2 006		1 000		
其他	8 245	3 455	1 171		284	2 000		
六、按控股情况分								
国有控股	2 102 176	938 174	472 517	3 983	381 941	59 071		20 660
集体控股	487 785	233 709	24 619	140 415	28 313	40 360		
私人控股	5 100 087	2 496 279	572	6 771	593 926	1 895 009		
港澳台商控股	52 319	34 788			9 500		25 288	
外商控股								
其他	273 231	169 943	32 026	2 787	23 856	111 273		

项　　目	营业收入	主营业务收　　入	营业成本	主营业务成　　本	营业税金及附加	主营业务税金及附加	其他业务利　　润
总　　计	**27 945 125**	**27 144 766**	**25 711 254**	**24 892 439**	**402 673**	**369 630**	**15 213**
一、按登记注册类型分组							
内资企业	26 882 417	26 165 621	24 750 277	24 014 981	399 203	369 252	15 213
国有企业	1 506 192	1 337 854	1 378 197	1 220 063	25 180	15 869	616
集体企业	1 103 161	1 089 903	1 016 265	1 005 718	20 847	20 639	1 050
股份合作企业	29 360	24 823	27 005	23 478	438	218	
有限责任公司	14 553 049	14 261 793	13 474 795	13 155 780	185 062	173 513	11 922
国有独资公司	1 440 771	1 397 777	1 374 526	1 338 878	5 745	5 097	5 673
其他有限责任公司	13 112 278	12 864 015	12 100 269	11 816 901	179 317	168 415	6 248
股份有限公司	1 177 694	1 164 745	1 107 351	1 076 294	8 777	8 641	－259
私营企业	8 497 890	8 271 432	7 733 353	7 532 308	158 754	150 228	1 883
港、澳、台商投资企业	1 040 160	956 598	945 514	861 995	3 360	268	
与港澳台商合资经营	1 018 146	934 583	926 299	856 981	3 170	156	
港、澳、台商投资股份有限公司	22 014	22 014	19 214	5 014	189	112	
外商投资企业	22 546	22 546	15 462	15 462	109	109	
中外合资经营企业	390	390	346	346	11	11	
二、按国民经济行业分组							
房屋建筑业	17 911 022	17 687 427	16 523 568	16 263 446	273 640	258 010	4 160
土木工程建筑业	6 690 630	6 160 022	6 161 403	5 641 361	62 240	54 024	9 003
铁路、道路、隧道和桥梁工程建筑	5 230 789	4 841 469	4 836 541	4 460 147	53 218	47 033	7 587
水利和内河港口工程建筑	518 642	516 420	477 315	468 702	4 377	3 415	596
工矿工程建筑	389 350	387 758	352 576	351 652	34	26	69
架线和管道工程建筑	281 941	197 746	248 090	163 917	662	415	193
其他土木工程建筑	269 907	216 627	246 879	196 941	3 948	3 133	556
建筑安装业	1 484 530	1 468 718	1 366 710	1 353 108	9 243	8 986	1 324
电气安装	313 714	301 602	269 638	259 213	4 166	3 932	1 220
管道和设备安装	46 703	44 194	40 836	38 658	84	75	74
其他建筑安装业	1 124 112	1 122 922	1 056 236	1 055 236	4 992	4 978	29
建筑装饰和其他建筑业	1 858 942	1 828 598	1 659 571	1 634 522	57 549	48 609	724
建筑装饰业	1 635 519	1 628 375	1 462 196	1 456 190	54 140	46 485	682
工程准备活动	38 260	24 560	35 322	23 222	1 049	141	
提供施工设备服务	5 511		4 921				
其他未列明建筑业	179 650	175 661	157 132	155 109	2 359	1 982	42

项　　目	营业收入	主营业务收　入	营业成本	主营业务成　本	营业税金及附加	主营业务税金及附加	其他业务利　润
三、按隶属关系分组							
中央	1 677 653	1 490 228	1 557 452	1 393 105	11 443	3 216	950
省	7 339 190	7 091 466	6 909 585	6 694 221	55 065	51 314	6 908
市	3 188 409	3 121 486	2 918 233	2 765 464	38 500	36 022	5 247
县							
街道							
镇							
乡							
其他	13 584 012	13 299 230	12 306 477	12 038 626	274 318	257 233	2 106
四、按企业资质等级分组							
施工总承包	25 904 775	25 149 263	23 902 910	23 136 112	335 905	312 105	14 069
特级	3 926 464	3 924 561	3 658 158	3 657 857	34 067	31 218	278
一级	17 261 487	16 615 506	16 038 388	15 451 947	198 134	180 973	11 109
二级	3 269 081	3 198 995	2 914 785	2 819 982	79 885	77 459	1 054
三级及以下	1 447 742	1 410 199	1 291 577	1 206 324	23 817	22 454	1 627
专业承包	2 040 349	1 995 503	1 808 343	1 756 326	66 768	57 525	1 143
一级	1 421 112	1 404 200	1 261 510	1 246 072	57 050	48 639	847
二级	461 118	434 991	410 366	389 020	8 129	7 492	139
三级及以下	158 118	156 311	136 467	121 234	1 589	1 393	156
五、按营业状态分							
营业	27 877 026	27 076 667	25 649 439	24 830 640	399 837	366 794	15 213
停业(歇业)	33 864	33 864	31 728	31 728	1 352	1 352	
当年关闭	19 712	19 712	17 008	17 008	1 071	1 071	
其他	14 522	14 522	13 078	13 062	412	412	
六、按控股情况分							
国有控股	9 740 050	9 505 328	9 162 254	8 947 217	65 398	51 495	10 458
集体控股	1 923 424	1 904 890	1 753 704	1 739 194	50 785	50 304	1 092
私人控股	14 973 436	14 679 172	13 599 658	13 272 150	261 303	243 286	3 666
港澳台商控股	162 185	79 140	141 238	58 020	511	268	
外商控股	390	390	346	346	11	11	
其他	1 145 637	975 844	1 054 053	875 509	24 663	24 264	－4

项　　目	销售费用	管理费用	财务费用	利息收入	利息支出
总　　计	**74 222**	**699 940**	**169 887**	**15 677**	**114 452**
一、按登记注册类型分组					
内资企业	73 714	681 034	149 014	7 062	88 120
国有企业	2 701	60 626	25 585	584	17 496
集体企业	1 894	22 806	4 055	59	2 654
股份合作企业	139	1 362	106		27
有限责任公司	38 874	376 756	84 271	4 489	48 252
国有独资公司	1 573	49 569	8 078	-100	7 111
其他有限责任公司	37 300	327 187	76 193	4 590	41 140
股份有限公司	259	22 696	3 826	165	3 920
私营企业	29 844	196 583	30 887	1 430	15 154
港、澳、台商投资企业	105	11 139	18 953	8 615	26 331
与港澳台商合资经营	105	9 398	18 569	8 615	26 331
港、澳、台商投资股份有限公司		1 740	384		
外商投资企业	402	7 766	1 919		
中外合资经营企业		34			
二、按国民经济行业分组					
房屋建筑业	35 575	373 215	113 446	14 658	77 479
土木工程建筑业	29 554	204 650	47 705	48	29 450
铁路、道路、隧道和桥梁工程建筑	26 403	140 184	28 536	85	10 430
水利和内河港口工程建筑	15	20 386	3 270		3 539
工矿工程建筑	1 270	16 999	13 969	-91	14 253
架线和管道工程建筑	593	17 195	836	33	643
其他土木工程建筑	1 272	9 885	1 092	21	584
建筑安装业	3 312	47 577	3 320	124	3 421
电气安装	1 361	20 722	524	-4	1 694
管道和设备安装	1 364	1 567	251	1	
其他建筑安装业	585	25 288	2 545	128	1 726
建筑装饰和其他建筑业	5 779	74 496	5 414	845	4 101
建筑装饰业	4 230	64 398	3 465	798	3 307
工程准备活动	19	1 529	5	-4	
提供施工设备服务		279	197		
其他未列明建筑业	1 529	8 287	1 746	51	793

项　　目	销售费用	管理费用	财务费用	利息收入	利息支出
三、按隶属关系分组					
中央	2 154	71 262	20 021	521	18 003
省	7 787	131 548	59 844	11 953	52 919
市	11 093	79 387	16 101	1 639	14 486
县					
街道					
镇					
乡					
其他	49 470	386 849	63 428	1 975	27 492
四、按企业资质等级分组					
施工总承包	67 809	613 123	162 394	14 784	108 970
特级		58 043	35 735	9 567	33 791
一级	35 722	409 068	108 351	5 743	63 002
二级	23 787	93 796	12 789	－633	8 892
三级及以下	8 300	52 214	5 518	107	3 283
专业承包	6 412	86 816	7 492	893	5 482
一级	958	58 987	3 469	132	2 074
二级	4 252	16 140	2 456	715	2 107
三级及以下	1 201	11 689	1 567	45	1 299
五、按营业状态分					
营业	73 771	698 858	169 691	15 675	114 388
停业（歇业）	235	225	3	1	4
当年关闭	89	648	177		43
其他	125	207	15	1	15
六、按控股情况分					
国有控股	5 076	216 613	83 780	12 975	76 548
集体控股	10 970	33 047	6 705	120	4 082
私人控股	57 156	414 090	69 063	2 122	30 615
港澳台商控股	105	3 669	710		
外商控股		34			
其他	913	32 484	9 628	459	3 206

项　　目	营业利润	营业外收　入	营业外支　出	利润总额	应　交所得税	工资、福利费
总　　计	**917 993**	**18 230**	**8 305**	**913 088**	**223 076**	**2 518 975**
一、按登记注册类型分组						
内资企业	842 213	17 579	7 173	837 789	209 883	2 294 884
国有企业	13 960	1 117	734	14 342	11 895	198 223
集体企业	39 345	1 452	168	40 630	10 844	111 880
股份合作企业	308		40	267	74	3 133
有限责任公司	390 697	12 606	3 826	400 218	105 071	1 197 090
国有独资公司	1 776	2 590	844	4 163	2 161	46 420
其他有限责任公司	388 921	10 016	2 981	396 054	102 910	1 150 670
股份有限公司	34 515	389	385	34 519	7 470	28 124
私营企业	362 250	2 013	2 017	346 675	74 424	752 816
港、澳、台商投资企业	78 894	263	1 132	78 025	12 179	222 417
与港澳台商合资经营	78 409	255	1 121	77 543	12 086	222 046
港、澳、台商投资股份有限公司	485	7	11	481	92	371
外商投资企业	－3 114	388		－2 726	1 013	1 673
中外合资经营企业	－1			－1		48
二、按国民经济行业分组						
房屋建筑业	607 278	8 912	4 106	612 139	158 601	1 872 602
土木工程建筑业	189 226	5 890	3 176	192 631	37 855	399 674
铁路、道路、隧道和桥梁工程建筑	150 133	5 159	2 398	153 289	30 379	283 298
水利和内河港口工程建筑	13 322	382	74	13 925	2 276	42 081
工矿工程建筑	4 456	134	65	4 525	92	30 085
架线和管道工程建筑	14 515	73	329	14 259	3 742	30 199
其他土木工程建筑	6 799	142	308	6 632	1 365	14 008
建筑安装业	52 334	1 515	489	53 358	12 061	165 453
电气安装	18 398	1 307	438	19 268	4 159	27 385
管道和设备安装	2 475		19	2 456	615	3 142
其他建筑安装业	31 459	207	31	31 633	7 286	134 926
建筑装饰和其他建筑业	69 153	1 911	533	54 958	14 557	81 245
建筑装饰业	61 948	1 704	387	47 691	13 146	59 731
工程准备活动	334		7	327	84	1 414
提供施工设备服务	113		74	38	9	832
其他未列明建筑业	6 757	206	62	6 901	1 316	19 266

项　　目	营业利润	营业外收　入	营业外支　出	利润总额	应　交所得税	工资、福利费
三、按隶属关系分组						
中央	13 729	2 536	323	15 942	10 977	124 187
省	188 191	7 821	3 230	192 884	40 288	1 037 946
市	130 173	1 366	1 663	130 281	30 297	176 541
县						
街道						
镇						
乡						
其他	517 645	6 093	2 872	505 529	121 193	983 685
四、按企业资质等级分组						
施工总承包	840 071	15 179	7 713	848 282	205 750	2 397 557
特级	158 182	278	1 200	157 260	35 566	435 553
一级	470 135	11 646	4 577	477 769	126 126	1 626 649
二级	143 647	1 280	1 405	143 750	29 919	238 338
三级及以下	68 105	1 974	530	69 502	14 137	97 016
专业承包	77 921	3 050	591	64 805	17 326	121 417
一级	38 864	157	31	38 991	12 498	55 177
二级	35 327	1 873	343	21 282	3 912	49 556
三级及以下	3 729	1 019	217	4 532	915	16 683
五、按营业状态分						
营业	916 280	18 230	8 302	911 377	222 288	2 512 304
停业（歇业）	313			313	85	364
当年关闭	716			716	485	1 566
其他	683		2	681	215	4 739
六、按控股情况分						
国有控股	211 502	10 109	3 816	218 437	54 882	1 263 444
集体控股	70 290	1 742	230	71 802	19 414	128 191
私人控股	596 358	6 290	3 718	583 461	140 405	1 072 555
港澳台商控股	15 952	35	257	15 729	3 747	13 972
外商控股	－1			－1		48
其他	23 891	52	282	23 659	4 625	40 762

12－4　各县区建筑业企业主要经济指标

（总承包和专业承包资质企业，2017 年）

指　　标	全　市	东湖区	西湖区	青云谱区	湾里区	青山湖区
企业个数(个)	**731**	**74**	**105**	**58**	**14**	**76**
建筑业合同情况(万元)						
签订的合同额	69 895 600	3 678 686	13 002 601	13 935 384	616 719	2 009 329
上年结转合同额	31 816 937	1 829 184	6 799 607	7 468 019	342 084	690 180
本年新签合同额	38 078 662	1 849 502	6 202 993	6 467 365	274 635	1 319 148
承包工程完成情况(万元)						
直接从建设单位承揽工程完成的产值	31 279 442	1 495 463	4 668 360	5 046 160	503 320	934 174
自行完成施工产值	31 067 117	1 490 815	4 655 097	5 045 805	497 802	931 215
分包出去工程的产值	212 324	4 647	13 262	355	5 518	2 959
从建设单位以外承揽工程完成的产值	771 150	14 152	35 311	59 728	14 827	9 507
建筑业总产值(万元)	31 838 268	1 504 967	4 690 408	5 105 534	512 629	940 723
#装饰装修产值	1 701 344	506 085	124 514	74 255	4 630	32 192
在外省完成的产值	11 912 672	277 894	2 014 495	1 926 103	37 863	479 539
建筑工程产值	27 224 281	1 274 758	4 237 371	4 599 985	420 848	758 248
安装工程产值	2 647 005	181 510	293 502	348 658	30 542	104 005
其他产值	1 966 981	48 698	159 535	156 889	61 238	78 469
竣工产值(万元)	15 269 023	664 759	1 935 642	2 279 938	173 124	256 078
房屋建筑施工及竣工面积(万平方米)						
房屋建筑施工面积	16 308	172	2 907	2 656	277	557
#本年新开工面积	6 069	20	752	906	117	106
房屋建筑竣工面积	6 343	33	798	815	46	90
住宅房屋	4 226	24	540	535	31	39
商业及服务用房屋	411		64	29	5	23
商厦房屋(批发和零售用房)	162		36	1	3	7
宾馆用房屋(住宿用房)	32		13			
餐饮用房屋(餐饮用房)	8					
商务会展用房屋	33			24		
其他商业及服务用房屋	174		13	2	1	15
办公用房屋	385	2	48	26	1	3
科研、教育、医疗用房屋	473		105	36	2	1
科学研究用房屋	50		2	4		
教育用房屋	339		102	22	2	
医疗用房屋(卫生医疗用房)	83			9		
文化、体育、娱乐用房屋	77		9	20		
厂房及建筑物	608	4	24	164	4	8
厂房	463		13	158	4	
仓库	33					
其他未列明的房屋建筑物	128		4	2		12

12－4 续表 （2017 年）

新建区	南昌县	安义县	进贤县	经济开发区	高新开发区	红谷滩新区
45	**145**	**10**	**36**	**36**	**57**	**75**
1 567 479	17 564 135	142 640	1 170 216	5 084 931	3 691 788	7 432 086
397 911	7 049 800	48 080	502 111	2 353 740	2 320 718	2 015 546
1 169 567	10 514 334	94 559	668 104	2 731 191	1 371 070	5 416 539
1 148 448	10 752 631	116 457	704 761	1 817 290	1 362 073	2 730 589
1 144 301	10 712 408	115 892	703 800	1 799 341	1 361 351	2 609 574
4 147	40 223	564	960	17 949	721	121 015
183	257 102	4 723	21 753	45 212	13 188	295 460
1 144 485	10 969 510	120 616	725 554	1 844 553	1 374 539	2 905 035
34 746	671 774	1 936	20 229	81 479	43 114	106 531
278 379	4 412 068		200 571	491 080	439 023	1 355 653
923 336	9 203 071	113 810	644 526	1 513 385	1 212 357	2 322 869
112 115	898 293	5 225	31 294	127 027	134 731	380 098
109 033	868 145	1 580	49 732	204 140	27 449	202 067
610 295	5 956 628	101 039	641 158	879 748	665 233	1 105 553
319	6 337	105	487	514	934	1 038
156	3 057	36	217	152	181	363
149	3 039	70	342	258	258	438
91	2 105	57	159	148	180	311
16	225	2	11	1	16	12
	87				16	7
	9		5			2
	7					
	8					
14	112	2	5	1		2
9	248		15	7	5	16
6	180		36	23	43	35
1	15				25	
4	128		18	9	17	31
	36		18	14		3
6	30		1	3		2
18	151	3	90	73	11	52
	137	1	28	73	10	33
1	13		9			7
	84	4	17			

指　　标	全　市	东湖区	西湖区	青云谱区	湾里区	青山湖区
竣工房屋价值(万元)	**9 491 187**	**36 167**	**1 217 080**	**1 301 646**	**88 434**	**135 941**
住宅房屋	6 460 518	24 647	937 273	889 988	60 059	58 682
商业及服务用房屋	631 532	274	85 220	44 049	10 990	40 565
商厦房屋(批发和零售用房)	238 822		46 998	4 879	6 291	16 246
宾馆用房屋(住宿用房)	48 393		19 839	573		268
餐饮用房屋(餐饮用房)	11 264		361	145		
商务会展用房屋	48 274		23	34 372		223
其他商业及服务用房屋	284 778	274	17 997	4 079	4 699	23 827
办公用房屋	555 696	3 631	64 549	50 192	2 818	9 202
科研、教育、医疗用房屋	632 725	2 551	41 985	70 006	6 380	3 919
科学研究用房屋	104 299	1 133	8 971	6 480		532
教育用房屋	397 705	1 418	32 473	41 063	6 380	1 530
医疗用房屋(卫生医疗用房)	130 720		540	22 462		1 856
文化、体育、娱乐用房屋	141 016	391	19 139	37 200	1 005	959
厂房及建筑物	860 736	4 309	53 149	200 980	6 845	11 554
厂房	678 511	280	38 370	189 125	6 081	1 162
仓库	53 867	245		25		1 864
其他未列明的房屋建筑物	155 095	115	15 762	9 203	335	9 193
年末资产负债(万元)						
流动资产合计	18 673 060	1 544 613	3 992 850	3 141 814	196 784	712 044
#存　货	4 514 703	185 298	1 013 594	888 780	56 432	162 025
固定资产合计	1 259 886	132 360	129 721	140 233	16 965	66 889
固定资产原值	1 602 136	134 383	176 487	199 305	9 563	63 304
累计折旧	656 302	47 396	66 156	93 301	1 918	25 161
#本年折旧	106 891	6 564	10 686	15 656	185	5 769
在建工程	209 539	28 036	7 183	31 192	6 918	24 691
资产合计	23 162 958	2 745 315	4 985 715	3 495 505	273 638	852 019
流动负债合计	13 419 436	1 153 343	3 642 528	2 557 716	68 013	370 159
#应付账款	5 107 341	220 400	1 628 737	1 277 130	19 478	143 471
非流动负债合计	1 089 720	248 934	182 007	190 499	17 745	5 833
负债合计	15 147 358	1 428 787	3 917 061	2 777 355	95 708	456 014

（2017 年）

新建区	南昌县	安义县	进贤县	经济开发区	高新开发区	红谷滩新区
206 842	**4 379 436**	**84 187**	**433 911**	**456 358**	**457 096**	**694 251**
128 013	3 018 437	67 199	203 890	265 888	284 445	521 992
24 208	348 931	1 967	16 922	8 299	30 799	19 393
1 016	122 483		587		29 867	10 477
908	16 465		7 262			3 127
	10 729			29		
	13 655					12
22 283	185 597	1 967	9 072	8 270	932	5 776
11 491	333 505	280	25 006	18 888	9 610	26 519
7 776	250 557	865	57 106	18 421	95 738	77 417
1 470	23 069	64			62 121	458
6 306	163 562	801	29 052	6 866	32 492	75 756
	63 925		28 054	11 555	1 124	1 201
12 121	46 109	768	2 603	16 795	2 798	1 125
21 521	263 161	3 245	98 409	127 645	33 623	36 366
853	238 791	1 224	36 668	127 645	30 991	7 395
1 583	22 561	4 363	12 766			10 457
126	96 171	5 499	17 207	420	81	980
521 145	4 348 086	51 797	185 844	1 268 128	1 157 182	1 551 669
116 331	1 148 140	21 242	56 637	229 351	297 174	339 689
21 243	427 980	20 122	62 159	72 492	66 652	102 837
27 265	539 365	4 744	57 765	75 594	152 481	161 796
9 905	198 461	1 073	18 618	33 229	90 529	70 540
1 838	27 531	89	3 184	18 110	8 032	9 230
2 922	71 987	1 785	11 214	12 106	2 171	9 168
724 789	5 117 464	73 726	267 064	1 440 620	1 300 591	1 884 966
176 606	2 222 247	12 002	68 684	1 066 948	848 276	1 232 865
65 259	841 008	3 539	17 215	305 050	273 662	312 353
161 062	67 075		3 657	40 346	127 646	44 902
341 771	2 598 395	44 963	78 723	1 112 537	982 555	1 313 430

指　　标	全　市	东湖区	西湖区	青云谱区	湾里区	青山湖区
所有者权益合计(万元)	**8 015 599**	**1 316 527**	**1 068 653**	**718 149**	**177 929**	**396 004**
#实收资本	3 872 894	268 759	658 502	426 296	41 868	249 010
国家资本	529 735	71 433	150 084	140 376	2 026	8 557
集体资本	153 957	909	13 334	2 950		26 248
法人资本	1 037 538	62 993	221 006	131 742	3 980	66 476
个人资本	2 105 715	130 334	245 918	151 227	35 862	147 729
港澳台资本	25 288	3 088	7 500			
外商资本	20 660		20 660			
损益及分配(万元)						
营业收入	27 945 125	1 257 055	4 785 830	4 280 693	366 081	1 086 108
工程结算收入	27 144 766	1 182 802	4 504 889	4 270 561	365 725	1 030 868
营业成本	25 711 254	1 078 734	4 390 210	4 017 041	327 407	1 006 060
工程结算成本	24 892 439	1 009 733	4 152 204	4 009 846	315 223	954 619
营业税金及附加	402 673	28 270	70 165	34 778	12 954	13 269
工程结算税金及附加	369 630	19 882	57 039	34 424	12 847	12 568
其他业务利润	15 213	3 845	4 838	39		80
销售费用	74 222	15 497	15 726	2 652	48	1 463
管理费用	699 940	83 559	99 698	83 232	7 106	27 951
财务费用	169 887	14 423	41 329	30 412	1 834	3 374
#利息收入	15 677	59	9 612	3 595	339	72
#利息支出	114 452	1 878	40 623	24 237	743	1 543
营业利润	917 993	37 001	182 136	104 562	16 721	47 298
营业外收入	18 230	1 219	4 123	3 266	73	272
营业外支出	8 305	1 249	2 779	351	56	327
利润总额	913 088	36 971	183 480	107 477	16 690	31 896
#应交所得税	223 076	15 777	47 118	22 921	3 406	5 659
工资、福利费(万元)						
应付职工薪酬	2 518 975	74 014	354 504	653 469	87 678	126 339

新建区	南昌县	安义县	进贤县	经济开发区	高新开发区	红谷滩新区
383 018	**2 519 068**	**28 762**	**188 340**	**328 082**	**318 035**	**571 536**
259 164	1 069 996	21 003	115 447	197 407	222 897	341 049
	31 809	2 600	2 018	35 631	70 714	14 484
4 100	73 616	2 824	1 352	16 765	4 723	7 132
49 388	189 494	5 460	19 587	48 465	40 184	197 270
205 676	775 075	10 119	92 489	84 545	104 575	122 161
				12 000	2 700	
1 203 376	8 798 264	89 637	651 718	1 309 244	1 307 417	2 809 616
1 201 499	8 774 858	89 637	645 552	1 166 487	1 302 532	2 609 271
1 054 990	8 119 472	78 157	595 615	1 221 977	1 219 647	2 601 890
1 004 902	8 067 086	78 157	593 512	1 069 549	1 217 623	2 419 930
23 135	130 985	4 262	13 344	7 709	6 806	56 989
22 612	127 340	3 771	13 160	7 395	6 632	51 953
	1 051			570	2 092	2 694
2 926	16 760	1 760	5 023	644	1 965	9 753
62 434	191 797	1 266	11 741	26 442	37 315	67 385
5 382	38 724	370	1 864	7 538	15 351	9 282
215	958		13	87	419	303
4 920	16 516	90	928	3 107	14 756	5 107
54 419	309 515	3 821	24 177	46 628	23 620	68 073
1 118	2 883		47	310	4 248	667
636	1 463		25	424	485	507
55 003	310 994	3 821	24 199	46 512	27 384	68 637
15 300	76 442	735	4 905	10 351	5 613	14 841
53 762	707 858	4 487	80 737	80 674	171 571	123 873

主要统计指标解释

建筑施工企业　指从事房屋、构筑物和设备安装生产活动的独立施工单位，分为建筑安装企业和自营施工单位两种组织形式。建筑安装企业是指行政上有独立组织、经济上实行独立核算的企业。一般称为建筑公司、安装公司、工程公司、工程局(处)等。自营施工单位是指附属于现有生产企业、事业内部或行政单位的，为建造和修理本单位固定资产而自行组织的。并同时具备下述条件：(1)对内独立核算；(2)有固定组织和施工队伍；(3)全年施工期在半年以上。

建筑业总产值　建筑总产值是货币表现的建筑安装企业在一定时期内生产的建筑业产品的总和。按现行报表制度规定，具体包括：建筑工程产值、设备安装工程产值和其他产值。

建筑业增加值　是建筑业企业在报告期内以货币表现的建筑业生产经营活动的最终成果。建筑业增加值有两种计算方法：一是生产法，即建筑业总产出减去建筑业中间消耗后的余额；二是分配法(收入法)，即从收入的角度出发，根据生产要素在生产过程中应得到的收入份额计算，具体构成项目有固定资产折旧、劳动者报酬、生产税净额、营业盈余。

利润总额　指建筑业企业在一定时期内所实现的利润。包括营业利润、投资收益和营业外收入与营业外支出的差额。

工程结算收入　指本企业承包实现的工程价额结算收入以及向发包单位收取的除工程价款以外按规定列作营业收入的各种款项，如临时设施费、劳动保险费、施工机构调迁等以及向发包单位收取的各种索赔款。

十三、交通运输、邮电通信和规上服务业

TRANSPORTATION, POSTAL TELECOMMUNICATIONS AND ABOVE DESIGNATED SIZE IN SERVICES

本篇内容包括:

1. 交通运输业
2. 邮电通信业
3. 规模以上服务业

货物运输量

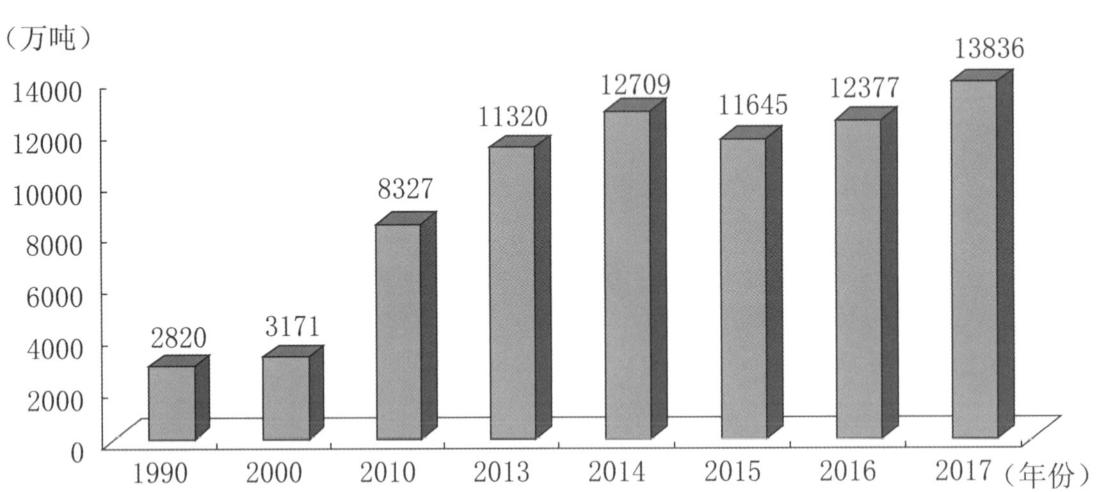

邮电业务总量

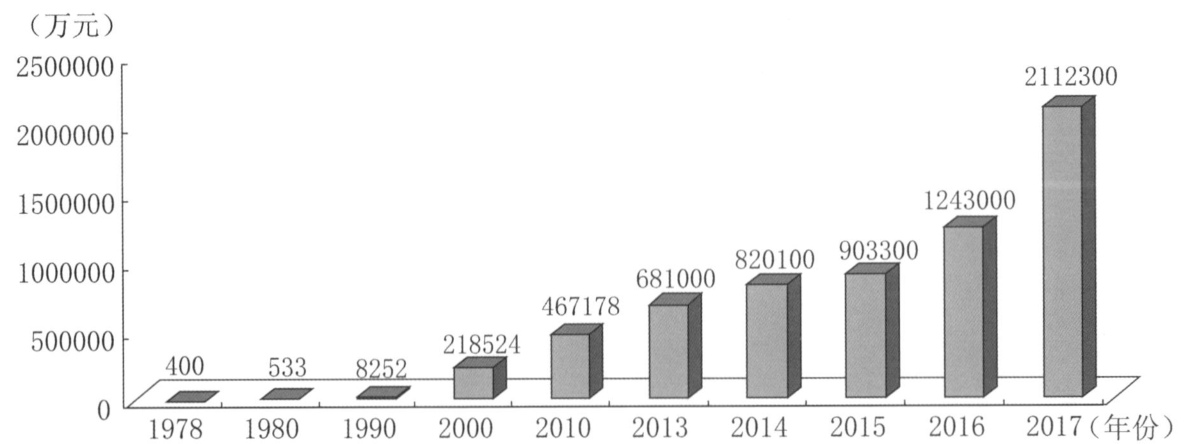

13－1 公路线路长度

单位:公里

指　　标	2012	2013	2014	2015	2016	2017
公路通车里程	**10 852**	**10 822**	**11 166**	**11 199**	**11 386**	**11 388**
等级公路	9 102	9 090	9 553	9 586	9 698	9 700
#高速公路	342	342	342	377	395	417
一级公路	107	107	115	116	187	216
二级公路	623	624	628	671	689	685
三级公路	452	450	503	494	483	479
四级公路	7 579	7 568	7 965	7 928	7 944	7 903
等外公路	1 750	1 732	1 613	1 614	1 688	1 687

注:本表数据由南昌市公路局提供。

13－2 民用汽车年末实有数

指　　标	1990	2000	2010	2012	2013	2014	2015	2016	2017
民用汽车合计(辆)	**21 050**	**41 707**	**362 098**	**476 780**	**560 779**	**618 086**	**738 616**	**861 045**	**965 591**
#载货汽车	11 150	20 827	65 080	60 259	62 822	58 564	59 256	58 354	60 546
载客汽车	8 051	18 280	287 341	409 402	492 367	554 951	674 553	797 750	899 841
其他汽车	1 849	2 600	9 677	7 119	5 590	4 571	4 807	4 941	5 204
摩托车(辆)	7 202	102 505	120 963	92 278	69 502	20 563	9 071	6 102	5 996
拖拉机(辆)	4 681	9 314	68 205	93 193	68 060	64 214	67 855	69 931	71 949
汽车挂车(辆)		114	988	892	787	912	988	1 572	3 125
汽车驾驶员(万人)		13.70	82.95	109.47	121.76	139.85	169.59	191.39	205.29

注:从 2007 年起,民用汽车拥有量划归南昌市车管所统计,与以前年度的统计口径有所改变。

13－3　运输船舶年末实有数

单位：艘

指　　标	1990	2000	2010	2012	2013	2014	2015	2016	2017
运输船舶	**982**	**475**	**268**	**280**	**263**	**248**	**255**	**184**	**170**
机动船	771	334	258	274	261	246	253	182	170
#客货轮	11	6							
推拖船		29	9	60	1	1		1	
驳　船	211	141	10	6	2	2	2	2	

注：本表数据由南昌市港行管理处提供。

13－4　全 社 会 运 输 量

指　　标	1990	2000	2010	2012	2013	2014	2015	2016	2017
货物运输量（万吨）	**2 820**	**3 171**	**8 327**	**9 527**	**11 320**	**12 709**	**11 645**	**12 377**	**13 836**
民　　航			3	4	4	5	5	5	5
铁　　路	221	224	412	297	239	183	193	247	273
公　　路	2 298	2 784	7 244	8 510	10 328	11 734	10 397	11 067	12 436
水　　运	301	163	668	716	749	787	1 050	1 058	1 122
旅客运输量（万人）	**3 289**	**3 904**	**10 971**	**11 006**	**6 772**	**6 970**	**6 709**	**6 913**	**7 562**
民　　航			475	602	681	724	749	786	1 094
铁　　路	517	906	1 977	1 401	2 373	2 415	2 941	3 126	3 515
公　　路	2 720	2 978	8 519	9 003	3 718	3 831	3 019	3 001	2 953
水　　运	52	20							

注：1. 从2009年起，公路数据统计口径发生改变，故数据变动较大；2013年全国开展了交通运输业经济统计专项调查，调整了公路2013年数据；

2. 2015年开展了公路水路运输量小样本抽样调查，调整了水运2014、2015年数据；

3. 2015年铁路旅客运输量由客发口径转变为乘车口径；

4. 民航数据为昌北机场的货邮吞吐量和旅客吞吐量；

5. 2015年交通运输部进行了第二次全国公路运输量专项调查，交通运输部根据2015年月度抽样调查数据，对2015年和2016年上报的道路运输量数据进行了调整。

13－5 全社会运输周转量

指　　标	1990	2000	2010	2012	2013	2014	2015	2016	2017
货物周转量(万吨公里)	**152 529**	**180 742**	**1 854 517**	**2 724 323**	**2 556 031**	**2 763 343**	**2 723 225**	**2 822 360**	**3 065 439**
公　　路	96 686	148 211	1 751 164	2 616 075	2 378 140	2 583 611	2 326 736	2 422 783	2 641 744
水　　运	55 843	32 531	103 353	108 248	177 891	179 732	396 489	399 577	423 695
旅客周转量(万人公里)	**118 856**	**197 376**	**716 809**	**742 109**	**427 504**	**439 688**	**304 955**	**302 357**	**296 897**
公　　路	115 521	195 477	716 809	742 109	427 504	439 688	304 955	302 357	296 897
水　　运	3 335	1 899							

注:1. 从 2009 年起,公路数据统计口径发生改变,故数据变动较大;2013 年全国开展了交通运输业经济统计专项调查,调整了公路 2013 年数据;

2. 2015 年开展了公路水路运输量小样本抽样调查,调整了水运 2014、2015 年数据;

3. 2015 年交通运输部进行了第二次全国公路运输量专项调查,交通运输部根据 2015 年月度抽样调查数据,对 2015 年和 2016 年上报的道路运输量数据进行了调整;

4. 货物周转量与旅客周转量仅包含公路和水运数据,未包含铁路、航空数据。

13-6 邮政业务主要指标

指　　标	1990	2000	2010	2012	2013	2014	2015	2016	2017
邮电业务总量(万元)	**8 252**	**218 524**	**467 178**	**573 643**	**681 000**	**820 100**	**903 300**	**1 243 000**	**2 112 300**
#邮政业务总量(万元)			358 600	90 800	115 400	162 800	208 600	314 000	430 300
邮路总条数(条)		100	111	73	59	79	87	90	118
邮路总长度(单程)(公里)	5 266	11 821	19 505	13 283	15 123	15 848	17 027	43 694	26 453
农村投递路线单程长度(公里)	8 110	8 564	8 687	8 974	8 040	8 040	7 768	8 625	8 612
函　　件(万件)	4 781	3 016	17 971	2 115	2 054	1 049	1 065	1 097	1 055
包　　裹(万件)	85	60	121	70	41	34	29	21	17
订销报刊累计数(万份)			54 433	18 678	9 873	9 238	9 102	9 203	9 488
快递业务量(万件)			2 245	3 671	4 773	8 252	10 646	17 150	18 576
#国内同城快递(万件)			251	476	802	1 324	1 922	2 926	3 278
国内异地快递(万件)			1 974	3 175	3 946	6 891	8 612	14 060	15 116
国际及港澳台快递(万件)			20	20	25	37	112	164	182

注:1. 从1998年起,邮政业务统计由市电信局转为市邮政局;

2. 从2013开始,邮政业务总量的统计口径包含快递业务量;

3. 2016年、2017年邮路总长度因部门统计数据口径调整,故数据变化较大。

13－7 电信业务主要指标

指标	1990	2000	2010	2012	2013	2014	2015	2016	2017
邮电业务总量(万元)	8 252	218 524	467 178	573 643	681 000	820 100	903 300	1 243 000	2 112 300
#电信业务总量(万元)			108 578	482 843	565 600	657 300	694 700	929 000	1 682 000
固定电话用户(万户)	3	74	162	138	127	112	107	102	93
#城市电话用户	3	60	85	75	80	71	68	65	61
农村电话用户		14	23	20	18	15	13	12	11
移动电话用户(万户)		43	473	621	629	601	609	555	613
互连网宽带用户数(万户)			62	83	116	120	128	154	185
光缆线路长度(公里)				30 876	31 897	33 326	33 638	81 303	129 033
长途电话交换机容量(路端)						319 787	338 687	344 282	348 053
局用交换机容量(万门)			166	150	120	107	107	1 124	1 127
移动电话交换机容量(万户)			1 196	1 435	1 489	1 401	1 437	1 191	1 243

注：1. 2016 年，由于光缆线路长度、移动电话交换机容量统计口径发生变化，故数据调整较大；

2. 从 2013 年起，市内电话交换机总容量只包括局用交换机容量，不包括用户交换机容量。

13－8　规模以上服务业企业主要指标

（2017 年）　　单位：万元

类　　别	企业数（户）	资　　产 总　　计	负　　债 合　　计	所有者权益 合　　计	营业收入
总　　计	**794**	**60 790 804**	**32 600 635**	**28 190 169**	**6 916 049**
按登记注册类型及隶属关系分组					
国有企业	47	6 152 645	3 962 438	2 190 208	910 137
中央企业	7	1 338 966	749 675	589 291	240 016
地方企业	40	4 813 679	3 212 763	1 600 916	670 121
集体企业	4	20 910	17 562	3 348	12 046
股份合作企业	5	8 857	4 213	4 644	10 570
联营企业					
有限责任公司	457	44 068 779	24 242 514	19 826 265	4 155 317
股份有限公司	55	9 274 990	3 586 536	5 688 454	1 052 101
私营企业	200	736 727	549 068	187 659	603 583
港、澳、台商投资企业	7	422 618	170 934	251 684	90 587
外商投资企业	5	26 001	9 954	16 047	6 840
其他经济类型	14	79 278	57 418	21 860	74 870
#国有控股企业	186	56 608 414	29 853 521	26 754 893	4 001 920

13－8 续表　　（2017 年）　　单位：万元

类　　别	营业利润	利润总额	所得税 费　用	应　交 增值税	平均用工 人　　数 （人）
总　　计	**336 473**	**542 796**	**81 249**	**155 126**	**151 008**
按登记注册类型及隶属关系分组					
国有企业	14 878	21 176	5 664	21 803	28 374
中央企业	－14 233	－10 058	2 721	5 949	4 054
地方企业	29 111	31 234	2 943	15 854	24 320
集体企业	－91	97	3	154	606
股份合作企业	2 363	2 367	532	455	170
联营企业					
有限责任公司	56 505	206 797	11 772	93 024	84 081
股份有限公司	223 176	268 674	55 635	20 655	12 717
私营企业	15 342	18 457	5 049	12 792	20 565
港、澳、台商投资企业	14 533	15 127	2 130	4 966	686
外商投资企业	312	480	42	175	477
其他经济类型	9 454	9 621	421	1 102	3 332
#国有控股企业	255 562	448 363	69 626	96 253	75 689

13－9 规模以上服务业分行业主要指标

（2017 年）

单位：万元

类　　别	企业数（户）	资　　产总　　计	负　　债合　　计	所有者权益合　　计	营业收入
总　　计	**794**	**60 790 804**	**32 600 635**	**28 190 169**	**6 916 049**
铁路运输业	1	4 366 784	959 365	3 407 419	90 999
道路运输业	89	31 569 164	18 774 473	12 794 691	1 791 821
水上运输业	7	48 926	20 130	28 796	23 436
航空运输业	4	751 803	254 385	497 417	142 175
管道运输业					
装卸搬运和运输代理业	11	43 184	17 376	25 807	11 367
仓储业	24	632 466	539 964	92 502	163 467
邮政业	11	193 015	135 036	57 979	186 191
电信、广播电视和卫星传输服务	11	3 079 833	1 521 184	1 558 649	1 177 172
互联网和相关服务	17	59 712	13 593	46 119	60 520
软件和信息技术服务业	100	874 318	327 697	546 621	849 372
物业管理业	78	1 234 778	443 891	790 887	124 327
房地产中介服务业	14	33 332	9 654	23 677	38 499
自有房地产经营活动	7	402 808	173 697	229 111	16 354
其他房地产业					
租赁业	2	1 047	659	388	1 020
商务服务业	151	8 706 572	5 285 774	3 420 798	607 668
研究和试验发展	5	23 859	7 793	16 066	12 226
专业技术服务业	93	849 060	392 056	457 004	617 531
科技推广和应用服务业	6	27 865	17 199	10 666	5 511
水利管理业	1	92 759	16 281	76 478	13 003
生态保护和环境治理业	5	40 894	16 249	24 645	10 820
公共设施管理业	12	6 677 141	3 135 333	3 541 808	96 478
居民服务业	18	37 172	27 585	9 587	30 414
机动车、电子产品和日用产品修理业	2	575	294	281	1 937
其他服务业	7	32 533	26 280	6 253	22 378
教育	28	184 767	120 327	64 440	112 545
卫生	31	111 311	95 967	15 344	151 314
社会工作	1	42	34	8	361
新闻和出版业	17	509 639	136 761	372 878	439 809
广播、电视、电影和影视录音制作业	18	53 180	34 668	18 513	50 444
文化艺术业	7	70 102	52 385	17 716	7 032
体育	2	7 534	4 302	3 232	4 101
娱乐业	14	74 633	40 244	34 390	55 759

13－9 续表　　(2017年)　　单位:万元

类　别	营业利润	利润总额	所得税费用	应交增值税	平均用工人数(人)
总　计	**336 473**	**542 796**	**81 249**	**155 126**	**151 008**
铁路运输业	22 376	21 737	5 452		124
道路运输业	51 129	183 424	30 306	34 737	27 350
水上运输业	1 360	1 237	325	353	576
航空运输业	－11 416	－7 324	25	5 286	3 213
管道运输业					
装卸搬运和运输代理业	－306	24	28	347	679
仓储业	－5 041	－2 910	335	714	2 317
邮政业	－31 003	－31 037	345	2 377	9 211
电信、广播电视和卫星传输服务	－3 447	4 877	3 589	31 150	15 114
互联网和相关服务	7 665	7 977	1 236	1 873	1 056
软件和信息技术服务业	66 661	68 482	8 538	19 022	13 979
物业管理业	－14 336	6 681	2 981	4 136	12 637
房地产中介服务业	9 941	9 946	2 302	2 126	2 327
自有房地产经营活动	1 420	1 440	602	797	484
其他房地产业					
租赁业	－135	－135		10	89
商务服务业	－58 479	－45 970	4 725	15 742	22 972
研究和试验发展	389	345	88	288	543
专业技术服务业	68 823	72 390	12 050	20 018	14 057
科技推广和应用服务业	1 015	1 032	87	71	195
水利管理业	6 514	6 514	919	1 270	406
生态保护和环境治理业	2 194	2 360	189	400	162
公共设施管理业	150 494	157 292	－300	354	3 916
居民服务业	4 906	4 885	771	253	1 484
机动车、电子产品和日用产品修理业	40	40	2	14	80
其他服务业	1 443	1 458	362	1 795	709
教育	9 154	13 755	1 301	1 754	4 993
卫生	6 547	6 303	1 749	1 350	4 869
社会工作	－6	－6			90
新闻和出版业	41 619	46 806	552	6 352	4 271
广播、电视、电影和影视录音制作业	4 982	5 135	1 050	1 392	638
文化艺术业	－3 588	－580		177	478
体育	－274	138	－3	67	199
娱乐业	5 829	6 482	1 645	901	1 790

13－10 规模以上服务业分县区主要指标

（2017年）　　单位：万元

类　别	企业数（户）	资产总计	负债合计	所有者权益合计	营业收入
全　市	**794**	**60 790 804**	**32 600 635**	**28 190 169**	**6 916 049**
东湖区	99	834 311	355 838	478 473	348 861
西湖区	141	34 491 940	17 927 642	16 564 298	2 021 514
青云谱区	73	862 492	388 348	474 144	263 331
湾里区	11	265 672	132 972	132 701	36 963
青山湖区	62	6 863 763	4 142 815	2 720 948	327 686
新建区	45	869 255	311 880	557 375	270 228
南昌县	67	368 809	172 431	196 378	219 028
安义县	24	42 875	24 888	17 987	28 536
进贤县	15	286 699	256 499	30 200	18 330
经开区	76	1 793 591	1 218 759	574 832	605 135
高新区	108	2 519 302	1 228 723	1 290 578	1 455 529
红谷滩新区	73	11 592 095	6 439 840	5 152 255	1 320 908

13－10续表　　（2017年）　　单位：万元

类　别	营业利润	利润总额	所得税费用	应交增值税	平均用工人数（人）
全　市	**336 473**	**542 796**	**81 249**	**155 126**	**151 008**
东湖区	36 470	42 821	8 075	8 201	10 463
西湖区	98 217	133 734	31 195	34 613	40 392
青云谱区	16 991	18 676	2 928	7 797	10 456
湾里区	8 960	15 432	347	216	693
青山湖区	－54 610	－42 092	2 236	9 737	12 359
新建区	1 172	7 117	2 113	9 741	5 626
南昌县	6 442	8 429	1 716	4 369	5 861
安义县	－362	542	132	159	1 404
进贤县	－214	－169	171	397	918
经开区	－3 170	6 521	2 100	6 697	12 771
高新区	702	22 862	－2 091	29 589	23 184
红谷滩新区	225 875	328 923	32 327	43 611	26 881

主要统计指标解释

公路里程 指报告期末公路的实际长度。统计范围:包括城间、城乡间、乡(村)间能行驶汽车的公共道路,公路通过城镇街道的里程,公路桥梁长度、隧道长度、渡口宽度。不包括城市街道里程,断头路里程,农(林)业生产用道路里程,工(矿)企业等内部道路里程。

货(客)运量 指在一定时期内,各种运输工具实际运送的货物重量(旅客数量)。货运按吨计算,客运按人计算。货物不论运输距离长短、货物类别,均按实际重量统计。旅客不论行程远近或票价多少,均按一人一次客运量统计;半价票、儿童票也按一人统计。

货物(旅客)周转量 指在一定时期内,由各种运输工具运送的货物(旅客)数量与其相应运输距离的乘积之总和。该指标可以反映运输业生产的总成果,也是编制和检查运输生产计划,计算运输效率、劳动生产率以及核算运输单位成本的主要基础资料。计算货物周转量通常按发出站与到达站之间的最短距离,也就是计费距离计算。

民用汽车拥有量 指报告期末,在公安交通管理部门按照《机动车注册登记工作规范》,已注册登记领有民用车辆牌照的全部汽车数量。

邮政、电信业务总量 指以货币形式表示的邮政、电信通信企业为社会提供各类邮政、电信通信服务的总数量。计算方法为各类业务的实物量分别乘以相应的不变单价,求出各类业务的货币量加总求得。没有不变单价的业务按其业务收入直接相加。

移动电话用户 指在电信运营企业营业网点办理开户登记手续,通过移动电话交换机进入移动电话网,占用移动电话号码的各类电话用户。包括各类签约用户、智能网预付费用户、无线上网卡用户。

固定电话用户 指在电信企业营业网点办理开户登记手续并已接入固定电话网上的全部电话用户。包括普通电话用户、无线市话用户、公用电话用户、窄带综合业务数字网(N—ISDN)用户、智能网专用接入终端用户等。

城市电话用户 指按行政区划属于中央直辖市、省辖市、地级市、县级市的市区、市郊区及县城区范围内的电话用户数。包括分布在农村地区但以县团级以上建制的独立工矿区、林区、驻军的电话用户。

农村电话用户 指按行政区划属于城市范围以外的乡(镇)、村电话用户。

长途电话交换机容量 指电信企业用于接入长途电话网的电话交换机的设备额定容量。

局用交换机容量 指安装在电信企业内用于接续本地固定电话的电话交换机容量,包括接入网设备容量(安装在电信运营企业用于连接语音用户的远端节点的设备容量)。

移动电话交换机容量 指移动电话交换机根据一定话务模型和交换机处理能力计算出来的最大同时服务用户的数量。按报告期末已割接入网正式投入使用的设备实际容量统计。

十四、国内贸易

DOMESTIC TRADE

本篇内容包括：

1. 社会消费品零售总额情况
2. 限额以上批发零售法人企业商品购销存及主要财务状况
3. 限额以上住宿和餐饮法人企业经营情况及主要财务状况
4. 亿元以上商品交易市场主要经济指标
5. 批发和零售业连锁经营情况
6. 经济和餐饮业连锁经营情况
7. 个体工商业基本情况
8. 私营企业基本情况

社会消费品零售总额

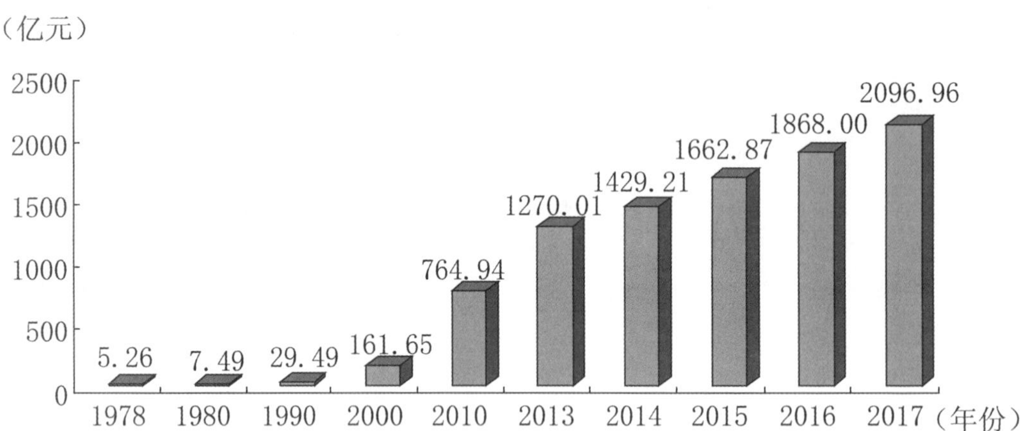

社会消费品零售总额构成

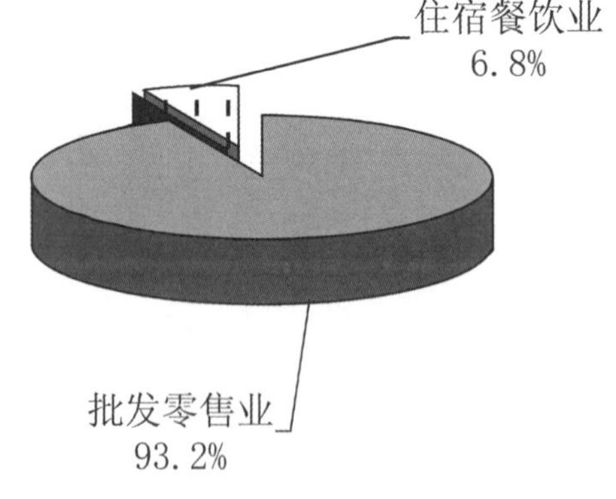

14－1 社会消费品零售总额

单位:万元

年份	社会消费品零售总额	比上年增长(%)	按行业分			按所在地分	
			批发零售贸易业	住宿餐饮业	其他行业	城镇	乡村
1990	294 909	1.2	280 964	12 866	1 079	179 447	115 462
1991	335 311	13.7	320 869	13 278	1 164	208 060	127 251
1992	393 991	17.5	375 937	16 212	1 842	259 531	134 460
1993	499 975	26.9	470 804	27 172	1 999	328 597	171 378
1994	651 968	30.4	615 112	34 237	2 619	435 680	216 288
1995	824 087	26.4	775 761	44 919	3 407	565 612	258 475
1996	1 030 933	25.1	961 935	64 818	4 180	727 912	303 021
1997	1 226 810	19.0	1 129 974	91 912	4 924	901 320	325 490
1998	1 342 130	9.4	1 232 472	104 320	5 338	999 284	342 846
1999	1 464 264	9.1	1 338 750	119 551	5 963	1 105 970	358 294
2000	1 616 548	10.4	1 476 586	133 778	6 184	1 236 238	380 310
2001	1 800 835	11.4	1 643 529	151 035	6 271	1 392 613	408 222
2002	2 013 334	11.8	1 837 801	169 914	5 619	1 565 829	447 505
2003	2 277 081	13.1	2 080 380	190 474	6 227	1 784 430	492 651
2004	2 658 498	16.8	2 415 251	236 473	6 774	2 095 676	562 822
2005	3 098 086	16.5	2 815 423	277 010	5 653	2 465 359	632 727
2006	3 638 369	17.4	3 305 602	326 420	6 347	2 915 080	723 289
2007	4 364 343	20.0	3 978 292	378 133	7 918	3 523 270	841 073
2008	5 450 461	24.9	4 984 517	457 184	8 760	4 421 327	1 029 134
2009	6 344 337	16.4	5 810 996	522 482	10 859	5 167 738	1 176 599

14－1 续表 单位:万元

年 份	社会消费品零售总额	比上年增长(%)	按行业分		按所在地分	
			批发零售贸易业	住宿餐饮业	城 镇	乡 村
2010	7 649 438	20.8	6 971 944	677 494	7 232 206	417 232
2011	9 283 438	18.5	8 285 440	997 999	8 773 566	509 872
2012	11 165 436	18.4	9 950 970	1 214 467	10 516 576	648 861
2013	12 700 063	13.7	11 327 693	1 372 370	12 003 238	696 825
2014	14 292 121	12.5	13 048 814	1 243 307	13 397 988	894 133
2015	16 628 661	12.5	15 377 953	1 250 708	15 500 562	1 128 099
2016	18 680 021	11.8	17 376 553	1 303 467	17 458 963	1 221 058
2017	20 969 616	12.3	19 537 526	1 432 090	19 601 666	1 367 950
东湖区	2 911 010	12.0	2 564 705	346 306	2 910 891	119
西湖区	3 878 241	11.3	3 410 918	467 323	3 878 241	
青云谱	2 616 978	11.9	2 515 740	101 238	2 616 978	
湾里区	83 426	11.1	59 328	24 098	66 724	16 702
青山湖	2 353 042	12.3	2 263 226	89 816	1 866 622	486 420
新建区	866 632	15.5	782 581	84 052	687 731	178 902
南昌县	1 790 374	14.9	1 662 664	127 711	1 448 006	342 369
安义县	213 816	11.8	188 919	24 897	185 749	28 067
进贤县	881 370	14.1	837 156	44 214	582 835	298 535
经开区	1 388 264	15.1	1 367 431	20 833	1 381 814	6 450
高新区	1 806 107	11.0	1 787 523	18 584	1 795 719	10 388
红谷滩	2 180 356	12.2	2 097 336	83 020	2 180 356	

14－2　限额以上批发零售贸易法人企业商品购进、销售、库存总额

（2017 年）　　　　　　　　　　　　　　　　　单位：万元

指　　标	法人企业（个）	购进总额	#进　口	销售总额
总　　计	**926**	**17 956 467**	**261 725**	**21 176 467**
批发业	**381**	**11 388 864**	**84 699**	**13 591 103**
按登记注册类型分				
内资企业	377	11 050 112	76 028	13 238 711
国有企业	6	445 070	8 570	670 356
有限责任公司	262	8 809 355	54 575	9 465 419
国有独资公司	4	216 881		255 392
其他有限责任公司	258	8 592 475	54 575	9 210 027
股份有限公司	15	401 078		1 034 087
私营企业	93	1 390 501	12 883	2 065 460
#私营有限责任公司	86	1 350 533	12 883	2 017 844
私营股份有限公司	7	39 969		47 616
股份合作企业	1	4 107		3 391
港澳台商投资企业	3	88 703		92 672
与港澳台商合资经营企业	1	10 724		15 358
港澳台商独资企业	2	77 980		77 314
外商投资企业	1	250 048	8 671	259 720
#中外合资经营企业	1	250 048	8 671	259 720
按国民经济行业分				
农、林、牧产品批发业	10	60 021		64 096
食品、饮料及烟草制品批发业	44	860 442	5 426	1 166 274
#米、面制品及食用油批发业	5	57 229		62 411
烟草制品批发业	1	429 451		648 102
纺织、服装及家庭用品批发业	45	832 278	10 099	852 376
#服装批发业	16	211 009		201 212
家用电器批发业	9	505 929		528 871
文化、体育用品及器材批发业	14	237 495		251 959
医药及医疗器材批发业	77	2 300 991	27 032	3 111 759
矿产品、建材及化工产品批发业	94	3 767 153	22 443	4 573 652
#煤炭及制品批发业	9	469 174		511 441
石油及制品批发业	9	406 723		965 637
金属及金属矿批发业	33	2 254 634	13 920	2 333 025
建材批发业	20	437 019		520 168
化肥批发业	6	16 294		20 829
机械设备、五金交电及电子产品批发业	83	3 205 133	19 689	3 444 894
#汽车批发业	8	1 937 943	8 925	1 990 073
计算机、软件及辅助设备批发业	13	72 019		80 378
贸易经纪与代理	10	85 949		86 926
其他批发业	4	39 401	11	39 169

14－2 续表 （2017 年） 单位：万元

指　　标	批　发	#出　口	零　售	年末库存总额
总　　计	**13 479 967**	**479 975**	**7 696 500**	**1 810 193**
批发业	**12 468 785**	**460 322**	**1 122 318**	**767 710**
按登记注册类型分				
内资企业	12 145 260	217 321	1 093 451	755 605
国有企业	668 272	13 049	2 084	45 177
有限责任公司	8 980 864	175 004	484 555	457 427
国有独资公司	83 623		171 768	1 795
其他有限责任公司	8 897 240	175 004	312 787	455 632
股份有限公司	580 162		453 924	125 703
私营企业	1 912 737	29 268	152 722	125 948
#私营有限责任公司	1 872 112	29 268	145 731	121 468
私营股份有限公司	40 625		6 991	4 480
股份合作企业	3 225		165	1 350
港澳台商投资企业	63 805	10 178	28 867	11 971
与港澳台商合资经营企业	11 751		3 608	4 357
港澳台商独资企业	52 055	10 178	25 259	7 615
外商投资企业	259 720	232 823		134
#中外合资经营企业	259 720	232 823		134
按国民经济行业分				
农、林、牧产品批发业	62 183		1 912	13 155
食品、饮料及烟草制品批发业	1 067 378	15 782	98 896	126 373
#米、面制品及食用油批发业	41 198		21 213	2 200
烟草制品批发业	646 043		2 058	36 027
纺织、服装及家庭用品批发业	803 730	102 026	48 645	69 065
#服装批发业	162 181	37 703	39 031	22 766
家用电器批发业	522 033		6 838	40 355
文化、体育用品及器材批发业	246 218		5 741	6 748
医药及医疗器材批发业	3 059 258	23 386	52 501	204 030
矿产品、建材及化工产品批发业	3 832 059	43 167	741 593	234 255
#煤炭及制品批发业	506 274		5 167	12 632
石油及制品批发业	340 506		625 130	107 624
金属及金属矿批发业	2 297 501	4 529	35 524	64 297
建材批发业	474 476	2 031	45 692	20 003
化肥批发业	20 314		515	8 707
机械设备、五金交电及电子产品批发业	3 275 356	254 700	169 538	107 756
#汽车批发业	1 954 838	232 823	35 235	30 758
计算机、软件及辅助设备批发业	72 562		7 816	7 100
贸易经纪与代理	85 539	19 342	1 387	4 783
其他批发业	37 065	1 919	2 104	1 546

14－2 续表 1－1　　(2017 年)　　单位:万元

指　　标	法人企业(个)	购进总额	#进　口	销售总额
零售业	**545**	**6 567 603**	**177 026**	**7 585 364**
按登记注册类型分				
内资企业	523	5 663 303	101 863	6 558 386
国有企业	4	13 235		14 691
股份合作企业	4	19 889		19 982
有限责任公司	313	3 819 745	90 485	4 389 023
国有独资公司	3	12 255		11 827
其他有限责任公司	310	3 807 490	90 485	4 377 196
股份有限公司	22	714 825		806 865
私营企业	179	1 093 145	11 378	1 325 355
私营有限责任公司	170	1 029 957	11 378	1 257 933
私营股份有限公司	9	63 188		67 422
集体企业	1	2 465		2 470
港澳台商投资企业	13	521 833	75 163	549 328
#与港澳台商合资经营企业	2	15 711		16 068
港澳台商独资企业	10	496 586	75 163	521 169
外商投资企业	9	382 468		477 651
中外合资经营企业	4	128 108		135 872
外资企业	5	254 360		341 779
按国民经济行业分				
综合零售业	43	958 999	12	1 256 490
#百货零售业	19	772 392		1 062 620
超级市场零售业	19	183 579		185 744
食品、饮料及烟草制品专门零售业	46	286 620	1 001	343 347
纺织、服装及日用品专门零售业	68	167 634	490	256 741
#服装零售业	34	72 444		119 881
文化、体育用品及器材专门零售业	32	933 066		925 986
#图书、报刊零售业	4	721 021		717 384
医药及医疗器材专门零售业	22	259 653		255 831
#药品零售业	15	216 231		213 380
汽车、摩托车、燃料及零配件专门零售业	181	2 990 819	172 723	3 335 272
#汽车零售业	145	2 647 777	172 723	2 964 202
机动车燃料零售业	18	315 903		340 017
家用电器及电子产品专门零售业	84	684 911		749 887
#家用电器零售业	2	78 457		70 116
计算机、软件及辅助设备零售业	23	66 648		82 786
通讯设备零售业	27	91 530		91 064
五金、家具及室内装修材料专门零售业	19	55 724		94 108
货摊、无店铺及其他零售业	50	230 177	2 800	367 704

14－2 续表 1－2　　（2017 年）　　单位：万元

指　　标	批　发	#出　口	零　售	年末库存总额
零售业	**1 011 182**	**19 654**	**6 574 182**	**1 042 482**
按登记注册类型分				
内资企业	848 540	19 654	5 709 845	952 779
国有企业	4 664	4 351	10 026	2 445
股份合作企业	1 588		18 394	732
有限责任公司	507 437	3 123	3 881 586	389 382
国有独资公司	4 693		7 134	1 300
其他有限责任公司	502 744	3 123	3 874 452	388 082
股份有限公司	99 893		706 972	435 881
私营企业	234 957	12 180	1 090 398	124 335
私营有限责任公司	234 942	12 180	1 022 991	121 233
私营股份有限公司	16		67 406	3 103
集体企业			2 470	4
港澳台商投资企业	12 749		536 579	49 596
#与港澳台商合资经营企业	5 111		10 957	4 014
港澳台商独资企业	7 637		513 532	26 820
外商投资企业	149 893		327 758	40 107
中外合资经营企业	10 121		125 750	10 801
外资企业	139 772		202 007	29 306
按国民经济行业分				
综合零售业	16 085		1 240 405	150 460
#百货零售业	7 148		1 055 472	122 024
超级市场零售业	7 416		178 329	27 009
食品、饮料及烟草制品专门零售业	93 937		249 410	11 225
纺织、服装及日用品专门零售业	16 381	7 429	240 360	41 205
#服装零售业	9 611	7 429	110 270	26 359
文化、体育用品及器材专门零售业	359 234		566 752	99 968
#图书、报刊零售业	280 370		437 014	41 489
医药及医疗器材专门零售业	33 648		222 183	207 970
#药品零售业	1 915		211 465	200 245
汽车、摩托车、燃料及零配件专门零售业	134 232		3 201 039	274 842
#汽车零售业	64 669		2 899 534	261 687
机动车燃料零售业	55 496		284 522	10 036
家用电器及电子产品专门零售业	327 222		422 665	62 372
#家用电器零售业	558		69 558	8 747
计算机、软件及辅助设备零售业	32 635		50 151	6 874
通讯设备零售业	22 373		68 691	18 082
五金、家具及室内装修材料专门零售业	10 051		84 057	1 566
货摊、无店铺及其他零售业	20 393	12 225	347 311	192 876

14－3　限额以上批发零售贸易法人企业主要财务指标

（2017 年）　　单位：万元

类　　别	流动资产合　　计	固定资产合　　计	固定资产原　　价	资产总计	负债合计	所有者权益合计
总　　计	**8 763 349**	**1 177 656**	**1 688 958**	**11 155 463**	**8 282 850**	**2 872 614**
批发业	5 626 020	670 122	922 596	6 801 605	5 603 442	1 198 163
按登记注册类型分						
内资企业	5 469 641	648 762	894 501	6 613 729	5 441 598	1 172 131
国有企业	228 233	25 007	49 282	265 218	49 077	216 141
股份合作企业	2 938	77	164	3 015	2 828	187
有限责任公司	4 172 458	542 946	745 767	4 987 983	4 293 172	694 811
国有独资公司	50 770	10 203	17 432	83 877	61 218	22 659
其他有限责任公司	4 121 688	532 743	728 335	4 904 107	4 231 955	672 152
股份有限公司	298 843	56 462	59 689	479 858	365 407	114 450
私营企业	767 169	24 271	39 600	877 656	731 114	146 542
#私营股份有限公司	12 827	1 282	2 250	17 463	13 246	4 217
私营有限责任公司	754 342	22 989	37 350	860 193	717 868	142 325
港澳台商投资企业	32 400	9 401	12 472	42 794	32 500	10 295
#港澳台商独资企业	25 476	8 788	10 814	35 209	25 980	9 229
外商投资企业	123 979	11 960	15 623	145 082	129 345	15 737
#中外合资经营企业	123 979	11 960	15 623	145 082	129 345	15 737
按国民经济行业分						
农、林、牧产品批发业	21 527	2 047	4 886	53 797	40 099	13 698
食品、饮料及烟草制品批发业	534 304	111 746	137 613	686 500	421 881	264 620
#米、面制品及食用油批发业	13 017	3 229	4 652	28 853	5 816	23 038
烟草制品批发业	194 726	19 179	39 568	217 861	13 617	204 244
纺织、服装及家庭用品批发业	539 966	3 798	6 321	561 864	515 458	46 406
#服装批发业	100 444	1 801	3 285	110 489	82 143	28 346
家用电器批发业	395 632	380	965	401 911	392 120	9 791
文化、体育用品及器材批发业	77 602	798	1 395	78 840	35 667	43 173
医药及医疗器材批发业	1 508 114	48 888	73 085	1 700 861	1 440 843	260 018
矿产品、建材及化工产品批发业	1 773 727	457 931	633 773	2 450 840	1 912 108	538 732
#煤炭及制品批发业	469 645	379 307	537 762	869 451	661 151	208 300
石油及制品批发业	233 346	60 580	69 209	427 216	310 435	116 782
金属及金属矿批发业	770 431	7 305	12 151	798 777	683 600	115 177
建材批发业	203 121	4 343	6 214	241 955	173 747	68 208
化肥批发业	17 887	1 710	1 998	20 917	15 969	4 948
机械设备、五金交电及电子产品批发业	1 139 463	42 849	62 477	1 233 962	1 209 089	24 873
#汽车批发业	530 586	13 751	22 016	553 594	628 371	－74 777
计算机、软件及辅助设备批发业	46 527	701	1 156	54 483	44 773	9 710
贸易经纪与代理	23 938	1 280	2 207	26 318	22 353	3 966
其他批发业	7 377	785	838	8 622	5 946	2 677

类　　别	流动资产合　　计	固定资产合　　计	固定资产原　　价	资产总计	负债合计	所 有 者权益合计
零售业	**3 137 329**	**507 534**	**766 362**	**4 353 859**	**2 679 407**	**1 674 451**
按登记注册类型分						
内资企业	2 913 980	458 723	669 721	3 990 332	2 353 167	1 637 165
国有企业	5 325	334	1 283	6 382	8 127	－1 746
股份合作企业	3 973	1 296	1 644	5 269	2 507	2 762
有限责任公司	1 909 555	242 368	344 648	2 544 339	1 477 435	1 066 904
国有独资公司	7 912	145	344	8 064	2 622	5 442
其他有限责任公司	1 901 643	242 223	344 304	2 536 276	1 474 813	1 061 463
股份有限公司	449 437	157 280	249 940	746 325	379 973	366 352
私营企业	544 840	57 445	72 206	687 168	484 455	202 713
私营有限责任公司	526 628	56 823	71 336	664 836	466 623	198 213
私营股份有限公司	18 213	622	869	22 332	17 833	4 500
集体企业	850			850	670	180
港澳台商投资企业	111 074	29 534	47 959	230 398	200 810	29 588
#与港澳台商合资经营企业	6 248	483	849	6 911	3 928	2 983
港澳台商独资企业	103 929	26 221	42 627	219 760	192 178	27 582
外商投资企业	112 276	19 277	48 682	133 128	125 430	7 699
中外合资经营企业	19 311	2 870	16 773	23 043	32 937	－9 894
外资企业	92 964	16 407	31 909	110 086	92 493	17 593
按国民经济行业分						
综合零售业	466 624	201 288	338 167	876 292	662 195	214 097
#百货零售业	401 895	182 664	295 352	788 027	579 435	208 593
超级市场零售业	58 458	17 182	40 916	79 745	76 722	3 023
食品、饮料及烟草制品专门零售业	163 628	35 751	44 994	248 940	57 303	191 638
纺织、服装及日用品专门零售业	125 388	3 739	6 760	138 233	101 822	36 411
#服装零售业	70 293	736	1 648	75 217	64 873	10 344
文化、体育用品及器材专门零售业	769 287	101 016	139 940	1 070 841	378 213	692 628
#图书、报刊零售业	609 480	82 027	111 590	858 439	282 987	575 452
医药及医疗器材专门零售业	106 711	8 368	14 557	140 725	123 150	17 575
药品零售业	92 255	7 749	13 799	125 640	109 639	16 001
汽车、摩托车、燃料及零配件专门零售业	1 020 061	149 391	204 884	1 337 300	955 343	381 957
#汽车零售业	919 258	124 474	171 546	1 192 134	880 751	311 383
机动车燃料零售业	91 713	19 065	25 817	128 849	67 252	61 597
家用电器及电子产品专门零售业	327 039	2 095	6 448	371 325	276 954	94 372
#家用电器零售业	50 346	377	2 085	52 892	49 263	3 629
计算机、软件及辅助设备零售业	47 541	257	1 201	59 185	26 510	32 674
通讯设备零售业	35 148	380	812	36 900	24 870	12 030
五金、家具及室内装修材料专门零售业	40 964	734	2 142	44 911	34 812	10 099
货摊、无店铺及其他零售业	117 627	5 151	8 472	125 291	89 616	35 675

14－3 续表2　　(2017年)　　单位:万元

类　　别	营业收入	营业成本	营业税金及附加	营业利润	利润总额	本年应交增值税
总　　计	**19 124 591**	**17 136 206**	**134 990**	**327 516**	**368 413**	**292 818**
批发业	12 366 600	11 256 418	111 501	146 756	175 399	204 901
按登记注册类型分						
内资企业	12 026 245	10 940 014	110 866	141 966	170 196	202 023
国有企业	580 669	410 060	76 946	70 928	73 179	30 510
股份合作企业	3 055	2 786	40	－71	－31	
有限责任公司	8 630 226	7 904 589	29 382	55 325	80 280	150 388
国有独资公司	232 629	208 976	2 555	10 511	10 583	26 719
其他有限责任公司	8 397 597	7 695 613	26 827	44 814	69 697	123 670
股份有限公司	916 478	854 724	1 338	7 904	7 332	6 286
私营企业	1 895 817	1 767 855	3 160	7 882	9 436	14 838
私营有限责任公司	1 855 447	1 731 880	3 013	7 537	9 067	14 111
港澳台商投资企业	79 207	69 651	188	2 397	2 406	1 427
#港澳台商独资企业	66 080	59 538	155	1 527	1 533	1 098
外商投资企业	261 148	246 753	447	2 393	2 797	1 451
#中外合资经营企业	261 148	246 753	447	2 393	2 797	1 451
按国民经济行业分						
农、林、牧产品批发业	58 127	56 297	42	127	128	63
食品、饮料及烟草制品批发业	1 049 554	808 359	77 519	66 806	74 765	33 142
#米、面制品及食用油批发业	53 368	48 196	35	2 037	1 353	103
烟草制品批发业	557 608	389 039	76 722	70 997	73 114	30 018
纺织、服装及家庭用品批发业	760 115	723 865	1 174	13 464	14 014	4 135
#服装批发业	188 928	174 912	419	7 899	7 536	1 824
家用电器批发业	452 457	436 945	536	4 511	5 360	1 869
文化、体育用品及器材批发业	229 262	212 384	171	7 566	7 067	117
医药及医疗器材批发业	2 894 631	2 489 593	8 860	30 718	39 685	83 939
矿产品、建材及化工产品批发业	4 227 153	3 982 766	20 254	48 079	50 175	66 931
#煤炭及制品批发业	613 042	559 003	4 940	－7 707	－8 964	15 941
石油及制品批发业	849 101	773 619	3 498	16 497	15 873	30 291
金属及金属矿批发业	2 079 717	2 044 636	2 402	8 417	11 504	16 211
建材批发业	486 410	417 942	9 077	27 530	28 791	4 362
化肥批发业	19 867	18 502	266	421	445	－417
机械设备、五金交电及电子产品批发业	3 029 368	2 870 708	3 392	－19 851	－10 274	15 915
#汽车批发业	1 750 226	1 693 580	903	－6 230	2 365	3 255
计算机、软件及辅助设备批发业	76 331	69 152	86	－791	－795	887
贸易经纪与代理	83 480	79 271	68	336	339	631
其他批发业	34 911	33 175	22	－491	－501	27

类　　别	营业收入	营业成本	营业税金及附加	营业利润	利润总额	本年应交增值税
零售业	**6 757 992**	**5 879 789**	**23 489**	**180 760**	**193 014**	**87 917**
按登记注册类型分						
内资企业	5 832 815	5 072 724	21 140	169 924	180 698	79 104
国有企业	13 569	11 646	39	－22	419	259
股份合作企业	17 305	16 075	115	548	528	350
有限责任公司	3 910 806	3 413 518	12 433	118 721	128 091	48 808
国有独资公司	13 308	11 175	55	1 076	1 086	111
其他有限责任公司	3 897 498	3 402 343	12 377	117 646	127 005	48 697
股份有限公司	702 407	557 692	4 112	27 977	29 813	11 878
私营企业	1 186 619	1 071 793	4 436	22 611	21 783	17 778
私营有限责任公司	1 127 607	1 017 906	4 313	22 407	21 549	16 747
私营股份有限公司	59 012	53 888	123	204	234	1 031
集体企业	2 111	2 000	7	90	65	30
港澳台商投资企业	506 033	437 605	1 275	9 662	14 106	2 718
#与港澳台商合资经营企业	12 970	8 769	132	560	487	484
港澳台商独资企业	482 362	420 990	1 108	9 737	14 251	2 200
外商投资企业	419 144	369 460	1 074	1 173	－1 790	6 096
中外合资经营企业	118 741	101 984	243	2 082	2 122	792
外资企业	300 403	267 476	831	－909	－3 912	5 304
按国民经济行业分						
综合零售业	1 138 761	959 683	5 328	8 509	11 593	12 850
#百货零售业	953 259	806 953	4 687	17 045	16 697	10 293
超级市场零售业	176 401	145 239	587	－7 077	－5 081	2 601
食品、饮料及烟草制品专门零售业	307 015	238 814	2 427	15 504	15 599	4 487
纺织、服装及日用品专门零售业	220 213	162 983	1 063	2 539	11 792	6 058
#服装零售业	105 500	86 052	428	－4 834	4 566	2 739
文化、体育用品及器材专门零售业	900 915	725 131	2 441	75 796	69 555	19 395
#图书、报刊零售业	721 633	566 354	1 508	67 793	60 791	15 313
医药及医疗器材专门零售业	225 114	173 636	823	699	828	4 625
#药品零售业	189 473	139 736	797	859	983	4 515
汽车、摩托车、燃料及零配件专门零售业	3 007 245	2 774 814	9 055	67 231	73 314	28 204
#汽车零售业	2 670 586	2 464 752	8 307	58 322	63 596	22 504
机动车燃料零售业	309 978	285 617	641	8 584	9 534	5 256
家用电器及电子产品专门零售业	677 566	629 370	996	－5 309	－5 383	7 294
#家用电器零售业	60 105	47 694	152	3 809	3 879	1 254
计算机、软件及辅助设备零售业	76 783	69 442	154	391	384	1 124
通讯设备零售业	80 228	75 313	107	－47	－29	681
五金、家具及室内装修材料专门零售业	57 492	42 041	531	7 910	7 559	1 504
货摊、无店铺及其他零售业	223 672	173 318	824	7 881	8 156	3 501

14－4　限额以上餐饮法人企业主要财务指标

（2017 年）　　单位:万元

类　　别	流动资产合　　计	固定资产合　　计	固定资产原　　价	资产总计	负债合计	所 有 者权益合计
总　　计	**84 112**	**44 085**	**59 280**	**169 864**	**139 783**	**30 081**
按登记注册类型分组						
内资企业	62 873	36 552	42 457	126 617	105 210	21 407
股份合作企业	3 594	6	752	3 599	4 503	－904
有限责任公司	23 345	31 168	32 314	59 281	41 333	17 948
其他有限责任公司	23 345	31 168	32 314	59 281	41 333	17 948
私营企业	35 934	5 379	9 391	63 737	59 373	4 364
私营有限责任公司	35 449	5 257	9 195	62 975	58 921	4 055
私营股份有限公司	485	122	196	761	452	309
港澳台商投资企业	20 550	560	2 535	21 396	23 636	－2 241
#与港澳台商合资经营企业	20 550	560	2 535	21 396	23 636	－2 241
外商投资企业	689	6 973	14 288	21 851	10 937	10 914
中外合资经营企业	27	41	190	68	1	67
外资企业	662	6 932	14 098	21 784	10 936	10 848
按国民经济行业分组						
正餐服务业	83 064	36 910	44 377	147 171	127 914	19 258
快餐服务业	1 048	7 176	14 903	22 693	11 870	10 824

14－4 续表 （2017 年） 单位：万元

类　　别	营业收入	营业成本	营业税金及附加	营业利润	利润总额	本年应交增值税
总　　计	**156 423**	**79 690**	**1 142**	**8 417**	**9 083**	**1 081**
按登记注册类型分组						
内资企业	80 802	42 096	1 076	288	650	898
股份合作企业	1 065	469	5	－30	－32	
有限责任公司	45 365	21 171	283	98	682	351
其他有限责任公司	45 365	21 171	283	98	682	351
私营企业	34 372	20 456	788	220		548
私营有限责任公司	27 584	14 869	570	－126	－318	546
私营股份有限公司	6 788	5 587	217	346	318	2
港澳台商投资企业	4 686	3 072	28	－794	－785	182
#与港澳台商合资经营企业	4 686	3 072	28	－794	－785	182
外商投资企业	70 935	34 523	39	8 923	9 218	
中外合资经营企业	232	166	1	－24	－24	
外资企业	70 703	34 357	38	8 947	9 242	
按国民经济行业分组						
正餐服务业	83 169	44 263	1 085	－368	19	1 079
快餐服务业	73 255	35 427	58	8 785	9 064	2

14－5 限额以上住宿法人企业主要财务指标

（2017年）

单位:万元

类别	流动资产合计	固定资产合计	固定资产原价	资产总计	负债合计	所有者权益合计
总计	**242 317**	**192 048**	**288 000**	**586 239**	**402 919**	**183 320**
按登记注册类型分组						
内资企业	233 388	175 335	259 071	553 465	377 655	175 810
国有企业	21 191	39 661	49 839	90 883	18 536	72 348
有限责任公司	160 769	90 014	153 118	350 591	266 285	84 306
其他有限责任公司	160 646	90 005	153 103	350 443	266 220	84 223
股份有限公司	179	1 109	1 470	2 441	1 270	1 171
私营企业	51 249	44 551	54 644	109 550	91 564	17 986
私营有限责任公司	50 449	44 501	54 544	108 391	91 205	17 186
私营股份有限公司	800	50	100	1 159	359	800
港澳台商投资企业	2 515	7 607	13 294	16 972	7 433	9 539
与港澳台商合作经营企业	2 515	7 607	13 294	16 972	7 433	9 539
外商投资企业	6 414	9 106	15 635	15 802	17 832	－2 030
中外合资经营企业	5 846	6 155	9 933	12 268	12 615	－347
外资企业	568	2 950	5 703	3 534	5 216	－1 682
按国民经济行业分组						
旅游饭店	206 897	157 155	241 759	499 598	364 718	134 880
一般旅馆	34 509	33 232	44 280	83 588	36 360	47 228
其他住宿服务	911	1 660	1 961	3 053	1 840	1 213

14－5 续表 （2017 年） 单位:万元

类　　别	营业收入	营业成本	营业税金及附加	营业利润	利润总额	本年应交增值税
总　　计	**170 530**	**60 396**	**3 216**	**－11 179**	**－8 188**	**4 006**
按登记注册类型分组						
内资企业	158 600	57 617	3 143	－10 805	－7 835	3 888
国有企业	20 666	10 959	636	－633	－660	276
有限责任公司	97 649	28 519	1 536	－8 215	－4 915	2 492
其他有限责任公司	97 191	28 172	1 534	－8 215	－4 915	2 466
股份有限公司	760	237	25	85	59	24
私营企业	39 524	17 902	947	－2 043	－2 320	1 096
私营有限责任公司	38 991	17 406	929	－2 058	－2 357	1 096
私营股份有限公司	534	496	18	16	38	
港澳台商投资企业	5 981	1 474	18	－113	－113	101
与港澳台商合作经营企业	5 981	1 474	18	－113	－113	101
外商投资企业	5 950	1 304	55	－261	－240	18
中外合资经营企业	3 267	844	38	－283	－262	9
外资企业	2 682	461	17	22	22	9
按国民经济行业分组						
旅游饭店	127 041	37 565	1 816	－11 545	－8 628	3 187
一般旅馆	41 658	22 232	1 392	270	345	801
其他住宿服务	1 831	600	9	95	95	18

14－6　限额以上住宿业经营情况

（2017 年）

单位：万元

类　　别	法人企业（个）	从业人数（人）	营业额	#客房收入	#餐费收入	#商品销售收　　入
总　　计	**110**	**9 999**	**174 027**	**98 178**	**57 893**	**6 857**
按登记注册类型分						
内资企业	105	9 320	161 459	91 577	53 572	6 316
国有企业	10	1 430	20 902	12 123	6 440	1 189
有限责任公司	55	5 430	99 223	53 946	35 134	3 529
其他有限责任公司	54	5 354	98 735	53 878	35 085	3 529
股份有限公司	2	82	792	632	160	
私营企业	38	2 378	40 543	24 876	11 839	1 597
私营有限责任公司	37	2 349	39 993	24 406	11 839	1 597
私营股份有限公司	1	29	550	470		
港澳台商投资企业	2	442	6 256	2 292	2 910	148
与港澳台商合作经营	2	442	6 256	2 292	2 910	148
外商投资企业	3	237	6 312	4 310	1 411	394
中外合资经营企业	2	175	3 468	2 061	816	394
外资企业	1	62	2 843	2 249	594	
按国民经济行业分						
旅游饭店	57	6 942	129 846	66 086	49 127	5 012
一般旅馆	49	2 916	42 351	30 458	8 626	1 799
其他住宿服务	4	141	1 831	1 634	141	47

14－7　限额以上餐饮法人企业经营情况

（2017 年）　　单位：万元

类　别	法人企业（个）	从业人数（人）	营业额	#客房收入	#餐费收入	#商品销售收　入
总　计	**70**	**6 549**	**157 987**	**7 491**	**142 105**	**8 044**
按登记注册类型分						
内资企业	63	4 504	81 903	7 491	66 793	7 272
股份合作企业	1	98	1 112		890	223
有限责任公司	32	2 893	47 111	3 911	39 915	2 995
其他有限责任公司	32	2 893	47 111	3 911	39 915	2 995
私营企业	30	1 513	33 680	3 580	25 989	4 055
私营有限责任公司	27	1 411	27 028	3 580	20 369	3 023
私营股份有限公司	3	102	6 652		5 620	1 032
港澳台商投资企业	3	412	5 057		4 378	679
与港澳台商合资经营企业	3	412	5 057		4 378	679
外商投资企业	4	1 633	71 027		70 934	93
中外合资经营企业	1	16	232		139	93
外资企业	3	1 617	70 795		70 795	
按国民经济行业分组						
正餐服务业	65	4 727	84 649	7 491	68 817	7 995
快餐服务业	5	1 822	73 337		73 288	49

14－8 各地区限额以上批发零售贸易法人企业主要指标

（2017 年）

地区	法人企业（个）	批发企业	零售企业	产业活动单位（个）	年末从业人数（人）	销售合计（万元）
全市	**926**	**381**	**545**	**2 315**	**86 294**	**21 176 467**
东湖区	119	29	90	245	8 660	2 174 337
西湖区	255	73	182	730	30 537	4 412 567
青云谱区	86	44	42	134	8 226	1 567 610
湾里区	1		1	1	9	575
青山湖区	100	40	60	394	6 866	1 004 694
新建区	71	33	38	95	3 188	1 350 533
南昌县	77	45	32	177	10 980	2 917 272
安义县	6	4	2	6	200	112 096
进贤县	27	21	6	27	1 106	420 185
经开区	82	50	32	96	4 480	2 454 260
高新区	74	39	35	382	9 939	3 615 866
红谷滩新区	28	3	25	28	2 103	1 146 472

14－8 续表

单位：万元

地区	批发额	#出口	零售额	营业收入	营业成本	营业税金及附加	营业利润
全市	**13 479 967**	**479 975**	**7 696 500**	**19 124 591**	**17 136 206**	**134 990**	**327 516**
东湖区	1 118 277	16 611	1 056 061	2 471 828	2 284 741	6 043	11 920
西湖区	3 058 094	52 716	1 354 474	4 171 360	3 586 854	87 998	157 503
青云谱区	492 507	67 410	1 075 103	1 370 045	1 223 634	5 471	18 490
湾里区	73		503	575	541		10
青山湖区	322 197	9 912	682 497	6 244 689	5 714 396	23 939	83 884
新建区	1 052 382	9 581	298 152	1 664 453	1 522 603	4 047	7 105
南昌县	2 243 973	234 024	673 299	2 743 134	2 397 274	6 364	41 048
安义县	34 183		77 913	73 484	66 673	415	1 408
进贤县	243 151	18 462	177 034	385 025	339 491	715	6 148
经开区	1 807 175	25 199	647 085				
高新区	2 683 264	46 060	932 602				
红谷滩新区	424 693		721 779				

14－9 各地区限额以上住宿餐饮法人企业主要指标

（2017 年）

地　　区	法人企业（个）	住宿企业	餐饮企业	产业活动单位（个）	年末从业人数(人)	营业额（万元）	#客房收入
全　　市	**180**	**110**	**70**	**293**	**16 548**	**332 014**	**105 670**
东 湖 区	30	17	13	79	4 579	74 849	26 458
西 湖 区	45	30	15	45	3 006	56 082	24 753
青云谱区	8	6	2	8	934	18 784	5 677
湾 里 区	8	4	4	8	241	11 121	1 390
青山湖区	16	12	4	33	1 341	17 719	10 520
新 建 区	9	3	6	9	861	9 659	2 061
南 昌 县	11	6	5	11	608	10 113	3 203
安 义 县	6	3	3	6	268	3 638	1 663
进 贤 县	5	4	1	5	286	3 990	1 837
经 开 区	4		4	4	109	1 496	67
高 新 区	14	9	5	14	764	15 073	7 517
红谷滩新区	24	16	8	71	3 551	109 490	20 524

14－9 续表　　　　单位：万元

地　　区	餐费收入	商品销售收入	营业收入	营业成本	营业税金及附加	营业利润
全　　市	**199 998**	**14 902**	**326 953**	**140 086**	**4 358**	**－2 762**
东 湖 区	42 260	2 142	73 910	24 846	888	－868
西 湖 区	24 197	3 530	55 655	18 983	1 115	－4 630
青云谱区	10 104	2 503	17 698	11 534	189	－1 472
湾 里 区	7 695	2 036	11 121	7 719	358	－684
青山湖区	5 398	1 318	17 032	9 447	704	－432
新 建 区	6 020	1 198	10 990	7 825	115	－1 620
南 昌 县	6 268	373	10 254	4 784	123	－1 257
安 义 县	1 936	19	3 969	2 462	85	267
进 贤 县	1 546	446	3 928	2 382	292	202
经 开 区	1 293	136	1 462	900	9	93
高 新 区	6 513	304	13 966	4 960	148	－95
红谷滩新区	86 770	899	106 969	44 244	332	7 732

14－10 亿元以上商品交易市场摊位成交额情况

（2017 年）

类　别	年末出租摊位数（个）	成 交 额（万元）
全　市	**32 504**	**8 305 179**
食品、饮料、烟酒类	6 082	3 732 160
#食品类	5 733	3 601 693
#粮油类	540	438 887
肉禽蛋类	923	901 104
水产品类	792	440 765
蔬菜类	552	780 239
干鲜果品类	1 220	943 769
饮料类	104	30 980
烟酒类	245	99 487
服装、鞋帽、针纺织品类	10 961	2 383 087
#服装类	6 208	1 800 230
鞋帽类	2 573	231 506
针纺织品类	2 180	351 351
化妆品类	224	86 108
金银珠宝类	50	38 126
日用品类	3 954	308 959
#儿童玩具类	500	228 300
五金、电料类	416	168 511
体育、娱乐用品类	3	188
书报杂志类	3	179
电子出版物及音像制品类	20	1 200
家用电器和音像器材类	841	84 828
文化办公用品类	438	152 572
家俱类	533	55 292
通讯器材类	16	900
木材及制品类	165	19 143
化工材料及制品类	122	20 541
金属材料类	774	47 390
建筑及装潢材料类	4 547	214 481
机电产品及设备类	192	144 500
#农机类	40	58 000
汽车类	2 086	802 488
棉麻类	39	1 163
其他类	1 038	43 363

14－11　各地区亿元以上商品交易市场基本情况

（2017 年）

地　　区	市场数量（个）	总摊位数（个）	年末出租摊位数（个）	营业面积（平方米）	成交额（万元）
全　　市	**30**	**34 895**	**32 504**	**2 308 061**	**8 305 179**
东 湖 区	6	11 058	11 042	681 706	1 008 875
西 湖 区	10	14 917	12 657	411 794	3 897 938
青云谱区	4	3 139	3 139	279 345	2 536 679
青山湖区	6	4 381	4 356	532 863	275 642
南 昌 县	4	1 400	1 310	402 353	586 045

14－12　批发和零售业连锁经营情况

（2017 年）

指标名称	计量单位	合　　计		直 营 店		加盟店	
		2017 年	2016 年	2017 年	2016 年	2017 年	2016 年
一、门店总数	个	3 078	2 864	1 744	1 648	1 334	1 216
二、年末从业人员数	人	30 838	31 154	26 238	26 944	4 600	4 210
三、年末零售营业面积	平方米	1 360 468	1 394 113	1 130 992	1 157 673	229 476	236 440
四、连锁门店商品购进额	万元	3 319 631	3 494 553	3 011 385	3 183 029	308 246	311 525
#统一配送商品购进额	万元	3 050 593	2 993 105	2 747 432	2 817 234	303 161	175 871
# 自有配送中心配送商品购进额	万元	2 335 097	2 012 697	2 031 936	1 836 827	303 161	175 871
非自有配送中心配送商品购进额	万元	115 383	134 118	115 383	134 118		
五、连锁门店商品销售额	万元	4 366 321	4 510 475	4 083 348	4 226 483	282 973	283 993
#零售额	万元	3 237 920	3 507 904	2 986 315	3 253 479	251 605	254 425

14－13 住宿和餐饮业连锁经营情况

(2017 年)

指标名称	计量单位	合计		直营店		加盟店	
		2017 年	2016 年	2017 年	2016 年	2017 年	2016 年
一、门店总数	个	174	151	137	121	37	30
二、年末从业人员数	人	7 258	7 273	6 183	6 288	1 075	985
三、年末餐饮营业面积	平方米	55 623	51 183	54 323	50 403	1 300	780
四、客房数	间	2 136	2 139	1 888	1 891	248	248
五、床位数	个	3 950	3 953	3 500	3 503	450	450
六、餐位数	位	4 880	15 834	2 970	15 114	1 910	720
七、连锁门店商品购进(采购)额	万元	44 237	38 478	38 181	34 680	6 057	3 798
#统一配送商品购进(采购)额	万元	41 920	35 924	35 864	32 126	6 057	3 798
#自有配送中心配送商品购进(采购)额	万元						
非自有配送中心配送商品购进(采购)额	万元						
八、连锁门店营业额	万元	97 464	88 256	81 092	74 734	16 372	13 521
#餐费收入	万元	89 940	80 105	74 078	66 993	15 862	13 112

14－14 批发和零售业(住宿和餐饮业)连锁门店及配送中心分布情况

(2017 年) 单位:个

地区	门店总数		直营店数		加盟店数		配送中心数			
									#自有	
	2017 年	2016 年	2017 年	2016 年	2017 年	2016 年	2017 年	2016 年	2017 年	2016 年
全国合计	**3 252**	**3 015**	**1 881**	**1 769**	**1 371**	**1 246**	**34**	**38**	**30**	**31**
北京	16	10			16	10				
天津	8	7			8	7				
河北		7				7				
其中:石家庄		3				3				
山西		1				1				
内蒙古	4	4			4	4				
其中:呼和浩特	4	4			4	4				
上海	5	2			5	2				
江苏	13	7			13	7				
浙江	108	97	7	7	101	90				
其中:杭州	23	18	2	2	21	16				
宁波	3	4			3	4				
安徽	28	42	2	2	26	40				
其中:合肥	8	18	2	2	6	16				
福建	1	1	1	1						
其中:厦门	1	1	1	1						
江西	3 039	2 830	1 864	1 752	1 175	1 078	34	38	30	31
其中:南昌	1 457	1 346	966	978	491	368	22	27	18	20
湖北	6				6					
湖南	24	7	7	7	17					
其中:长沙	21	7	7	7	14					

14－15　个体工商业基本情况

（2017 年）

项　　目	户　数（户）	#城镇	从业人员（人）	#城镇	注册资金（万元）	#城镇
合　　计	**222 505**	**181 487**	**521 962**	**425 480**	**2 113 571**	**1 412 930**
一、农、林、牧、渔业	13 385	2 666	33 977	7 475	510 396	54 978
#农、林、牧、渔服务业	624	109	2 009	871	38 198	5 304
二、采矿业	76	6	370	21	2 407	345
#开采辅助活动	8	1	90	6	328	1
三、制造业	6 275	3 140	23 559	10 680	76 582	34 536
#金属制品、机械和设备修理业	56	36	162	97	1 073	887
四、电力、热力、燃气及水生产和供应业	15	8	49	27	2 945	577
五、建筑业	250	165	729	481	3 394	2 209
六、批发和零售业	134 501	113 587	275 490	234 284	903 397	757 155
七、交通运输、仓储和邮政业	1 802	1 745	5 040	4 928	38 305	37 637
八、住宿和餐饮业	34 168	31 600	99 280	92 284	338 908	313 219
九、信息传输、软件和信息技术服务业	1 299	905	2 856	2 066	8 035	5 783
十、金融业	4	4	24	24	48	48
十一、房地产业	706	687	2 296	2 244	4 414	4 270
十二、租赁和商务服务业	1 587	1 387	3 994	3 463	13 686	11 016
十三、科学研究和技术服务业	68	62	186	170	594	570
十四、水利、环境和公共设施管理业	8	7	27	26	51	50
十五、居民服务、修理和其他服务业	21 134	19 137	54 148	49 627	140 362	129 111
十六、教育	6 263	5 499	16 023	14 009	43 021	35 286
十七、卫生和社会工作	292	261	911	851	2 861	2 749
十八、文化、体育和娱乐业	262	237	886	794	4 625	4 334
十九、其他	410	384	2 117	2 026	19 541	19 056

资料来源：南昌市市场和质量技术监督管理局。

14－16 私营企业基本情况

（2017 年）

项 目	户 数（户）	#城镇	投资者人数（人）	#城镇	雇工人数（人）	#城镇	注册资金（万元）	#城镇
合 计	**122 258**	**101 207**	**242 602**	**202 390**	**922 533**	**763 337**	**347 749 262**	**66 940 759**
一、农、林、牧、渔业	4 270	1 453	8 029	3 206	20 537	8 134	2 277 565	1 041 145
#农、林、牧、渔服务业	514	302	1 109	655	3 247	2 269	439 273	311 467
二、采矿业	38	25	94	67	197	197	27 908	22 300
#开采辅助活动	17	12	50	38	136	112	5 750	4 300
三、制造业	8 247	4 731	18 000	10 278	36 992	27 871	5 110 736	3 072 922
#金属制品、机械和设备修理业	43	35	87	65	328	280	11 887	9 689
四、电力、热力、燃气及水生产和供应业	251	198	537	419	1 421	1 268	715 973	654 845
五、建筑业	11 128	9 625	22 075	19 102	65 594	55 082	10 715 067	9 093 190
六、批发和零售业	43 486	35 984	83 474	69 430	366 337	300 885	16 372 415	13 363 554
七、交通运输、仓储和邮政业	2 397	1 795	4 230	3 042	13 318	10 767	755 018	554 995
八、住宿和餐饮业	1 404	1 240	2 753	2 443	7 799	6 750	438 783	375 851
九、信息传输、软件和信息技术服务业	10 635	9 615	20 540	18 747	85 340	73 688	4 430 359	4 112 269
十、金融业	591	504	1 824	1 613	2 607	1 987	277 748 350	8 422 411
十一、房地产业	3 076	2 710	6 397	5 615	27 028	21 875	3 404 246	2 878 339
十二、租赁和商务服务业	27 917	25 585	56 228	52 217	223 671	194 715	21 526 394	19 699 998
十三、科学研究和技术服务业	3 988	3 536	8 552	7 630	33 765	28 316	2 360 906	2 096 078
十四、水利、环境和公共设施管理业	501	425	1 087	884	2 017	1 563	604 408	462 847
十五、居民服务、修理和其他服务业	2 114	1 836	4 108	3 581	17 918	14 721	498 623	425 646
十六、教育	489	437	1 002	898	4 019	3 436	122 000	108 404
十七、卫生和社会工作	132	124	258	236	1 084	1 044	52 791	49 811
十八、文化、体育和娱乐业	1 583	1 377	3 394	2 970	12 805	10 984	579 318	498 749
十九、其他	11	7	20	12	84	54	8 403	7 403

资料来源：南昌市市场和质量技术监督管理局。

主要统计指标解释

社会消费品零售总额　指各种经济类型的批发零售贸易业、住宿和餐饮业对城乡居民和社会集团的消费品零售额总和。这个指标反映通过各种商品流通渠道向居民和社会集团供应的生活消费品来满足他们生活需要，是研究人民生活、社会消费品购买力、货币流通等问题的重要指标。对居民的消费品零售额：指售给城乡居民用于生活消费的商品。对社会集团的消费品零售额：指售给机关、团体、部队、学校企业、事业单位和城市街道居民委员会、农村村民委员会用公款购买的用作非生产、非经营使用的消费品。社会消费品零售额包括：(1)售给城乡居民作为生活用的商品及修建房屋建筑材料；(2)售给机关、团体、学校、部队、企业、事业单位的职工食堂和旅店(招待所)附设专门供本店旅客食用，不对外营业的食堂的各种食品、燃料；企业、单位和国营农场直接售给本单位职工和职工食堂的自己生产的产品；(3)售给部队干部、战士生活粮食、副食品、衣着品、日用品、燃料；(4)售给来华的外国人、华侨、港澳台同胞的消费品(包括友谊商店、在海关前后设立的免税商店、外轮供应公司等)；(5)居民自费购买的中、西药品，中药材及医疗用品；(6)报社、出版社直接售给居民和社会集团的报纸、图书、杂志，集邮公司(包括邮局集邮专柜)出售的新、旧(盖销的)纪念邮票、特种邮票、首日封、集邮册、集邮工具等；(7)旧货寄售商店自购、自销部分的商品；(8)煤气公司、液化石油气站售给居民和社会集团的煤气灶具和罐装液化石油气；(9)售给社会集团的办公用品、纸张、帐册、文印用品、计算工具、书报杂志和奖品；公共用品和纺织品、针织品；学校用的教学用具；文体用品；有明确专用的劳动保护用品。

(一)按行业分的社会消费品零售额

1. **批发和零售业零售额**　指专门从事商品转卖业务的各种经济类型独立核算的批发零售贸易企业、产业活动单位直接售给居民和社会集团的消费品零售额。

2. **住宿和餐饮业零售额**　指从事食品的烹饪、调制并直接零售给居民饮食的各种宾馆、旅社、饭馆、酒馆、茶馆等餐饮业的零售额。包括各种企业单位附设对外营业的饭馆、火车餐厅、轮船餐厅、车站食堂、机场餐厅的零售额。不包括旅店(招待所)专供本店旅客食用，不对外营业的食堂，机关、团体学校、企业、事业单位的职工食堂出售饭菜的收入。

(二)按销售地区分的社会消费品零售额

1. **城镇的零售额**　指设立在中央直辖市，省、地辖市的市区和镇以上的各行业消费品零售额，不包括乡村的消费品零售额。

2. **城区的零售额**　指设立在城区内的各行业消费品零售额。

3. **乡村的零售额**　指设立在农村的各行业消费品零售额。但不包括分布在农村的独立工矿、林区的商品零售额，这部分零售额，凡属直辖镇以上的列入“城镇的零售额”中。

商品购进总额　指从本企业以外的单位和个人购进(包括从国外直接进口)作为转卖或加工后转卖的商品金额。本指标由从生产者购进额、从批发零售贸易业购进额、进口额和其他项目组成。这个指标反映批发零售贸易业从国内、国外市场上购进商品的总量。

从生产者购进额　指直接从工农业生产者购进的各种工矿产品、农副产品。

进口　指直接从国外进口的商品和委托外贸部门代理进口的商品。

商品销售总额　指对本企业以外的单位和个人出售的商品(包括售给本单位消费用的商品)金额。本指标由对生产经营单位批发额、对批发零售贸易批发额、出口额和对居民和社会集团商品零售额项目组成。这个指标反映批发零售贸易业在国内市场上销售商品以及出口商品的总量。

批发　指除零售以外的一切商品销售活动，包括对生产经营单位批发、对批发零售贸易业批发和出口。

对生产经营单位批发　指售给国民经济和社会各部门作为生产或经营使用的商品。

出口　指直接向国(境)外出口商品和委托外贸部门代理出口的商品。

零售　指售给城乡居民直接用于生活消费的商品和社会集团直接用于公用消费的商品。

期末库存　指批发零售贸易业已取得所有权的全部商品。这个指标反映批发零售业的商品库存情况，以及对市场商品供应的保证程度。

年末从业人数 指在该企业工作并取得劳动报酬的年末实有人员数。包括在岗职工、再就业的离退休人员、在该企业工作的外方人员、港、澳、台方人员、兼职人员、借用的外单位人员和第二职业者。不包括离开本单位但仍保留劳动关系的职工。

年末营业面积 零售业按建筑面积计算的直接对顾客销售商品的固定场地,不包括办公室、仓库、加工场地等面积。住宿和餐饮业对外提供就餐服务的门店建筑面积和从事食品加工、烹饪、调制的厨房面积,不包括办公用房和仓库等面积。该指标按年末实有面积统计。

住宿和餐饮业营业额 指住宿和餐饮业法人企业、产业活动单位在经营活动中因提供服务或销售商品等取得的收入。包括客房收入、餐费收入、商品销售额(含增值税)和其他收入。

客房收入 指住宿和餐饮业法人企业、产业活动单位在经营活动中因提供住宿服务取得的收入。

餐费收入 指住宿和餐饮业法人企业、产业活动单位因为顾客提供就餐服务取得的收入。包括经烹饪、调制后出售的各种食品,如主食、炒菜、凉拌菜等的收入。

商品销售额 指住宿和餐饮业法人企业、产业活动单位出售商品的销售总额(含增值税)。

其他收入 指营业额中除客房收入、餐费收入、商品销售额(含增值税)以外的其他收入。包括:娱乐、健身和商务服务等。

床位数 指宾馆、饭店、酒店、旅馆等供应旅客使用的床位数,不包括临时加的床位和宾馆、饭店、酒店、旅馆等内部工作人员使用的床位。该指标按年内正常情况下的实有数统计。

餐饮数 指住宿和餐饮业法人企业、产业活动单位为顾客提供就餐服务时,正常可同时容纳就餐人员的餐位数量,不包括临时加的餐位。该指标按年内正常情况下的实有数统计。

批发和零售业、住宿和餐饮业的限额以上统计划型标准为:

1、批发业:全年销售额2000万元及以上

2、零售业:全年销售额500万元及以上

3、餐饮业:全年主营业务收入200万元及以上

4、住宿业:星级宾馆、饭店

连锁企业(或称连锁店、连锁公司) 指在核心企业或总店的领导下,由分散的、经营同类商品或服务的企业或活动单位,采取共同方针,实行集中采购和分散销售的有机结合,通过规范化经营,实现规模效益的经济联合组织形式。

一般连锁店应由若干个分店组成。其经营特征:(1)经营同类商品;(2)使用统一商号;(3)统一采购配送,采购与销售相分离(部分商品可根据物流合理和保质保鲜原则由供应商直接送货到门店,其余均由总部统一配送。连锁店总店(总部)指连锁店的核心企业或管理中心。连锁店分店指连锁店所属各分散经营的企业或活动单位,也可称分店或成员店。

连锁店包括下列两种形式:

(1)直营连锁:也叫正规连锁。连锁门店均由总部全资或控股开设,在总部的直接领导下统一经营。连锁总店或核心店作为一个直营店统计。

(2)加盟连锁:包括特许连锁和自由连锁。特许连锁:各连锁门店(被特许人)通过合同形式,取得使用总部(特许人)商标、经营技术和销售总部开发的商品的特许权,各加盟连锁门店为独立法人,但无自主经营权,在总部指导下统一经营。自由连锁:也称自愿连锁,连锁公司的门店均为独立法人,各自的资产所有权关系不变,在公司总部的指导下共同经营。各成员店使用共同的店名,与总部订阅相关购、销、宣传等方面的合同,并按合同开展经营活动。在合同规定的范围之外,各成员店可以自由活动。根据自愿原则,各成员店可自由加入连锁体系,也可自由退出。

商品交易市场 指有固定场所、设施,有若干经营者入场实行集中、公开交易各类实物商品的市场。

亿元以上商品交易市场 指全年成交额在一亿元及以上的商品交易市场。

市场成交总额 指该市场所有摊位商品交易总额之和。

在地口径:指批零住餐统计中的统计范围,以企业经营所在地为统计口径的统计方法,称为“在地口径”统计。

法人口径:指批零住餐统计中的统计范围,以企业法人所在地为统计口径的统计方法,称为“法人口径”统计。

十五、外贸和旅游

FOREIGN ECONOMIC TRADE AND TOURISM RELATIONS

本篇内容包括：

1. 海关进出口情况
2. 外商直接投资情况
3. 旅游发展情况
4. 星级饭店一览表

海关出口总值

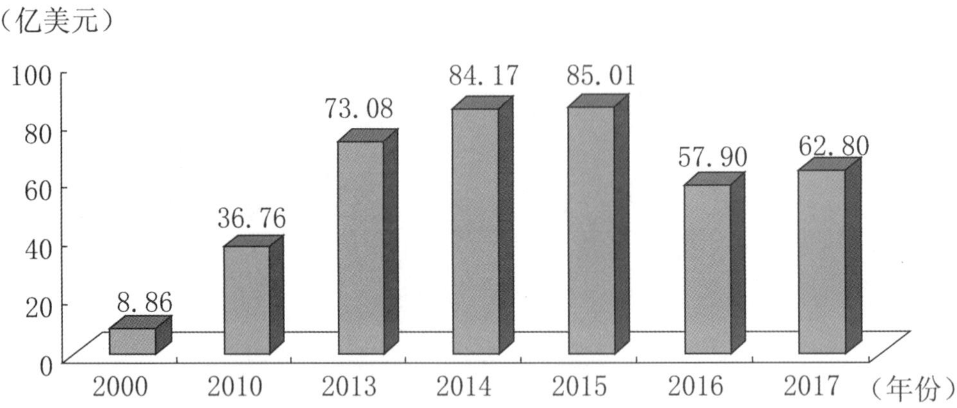

实际利用外资

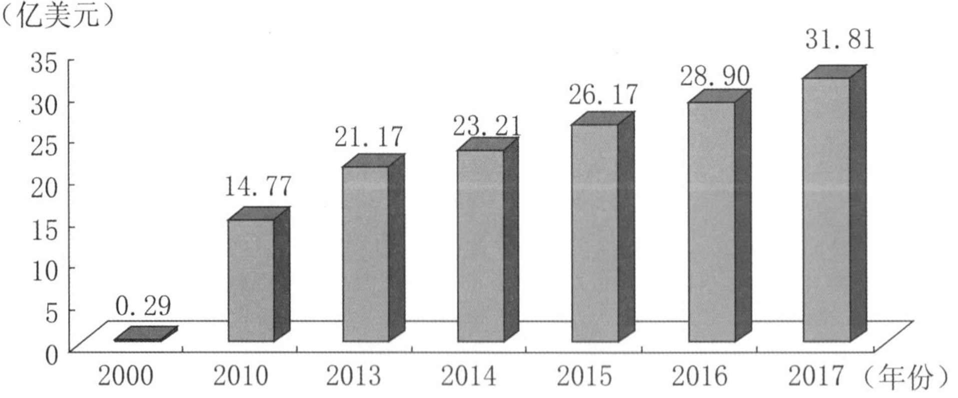

15－1　海关货物进出口总值

年份 地区	人民币（亿元）				美　元（亿美元）			
	进出口 总　值	出口值	进口值	差　额	进出口 总　值	出口值	进口值	差　额
2001					9.72	7.96	1.76	6.20
2002					9.09	7.28	1.82	5.46
2003					13.42	10.04	3.37	6.67
2004					16.59	10.75	5.84	4.91
2005					17.45	12.40	5.05	7.35
2006					24.90	17.24	7.66	9.58
2007					31.80	23.21	8.59	14.62
2008					33.99	25.03	8.96	16.08
2009					34.80	21.30	13.49	7.81
2010					53.07	36.76	16.30	20.46
2011					78.75	56.54	22.21	34.33
2012					82.89	64.66	18.24	46.42
2013					97.11	73.08	24.04	49.04
2014					122.22	84.17	38.05	46.12
2015					113.72	85.01	28.71	56.31
2016	617.76	380.15	237.61	142.54	93.80	57.90	35.90	22.00
2017（省口径）	669.23	428.27	240.96	187.31	98.41	62.80	35.61	27.19
（市口径）					98.86	63.24	35.62	27.62
东　湖　区		25.39			3.92	3.75	0.17	3.58
西　湖　区		29.44			4.47	4.35	0.13	4.22
青云谱区		26.97			4.00	3.98	0.02	3.97
湾　里　区		2.82			0.42	0.42	0.00	0.42
青山湖区		44.94			6.77	6.64	0.13	6.50
新　建　区		9.68			1.44	1.43	0.01	1.42
南　昌　县		65.88			15.13	9.73	5.40	4.33
安　义　县		9.60			1.52	1.42	0.10	1.31
进　贤　县		8.84			1.47	1.31	0.17	1.14
经济开发区		48.07			18.35	7.10	11.25	-4.16
高新开发区		140.24			36.61	20.71	15.90	4.81
红谷滩新区		11.12			1.68	1.64	0.04	1.61

注：表中数据为市商务局提供快报数，2017 年全市数据中含省直公司数。

15－2 海关进出口货物分类金额

（2017 年）　　单位：万美元

商 品 类 别	进出口总值	出口值	进口值
合　计	**988 610.10**	**632 405.47**	**356 204.74**
活动物	1.74	1.74	
肉及食用杂碎	4.91		4.91
鱼、甲壳动物、软体动物及其他水生无脊椎动物	6.56	6.56	
乳品；蛋品；天然蜂蜜；其他食用动物产品	125.67	0.92	124.75
其他动物产品	29.55	23.56	5.98
活树及其他活植物；鳞茎、根及类似品；插花及装饰用簇叶	19.23	19.23	
食用蔬菜、根及块茎	219.54	219.54	
食用水果及坚果；甜瓜或柑橘属水果的果皮	11.38	11.38	
咖啡、茶、马黛茶及调味香料	1 150.85	1 136.41	14.44
谷物	1 689.82	3.90	1 685.92
制粉工业产品；麦芽；淀粉；菊粉；面筋	5.10	5.10	
含油子仁及果实；杂项子仁及果仁；工业用或药用植物；稻草、秸秆及饲料	505.84	460.03	45.81
虫胶；树胶、树脂及其他植物液、汁	376.75	373.70	3.05
编结用植物材料；其他植物产品	35.25	16.87	18.38
动、植物油、脂及其分解产品；精制的食用油脂；动、植物蜡	387.87	386.98	0.89
糖及糖食	24.75	24.75	
可可及可可制品	165.12	165.11	0.01
谷物、粮食粉、淀粉或乳的制品；糕饼点心	310.14	310.14	
蔬菜、水果、坚果或植物其他部分的制品	475.50	469.75	5.76
杂项食品	40.86	10.58	30.28
饮料、酒及醋	61.24	7.37	53.87
食品工业的残渣及废料；配制的动物饲料	4 818.90	171.58	4 647.32
盐；硫磺；泥土及石料；石膏料、石灰及水泥	599.04	470.90	128.14
矿砂、矿渣及矿灰	22 208.21	38.19	22 170.02
矿物燃料、矿物油及其蒸馏产品；沥青物质；矿物蜡	803.83	64.15	739.68
无机化学品；贵金属、稀土金属、放射性元素及其同位素的有机及无机化合物	17 222.08	17 046.00	176.10
有机化学品	7 193.82	7 035.19	158.64
药品	2 747.06	2 116.01	631.07
肥料	184.19	184.19	
鞣料浸膏及染料浸膏；鞣酸及其衍生物；染料、颜料及其他着色料；油漆及清漆；油灰及其他类似胶粘剂；墨水、油墨	1 417.16	1 361.30	55.85
精油及香膏；芳香料制品及化妆盥洗品	1 339.97	1 317.87	22.10

商品类别	进出口总值	出口值	进口值
肥皂、有机表面活性剂、洗涤剂、润滑剂、人造蜡、调制蜡、光洁剂、蜡烛及类似品、塑型用膏、"牙科用蜡"及牙科用熟石膏制剂	798.33	676.32	122.01
蛋白类物质；改性淀粉；胶；酶	1 443.62	793.68	649.93
炸药；烟火制品；引火合金；易燃材料制品	1 214.57	1 214.57	
照相及电影用品	420.66	49.06	371.61
杂项化学产品	7 658.41	3 047.65	4 610.79
塑料及其制品	26 377.44	17 942.34	8 435.09
橡胶及其制品	3 204.13	1 842.41	1 361.70
生皮（毛皮除外）及皮革	313.54	83.45	230.10
皮革制品；鞍具及挽具；旅行用品、手提包及类似容器；动物肠线（蚕胶丝除外）制品	9 946.59	9 914.21	32.37
毛皮、人造毛皮及其制品	2 219.27	2 190.44	28.83
木及木制品；木炭	8 005.77	3 572.81	4 432.98
软木及软木制品	0.32	0.32	
稻草、秸秆、针茅或其他编结材料制品；篮筐及柳条编结品	101.87	101.87	
木浆及其他纤维状纤维素浆；回收（废碎）纸及纸板	1 007.58		1 007.58
纸及纸板；纸浆、纸或纸板制品	12 573.08	12 301.80	271.27
书籍、报纸、印刷图画及其他印刷品；手稿、打字稿及设计图纸	1 050.58	979.29	71.31
蚕丝	4.91	4.91	
羊毛、动物细毛或粗毛；马毛纱线及其机织物	16.06	1.32	14.74
棉花	3 440.09	2 587.01	853.12
其他植物纺织纤维；纸纱线及其机织物	580.35	199.38	380.99
化学纤维长丝；化学纤维纺织材料制扁条及类似品	1 037.92	761.10	276.82
化学纤维短纤	947.76	824.63	123.12
絮胎、毡呢及无纺织物；特种纱线；线、绳、索、缆及其制品	1 064.15	1 007.82	56.31
地毯及纺织材料的其他铺地制品	639.32	639.32	
特种机织物；簇绒织物；花边；装饰毯；装饰带；刺绣品	707.06	580.95	126.11
浸渍、涂布、包覆或层压的纺织物；工业用纺织制品	731.63	373.61	358.00
针织物及钩编织物	2 039.34	1 783.81	255.53
针织或钩编的服装及衣着附件	99 439.74	99 424.65	15.07
非针织或非钩编的服装及衣着附件	16 712.51	16 710.00	2.49
其他纺织制成品；成套物品；旧衣着及旧纺织品；碎织物	3 121.29	3 013.42	107.87
鞋靴、护腿和类似品及其零件	28 697.01	28 572.26	124.75
帽类及其零件	646.56	643.52	3.04

15－2 续表 2　　(2017 年)　　单位：万美元

商品类别	进出口总值	出口值	进口值
雨伞、阳伞、手杖、鞭子、马鞭及其零件	681.61	681.60	
已加工羽毛、羽绒及其制品；人造花；人发制品	7 028.65	7 028.65	
石料、石膏、水泥、石棉、云母及类似材料的制品	9 327.69	8 516.66	811.06
陶瓷产品	14 945.54	14 935.70	9.83
玻璃及其制品	6 764.71	4 927.59	1 837.12
天然或养殖珍珠、宝石或半宝石、贵金属、包贵金属及其制品；仿首饰；硬币	709.43	700.52	8.91
钢铁	11 027.46	10 303.12	724.36
钢铁制品	22 593.66	20 004.63	2 589.01
铜及其制品	3 544.02	1 527.04	2 016.96
镍及其制品	462.10	0.01	462.09
铝及其制品	3 926.99	3 484.69	442.32
铅及其制品	7.44	7.44	
锌及其制品	449.97	448.43	1.55
锡及其制品	20.57	8.57	12.00
其他贱金属、金属陶瓷及其制品	3 484.01	1 859.96	1 624.05
贱金属工具、器具、利口器、餐匙、餐叉及其零件	7 219.20	6 870.34	348.87
贱金属杂项制品	12 663.38	12 167.41	495.97
核反应堆、锅炉、机器、机械器具及零件	101 830.14	63 959.98	37 870.22
电机、电气设备及其零件；录音机及放声机、电视图像、声音的录制和重放设备及其零件、附件	312 810.13	105 179.65	207 630.47
铁道及电车道机车、车辆及其零件；铁道及电车道轨道固定装置及其零件；附件；各种机械(包括电动机械)交通信号设备	482.88	482.88	
车辆及其零件、附件，但铁道及电车道车辆除外	67 803.06	42 468.99	25 334.10
航空器、航天器及其零件	115.45	109.13	6.32
船舶及浮动结构体	54.63	54.63	
光学、照相、电影、计量、检验、医疗或外科用仪器及设备、精密仪器及设备；上述物品的零件、附件	33 071.75	14 242.90	18 828.81
钟表及其零件	1 006.34	1 006.34	
乐器及其零件、附件	426.24	426.24	
武器、弹药及其零件、附件	3.54	3.54	
家具；寝具、褥垫、弹簧床垫、软坐垫及类似的填充制品；未列名灯具及照明装置；发光标志、发光铭牌及类似品；活动房屋	30 550.01	30 488.40	61.63
玩具、游戏品、运动用品及其零件、附件	31 214.25	31 213.20	1.05
杂项制品	3 647.46	3 626.69	20.75
艺术品、收藏品及古物	263.72	263.72	
特殊交易品及未分类商品	130.68	109.89	20.79

注：表中数据为市商务局提供快报数。

15－3 按国别(地区)分海关货物进出口总值

(2017 年)　　单位：万元

国别(地区)	进出口总值	出口值	进口值
合　计	**6 692 312.81**	**4 282 705.52**	**2 409 607.29**
阿尔巴尼亚	438.30	438.30	
阿尔及利亚	6 302.59	6 302.56	0.04
阿富汗	139.83	139.83	
阿根廷	27 042.38	27 041.64	0.74
阿拉伯联合酋长国	63 545.14	57 384.52	6 160.62
阿鲁巴岛	280.04	280.04	
阿曼	3 893.96	3 893.96	
阿塞拜疆	86.82	66.08	20.75
埃及	21 784.48	21 784.48	
埃塞俄比亚	32 891.66	32 572.24	319.42
爱尔兰	1 802.98	780.71	1 022.27
爱沙尼亚	1 010.92	806.94	203.98
安哥拉	7 933.97	7 933.97	
安提瓜和巴布达	26.73	26.73	
奥地利	2 436.94	871.46	1 565.48
澳大利亚	145 108.08	73 941.55	71 166.54
中国澳门	2 850.97	2 850.97	
巴巴多斯	256.08	256.08	
巴布亚新几内亚	1 694.27	1 694.27	
巴哈马	653.07	653.07	
巴基斯坦	37 121.20	30 819.64	6 301.56
巴拉圭	5 201.91	5 201.91	
巴勒斯坦	163.68	163.68	
巴林	965.05	965.05	
巴拿马	36 296.79	36 296.77	0.02
巴西	78 582.55	48 047.82	30 534.73
白俄罗斯	282.81	282.81	
百慕大群岛	11.21	11.21	
保加利亚	731.36	664.26	67.10
贝宁	1 902.31	1 902.30	0.01
比利时	48 725.34	34 667.78	14 057.56
冰岛	145.42	145.42	
波多黎各	1 800.48	1 800.48	
波黑	8.68	8.65	0.03
波兰	30 485.27	26 961.86	3 523.42
玻利维亚	1 385.68	1 177.45	208.23
伯利兹	782.51	782.51	
博茨瓦那	452.14	452.14	
布基纳法索	211.55	211.55	
朝鲜	20 871.49	20 871.49	
赤道几内亚	294.51	294.51	

国别（地区）	进出口总值	出口值	进口值
德国	304 298.76	132 233.89	172 064.87
东帝汶	548.53	548.53	
多哥	17 657.90	17 657.90	
多米尼加	130.93	130.93	
多米尼加共和国	5 705.28	5 705.19	0.08
俄罗斯联邦	47 584.16	44 408.32	3 175.85
厄瓜多尔	4 807.50	4 807.50	
厄立特里亚	362.15	362.15	
法国	58 729.41	35 693.37	23 036.04
法属波利尼西亚	256.18	256.18	
菲律宾	73 554.18	55 203.01	18 351.17
斐济	1 709.25	1 709.25	
芬兰	10 169.96	2 687.85	7 482.12
佛得角	298.41	298.41	
盖比群岛	10.91	10.91	
冈比亚	626.33	440.75	185.57
刚果(布)	957.63	957.63	
刚果(金)	23 040.29	2 006.10	21 034.19
哥伦比亚	23 565.09	23 565.09	
哥斯达黎加	5 614.70	5 405.72	208.98
格林纳达	2.11	2.11	
格鲁吉亚	478.46	478.46	
古巴	6 866.68	6 866.68	
瓜德罗普岛	0.10	0.10	
圭亚那	2 054.76	2 054.76	
国别(地区)不详	15.58		15.58
哈萨克斯坦	2 278.24	2 278.24	
海地	1 252.27	1 252.27	
韩国	640 591.14	132 936.32	507 654.82
荷兰	125 899.50	120 719.20	5 180.30
荷属安地列斯群岛	1 109.45	1 109.45	
黑山	67.30	67.30	
洪都拉斯	2 338.61	2 338.60	
基里巴斯	73.94	73.94	
吉布提	7 553.61	7 553.61	
吉尔吉斯斯坦	847.27	847.27	
几内亚	3 134.02	3 134.02	
丹麦	3 446.39	2 779.67	666.72
加拿大	76 105.76	75 053.73	1 052.02
加那利群岛	12.91	12.91	
加纳	9 603.95	9 192.84	411.11
加蓬	504.20	504.20	

国别（地区）	进出口总值	出口值	进口值
柬埔寨	7 459.94	6 140.07	1 319.87
捷克	19 968.21	3 226.49	16 741.71
津巴布韦	685.37	685.37	
喀麦隆	2 026.62	2 026.62	
卡塔尔	2 244.57	2 244.57	
科摩罗	313.84	313.84	
科特迪瓦共和国	3 153.60	3 153.60	
科威特	4 416.72	4 416.72	
克罗地亚	847.74	847.66	0.08
肯尼亚	41 490.29	38 117.54	3 372.75
库克群岛	0.46	0.46	
库腊索岛	305.36	305.36	
拉丁美洲其他国家(地区)	27.65	27.65	
拉脱维亚	1 478.75	1 263.71	215.04
莱索托	97.67	97.67	
老挝	7 312.27	2 135.28	5 176.99
黎巴嫩	4 907.99	4 907.99	
立陶宛	2 166.72	2 158.29	8.44
利比里亚	759.36	748.26	11.09
利比亚	1 090.25	1 090.25	
列支敦士登	82.83	12.07	70.76
留尼汪	100.08	100.08	
卢森堡	82.62	80.41	2.21
卢旺达	1 078.58	1 078.58	
罗马尼亚	21 338.15	1 347.17	19 990.97
马达加斯加	2 456.04	2 428.86	27.18
马尔代夫	1 112.96	1 112.96	
马耳他	6 594.69	6 172.08	422.61
马拉维	261.75	261.75	
马来西亚	102 957.53	92 313.81	10 643.72
马里	95.76	95.76	
马绍尔群岛共和国	113.46	113.46	
马提尼克岛	46.71	46.71	
马约特岛	0.51	0.51	
毛里求斯	1 209.10	1 202.33	6.77
毛里塔尼亚	4 162.44	1 647.02	2 515.42
梅利利亚	4.89	4.89	
美国	920 787.59	850 376.52	70 411.07
蒙古	379.03	379.03	
孟加拉国	32 139.94	31 975.00	164.93
秘鲁	50 475.24	15 468.16	35 007.09
密克罗尼西亚联邦	87.46	87.46	

国别（地区）	进出口总值	出口值	进口值
缅甸	13 527.96	9 603.31	3 924.65
摩尔多瓦	2.07	2.07	
摩洛哥	6 446.59	4 508.96	1 937.62
摩纳哥	1.28	0.67	0.61
莫桑比克	5 985.60	5 985.60	
墨西哥	33 817.83	21 983.46	11 834.37
纳米比亚	1 171.00	1 171.00	
南非	106 915.74	93 624.89	13 290.85
南苏丹共和国	238.39	238.39	
尼泊尔	596.91	596.91	
尼加拉瓜	3 551.49	3 551.49	
尼日尔	140.17	140.17	
尼日利亚	34 820.63	33 656.10	1 164.53
挪威	5 177.55	5 090.64	86.91
帕劳共和国	98.62	98.62	
葡萄牙	6 636.62	4 566.36	2 070.26
前南马其顿	86.66	86.66	
日本	532 126.66	116 570.41	415 556.25
瑞典	28 689.38	22 607.72	6 081.66
瑞士	13 920.79	4 189.78	9 731.01
萨尔瓦多	1 077.38	1 075.01	2.37
萨摩亚	189.65	189.65	
塞尔维亚	334.46	334.46	
塞拉利昂	1 848.48	1 848.48	
塞内加尔	5 683.49	5 683.49	
塞浦路斯	192.06	192.06	
塞舌尔	121.16	121.16	
沙特阿拉伯	54 828.41	54 828.39	0.02
圣卢西亚	172.88	172.88	
圣马丁岛	224.62	224.62	
圣其茨——尼维斯	47.46	47.46	
圣文森特和格林纳丁斯	9.47	9.47	
斯里兰卡	8 443.25	8 366.58	76.66
斯洛伐克	876.66	753.38	123.28
斯洛文尼亚	3 066.35	3 059.46	6.89
斯威士兰	118.01	118.01	
苏丹	5 877.87	5 877.87	
苏里南	723.66	723.66	
所罗门群岛	764.75	764.75	
索马里	363.80	363.80	
塔吉克斯坦	67.06	67.06	
中国台湾	547 442.72	43 434.27	504 008.45

国别（地区）	进出口总值	出口值	进口值
泰国	154 871.83	82 595.15	72 276.69
坦桑尼亚	9 929.80	9 929.80	
汤加	26.37	26.37	
特立尼达和多巴哥	2 415.11	2 415.11	
突尼斯	1 354.86	1 354.86	
图瓦卢	0.91	0.91	
土耳其	37 921.23	26 537.99	11 383.24
土库曼斯坦	247.69	247.69	
瓦努阿图	384.74	384.74	
危地马拉	2 725.82	2 725.82	
委内瑞拉	3 634.89	3 634.89	
文莱	3 732.20	3 732.20	
乌干达	1 439.25	1 439.25	
乌克兰	4 296.30	4 296.30	
乌拉圭	16 959.07	16 959.06	
乌兹别克斯坦	5 702.32	5 654.77	47.54
西班牙	54 816.71	50 669.83	4 146.88
希腊	16 604.33	16 440.48	163.85
中国香港	495 899.79	495 512.91	386.89
新加坡	128 530.95	99 541.63	28 989.32
新喀里多尼亚	193.20	193.20	
新西兰	15 506.58	15 494.60	11.98
匈牙利	10 860.70	1 677.12	9 183.59
叙利亚	1 681.78	1 681.78	
牙买加	3 194.87	3 194.81	0.06
亚美尼亚	281.34	281.34	
也门共和国	3 212.69	3 212.69	
伊拉克	8 874.07	8 874.07	
伊朗	64 216.53	53 350.68	10 865.86
以色列	52 966.37	51 668.22	1 298.15
意大利	48 609.34	36 759.34	11 849.99
印度	171 714.65	163 128.02	8 586.63
印度尼西亚	93 926.95	91 597.83	2 329.12
英国	137 629.42	124 528.72	13 100.70
英属维尔京群岛	1.56	1.56	
约旦	4 425.19	4 425.19	
越南	191 470.53	151 988.42	39 482.11
赞比亚	9 652.87	7 549.08	2 103.79
乍得	66.26	66.26	
智利	53 495.74	47 398.30	6 097.44
中非	0.26	0.26	
中华人民共和国	155 626.43		155 626.43

注：表中数据为市商务局提供快报数。

15－4　按国别(地区)分海关货物进出口总值

(2017年)　　单位:万美元

国别（地区）	进出口总值	出口值	进口值
合　计	**988 609.88**	**632 405.09**	**356 204.80**
阿尔巴尼亚	64.53	64.53	
阿尔及利亚	924.10	924.10	0.01
阿富汗	20.49	20.49	
阿根廷	3 985.42	3 985.32	0.11
阿拉伯联合酋长国	9 403.76	8 487.09	916.67
阿鲁巴岛	41.72	41.72	
阿曼	572.72	572.72	
阿塞拜疆	12.71	9.68	3.03
埃及	3 211.64	3 211.64	
埃塞俄比亚	4 822.93	4 774.29	48.64
爱尔兰	267.77	115.66	152.11
爱沙尼亚	150.17	119.38	30.79
安哥拉	1 168.36	1 168.36	
安提瓜和巴布达	3.96	3.96	
奥地利	361.10	128.85	232.25
澳大利亚	21 459.64	10 916.02	10 543.61
中国澳门	414.69	414.69	
巴巴多斯	37.91	37.91	
巴布亚新几内亚	250.14	250.14	
巴哈马	96.66	96.66	
巴基斯坦	5 473.63	4 542.74	930.88
巴拉圭	765.92	765.92	
巴勒斯坦	24.10	24.10	
巴林	142.33	142.33	
巴拿马	5 361.31	5 361.31	
巴西	11 560.07	7 087.47	4 472.59
白俄罗斯	41.65	41.65	
百慕大群岛	1.64	1.64	
保加利亚	107.95	97.97	9.98
贝宁	279.48	279.48	
比利时	7 165.14	5 107.52	2 057.62
冰岛	21.27	21.27	
波多黎各	264.18	264.18	
波黑	1.28	1.28	
波兰	4 496.45	3 973.53	522.92
玻利维亚	205.69	174.44	31.25
伯利兹	115.02	115.02	
博茨瓦那	66.93	66.93	
布基纳法索	31.58	31.58	
朝鲜	3 064.94	3 064.94	
赤道几内亚	44.20	44.20	

国别（地区）	进出口总值	出口值	进口值
丹麦	508.85	410.85	98.00
德国	45 115.41	19 538.87	25 576.54
东帝汶	81.43	81.43	
多哥	2 598.20	2 598.20	
多米尼加	19.66	19.66	
多米尼加共和国	842.65	842.64	0.01
俄罗斯联邦	7 054.85	6 576.14	478.71
厄瓜多尔	718.81	718.81	
厄立特里亚	54.21	54.21	
法国	8 727.29	5 286.30	3 440.99
法属波利尼西亚	38.05	38.05	
菲律宾	10 893.12	8 166.96	2 726.16
斐济	252.34	252.34	
芬兰	1 509.55	397.79	1 111.77
佛得角	44.02	44.02	
盖比群岛	1.65	1.65	
冈比亚	91.60	64.56	27.05
刚果(布)	140.19	140.19	
刚果(金)	3 417.15	294.36	3 122.79
哥伦比亚	3 509.36	3 509.36	
哥斯达黎加	830.50	799.02	31.48
格林纳达	0.32	0.32	
格鲁吉亚	70.12	70.12	
古巴	1 021.80	1 021.80	
瓜德罗普岛	0.01	0.01	
圭亚那	302.64	302.64	
国别(地区)不详	2.34		2.34
哈萨克斯坦	338.17	338.17	
海地	185.00	185.00	
韩国	94 399.95	19 506.88	74 893.07
荷兰	18 602.74	17 836.52	766.23
荷属安地列斯群岛	162.23	162.23	
黑山	9.81	9.81	
洪都拉斯	346.91	346.91	
基里巴斯	10.78	10.78	
吉布提	1 116.75	1 116.75	
吉尔吉斯斯坦	125.21	125.21	
几内亚	463.03	463.03	
加拿大	11 221.07	11 065.55	155.52
加那利群岛	1.97	1.97	
加纳	1 412.99	1 353.01	59.98
加蓬	74.49	74.49	

国 别 (地 区)	进出口总值	出口值	进口值
柬埔寨	1 100.71	905.93	194.77
捷克	2 978.19	476.60	2 501.58
津巴布韦	100.51	100.51	
喀麦隆	298.35	298.35	
卡塔尔	331.30	331.30	
科摩罗	46.33	46.33	
科特迪瓦共和国	462.79	462.79	
科威特	654.14	654.14	
克罗地亚	124.77	124.76	0.01
肯尼亚	6 181.49	5 681.91	499.58
库克群岛	0.07	0.07	
库腊索岛	44.78	44.78	
拉丁美洲其他国家(地区)	4.03	4.03	
拉脱维亚	218.02	186.11	31.91
莱索托	14.37	14.37	
老挝	1 092.86	312.26	780.60
黎巴嫩	721.93	721.93	
立陶宛	318.79	317.56	1.23
利比里亚	111.20	109.59	1.62
利比亚	161.26	161.26	
列支敦士登	12.24	1.77	10.47
留尼汪	14.60	14.60	
卢森堡	12.13	11.81	0.33
卢旺达	159.94	159.94	
罗马尼亚	3 176.82	198.92	2 977.90
马达加斯加	361.56	357.63	3.93
马尔代夫	164.99	164.99	
马耳他	974.95	911.94	63.02
马拉维	38.68	38.68	
马来西亚	15 260.46	13 685.38	1 575.08
马里	13.92	13.92	
马绍尔群岛共和国	16.61	16.61	
马提尼克岛	6.80	6.80	
马约特岛	0.08	0.08	
毛里求斯	177.85	176.87	0.98
毛里塔尼亚	612.51	241.23	371.28
梅利利亚	0.71	0.71	
美国	135 973.79	125 594.08	10 379.71
蒙古	56.12	56.12	
孟加拉国	4 736.08	4 712.13	23.94
秘鲁	7 450.40	2 286.19	5 164.21
密克罗尼西亚联邦	12.80	12.80	

国别（地区）	进出口总值	出口值	进口值
缅甸	1 989.60	1 411.71	577.89
摩尔多瓦	0.31	0.31	
摩洛哥	944.86	660.81	284.05
摩纳哥	0.19	0.10	0.09
莫桑比克	878.33	878.33	
墨西哥	5 006.85	3 244.12	1 762.74
纳米比亚	175.07	175.07	
南非	15 764.45	13 793.72	1 970.72
南苏丹共和国	34.91	34.91	
尼泊尔	87.49	87.49	
尼加拉瓜	526.85	526.85	
尼日尔	20.45	20.45	
尼日利亚	5 141.46	4 970.38	171.08
挪威	765.30	752.07	13.23
帕劳共和国	14.54	14.54	
葡萄牙	982.82	673.73	309.09
前南马其顿	12.71	12.71	
日本	78 611.63	17 225.79	61 385.83
瑞典	4 233.42	3 338.24	895.18
瑞士	2 064.30	621.23	1 443.07
萨尔瓦多	160.08	159.74	0.34
萨摩亚	28.62	28.62	
塞尔维亚	49.80	49.80	
塞拉利昂	274.30	274.30	
塞内加尔	840.64	840.64	
塞浦路斯	28.23	28.23	
塞舌尔	17.94	17.94	
沙特阿拉伯	8 091.08	8 091.08	
圣卢西亚	25.53	25.53	
圣马丁岛	33.54	33.54	
圣其茨－－尼维斯	7.14	7.14	
圣文森特和格林纳丁斯	1.44	1.44	
斯里兰卡	1 249.87	1 238.70	11.17
斯洛伐克	128.50	109.95	18.56
斯洛文尼亚	455.64	454.62	1.03
斯威士兰	17.29	17.29	
苏丹	865.27	865.27	
苏里南	106.13	106.13	
所罗门群岛	113.04	113.04	
索马里	53.08	53.08	
塔吉克斯坦	9.78	9.78	
中国台湾	80 869.27	6 420.55	74 448.73

15－4续表4　　(2017年)　　单位:万美元

国别（地区）	进出口总值	出口值	进口值
泰国	22 874.09	12 193.77	10 680.32
坦桑尼亚	1 456.05	1 456.05	
汤加	3.87	3.87	
特立尼达和多巴哥	356.64	356.64	
突尼斯	198.93	198.93	
图瓦卢	0.13	0.13	
土耳其	5 612.53	3 922.24	1 690.29
土库曼斯坦	37.03	37.03	
瓦努阿图	56.37	56.37	
危地马拉	402.48	402.48	
委内瑞拉	534.92	534.92	
文莱	554.75	554.75	
乌干达	211.97	211.97	
乌克兰	630.76	630.76	
乌拉圭	2 505.25	2 505.25	
乌兹别克斯坦	831.12	824.20	6.92
西班牙	8 078.89	7 463.91	614.98
希腊	2 461.55	2 436.90	24.65
中国香港	73 356.11	73 299.38	56.73
新加坡	19 027.42	14 729.84	4 297.58
新喀里多尼亚	28.48	28.48	
新西兰	2 271.73	2 269.98	1.75
匈牙利	1 614.82	247.14	1 367.68
叙利亚	247.97	247.97	
牙买加	470.83	470.82	0.01
亚美尼亚	41.19	41.19	
也门共和国	471.18	471.18	
伊拉克	1 303.07	1 303.07	
伊朗	9 451.77	7 878.07	1 573.70
以色列	7 803.38	7 611.01	192.37
意大利	7 187.89	5 421.66	1 766.23
印度	25 334.45	24 065.22	1 269.23
印度尼西亚	13 937.49	13 589.95	347.54
英国	20 305.92	18 359.15	1 946.77
英属维尔京群岛	0.23	0.23	
约旦	655.77	655.77	
越南	28 230.22	22 401.43	5 828.79
赞比亚	1 430.14	1 120.59	309.55
乍得	10.00	10.00	
智利	7 909.34	7 006.68	902.66
中非	0.04	0.04	
中华人民共和国	23 009.01		23 009.01

注:表中数据为市商务局提供快报数。

15-5 按贸易方式分海关货物进出口总值

(2017年)

贸易方式	人民币(万元)			美元(万美元)		
	进出口总值	出口值	进口值	进出口总值	出口值	进口值
总　　计	**6 692 313**	**4 282 706**	**2 409 607**	**988 610**	**632 405**	**356 205**
一般贸易	5 545 221	3 632 824	1 912 397	819 091	536 352	282 739
国家间、国际组织无偿援助和赠送的物资	2 075	2 075		308	308	
来料加工装配贸易	23 635	15 364	8 270	3 489	2 267	1 222
进料加工贸易	994 058	526 838	467 220	146 802	77 788	69 014
外商投资企业作为投资进口的设备、物品	340		340	51		51
对外承包工程出口货物	103 331	103 331		15 351	15 351	
保税监管场所进出境货物	94	30	64	14	4	9
海关特殊监管区域物流货物	14 512	383	14 128	2 158	57	2 101
海关特殊监管区域进口设备	4 847		4 847	720		720
其　　他	4 201	1 859	2 342	625	277	348

注:表中数据为市商务局提供快报数。

15－6 外商直接投资情况

年 份 地 区	项 目 数 (个)	合同外资金额 (万美元)	实际利用外资 (万美元)
2001	65	17 381	10 202
2002	149	53 239	34 233
2003	172	73 579	53 656
2004	195	104 743	71 550
2005	187	111 479	83 026
2006	174	120 976	93 520
2007	155	148 992	101 961
2008	137	134 407	111 768
2009	145	152 387	125 089
2010	304	235 619	147 655
2011	185	319 599	168 160
2012	164	249 575	190 259
2013	176	246 918	211 657
2014	189	306 128	232 115
2015	82	98 858	261 656
2016	72	128 446	288 964
2017(省口径)	52	192 480	318 065
(市口径)			386 418
东 湖 区	6	8 595	26 394
西 湖 区	4	54 686	32 615
青云谱区	2	500	22 009
湾 里 区		－76	
青山湖区	6	1 502	44 286
新 建 区	3	15 784	28 402
南 昌 县	8	74 024	55 847
安 义 县	1	455	5 957
进 贤 县	1	145	13 310
经济开发区	6	1 107	67 771
高新开发区	10	23 917	68 522
红谷滩新区	5	11 841	21 305

注:表中数据由市投资促进局提供,湾里区 2017 年有企业降低合同外资金额。

15－7　外商在南昌直接投资情况

（2017 年）

类　　别	项 目 数（个）	合同外资金额（万美元）	实际利用外资（万美元）
总　　计	**52**	**192 480**	**386 418**
按投资方式分			
合资经营企业	21	37 027	67 663
合作经营企业	1	2 285	10 242
外资企业	28	152 879	251 937
外商投资股份制企业	2	289	56 576
按国民经济行业分			
农、林、牧、渔业	1	2 539	4 952
农业	1	3 000	4 952
林业			
渔业		－461	
农、林、牧、渔专业及辅助性活动			
采矿业	1	455	100
非金属矿采选业	1	455	100
制造业	14	30 143	189 258
农副食品加工业			
食品制造业		300	3 388
酒、饮料和精制茶制造业		5 043	3 183
纺织服装、服饰业		1 017	
皮革、毛皮、羽毛及其制品和制鞋业	1	150	2 348
木材加工和木、竹、藤、棕、草制品业	1	500	
造纸和纸制品业			
石油、煤炭及其他燃料加工业			
化学原料和化学制品制造业			
医药制造业			
橡胶和塑料制品业	1	145	1 395
非金属矿物制品业			
有色金属冶炼和压延加工业		－336	2 877
通用设备制造业			461
专用设备制造业	3	395	12 222
汽车制造业		21	40 939
铁路、船舶、航空航天和其他运输设备制造业	2	1 813	
电气机械和器材制造业	3	1 126	78 716
计算机、通信和其他电子设备制造业	3	19 972	43 729
其他制造业		－3	1
电力、热力、燃气及水生产和供应业	2	6 886	
电力、热力生产和供应业	2	6 886	
燃气生产和供应业			

15－7 续表1　　　　　　　　　　　　　　（2017 年）

类　　别	项 目 数（个）	合同外资金额（万美元）	实际利用外资（万美元）
建筑业		30	
土木工程建筑业			
建筑装饰、装修和其他建筑业		30	2 075
批发和零售业	7	2 916	6 859
批发业	6	2 909	6 859
零售业	1	7	
交通运输、仓储和邮政业	1	1 000	4 799
道路运输业		－220	
装卸搬运和仓储业	1	1 220	4 799
住宿和餐饮业	3	452	
住宿业	1	446	
餐饮业	2	6	
信息传输、软件和信息技术服务业	2	24	
互联网和相关服务			
软件和信息技术服务业	2	24	
金融业		80	19 714
其他金融业		80	19 714
房地产业	10	140 315	133 198
房地产业	10	140 315	133 198
租赁和商务服务业	3	474	16 777
租赁业			
商务服务业	3	474	16 777
科学研究和技术服务业	4	3 761	2 752
专业技术服务业	3	3 710	2 752
科技推广和应用服务业	1	51	
水利、环境和公共设施管理业			990
公共设施管理业			990
居民服务、修理和其他服务业			308
居民服务业			
其他服务业			308
教育	1	30	
教育	1	30	
卫生和社会工作	2	3 078	6 410
卫生	1	78	3 901
社会工作	1	3 000	2 509
文化、体育和娱乐业	1	300	300
广播、电视、电影和录音制作业	1	300	300
文化艺术业			

15－7 续表 2 （2017 年）

类　　别	项 目 数（个）	合同外资金额（万美元）	实际利用外资（万美元）
按投资国别(地区)分			
亚洲	38	180 649	337 374
孟加拉国	1	43	
文莱		－170	
中国香港	26	173 030	325 277
日本	1	530	
中国澳门	1	145	
巴基斯坦	1	200	150
菲律宾			
新加坡	1	50	6 995
韩国			
泰国			
中国台湾	7	6 821	4 952
欧洲	5	3 740	6 488
比利时	1	43	
英国			200
德国	2	2 352	
法国			6 288
意大利			
荷兰		1 300	
瑞典	1	44	
瑞士			
乌克兰	1	1	
南美洲		384	13 248
开曼群岛			12 448
英属维尔京群岛		384	800
北美洲	3	－128	12 448
加拿大	2	157	
美国	1	－285	12 448
大洋洲		300	9 661
澳大利亚			
斐济			
萨摩亚		300	9 661
其他	6	7 535	7 199
创业投资公司投资	1	145	
投资性公司投资	5	7 390	7 199

注：表中数据由市投资促进局提供。

15－8　外商投资企业年底注册登记情况

（2017 年）

类　　别	新批外商投资企业数业数(户)	合同外资金额（万美元）	实际利用外资（万美元）
总　　计	**4 062**	**2 833 426**	**2 743 668**
按投资方式分			
合资经营企业	1 576	442 733	488 839
合作经营企业	106	61 570	49 782
外资企业	2 373	2 306 124	1 958 354
外商投资股份制企业	7	22 999	246 694
其他外商投资企业			
外商投资企业分支机构			

注:表中数据由市投资促进局提供。

15－9 旅游业发展情况

年　　份	旅游总收入（亿元）	增速%
2006	55.32	19.5
2007	66.73	20.6
2008	76.11	14.1
2009	85.85	12.8
2010	100.80	17.4
2011	145.54	44.4
2012	202.00	38.8
2013	275.95	36.6
2014	386.25	40.0
2015	537.90	39.3
2016	816.80	51.8
2017	1 204.60	47.5

注:表中数据为市旅发委提供。

15－10 入境旅游情况

指　　标	2010	2011	2012	2013	2014	2015	2016	2017
旅游外汇收入								
绝对值(万美元)	3 069	4 650	5 300	6 390	6 803	7 415	8 603	9 971
比上年增长%	－3.1	16.3	14.0	20.6	6.5	9.0	16.0	15.9
接待海外旅游者人数								
绝对值(人次)	120 524	143 600	184 466	201 782	207 830	222 008	251 000	278 600
比上年增长%	15.8	18.7	28.5	9.4	3.0	6.8	13.1	11.0

注:表中数据为市旅发委提供,2017 年起接待海外旅游者人数含过境一日游客。

15－11　星级饭店接待入境旅游者人数

指　　标	接待总人数(人次)							
	2010	2011	2012	2013	2014	2015	2016	2017
合　　计	**120 524**	**143 600**	**184 466**	**201 782**	**207 830**	**222 008**	**251 000**	**265 009**
外国人	**86 552**	**96 498**	**84 854**	**95 082**	**97 268**	**97 117**	**108 681**	**116 267**
亚洲小计	**23 106**	**25 303**	**23 081**	**29 568**	**33 789**	**41 518**	**46 022**	**42 557**
日　本	5 789	6 358	3 230	3 180	4 180	6 726	8 017	6 249
韩　国	5 257	5 769	6 920	9 505	11 126	8 800	10 862	3 761
蒙　古	26	30	25	23	20	65	4	31
印度尼西亚	997	1 082	1 120	1 350	1 280	2 463	2 314	2 907
马来西亚	1 279	1 359	1 380	1 650	1 518	1 257	1 156	2 555
菲律宾	1 278	1 420	1 020	1 378	1 213	731	903	2 277
新加坡	2 055	2 108	2 200	2 659	2 553	2 792	2 874	3 524
泰　国	1 180	1 308	1 508	3 506	5 638	10 750	11 453	9 156
印　度	1 711	1 911	1 801	2 151	1 936	2 074	1 727	1 496
越　南	488	505	520	630	570	451	610	1 196
缅　甸	45	50	45	46	50	91	70	928
朝　鲜	88	90	92	90				2
巴基斯坦	356	506	510	550	570	667	881	1 447
其　他	2 557	2 807	2 710	2 850	3 135	4 651	5 151	7 028
欧洲小计	**19 096**	**21 173**	**19 639**	**21 258**	**22 136**	**18 787**	**25 289**	**32 732**
英　国	3 231	3 501	3 280	3 580	4 296	2 730	4 469	5 086
法　国	2 823	3 320	2 240	2 680	2 814	2 027	3 866	4 951
德　国	2 470	2 680	2 808	3 049	2 896	2 127	3 730	4 689
意大利	1 802	2 008	1 980	2 037	1 833	1 823	2 288	3 458
瑞　士	278	305	300	308	323	522	815	1 532
瑞　典	321	350	320	350	368	507	666	1 265
俄罗斯	2 284	2 584	2 803	3 105	3 726	2 835	3 075	3 330
西班牙	2 121	2 320	2 108	2 309	2 424	1 532	1 826	2 670
其　他	3 766	4 105	3 800	3 840	3 456	4 684	4 554	5 751
美洲小计	**35 485**	**39 136**	**31 031**	**30 255**	**25 779**	**16 813**	**15 574**	**15 205**
美　国	30 527	33 528	25 215	24 125	19 203	13 586	12 513	12 691
加拿大	2 258	2 503	2 608	2 780	3 058	1 515	1 687	1 453
其　他	2 700	3 105	3 208	3 350	3 518	1 712	1 374	1 061
大洋洲小计	**2 971**	**3 206**	**3 116**	**3 358**	**3 271**	**4 336**	**4 068**	**4 085**
澳大利亚	1 757	1 850	1 808	1 950	2 145	1 859	1 898	1 776
新西兰	778	850	802	889	711	1 105	1 161	1 348
其　他	436	506	506	519	415	1 372	1 009	961
非洲小计	**5 796**	**7 580**	**7 905**	**10 563**	**12 195**	**15 305**	**17 688**	**20 562**
其他小计	**98**	**100**	**82**	**80**	**98**	**358**	**40**	**1 126**
港澳同胞	**18 998**	**29 387**	**74 758**	**80 325**	**69 250**	**71 379**	**72 503**	**88 094**
#香港同胞	17 142	23 071	56 467	60 606	51 132	44 330	48 590	56 207
台湾同胞	**14 974**	**17 715**	**24 854**	**26 375**	**41 312**	**53 512**	**69 816**	**60 648**

15－12　国内旅游收入情况

指　　标	2010	2011	2012	2013	2014	2015	2016	2017
国内旅游收入								
绝对值(亿元)	98	143	199	272	382	533	811	1 198
比上年增长%	17.1	45.4	39.3	36.9	40.45	39.5	52.1	47.8
接待国内旅游人数								
绝对值(万人次)	1 498	2 094	2 519	3 282	4 266	5 512	8 276	12 029
比上年增长%	22.1	39.8	20.3	30.3	29.98	29.2	50.1	45.3

15－13　“春节、五一、十一”旅游情况

年　　份	旅游人数（万人次）			旅游收入（万元）		
	春　节	五　一	十　一	春　节	五　一	十　一
2010	75	88	334	31 600	34 024	95 000
2011	81	102	317	34 180	39 638	103 656
2012	98	121	448	47 800	49 865	130 813
2013	114	146	475	57 600	61 132	140 910
2014	138	198	539	72 460	80 388	194 738
2015	167	282	675	91 372	117 527	271 659
2016	251	432	953	132 672	175 468	428 677
2017	361	628	1 348	193 170	248 813	678 600

15－14　全市星级饭店一览表

（2017 年）

项　　目	客房数(间)	床位数(床)	电　话	地　　址	属地
五　星　级(8 个)					
江西宾馆	228	407	86206666	八一大道 368 号	东湖区
凯莱大酒店(停业)	327	442	86738855	沿江北大道 39 号	东湖区
锦峰大酒店	167	307	88867777	站前西路 281 号	西湖区
园中源酒店	189	283	88863333	火炬大街 539 号	高新区
嘉来特和平	390	585	86111118	广场南路 10 号	西湖区
泰耐克酒店	209	299	88828888	新府路 28 号	红谷滩新区
东方豪景	346	519	86288888	民德路 411 号	东湖区
力高皇冠	380	530	86699999	沿江中大道 266 号	西湖区
四　星　级(21 个)					
赣江宾馆	312	589	86221159	八一大道 138 号	西湖区
锦都皇冠	214	353	86429999	洪城路 99 号	西湖区
江西饭店	318	505	88858888	八一大道 356 号	东湖区
国贸酒店	243	364	88855555	洪城路 2 号	青云谱区
白璐会所	87	164	88121888	师大瑶湖校区	青山湖区
百瑞四季	224	430	88688198	洪都北大道 10 号	东湖区
京西宾馆	178	331	88850666	省府大院南一路	东湖区
玉泉岛酒店	106	212	88111111	文博路 33 号	青山湖区
七星商务	230	352	88866666	南京西路 225 号	东湖区
鑫峰假日	149	242	88822222	会展路 29 号	红谷滩新区
富庭苑(停业)	199	344	85236666	井冈山大道 388 号	青云谱区
新吉花园	198	329	83822222	丰和北大道 299 号	红谷滩新区
立生国际	214	371	88210999	解放东路 1888 号	青山湖区
进贤皇庭	199	340	85539666	胜利中路 68 号	进贤县
唯客丽晶	390	475	88599999	洛阳路 70 号	西湖区
军山湖酒店	150	258	85680888	胜利中路 138 号	进贤县
君亭红牛	205	343	86300666	二七南路 552 号	西湖区
锦怡大酒店	220	386	86127777	洛阳路 25 号	西湖区
鼎昇大酒店	268	440	87788888	洪都南大道 207 号	青云谱区
琴源山庄	51	116	88681000	乌井路 28 号	湾里区

15－14 续表 （2017 年）

项　　目	客房数(间)	床位数(床)	电　话	地　　址	属地
洗药湖山庄(停业)	38	76	88682222	梅岭风景区云顶一号	湾里区
三　星　级(22 个)					
铁路大酒店	129	218	86108108	二七南路 238 号	西湖区
明园大酒店	150	283	87038888	二七南路 527 号	西湖区
核工宾馆	132	271	86351118	北京西路 134 号	西湖区
东城宾馆	144	236	88355999	京东大道 777 号	青山湖区
银龙大酒店(停业)	117	206	88456888	洪都大道 312 号	青云谱区
体育宾馆	150	285	86203288	福州路 28 号	东湖区
华宇商务	167	280	88456666	井岗山大道 685 号	西湖区
春都商务	96	172	83729999	红谷滩丽景路 666	红谷滩新区
阳光假日	116	160	82108888	二七北路 520 号	东湖区
百胜宾馆	125	224	88226999	顺外路 578 号	青山湖区
滕王阁宾馆	98	146	86651365	桃花北路 1 号	东湖区
绿洲假日	120	200	88113366	上海北路 608 号	青山湖区
新都宾馆	126	235	87073999	长堎镇解放路 346 号	新建区
豫章假日	45	63	83791888	兴湾大道 222 号	湾里区
北斗星商务酒店	100	169	83098888	翠苑路 802 号	红谷滩新区
东申商务宾馆	151	297	88356329	北京东路 1225	青山湖区
大客天下度假酒店	51	88	87193088	太平镇狮山茶场	湾里区
南昌君来大酒店	215	374	86200333	北京西路 259 号	东湖区
永恒经典酒店	143	220	)82219788	永外正街 8 号	东湖区
开心优品酒店	101	156	82201888	江大南路 125 号	东湖区
互有精品酒店	166	300	88619888	福山路 96 号	西湖区
安佳商务酒店	180	286	86126699	北京西路 182 号	西湖区
二　星　级(5 个)					
江铃宾馆	122	214	85233348	迎宾北大道 290 号	青云谱区
唯客快捷酒店	98	157	88168168	洛阳路 70 号	西湖区
维也纳酒店(车站店)	212	314	86208888	站前路 168 号	西湖区
开元商务宾馆(停业)	120	205	88857378	洪城路 63 号	青云谱区
冶金商务酒店	155	262	88860810	二七南路 548 号	西湖区

主要统计指标解释

进出口总额 是指从国外(境外)进入国境的进口商品和从国内运出国境的出口商品的总金额,包括一般贸易(含进料加工)、技术成套设备进口和出口、补偿贸易、加工装配、易货贸易以及中外合资、合作和外商独资企业的进口和出口等。我国规定进口按到岸价格(CIF)计算,出口按离岸价格(FOB)计算。

利用外资 是指我国各级政府、部门、企业、中国银行和其他单位通过对外借款、吸收外商直接投资和用其他方式的境外现汇、设备、技术等。

对外借款 是我国利用外资的主要部分,包括我国通过外国政府贷款、国际金融组织贷款、外国银行商业贷款、出口信贷以及对外发行证券等方式,从国外和港澳地区筹措的资金。

外商直接投资 是指外国企业和经济组织或个人(包括华侨、港澳同胞以及我国在境外注册的企业)按我国有关政策、法规,用现汇、实物、技术等在我国境内开办外商独资企业、与我国境内的企业或经济组织共同举办中外合资经营企业、合作经营企业或合作开发资源的投资(包括外商投资收益的再投资)以及政府有关部门批准的项目投资总额内,企业从境外借人的资金。

外商其他投资 指对外借款和外商直接投资以外,用其他方式吸收的外资,包括补偿贸易、加工装配以及国际租赁等。

入境旅游者 指来中国(大陆)观光、度假、探亲访友、就医疗养、购物、参加会议或从事经济、文化、体育、宗教活动的外国人、港澳台同胞等游客(即入境旅游人数)中在中国(大陆)的旅游住宿设施内至少停留一夜的外国人、港澳台同胞。

入境旅游者不包括下列人员:

(1)应邀来华访问的政府部长以上官员及其随行人员;

(2)外国驻华使领官员、外交人员以及随行的家庭服务人员和受瞻养者;

(3)常驻中国(大陆)一年以上的外国专家、留学生、记者、商务机构人员等;

(4)乘坐国际航班过境不需要通过护照检查进入中国(大陆)口岸的中转旅客;

(5)边境地区往来的边民;

(6)回大陆定居的港澳台同胞;

(7)已在中国(大陆)定居的外国人和原已出境又返回在中国(大陆)定居的外国侨民;

(8)归国的中国(大陆)出国人员。

国内旅游者 指中国(大陆)居民离开惯常居住地在境内其他地方的旅游住宿设施内至少停留一夜,最长不超过 12 个月的国内游客。

国内旅游者应包括在中国(大陆)境内常住一年以上的外国人、港澳台同胞。但不包括到各地巡视工作的部以上领导、驻外地办事机构的临时工作人员、调遣的武装人员、到外地学习的学生、到基层锻炼的干部、到境内其他地区定居的人员和无固定居住地的无业游民。

旅游收入 游客(入境游客和国内游客)在旅游过程中(由游客或游客的代表为游客)支付的一切旅游支出就是国家(省、区、市)的旅游收入。旅游支出应包括(过夜)旅游者和一日游游客在整个游程中食、住、行、游、购、娱,以及为亲友、家人购买纪念品、礼品等方面的旅游支出,不包括为商业目的购物、购买房、地、车、船等资本性或交易性的投资、馈赠亲友的现金及给公共机构的捐赠。旅游收入包括国际旅游(外汇)收入和国内旅游收入。

国际旅游(外汇)收入 入境游客在中国(大陆)境内旅行、游览过程中用于交通、参观游览、住宿、餐饮、购物、娱乐等全部花费。

国内旅游收入 指国内游客在国内旅行、游览过程中用于交通、参观游览、住宿、餐饮、购物、娱乐等全部花费。

人天数 指旅游者在旅游目的地停留天数之和,天数按过夜数统计。一个旅游者过一夜为一人天。计算公式为:人天数 = 人数 × 逗留(过夜)天数

星级宾馆 指符合中华人民共和国《旅游饭店星级的划分与评定国家标准》暨《旅游涉外饭店星级的划分与评定国家标准 1997 年版》并经过有关旅游管理权威部门评定(验收)后授予"星级"称号的宾馆、饭店。

十六、房　地　产

REAL ESTATE

本篇内容包括：

1. 房地产开发投资
2. 房地产施工及销售
3. 房地产企业财务状况
4. 房地产企业资金及土地
5. 各县区房地产开发

房地产开发投资

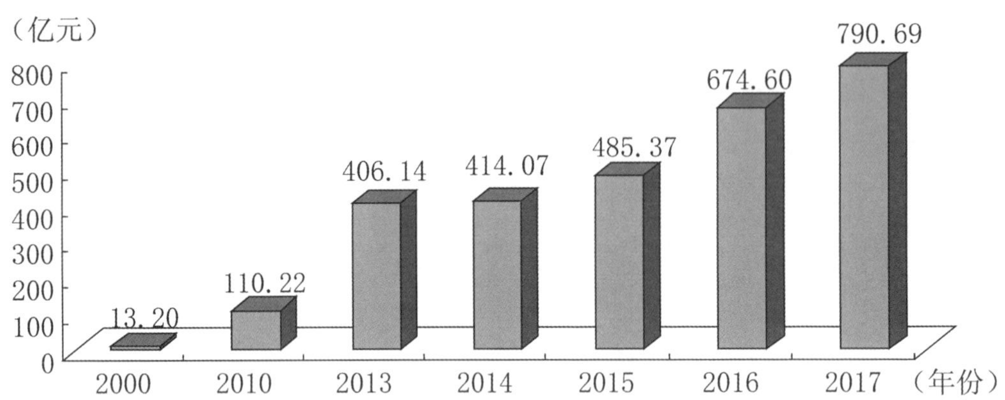

房地产施工销售情况

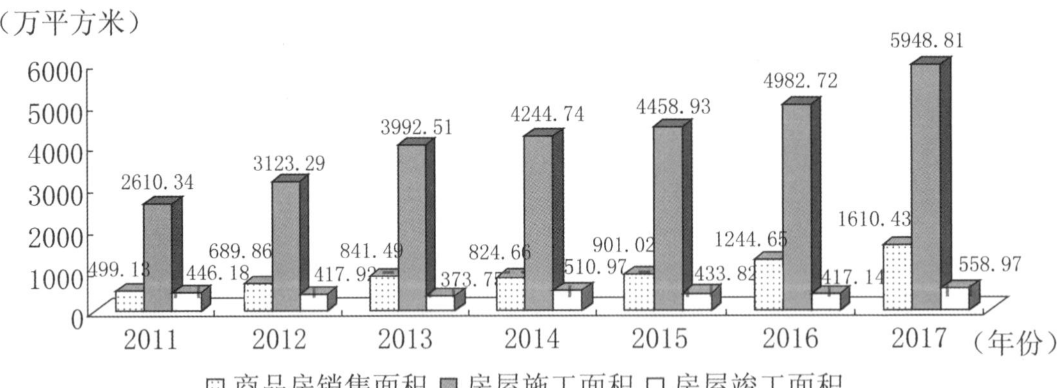

16－1　房地产开发情况

（2017 年）

指　　标	企业数（个）	计划总投资（万元）	自开始建设累计完成投资（万元）
按登记注册类型分	**522**	**51 107 605**	**34 084 552**
内资企业	479	45 928 923	30 335 827
国有企业	6	656 600	171 485
集体企业	1	83 688	30 000
国有独资公司	27	1 957 167	1 090 572
其他有限责任公司	287	30 195 183	20 595 228
股份有限公司	27	2 417 670	2 036 723
私营合伙企业	2	46 462	27 631
私营有限责任公司	123	8 398 098	5 545 410
私营股份有限公司	5	2 108 600	806 878
其他企业	1	65 455	31 900
港澳台商投资企业	34	3 661 447	2 612 671
与港澳台商合资经营企业	13	869 681	963 152
港澳台商独资经营企业	20	2 767 766	1 628 819
其他港澳台投资	1	24 000	20 700
外商投资企业	9	1 517 235	1 136 054
中外合资经营企业	6	1 266 271	988 526
外资企业	2	150 964	120 528
外商投资股份有限公司	1	100 000	27 000
按控股情况分	**522**	**51 107 605**	**34 084 552**
国有控股	98	10 219 528	7 481 460
集体控股	5	242 088	186 135
私人控股	281	23 736 799	14 615 980
港澳台商控股	35	4 008 653	2 811 256
外商控股	11	1 173 220	721 836
其他	92	11 727 317	8 267 885
按资质等级分	**522**	**51 107 605**	**34 084 552**
一级	17	1 706 390	1 550 895
二级	76	6 575 562	6 466 936
三级	80	4 984 068	3 805 858
四级	30	3 309 923	1 875 662
暂定	292	29 788 529	18 338 456
其他	27	4 743 133	2 046 745
按隶属关系分	**522**	**51 107 605**	**34 084 552**
中央	14	1 292 392	1 245 862
省	27	3 121 467	2 261 507
市	50	7 651 021	4 925 334
县(区)	110	9 301 254	6 009 172
乡镇	2	170 647	66 268
其他	317	29 391 094	19 575 393
县级及以下	2	179 730	1 016

指　　标	本年完成投资	建筑工程	安装工程	设备工器具购置
按登记注册类型分	**7 906 914**	**5 103 000**	**1 220 704**	**247 134**
内资企业	7 326 853	4 738 767	1 130 922	215 652
国有企业	120 642	118 268	2 374	
集体企业	10 000	5 500	4 300	200
国有独资公司	391 038	338 674	5 254	6 670
其他有限责任公司	4 764 700	2 996 128	804 191	109 200
股份有限公司	234 175	192 042	10 398	456
私营合伙企业	12 730	11 315	730	685
私营有限责任公司	1 537 541	906 248	245 874	88 191
私营股份有限公司	226 927	157 292	54 801	10 250
其他企业	29 100	13 300	3 000	
港澳台商投资企业	519 099	313 700	84 976	28 143
与港澳台商合资经营企业	179 000	134 816	17 725	16 400
港澳台商独资经营企业	336 599	176 984	66 451	10 943
其他港澳台投资	3 500	1 900	800	800
外商投资企业	60 962	50 533	4 806	3 339
中外合资经营企业	21 787	18 733	806	339
外资企业	12 175	11 800		
外商投资股份有限公司	27 000	20 000	4 000	3 000
按控股情况分	**7 906 914**	**5 103 000**	**1 220 704**	**247 134**
国有控股	1 591 953	1 145 804	141 932	35 940
集体控股	20 768	13 448	7 120	200
私人控股	3 964 620	2 465 074	688 335	122 521
港澳台商控股	529 433	317 594	83 216	27 343
外商控股	142 554	130 525	5 606	4 139
其他	1 657 586	1 030 555	294 495	56 991
按资质等级分	**7 906 914**	**5 103 000**	**1 220 704**	**247 134**
一级	227 727	116 089	62 478	221
二级	628 899	470 247	76 761	13 178
三级	616 577	387 318	72 572	9 746
四级	420 514	312 310	85 623	8 570
暂定	5 035 761	3 114 670	832 038	211 833
其他	977 436	702 366	91 232	3 586
按隶属关系分	**7 906 914**	**5 103 000**	**1 220 704**	**247 134**
中央	182 333	162 384	9 700	
省	358 544	171 562	36 221	7 500
市	1 536 282	995 687	317 913	51 119
县(区)	2 157 796	1 564 762	213 621	57 591
乡镇	46 268	29 574	16 494	200
其他	3 624 675	2 178 015	626 755	130 724
县级及以下	1 016	1 016		

指　　标	本年完成投资		
	其他费用	#旧建筑物购置费	#土地购置费
按登记注册类型分	**1 336 076**	**25 847**	**1 068 949**
内资企业	1 241 512	25 766	993 582
国有企业			
集体企业			
国有独资公司	40 440		38 518
其他有限责任公司	855 181	6 066	703 420
股份有限公司	31 279		9 283
私营合伙企业			
私营有限责任公司	297 228	19 700	232 361
私营股份有限公司	4 584		
其他企业	12 800		10 000
港澳台商投资企业	92 280	81	75 367
与港澳台商合资经营企业	10 059		
港澳台商独资经营企业	82 221	81	75 367
其他港澳台投资			
外商投资企业	2 284		
中外合资经营企业	1 909		
外资企业	375		
外商投资股份有限公司			
按控股情况分	**1 336 076**	**25 847**	**1 068 949**
国有控股	268 277		211 029
集体控股			
私人控股	688 690	25 766	542 279
港澳台商控股	101 280	81	75 367
外商控股	2 284		
其他	275 545		240 274
按资质等级分	**1 336 076**	**25 847**	**1 068 949**
一级	48 939	81	41 038
二级	68 713		63 248
三级	146 941		134 130
四级	14 011		2 000
暂定	877 220	25 766	656 475
其他	180 252		172 058
按隶属关系分	**1 336 076**	**25 847**	**1 068 949**
中央	10 249		10 100
省	143 261		128 996
市	171 563		129 183
县(区)	321 822	14 700	215 384
乡镇			
其他	689 181	11 147	585 286
县级及以下			

指　　标	本年完成投资				
	住宅投资	#90 平米以下住房	#90－140 平米以上住房	#140 平米以上住房	#别墅、高档公寓
按登记注册类型分	**4 863 799**	**1 351 960**	**2 748 704**	**763 135**	**165 439**
内资企业	4 556 834	1 221 533	2 610 259	725 042	141 002
国有企业	115 878	1 472	72 588	41 818	
集体企业	9 000	5 000	4 000		
国有独资公司	361 545	79 320	266 399	15 826	
其他有限责任公司	3 051 539	746 932	1 791 550	513 057	135 731
股份有限公司	86 228	33 466	50 398	2 364	
私营合伙企业	12 174	1 215	10 959		
私营有限责任公司	711 030	281 228	292 235	137 567	4 071
私营股份有限公司	180 890	65 730	102 340	12 820	1 200
其他企业	28 550	7 170	19 790	1 590	
港澳台商投资企业	274 987	107 054	134 282	33 651	24 427
与港澳台商合资经营企业	121 276	61 354	54 762	5 160	291
港澳台商独资经营企业	153 711	45 700	79 520	28 491	24 136
其他港澳台投资					
外商投资企业	31 978	23 373	4 163	4 442	10
中外合资经营企业	20 778	14 373	3 163	3 242	10
外资企业	11 200	9 000	1 000	1 200	
外商投资股份有限公司					
按控股情况分	**4 863 799**	**1 351 960**	**2 748 704**	**763 135**	**165 439**
国有控股	972 519	223 140	626 313	123 066	8 334
集体控股	18 606	8 766	6 715	3 125	3 125
私人控股	2 419 970	704 810	1 439 880	275 280	38 809
港澳台商控股	281 025	114 661	123 945	42 419	24 196
外商控股	62 503	26 426	31 645	4 432	
其他	1 109 176	274 157	520 206	314 813	90 975
按资质等级分	**4 863 799**	**1 351 960**	**2 748 704**	**763 135**	**165 439**
一级	151 509	57 213	66 231	28 065	24 045
二级	393 791	118 139	211 495	64 157	941
三级	311 921	83 434	165 072	63 415	6 942
四级	282 315	122 787	144 135	15 393	4 369
暂定	2 922 451	761 538	1 637 601	523 312	127 492
其他	801 812	208 849	524 170	68 793	1 650
按隶属关系分	**4 863 799**	**1 351 960**	**2 748 704**	**763 135**	**165 439**
中央	89 189	47 525	28 269	13 395	1 040
省	202 159	50 568	140 557	11 034	5 719
市	952 452	101 466	642 505	208 481	75 505
县(区)	1 379 021	472 842	723 514	182 665	14 540
乡镇	45 268	29 387	15 881		
其他	2 194 694	649 156	1 197 978	347 560	68 635
县级及以下	1 016	1 016			

16－1 续表4 (2017年) 单位:万元

指　　标	本年完成投资			本年新增固定资产
	办公楼	商业营业用房	其　　他	
按登记注册类型分	**660 303**	**1 679 663**	**703 149**	**2 111 979**
内资企业	616 209	1 514 415	639 395	1 498 504
国有企业	1 665	1 661	1 438	39 383
集体企业		1 000		
国有独资公司	11 446	11 150	6 897	61 800
其他有限责任公司	430 662	926 334	356 165	937 180
股份有限公司	40 346	90 109	17 492	149 048
私营合伙企业		556		
私营有限责任公司	131 085	449 660	245 766	244 736
私营股份有限公司	1 005	33 395	11 637	66 357
其他企业		550		
港澳台商投资企业	44 089	137 533	62 490	522 285
与港澳台商合资经营企业	3 358	35 527	18 839	175 007
港澳台商独资经营企业	40 731	98 506	43 651	347 278
其他港澳台投资		3 500		
外商投资企业	5	27 715	1 264	91 190
中外合资经营企业	5	315	689	47 465
外资企业		400	575	25 725
外商投资股份有限公司		27 000		18 000
按控股情况分	**660 303**	**1 679 663**	**703 149**	**2 111 979**
国有控股	131 279	302 539	185 616	242 977
集体控股	100	2 010	52	
私人控股	270 052	901 466	373 132	1 053 502
港澳台商控股	44 089	155 061	49 258	374 124
外商控股	0	65 889	14 162	167 584
其他	214 783	252 698	80 929	273 792
按资质等级分	**660 303**	**1 679 663**	**703 149**	**2 111 979**
一级	1 348	26 352	48 518	206 289
二级	16 782	177 563	40 763	272 679
三级	107 119	102 032	95 505	423 111
四级	4 000	101 595	32 604	236 572
暂定	502 407	1 176 115	434 788	896 398
其他	28 647	96 006	50 971	76 930
按隶属关系分	**660 303**	**1 679 663**	**703 149**	**2 111 979**
中央	50 931	19 762	22 451	54 775
省	45 801	66 236	44 348	93 969
市	135 502	297 663	150 665	234 776
县(区)	87 988	508 175	182 612	468 768
乡镇		1 000		
其他	340 081	786 827	303 073	1 259 691
县级及以下				

16－2　房地产销售及待售情况

（2017 年）

指　　标	合　计	住　宅	#90 平米以下住房	144 平米以上住房	别墅、高档公寓	办公楼	商业营业用房	其　他
房屋施工面积（平方米）	**59 488 109**	**42 024 294**	**11 639 023**	**4 689 184**	**1 242 495**	**4 238 354**	**7 059 718**	**6 165 743**
其中：本年新开工面积（平方米）	16 391 440	11 889 313	2 203 859	1 236 908	381 304	779 333	2 062 030	1 660 764
房屋竣工面积（平方米）	5 589 681	3 894 055	1 174 163	655 043	317 635	369 190	756 684	569 752
其中：不可销售面积（平方米）	368 571	185 223	33 372	4 623	55 157	5 312	28 416	149 620
商品住宅竣工套数（套）		36 499	14 061	3 476	2 500			
竣工房屋价值（万元）	1 541 329	1 053 264	330 106	152 969	93 780	95 797	286 051	106 217
出租房屋面积（平方米）	43 451						43 451	
商品房销售面积（平方米）	16 104 283	12 897 947	3 175 859	1 535 422	285 516	1 077 993	1 636 994	491 349
现房销售面积（平方米）	2 184 768	1 519 589	244 949	213 136	20 093	249 993	188 410	226 776
期房销售面积（平方米）	13 919 515	11 378 358	2 930 910	1 322 286	265 423	828 000	1 448 584	264 573
商品房销售额（万元）	13 731 626	10 455 643	2 464 494	1 507 018	334 575	999 192	1 968 387	308 404
现房销售额（万元）	1 398 440	859 705	130 848	196 455	19 497	206 913	245 267	86 555
期房销售额（万元）	12 333 186	9 595 938	2 333 646	1 310 563	315 078	792 279	1 723 120	221 849
商品住宅销售套数（套）		122 587	40 884	7 987	2 154			
现房销售套数（套）		13 636	3 056	970	117			
期房销售套数（套）		108 951	37 828	7 017	2 037			
待售面积（平方米）	2 443 089	1 371 107	264 937	265 580	118 041	356 474	568 604	146 904
其中：待售 1－3 年面积（平方米）	1 619 186	907 823	199 289	190 307	111 768	277 541	301 000	132 822
待售 3 年以上面积（平方米）	82 554	12 643	1 631	230		724	69 187	

16－3 房地产企业财务指标

（2017 年）

单位：万元

指标	年初存货	流动资产合计	#存货	固定资产合计
按登记注册类型分	**24 095 516**	**51 233 621**	**25 739 606**	**1 203 116**
内资企业	22 475 789	46 604 615	23 912 866	973 304
国有企业	58 865	114 798	44 015	4 076
集体企业				
国有独资公司	6 816 552	12 193 456	7 579 308	161 538
其他有限责任公司	11 050 371	24 828 891	10 877 642	292 020
股份有限公司	739 480	1 815 286	1 084 824	91 271
私营合伙企业		29 831		86
私营有限责任公司	3 338 312	6 312 425	3 684 237	113 611
私营股份有限公司	472 210	1 309 926	642 841	310 702
其他企业				
港澳台商投资企业	1 445 920	3 934 435	1 604 598	201 451
与港澳台商合资经营企业	526 832	1 419 971	598 103	26 908
港澳台商独资经营企业	857 531	2 437 028	944 547	170 769
其他港澳台投资	61 557	77 436	61 947	3 775
外商投资企业	173 807	694 571	222 143	28 360
中外合资经营企业	142 797	586 395	195 663	28 311
外资企业	30 910	107 875	26 379	49
外商投资股份有限公司	100	300	100	
按控股情况分	**24 095 516**	**51 233 621**	**25 739 606**	**1 203 116**
国有控股	9 466 285	18 479 811	10 302 649	292 322
集体控股	74 217	227 262	82 250	624
私人控股	7 928 759	17 297 752	8 652 558	537 822
港澳台商控股	1 805 179	4 593 358	1 934 014	241 291
外商控股	171 500	568 034	221 767	8 855
其他	4 649 578	10 067 402	4 546 368	122 203
按资质等级分	**24 095 516**	**51 233 621**	**25 739 606**	**1 203 116**
一级	759 333	1 651 772	659 694	70 256
二级	5 294 872	9 725 473	5 673 346	196 575
三级	6 281 004	10 760 006	6 439 311	136 098
四级	1 383 379	3 379 895	1 629 251	374 250
暂定	9 681 597	23 517 631	10 284 706	326 019
其他	695 331	2 198 845	1 053 299	99 918
按隶属关系分	**24 095 516**	**51 233 621**	**25 739 606**	**1 203 116**
中央	417 434	801 071	350 560	5 603
省	1 457 140	3 782 325	1 888 193	11 656
市	8 035 086	17 208 528	8 887 480	140 151
其他	11 883 934	25 141 112	12 120 907	860 308
县级及以下	2 301 922	4 300 585	2 492 467	185 399

指　　标	固定资产原价	固定资产累计折旧	#本年折旧	在建工程
按登记注册类型分	**1 256 537**	**230 526**	**46 034**	**986 745**
内资企业	964 107	167 777	33 497	984 662
国有企业	5 186	2 226	227	15 668
集体企业				
国有独资公司	144 212	23 519	3 538	232 111
其他有限责任公司	276 043	66 916	12 147	559 362
股份有限公司	60 571	14 555	4 116	41 124
私营合伙企业	118	32	20	21 605
私营有限责任公司	140 889	33 857	13 260	114 074
私营股份有限公司	337 088	26 672	188	720
其他企业				
港澳台商投资企业	255 359	53 908	11 715	1 784
与港澳台商合资经营企业	40 453	13 545	1 738	102
港澳台商独资经营企业	203 283	32 515	9 423	1 682
其他港澳台投资	11 623	7 848	554	
外商投资企业	37 071	8 841	822	300
中外合资经营企业	36 360	8 178	815	
外资企业	712	663	7	
外商投资股份有限公司				300
按控股情况分	**1 256 537**	**230 526**	**46 034**	**986 745**
国有控股	221 195	39 549	5 902	701 336
集体控股	1 919	1 314	163	
私人控股	615 865	100 883	21 333	216 287
港澳台商控股	297 488	56 910	14 972	1 784
外商控股	12 294	3 569	81	300
其他	107 776	28 300	3 583	67 039
按资质等级分	**1 256 537**	**230 526**	**46 034**	**986 745**
一级	89 300	19 110	1 506	
二级	254 661	69 113	14 454	8 586
三级	149 293	49 159	9 261	373 371
四级	415 685	44 674	4 424	1 349
暂定	255 386	43 288	14 733	313 786
其他	92 212	5 182	1 656	289 654
按隶属关系分	**1 256 537**	**230 526**	**46 034**	**986 745**
中央	8 547	2 944	247	
省	12 381	5 282	－490	16 060
市	149 139	20 968	6 459	530 514
其他	969 881	174 767	36 039	345 110
县级及以下	116 589	26 564	3 780	95 062

指　　标	资产总计	流动负债合　　计	#应付账款	非流动负债合计
按登记注册类型分	**64 794 053**	**34 608 880**	**3 764 890**	**14 043 995**
内资企业	59 371 137	31 344 085	3 451 342	13 337 412
国有企业	125 088	111 047	3 555	2 902
集体企业				
国有独资公司	17 657 592	4 388 484	473 498	6 643 062
其他有限责任公司	30 186 595	19 313 037	1 952 352	5 041 244
股份有限公司	2 032 192	1 324 263	143 583	250 761
私营合伙企业	54 566	52 411	3 591	
私营有限责任公司	7 064 109	4 652 022	416 634	1 009 822
私营股份有限公司	2 250 996	1 502 822	458 129	389 623
其他企业				
港澳台商投资企业	4 632 099	2 906 582	191 905	586 399
与港澳台商合资经营企业	1 621 061	1 197 972	62 946	134 933
港澳台商独资经营企业	2 929 827	1 664 008	127 653	431 996
其他港澳台投资	81 211	44 602	1 307	19 470
外商投资企业	790 817	358 213	121 644	120 183
中外合资经营企业	679 293	325 524	112 665	120 083
外资企业	111 224	32 588	8 879	
外商投资股份有限公司	300	100	100	100
按控股情况分	**64 794 053**	**34 608 880**	**3 764 890**	**14 043 995**
国有控股	25 439 895	8 735 904	858 425	7 874 374
集体控股	231 943	128 164	631	39 100
私人控股	21 462 199	13 507 424	1 489 474	3 653 270
港澳台商控股	5 413 942	3 400 358	259 792	726 059
外商控股	627 644	222 167	118 094	108 057
其他	11 618 430	8 614 863	1 038 475	1 643 134
按资质等级分	**64 794 053**	**34 608 880**	**3 764 890**	**14 043 995**
一级	2 094 031	1 288 473	53 769	310 047
二级	15 086 573	5 738 392	849 342	5 452 412
三级	12 485 493	5 081 976	324 461	2 705 037
四级	4 757 166	2 986 581	576 984	793 110
暂定	27 507 342	17 640 041	1 820 531	4 405 843
其他	2 863 449	1 873 418	139 803	377 548
按隶属关系分	**64 794 053**	**34 608 880**	**3 764 890**	**14 043 995**
中央	930 614	524 738	81 458	121 636
省	4 171 057	3 325 927	132 453	322 391
市	23 672 726	8 913 766	819 040	7 568 430
其他	30 695 844	19 762 707	2 474 158	4 784 779
县级及以下	5 323 812	2 081 741	257 783	1 246 759

16－3 续表3　　（2017年）　　单位:万元

指　　标	负债总计	所有者权益合　　计	#实收资本	营业收入
按登记注册类型分	**48 652 874**	**16 141 179**	**6 037 974**	**9 192 640**
内资企业	44 681 498	14 689 640	5 069 012	8 719 654
国有企业	113 949	11 139	12 334	4 636
集体企业				
国有独资公司	11 031 546	6 626 046	674 811	415 006
其他有限责任公司	24 354 280	5 832 315	2 946 894	6 419 481
股份有限公司	1 575 024	457 168	294 887	235 220
私营合伙企业	52 411	2 155	3 490	
私营有限责任公司	5 661 843	1 402 265	916 515	1 213 804
私营股份有限公司	1 892 445	358 552	220 080	431 507
其他企业				
港澳台商投资企业	3 492 981	1 139 117	831 624	393 336
与港澳台商合资经营企业	1 332 906	288 155	283 287	144 221
港澳台商独资经营企业	2 096 004	833 823	536 750	245 851
其他港澳台投资	64 072	17 139	11 588	3 264
外商投资企业	478 395	312 422	137 338	79 650
中外合资经营企业	445 607	233 686	125 116	12 850
外资企业	32 588	78 636	12 122	66 500
外商投资股份有限公司	200	100	100	300
按控股情况分	**48 652 874**	**16 141 179**	**6 037 974**	**9 192 640**
国有控股	16 610 278	8 829 617	1 510 722	1 577 744
集体控股	167 264	64 679	21 700	21 315
私人控股	17 160 694	4 301 506	2 557 973	4 761 071
港澳台商控股	4 126 417	1 287 526	948 098	520 326
外商控股	330 225	297 419	176 831	74 647
其他	10 257 998	1 360 433	822 650	2 237 538
按资质等级分	**48 652 874**	**16 141 179**	**6 037 974**	**9 192 640**
一级	1 598 519	495 512	162 135	342 610
二级	11 190 803	3 895 769	894 184	1 140 390
三级	7 787 013	4 698 480	818 415	1 085 946
四级	3 779 691	977 475	448 892	1 057 217
暂定	22 045 883	5 461 459	3 271 841	4 950 384
其他	2 250 965	612 483	442 508	616 094
按隶属关系分	**48 652 874**	**16 141 179**	**6 037 974**	**9 192 640**
中央	646 375	284 239	93 424	177 038
省	3 648 318	522 739	373 917	246 651
市	16 482 196	7 190 530	1 358 545	2 474 033
其他	24 547 486	6 148 359	3 878 247	5 769 876
县级及以下	3 328 500	1 995 312	333 842	525 042

指　　标	营业收入				
	主营业务收　　入	土地转让收　　入	商品房屋销售收入	房屋出租收　　入	其他收入
按登记注册类型分	**8 915 874**	**26 248**	**8 611 694**	**96 058**	**180 627**
内资企业	8 443 478	26 248	8 167 883	90 115	157 986
国有企业	4 623		3 720	346	557
集体企业					
国有独资公司	410 585	16 571	319 999	4 342	69 673
其他有限责任公司	6 152 688	9 673	5 990 324	75 646	76 858
股份有限公司	235 185		225 436	120	9 018
私营合伙企业					
私营有限责任公司	1 212 894		1 208 919	1 649	1 877
私营股份有限公司	427 502	4	419 485	8 012	2
其他企业					
港澳台商投资企业	392 746		364 822	5 391	22 532
与港澳台商合资经营企业	144 221		143 815	57	349
港澳台商独资经营企业	245 700		220 691	2 825	22 183
其他港澳台投资	2 825		316	2 509	
外商投资企业	79 650		78 989	552	110
中外合资经营企业	12 850		12 741		110
外资企业	66 500		66 148	352	
外商投资股份有限公司	300		100	200	
按控股情况分	**8 915 874**	**26 248**	**8 611 694**	**96 058**	**180 627**
国有控股	1 567 541	16 571	1 367 665	63 043	119 652
集体控股	21 315		21 315		
私人控股	4 575 479	9 677	4 521 509	19 830	23 837
港澳台商控股	520 174		483 096	6 051	31 017
外商控股	74 208		73 197	552	459
其他	2 157 157		2 144 912	6 583	5 663
按资质等级分	**8 915 874**	**26 248**	**8 611 694**	**96 058**	**180 627**
一级	342 558		326 645	1 616	14 297
二级	1 134 819		1 101 946	8 497	23 766
三级	1 081 365	16 676	961 283	6 052	97 353
四级	1 032 639		1 022 512	9 734	218
暂定	4 708 508	9 572	4 589 357	69 165	40 404
其他	615 985		609 952	995	4 589
按隶属关系分	**8 915 874**	**26 248**	**8 611 694**	**96 058**	**180 627**
中央	177 008		142 405	1 251	33 352
省	241 756		233 267	576	7 303
市	2 457 098		2 348 897	67 649	40 376
其他	5 520 244	9 677	5 444 390	26 198	39 519
县级及以下	519 768	16 571	442 736	383	60 079

指　　标	营业成本	#主营业务成本	营业税金及附加	#主营业务税金及附加
按登记注册类型分	**6 003 560**	**5 764 592**	**486 257**	**366 785**
内资企业	5 823 069	5 588 761	455 682	336 330
国有企业	2 448	2 448	97	97
集体企业				
国有独资公司	324 130	322 356	20 604	20 604
其他有限责任公司	4 243 128	4 116 527	300 411	219 079
股份有限公司	182 968	159 746	19 263	18 024
私营合伙企业				
私营有限责任公司	815 804	746 840	61 915	55 922
私营股份有限公司	254 591	240 844	53 392	22 605
其他企业				
港澳台商投资企业	144 106	139 535	26 795	26 683
与港澳台商合资经营企业	8 265	5 868	3 491	3 380
港澳台商独资经营企业	135 311	133 137	23 295	23 295
其他港澳台投资	530	530	9	9
外商投资企业	36 384	36 295	3 781	3 771
中外合资经营企业	9 613	9 534	2 293	2 293
外资企业	26 711	26 711	1 458	1 458
外商投资股份有限公司	60	50	30	20
按控股情况分	**6 003 560**	**5 764 592**	**486 257**	**366 785**
国有控股	1 244 440	1 224 937	94 084	87 948
集体控股	16 444	13 399	915	845
私人控股	2 877 830	2 696 815	248 618	179 293
港澳台商控股	250 084	231 192	38 924	38 408
外商控股	35 463	35 132	3 251	3 241
其他	1 579 299	1 563 117	100 465	57 050
按资质等级分	**6 003 560**	**5 764 592**	**486 257**	**366 785**
一级	264 715	262 606	16 866	16 202
二级	822 777	783 445	76 995	75 315
三级	745 917	687 123	49 213	36 485
四级	728 445	714 648	81 008	50 214
暂定	3 313 613	3 198 877	249 307	177 223
其他	128 093	117 893	12 869	11 346
按隶属关系分	**6 003 560**	**5 764 592**	**486 257**	**366 785**
中央	157 451	144 603	8 231	8 152
省	181 102	170 543	15 324	14 250
市	1 362 828	1 285 203	113 593	63 784
其他	3 861 056	3 728 833	332 272	263 871
县级及以下	441 123	435 409	16 838	16 729

16－3 续表6　　(2017年)　　单位:万元

指　　标	其他业务利　　润	销售费用	管理费用
按登记注册类型分	**8 368**	**355 173**	**266 060**
内资企业	7 795	324 040	233 537
国有企业	13	155	2 084
集体企业			
国有独资公司	6 993	1 479	17 494
其他有限责任公司	156	226 126	138 714
股份有限公司	20	19 841	17 616
私营合伙企业		556	45
私营有限责任公司	615	51 048	43 232
私营股份有限公司		24 835	14 353
其他企业			
港澳台商投资企业	572	28 771	29 228
与港澳台商合资经营企业	0	7 276	5 926
港澳台商独资经营企业	133	21 447	22 143
其他港澳台投资	439	49	1 159
外商投资企业		2 362	3 295
中外合资经营企业		1 358	2 469
外资企业		994	816
外商投资股份有限公司		10	10
按控股情况分	**8 368**	**355 173**	**266 060**
国有控股	6 681	31 086	44 715
集体控股		1 780	2 629
私人控股	1 048	202 055	133 607
港澳台商控股	133	40 294	39 107
外商控股	439	2 359	2 844
其他	67	77 599	43 159
按资质等级分	**8 368**	**355 173**	**266 060**
一级	9	11 260	5 746
二级	7 864	46 836	53 700
三级	129	28 001	30 569
四级	8	45 504	26 315
暂定	249	212 776	139 186
其他	109	10 796	10 544
按隶属关系分	**8 368**	**355 173**	**266 060**
中央	－109	6 515	5 646
省	36	14 673	14 420
市	6 967	66 311	35 470
其他	1 660	261 521	197 006
县级及以下	－186	6 152	13 519

指 标	财务费用	#利息支出	营业利润
按登记注册类型分	**113 256**	**53 961**	**1 381 053**
内资企业	86 882	43 250	1 357 185
国有企业	-134	1	-15
集体企业			
国有独资公司	5 064	-467	48 965
其他有限责任公司	34 245	33 991	1 083 269
股份有限公司	3 391	223	-1 033
私营合伙企业	727	600	-1 328
私营有限责任公司	26 676	8 605	165 422
私营股份有限公司	16 912	298	61 906
其他企业			
港澳台商投资企业	26 011	10 591	-9 691
与港澳台商合资经营企业	6 754	1 921	-21 590
港澳台商独资经营企业	18 413	7 749	11 226
其他港澳台投资	844	921	673
外商投资企业	363	119	33 560
中外合资经营企业	1 825	119	-4 614
外资企业	-1 502		38 023
外商投资股份有限公司	40		150
按控股情况分	**113 256**	**53 961**	**1 381 053**
国有控股	17 225	7 013	168 159
集体控股	227	231	2 342
私人控股	55 380	24 982	733 187
港澳台商控股	23 215	7 977	-19 416
外商控股	403	433	30 390
其他	16 806	13 326	466 391
按资质等级分	**113 256**	**53 961**	**1 381 053**
一级	18 108	512	27 600
二级	36 831	21 280	116 098
三级	18 101	1 793	168 462
四级	22 802	4 647	147 737
暂定	14 506	21 517	901 044
其他	2 908	4 212	20 114
按隶属关系分	**113 256**	**53 961**	**1 381 053**
中央	1 491	1 779	2 444
省	11 048	3 366	69 528
市	13 464	14 602	468 844
其他	76 905	30 358	801 688
县级及以下	10 348	3 856	38 549

16－3 续表8　　(2017年)　　单位:万元

指　　标	营业外收入	营业外支出	利润总额
按登记注册类型分	**36 428**	**33 457**	**1 384 025**
内资企业	33 275	31 024	1 359 437
国有企业		7	－22
集体企业			
国有独资公司	13 261	1 661	60 564
其他有限责任公司	18 767	25 635	1 076 401
股份有限公司	246	892	－1 680
私营合伙企业		7	－1 335
私营有限责任公司	758	2 774	163 406
私营股份有限公司	243	48	62 101
其他企业			
港澳台商投资企业	2 957	2 125	－8 858
与港澳台商合资经营企业	62	217	－21 745
港澳台商独资经营企业	2 892	1 889	12 229
其他港澳台投资	4	19	658
外商投资企业	196	308	33 447
中外合资经营企业	36	210	－4 788
外资企业	109	49	38 084
外商投资股份有限公司	50	50	150
按控股情况分	**36 428**	**33 457**	**1 384 025**
国有控股	20 970	3 164	185 965
集体控股	62	1 252	1 152
私人控股	10 948	9 262	734 873
港澳台商控股	2 970	2 843	－19 288
外商控股	190	158	30 422
其他	1 288	16 777	450 902
按资质等级分	**36 428**	**33 457**	**1 384 025**
一级	635	1 867	26 367
二级	15 153	4 474	126 777
三级	736	2 792	166 405
四级	9 426	2 148	155 014
暂定	8 062	21 545	887 560
其他	2 418	631	21 901
按隶属关系分	**36 428**	**33 457**	**1 384 025**
中央	2 098	516	4 027
省	1 551	1 756	69 323
市	17 760	15 892	470 712
其他	14 419	14 574	801 534
县级及以下	600	719	38 429

16－3 续表9 （2017年） 单位：万元

指　　标	应交所得税	本年应付工资总额	资产减值损　　失	公允价值变动收益	投资收益
按登记注册类型分	**307 723**	**159 573**	**5 994**	**225 026**	**70 915**
内资企业	283 856	146 955	6 283	225 026	70 021
国有企业	196	1 575			
集体企业					
国有独资公司	14 574	8 833	2 512		1 362
其他有限责任公司	240 577	94 369	4 667	225 026	65 077
股份有限公司	1 681	8 897	－759		2 949
私营合伙企业		109			
私营有限责任公司	21 309	23 194	－137		633
私营股份有限公司	5 519	9 980			
其他企业					
港澳台商投资企业	13 986	11 640	－259		891
与港澳台商合资经营企业	2 118	4 135	59		20
港澳台商独资经营企业	11 694	7 200	－318		871
其他港澳台投资	175	306			
外商投资企业	9 881	978	－31		2
中外合资经营企业	320	506	－31		2
外资企业	9 560	462			
外商投资股份有限公司		10			
按控股情况分	**307 723**	**159 573**	**5 994**	**225 026**	**70 915**
国有控股	43 772	31 684	2 998	－26	13 141
集体控股	－136	1 542	24		
私人控股	188 474	79 626	1 695	229 048	10 013
港澳台商控股	12 830	14 316	－318		871
外商控股	10 542	1 687			2
其他	52 239	30 718	1 595	－3 996	46 888
按资质等级分	**307 723**	**159 573**	**5 994**	**225 026**	**70 915**
一级	8 112	7 157	－304		966
二级	28 998	23 924	－124		11 047
三级	42 182	19 494	2 232	－3 996	－2 352
四级	29 345	16 254	－147	－26	66
暂定	189 316	84 765	4 326	229 048	61 187
其他	9 770	7 981	12		
按隶属关系分	**307 723**	**159 573**	**5 994**	**225 026**	**70 915**
中央	2 276	6 418	181		
省	6 682	8 930	880		59 020
市	105 201	28 111	3 051	229 048	3 992
其他	184 360	110 880	－571	－4 022	7 659
县级及以下	9 204	5 235	2 453		244

16－4 房地产企业资金和土地情况

（2017 年）

单位：万元

指 标	本年资金来源合计	上年末结余资金	本年资金来源小计	国内贷款	
					银行贷款
按登记注册类型分	**16 060 270**	**3 965 027**	**12 095 243**	**2 845 130**	**2 338 866**
内资企业	14 514 030	3 463 667	11 050 363	2 641 430	2 175 166
国有企业	199 230	105 270	93 960		
集体企业	45 002	2	45 000	25 000	25 000
国有独资公司	521 153	189 828	331 325	16 000	16 000
其他有限责任公司	9 414 788	1 872 352	7 542 436	1 869 320	1 413 906
股份有限公司	439 071	255 840	183 231	13 800	11 800
私营合伙企业	29 541	127	29 414		
私营有限责任公司	2 676 607	834 336	1 842 271	331 700	326 500
私营股份有限公司	1 159 538	205 912	953 626	385 610	381 960
其他企业	29 100		29 100		
港澳台商投资企业	1 143 689	355 920	787 769	63 600	63 600
与港澳台商合资经营企业	388 089	169 625	218 464		
港澳台商独资经营企业	747 100	186 295	560 805	58 000	58 000
其他港澳台投资	8 500		8 500	5 600	5 600
外商投资企业	402 551	145 440	257 111	140 100	100 100
中外合资经营企业	274 044	81 245	192 799	140 100	100 100
外资企业	98 507	44 195	54 312		
外商投资股份有限公司	30 000	20 000	10 000		
按控股情况分	**16 060 270**	**3 965 027**	**12 095 243**	**2 845 130**	**2 338 866**
国有控股	2 602 948	831 204	1 771 744	296 400	296 400
集体控股	59 454	3 409	56 045	25 000	25 000
私人控股	8 449 269	1 840 773	6 608 496	1 782 374	1 312 025
港澳台商控股	1 122 649	414 291	708 358	61 000	60 000
外商控股	422 087	144 575	277 512	105 600	105 600
其他	3 403 863	730 775	2 673 088	574 756	539 841
按资质等级分	**16 060 270**	**3 965 027**	**12 095 243**	**2 845 130**	**2 338 866**
一级	354 632	45 022	309 610	50 000	10 000
二级	1 646 091	684 586	961 505	207 307	204 807
三级	1 324 105	441 351	882 754	62 592	62 592
四级	1 556 163	273 117	1 283 046	415 049	414 549
暂定	9 516 790	1 993 113	7 523 677	1 826 682	1 394 418
其他	1 662 489	527 838	1 134 651	283 500	252 500
按隶属关系分	**16 060 270**	**3 965 027**	**12 095 243**	**2 845 130**	**2 338 866**
中央	265 538	105 605	159 933	76 400	76 400
省	655 130	202 898	452 232	91 900	86 900
市	2 501 657	577 297	1 924 360	506 312	114 741
县(区)	3 487 284	562 591	2 924 693	449 650	424 650
乡镇	81 270	2	81 268	25 000	25 000
其他	8 950 375	2 516 634	6 433 741	1 595 868	1 511 175
县级及以下	119 016		119 016	100 000	100 000

指　　标	本年资金来源小计			
	国内贷款	自筹资金	其他资金来　源	
	非银行金融机构贷款			#定金及预付款
按登记注册类型分	**506 264**	**2 785 839**	**6 464 274**	**3 164 956**
内资企业	466 264	2 660 611	5 748 322	2 734 705
国有企业		80 242	13 718	6 444
集体企业		4 000	16 000	16 000
国有独资公司		177 011	138 314	13 190
其他有限责任公司	455 414	1 602 039	4 071 077	2 023 663
股份有限公司	2 000	55 955	113 476	72 053
私营合伙企业		2 894	26 520	11 185
私营有限责任公司	5 200	691 070	819 501	450 331
私营股份有限公司	3 650	18 300	549 716	141 839
其他企业		29 100		
港澳台商投资企业		114 047	610 122	366 239
与港澳台商合资经营企业		84 000	134 464	115 674
港澳台商独资经营企业		27 847	474 958	250 565
其他港澳台投资		2 200	700	
外商投资企业	40 000	11 181	105 830	64 012
中外合资经营企业	40 000	1 181	51 518	41 139
外资企业			54 312	22 873
外商投资股份有限公司		10 000		
按控股情况分	**506 264**	**2 785 839**	**6 464 274**	**3 164 956**
国有控股		764 957	710 387	276 956
集体控股		7 000	24 045	20 751
私人控股	470 349	1 617 100	3 209 022	1 508 564
港澳台商控股	1 000	116 847	530 511	282 340
外商控股		17 877	154 035	111 517
其他	34 915	262 058	1 836 274	964 828
按资质等级分	**506 264**	**2 785 839**	**6 464 274**	**3 164 956**
一级	40 000	115 022	144 588	67 153
二级	2 500	237 551	516 647	315 399
三级		306 339	513 823	285 482
四级	500	82 495	785 502	294 022
暂定	432 264	1 468 596	4 228 399	2 126 573
其他	31 000	575 836	275 315	76 327
按隶属关系分	**506 264**	**2 785 839**	**6 464 274**	**3 164 956**
中央		26 693	56 840	34 391
省	5 000	115 430	244 902	99 057
市	391 571	511 963	906 085	454 812
县(区)	25 000	1 061 406	1 413 637	616 590
乡镇		40 268	16 000	16 000
其他	84 693	1 029 063	3 808 810	1 935 106
县级及以下		1 016	18 000	9 000

指　　标	本年资金来源小计 其他资金 #个人按揭贷款	本年各项应付款合计	#工程款	待开发土地面积（平方米）
按登记注册类型分	**2 380 318**	**2 347 597**	**1 121 617**	**2 477 644**
内资企业	2 152 246	2 136 437	1 025 393	2 120 797
国有企业	7 274	25 651	29	
集体企业		9 000	8 000	
国有独资公司	13 788	95 626	94 508	
其他有限责任公司	1 625 793	1 471 811	679 662	1 843 896
股份有限公司	25 455	44 689	43 309	22 000
私营合伙企业	15 333	12 132	12 132	
私营有限责任公司	275 703	417 528	168 902	254 901
私营股份有限公司	188 900	60 000	18 851	
其他企业				
港澳台商投资企业	186 254	192 824	90 619	
与港澳台商合资经营企业	18 790	49 811	32 201	
港澳台商独资经营企业	167 464	143 013	58 418	
其他港澳台投资				
外商投资企业	41 818	18 336	5 605	356 847
中外合资经营企业	10 379	12 936	205	
外资企业	31 439	5 400	5 400	
外商投资股份有限公司				356 847
按控股情况分	**2 380 318**	**2 347 597**	**1 121 617**	**2 477 644**
国有控股	159 371	519 997	245 311	195 630
集体控股	3 294	12 220	10 497	
私人控股	1 256 431	1 241 349	504 620	918 514
港澳台商控股	184 196	192 084	90 369	
外商控股	41 818	19 939	5 718	356 847
其他	735 208	362 008	265 102	1 006 653
按资质等级分	**2 380 318**	**2 347 597**	**1 121 617**	**2 477 644**
一级	20 511	144 434	19 650	
二级	168 656	229 820	134 736	117 700
三级	209 593	185 141	99 686	416 091
四级	279 068	113 082	43 490	117 244
暂定	1 610 550	1 367 990	710 386	1 332 640
其他	91 940	307 130	113 669	493 969
按隶属关系分	**2 380 318**	**2 347 597**	**1 121 617**	**2 477 644**
中央	21 449	62 936	34 826	
省	75 020	104 866	69 324	22 056
市	337 952	461 302	83 459	618 847
县(区)	593 648	702 025	411 974	855 725
乡镇		9 000	8 000	
其他	1 343 249	1 007 468	514 034	981 016
县级及以下	9 000			

指　　标	本年购置土地面积(平方米)	本年土地成交价款	#拆迁补偿费
按登记注册类型分	**1 484 582**	**727 388**	**588**
内资企业	1 127 735	700 796	588
国有企业			
集体企业			
国有独资公司	87 831	36 080	
其他有限责任公司	748 773	526 391	588
股份有限公司			
私营合伙企业			
私营有限责任公司	291 131	138 325	
私营股份有限公司			
其他企业			
港澳台商投资企业			
与港澳台商合资经营企业			
港澳台商独资经营企业			
其他港澳台投资			
外商投资企业	356 847	26 592	
中外合资经营企业			
外资企业			
外商投资股份有限公司	356 847	26 592	
按控股情况分	**1 484 582**	**727 388**	**588**
国有控股	87 831	36 080	
集体控股			
私人控股	924 371	515 915	588
港澳台商控股			
外商控股	356 847	26 592	
其他	115 533	148 801	
按资质等级分	**1 484 582**	**727 388**	**588**
一级			
二级	69 934	16 364	
三级	77 829	34 580	
四级			
暂定	1 015 117	386 291	588
其他	321 702	290 153	
按隶属关系分	**1 484 582**	**727 388**	**588**
中央			
省			
市	480 921	170 223	
县(区)	301 323	230 093	
乡镇			
其他	702 338	327 072	588
县级及以下			

16－5 各地区房地产开发和经营指标

（2017 年）

指　　标	全　市	东湖区	西湖区	青云谱区	湾里区	青山湖区
企业个数(个)	**522**	**12**	**52**	**25**	**31**	**25**
投资额和新增固定资产(万元)						
投资额						
按登记注册类型分	8 975 863	184 276	1 246 784	545 024	376 298	177 309
内　资	7 326 853	155 570	760 378	464 466	275 405	149 904
#国　有	120 642	2 361				
集　体	10 000					
联　营						
股份有限公司	234 175	22 070	32 573	272	12 963	7 933
私营						
其他内资	29 100			29 100		
港澳台商投资	519 099		85 903	3 283	29 557	27 304
外商投资	60 962			1 175		
按构成分	8 975 863	184 276	1 246 784	545 024	376 298	177 309
建筑工程	5 103 000	83 151	301 292	220 704	218 868	123 094
安装工程	1 220 704	24 072	124 698	81 699	6 059	45 290
设备工器具购置	247 134	12 576	656	64 890	107	221
其他费用	1 336 076	35 771	419 635	101 631	79 928	8 603
#土地购置费	1 068 949	28 706	400 503	76 100	71 336	101
按工程用途分	8 975 863	184 276	1 246 784	545 024	376 298	177 309
住　宅	4 863 799	92 636	458 632	208 821	210 957	148 261
#90 平方米及以下住房	1 351 960	9 865	25 576	72 202	75 898	71 994
别墅、高档公寓	165 439		8 340	4 329	25 356	24 808
办公楼	660 303	23 395	69 945	39 817	2 507	3 166
商业营业用房	1 679 663	24 775	222 602	135 834	18 775	14 344
其　他	703 149	14 764	95 102	84 452	72 723	11 437
本年新增固定资产(万元)	**2 111 979**	**57 335**	**32 539**	**195 671**	**33 012**	**900**
土地开发情况(平方米)						
本年购置土地面积	1 329 423			137 002		
本年资金来源小计(万元)	**10 672 517**	**209 321**	**1 014 414**	**459 469**	**385 397**	**478 463**
国内贷款	2 615 788	37 510	120 606	76 622	17 030	54 500
#银行贷款	2 112 524	26 360	119 578	73 707	16 130	54 500
非银行金融机构贷款	503 264	11 150	1 028	2 915	900	
利用外资						
#外商直接投资						
自筹资金	2 444 882	91 686	170 751	195 600	223 293	126 402
#自有资金						
其他资金来源	5 611 847	80 125	723 057	187 247	145 074	297 561
#定金及预付款	2 684 053	20 903	400 115	70 388	83 599	167 870
个人按揭贷款	2 143 192	2 379	244 993	71 170	61 475	120 308
房屋施工、竣工和销售、出租情况(平方米)						
房屋施工面积	59 488 109	605 511	4 851 243	2 402 784	2 411 019	2 163 972
住　宅	42 024 294	383 279	3 124 234	1 791 414	1 936 441	1 667 798
#90 平方米及以下住房	11 639 023	118 435	448 156	575 544	555 347	528 123
别墅、高档公寓	1 242 495		30 200	86 583	265 985	103 853
办公楼	4 238 354	64 759	612 472	155 056	71 642	71 985
商业营业用房	7 059 718	61 046	537 235	249 557	135 981	234 391

16－5 续表1

指　　标	新建区	南昌县	安义县	进贤县	经济开发区	高新开发区	红谷滩新区
企业个数(个)	**42**	**113**	**8**	**37**	**36**	**54**	**87**
投资额和新增固定资产(万元)							
投资额							
按登记注册类型分	650 704	911 585	39 369	172 908	713 888	714 943	3 242 775
内　资	506 522	814 910	38 369	158 245	537 117	582 839	2 883 128
#国　有		6 907					111 374
集　体		10 000					
联　营							
股份有限公司	3 100	8 121		43	14 571		132 529
私营							
其他内资							
港澳台商投资	75 617	58 350		12 000	71 491	61 960	93 634
外商投资		32 667					27 120
按构成分	650 704	911 585	39 369	172 908	713 888	714 943	3 242 775
建筑工程	387 539	709 410	30 139	139 367	386 880	423 160	2 079 396
安装工程	89 531	122 836	3 916	22 145	85 980	132 678	481 800
设备工器具购置	2 903	23 781	2 000	1 147	18 330	10 336	110 187
其他费用	102 166	49 900	2 314	7 586	117 418	78 625	332 499
#土地购置费	68 565	5 658	1 000	2 663	105 280	70 144	238 893
按工程用途分	650 704	911 585	39 369	172 908	713 888	714 943	3 242 775
住　宅	369 960	678 389	18 028	133 756	480 313	340 799	1 723 247
#90平方米及以下住房	142 319	328 141	100	20 919	237 599	65 201	302 146
别墅、高档公寓	3 049	6 010			2 375	4 233	86 939
办公楼	7 005	42 490		26	36 604	127 581	307 767
商业营业用房	147 143	127 846	13 830	32 696	60 838	92 808	788 172
其　他	58 031	57 202	6 511	3 767	30 853	83 611	184 696
本年新增固定资产(万元)	**311 494**	**944 574**	**16 696**	**29 199**	**18 649**	**220 344**	**251 566**
土地开发情况(平方米)							
本年购置土地面积		72 289			103 413	218 423	798 296
本年资金来源小计(万元)		**2 367 160**	**55 017**	**201 386**	**1 022 403**	**916 161**	**3 563 326**
国内贷款		503 000		4 900	170 700	503 171	1 127 749
#银行贷款		462 500		4 700	150 700	145 100	1 059 249
非银行金融机构贷款		40 500		200	20 000	358 071	68 500
利用外资							
#外商直接投资							
自筹资金		412 309	31 796	69 381	426 610	134 727	562 327
#自有资金							
其他资金来源		1 451 851	23 221	127 105	425 093	278 263	1 873 250
#定金及预付款		778 843	11 152	68 718	247 404	187 215	647 846
个人按揭贷款		667 744	11 359	55 569	162 666	76 557	668 972
房屋施工、竣工和销售、出租情况(平方米)							
房屋施工面积	5 832 918	11 315 436	1 075 294	1 793 146	4 598 777	8 628 501	13 809 508
住　宅	4 796 980	8 801 519	448 061	1 535 594	3 557 917	4 573 518	9 407 539
#90平方米及以下住房	1 183 452	3 725 382	50 000	190 952	1 911 110	621 380	1 731 142
别墅、高档公寓	12 770	114 273		216 866	103 760	95 623	212 582
办公楼	34 383	166 714		11 025	266 169	1 596 625	1 187 524
商业营业用房	520 587	1 712 980	180 930	161 258	367 352	1 014 819	1 883 582

16－5 续表 2

指　　标	全　市	东湖区	西湖区	青云谱区	湾里区	青山湖区
房屋新开工面积(平方米)	16 391 440	244 648	848 880	372 157	994 591	199 535
住　宅	11 889 313	180 449	520 645	303 460	809 858	169 646
#90 平方米及以下住房	2 203 859			77 410	203 823	84 384
别墅、高档公寓	381 304		20 200	4 884	65 706	
办公楼	779 333	50 000	198 254	22 516	26 936	
商业营业用房	2 062 030		62 535	25 890	71 073	6 077
其　他	1 660 764	14 199	67 446	20 291	86 724	23 812
房屋竣工面积(平方米)	5 589 681	49 820	75 611	323 383	84 302	
住　宅	3 894 055	14 256		303 922	71 303	
#90 平方米及以下住房	1 174 163	2 103		55 404	39 561	
别墅、高档公寓	317 635			60 481	11 706	
办公楼	369 190		50 393	4 895	1 500	
商业营业用房	756 684	35 283	10 629	14 234	6 508	
其　他	569 752	281	14 589	332	4 991	
竣工房屋价值(万元)	1 541 329	14 509	16 627	128 791	16 904	
住　宅	1 053 264	3 992		123 033	14 260	
#90 平方米及以下住房	330 106	588		18 367	7 911	
别墅、高档公寓	93 780			37 010	2 341	
办公楼	95 797		10 695	1 468	300	
商业营业用房	286 051	10 439	3 158	4 270	1 346	
其　他	106 217	78	2 774	20	998	
商品房销售面积(平方米)	16 104 283	113 381	916 839	278 448	682 052	376 937
住　宅	12 897 947	109 781	652 887	262 788	661 665	356 052
#90 平方米及以下住房	3 175 859	312	29 665	81 229	210 273	141 541
别墅、高档公寓	285 516		35 000	3 734	10 852	
办公楼	1 077 993	2 400	105 812	11 602	15 855	1 755
商业营业用房	1 636 994	1 200	113 275	4 058	4 532	15 897
其　他	491 349		44 865			3 233
商品房销售额(万元)	13 731 626	153 838	1 211 777	314 629	440 850	407 547
住　宅	10 455 643	147 608	902 681	294 549	425 213	390 819
#90 平方米及以下住房	2 464 494	386	29 326	84 412	147 977	155 267
别墅、高档公寓	334 575		56 500	5 613	7 250	
办公楼	999 192	2 160	107 545	12 840	9 879	1 525
商业营业用房	1 968 387	4 070	147 761	7 240	5 758	13 056
其　他	308 404		53 790			2 147
商品房待售面积(平方米)	2 443 089	39 766	202 915	91 650	157 597	201 152
住　宅	1 371 107	9 037	75 754	80 479	134 911	128 501
#90 平方米及以下住房	264 937		2 482	23 243	45 609	487
别墅、高档公寓	118 041			20 823	1 465	20 879
办公楼	356 474		45 127	207	1 500	11 610
商业营业用房	568 604	30 729	37 070	10 964	10 466	32 096
其　他	146 904		44 964		10 720	28 945

16－5 续表3

指　　标	新建区	南昌县	安义县	进贤县	经济开发区	高新开发区	红谷滩新区
房屋新开工面积(平方米)	2 689 870	3 148 848	727 457	433 858	697 213	997 021	5 037 362
住　宅	2 343 140	2 609 148	140 973	349 029	505 877	477 199	3 479 889
#90平方米及以下住房	346 537	765 220		27 986	172 710	62 494	463 295
别墅、高档公寓				156 941	34 700		98 873
办公楼	1 320	4 204			89 375	181 543	205 185
商业营业用房	249 656	217 888	146 598	57 336	54 886	220 901	949 190
其　他	95 754	317 608	439 886	27 493	47 075	117 378	403 098
房屋竣工面积(平方米)	700 114	2 515 234	120 742	143 231	76 011	659 866	841 367
住　宅	600 158	1 873 050	31 718	132 249	51 825	381 364	434 210
#90平方米及以下住房	193 764	716 186			10 685	111 123	45 337
别墅、高档公寓	8 402	77 576		82 703	28 424	48 343	
办公楼		75 339				58 822	178 241
商业营业用房	52 478	455 747	6 682	10 982	9 597	74 418	80 126
其　他	47 478	111 098	82 342		14 589	145 262	148 790
竣工房屋价值(万元)	172 977	780 043	16 623	27 699	16 339	188 924	161 893
住　宅	154 559	522 555	8 881	25 670	12 170	113 437	74 707
#90平方米及以下住房	49 647	210 750			2 992	33 529	6 322
别墅、高档公寓	2 269	13 975		18 188	5 618	14 379	
办公楼		17 905				17 542	47 887
商业营业用房	12 988	207 036	1 891	2 029	2 687	20 009	20 198
其　他	5 430	32 547	5 851		1 482	37 936	19 101
商品房销售面积(平方米)	3 369 251	3 403 111	482 946	723 979	1 262 558	1 560 214	2 934 567
住　宅	2 878 864	2 943 961	251 266	708 414	1 045 506	957 425	2 069 338
#90平方米及以下住房	898 226	831 316	50 000	4 471	442 110	116 743	369 973
别墅、高档公寓		19 204		85 410	11 755	21 024	98 537
办公楼	77 008	68 375			63 585	307 735	423 866
商业营业用房	323 606	390 238	120 201	15 565	95 322	160 908	392 192
其　他	89 773	537	111 479		58 145	134 146	49 171
商品房销售额(万元)	2 542 832	2 512 542	167 356	354 363	1 109 684	1 160 012	3 356 196
住　宅	1 942 537	2 095 901	93 615	343 225	916 570	672 095	2 230 830
#90平方米及以下住房	616 048	619 043	13 500	2 125	376 895	91 113	328 402
别墅、高档公寓		11 781		46 012	15 151	19 346	172 922
办公楼	56 824	42 982			41 369	251 550	472 518
商业营业用房	474 672	373 506	49 766	11 138	126 432	147 501	607 487
其　他	68 799	153	23 975		25 313	88 866	45 361
商品房待售面积(平方米)	28 393	662 540		255 547	183 993	75 811	543 725
住　宅	24 232	398 194		182 309	120 534	14 774	202 382
#90平方米及以下住房	2 914	160 149		177	12 370		17 506
别墅、高档公寓	9 188	2 814		24 473	14 300	13 297	10 802
办公楼		68 403			10 919	46 585	172 123
商业营业用房	4 161	195 928		73 238	37 453	8 525	127 974
其　他		15			15 087	5 927	41 246

主要统计指标解释

房地产开发投资 是指房地产开发公司、商品房建设公司及其他房地产开发法人单位和附属于其他法人单位实际从事房地产开发或经营的活动单位统一开发的包括统筹待建、拆迁还建的住宅、厂房、仓库、饭店、宾馆、度假村、写字楼、办公楼等房屋建筑物和配套的服务设施,土地开发工程(如道路、给水、排水、供电、供热、通讯、平整场地等基础设施工程)的投资;不包括单纯的土地交易活动。

房地产开发投资按工程用途分 房地产开发投资按工程用途分为住宅、办公楼、商业营业用房和其他;住宅按照户型结构可以划分为90平方米以下住房、144平方米以上住房等。

(1)住宅:指专供居住的房屋,包括别墅、公寓、职工家属宿舍和集体宿舍(包括职工单身宿舍和学生宿舍)等,但不包括住宅楼中作为人防用、不住人的地下室等。

(2)90平方米以下住房:指在房地产开发企业(单位)投资建设的商品住宅中,套型建筑面积不超过90平方米(包括90平方米)的住房。

(3)144平方米以上住房:指在房地产开发企业(单位)投资建设的商品住宅中,套型建筑面积超过144平方米(不包括144平方米)的住房。

(4)办公楼:指企业、事业、机关、团体、学校、医院等单位使用的各类办公用房(又称写字楼)。

(5)商业营业用房:指商业、粮食、供销、饮食服务业等部门对外营业的用房,如度假村、饭店、商店、门市部、粮店、书店、供销店、菜店、加油站、日杂等房屋。

(6)其他:凡不属于上述各项用途的房屋建筑物,如中小学教学用房、托儿所、幼儿园、图书馆、体育馆等。

房屋建筑面积 房屋建筑面积是从房屋建筑物勒脚以上外墙外围的水平截面积,包括房屋建筑物的有效面积和结构面积,包括房屋结构(如柱、墙)占用的面积和地下室面积。多层建筑按各自然层面积计算,包括房屋内的楼隔层,突出墙面的眺望间、门斗、有柱雨罩的面积。不包括突出墙面结构的构件、艺术装饰等所占的面积,如台阶等。凹阳台、桃台按其水平投影面积一半计算建筑面积。

施工面积 是指报告期内施工的全部房屋建筑面积。包括本期新开工的面积和上期开工跨入本期继续施工的房屋面积,以及上期已停建在本期恢复施工的房屋面积。

新开工面积 指报告期内新开工建设的房屋面积,以单位工程为核算对象。不包括在上期开工跨入报告期继续施工的房屋建筑面积和上期停缓建而在本期复工的建筑面积。房屋的开工面积指整栋房屋的全部建筑面积,不能分割计算。

竣工面积 指报告期内房屋建筑按照设计要求已全部完工,达到住人和使用条件,经验收鉴定合格或达到竣工验收标准,可正式移交使用单位的各栋房屋建筑面积的总和。

销售面积 指报告期内出售商品房屋的合同总面积(即双方签署的正式买卖合同中所确定的建筑面积)。由现房销售面积和期房销售面积两部分组成。

待售面积 指报告期末已竣工的可供销售或出租的商品房屋建筑面积中,尚未销售或出租的商品房屋建筑面积,包括以前年度竣工和本期竣工的房屋面积,但不包括报告期已竣工的拆迁还建、统建代建、公共配套建筑、房地产公司自用及周转房等不可销售或出租的房屋面积。

十七、科技·教育·文化

GENERAL SURVEY

本篇内容包括：

1. 科技事业情况
2. 教育事业情况
3. 文化事业情况

高等学校在校学生数

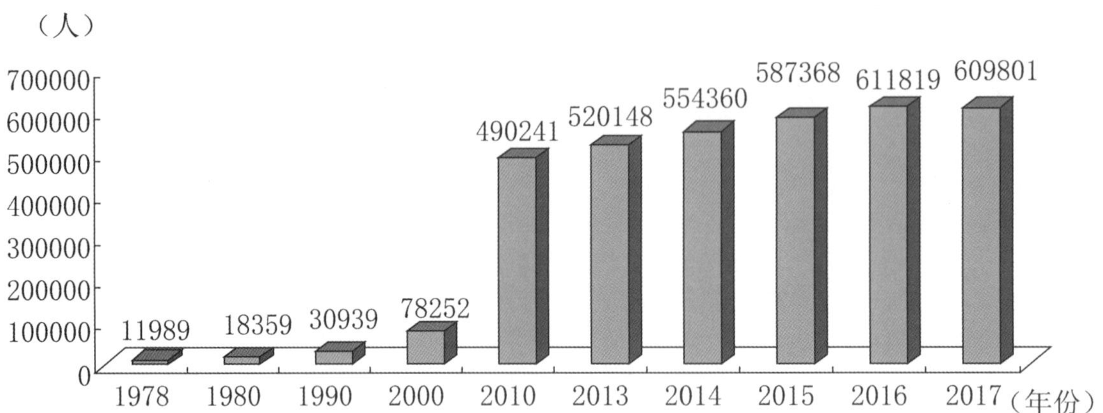

中等专业学校在校学生数

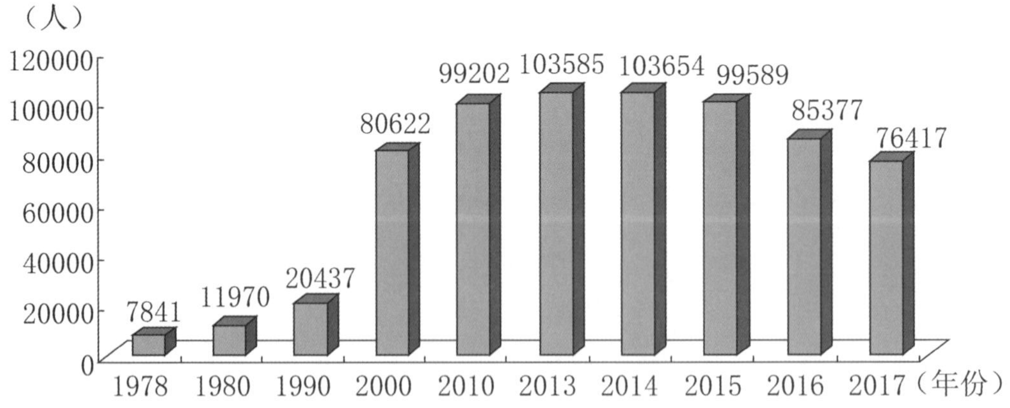

17－1 R&D 经费内部支出

（2010－2017）

年　份	R&D 经费内部支出（亿元）	规上工业企业	R&D 经费内部支出与 GDP 比值（%）
2010	42.89	25.96	1.94
2011	44.20	28.14	1.64
2012	46.74	30.03	1.56
2013	53.54	33.11	1.58
2014	59.41	39.72	1.60
2015	63.72	43.35	1.59
2016	71.42	50.49	1.62
2017	81.02	56.78	1.68

17－2 规模以上工业企业研究与试验发展情况

指　标	2016	2017
企业基本情况		
有 R&D 活动企业数	213	202
有研发机构企业数	107	101
R&D 活动人员情况		
R&D 人员合计(人)	19 593	18 767
R&D 人员折合全时当量合计(人年)	16 030	14 606
R&D 活动经费支出情况		
R&D 经费内部支出合计(万元)	504 869	567 827
R&D 经费外部支出合计(万元)	28 651	32 849
企业办研发机构情况		
期末机构数	156	159
机构人员合计(人)	13 707	16 328
机构经费支出(万元)	416 845	568 063
科技活动产出及相关情况		
自主知识产权情况		
专利申请数(件)	3 675	4 596
#发明专利	1 105	1 411
期末有效发明专利数(件)	1 744	3 676
新产品开发、生产及销售情况		
新产品开发项目数(个)	1 716	2 015
新产品开发经费支出(万元)	625 985	755 213
新产品产值(万元)	7 980 665	8 708 538
新产品销售收入(万元)	7 793 895	8 728 450
其他情况		
发表科技论文	673	460
期末拥有注册商标(件)	2 886	2 784
形成国家或行业标准(个)	62	65

17－3　技术市场基本情况

（2017 年）

统计指标	登记合同数（份数）	合同成交总金额（万元）	#技术交易额
合　　计	**1 791**	**428 401.47**	**382 830.82**
技术开发	821	95 898.07	95 537.64
技术转让	130	53 186.73	53 096.73
技术咨询	136	20 336.16	20 316.02
技术服务	704	258 980.51	213 880.43

17－4　专利申请量和授权量

（2017 年）

单位:项

	专利申请量				专利授权量			
	合计	发明	实用新型	外观设计	合计	发明	实用新型	外观设计
个　　人	3 838	1 014	2 083	741	1 567	81	900	586
大专院校	5 577	1 713	2 914	950	2 422	540	1 563	319
科研单位	635	347	286	2	170	61	108	1
工矿企业	8 228	1 997	5 080	1 151	4 025	398	3 124	503
机关团体	146	36	106	4	57	4	51	2
合　　计	18 424	5 107	10 469	2 848	8 241	1 084	5 746	1 411

17－5 各类专业技术人员

（事业单位、公有经济企业专业技术人才，2017年）

项　　目	合　　计		女　　性	
	人数（人）	比重（%）	人数（人）	比重（%）
总　　计	**76 784**	**100**	**36 988**	**100**
按职称分				
高级岗位（职务）	10 528	13.7	4 268	11.5
中级岗位（职务）	28 804	37.5	13 845	37.4
初级岗位（职务）	31 676	41.3	16 342	44.2
其　　他	5 776	7.5	2 533	6.9
按类别分				
工程技术人员	14 841	19.3	3 042	8.2
农业技术人员	1 160	1.5	320	0.9
科学研究人员	137	0.2	65	0.2
卫生技术人员	9 505	12.4	5 266	14.2
教学人员	40 645	52.9	23 886	64.6

17－6　专业技术人员学历状况

（事业单位、公有经济企业专业技术人才，2017年）

单位：人

项　目	合　计	研究生	大学本科	大学专科	中　专	高中及以下
总　计	**76 784**	**3 320**	**43 157**	**21 528**	**6 982**	**1 797**
按职称分						
高级岗位（职务）	10 528	442	7 452	2 534	84	16
中级岗位（职务）	28 804	1 181	15 473	9 018	2 870	262
初级岗位（职务）	31 676	1 197	17 257	8 618	3 387	1 217
其　他	5 776	500	2 975	1 358	641	302
按类别分						
工程技术人员	14 841	918	8 985	3 219	1 322	397
农业技术人员	1 160	41	365	519	166	69
科学研究人员	137	41	75	20	1	
卫生技术人员	9 505	493	4 136	2 846	1 700	330
教学人员	40 645	1 415	25 047	11 341	2 680	162

17－7　专业技术人员年龄状况

（事业单位、公有经济企业专业技术人才，2017年）

单位：人

项　　目	合　计	35岁以下	36岁至40岁	41岁至45岁	46岁至50岁	51岁至54岁	55岁及以上
总　　计	**76 784**	**30 973**	**13 554**	**11 397**	**9 517**	**6 764**	**4 579**
按职称分							
高级岗位（职务）	10 528	148	868	2 296	2 949	2 570	1 697
中级岗位（职务）	28 804	6 876	7 595	5 487	4 272	2 713	1 861
初级岗位（职务）	31 676	19 829	4 639	3 192	1 886	1 266	864
其　　他	5 776	4 120	452	422	410	215	157
按类别分							
工程技术人员	14 841	7 629	2 443	1 985	1 490	895	399
农业技术人员	1 160	176	316	318	168	115	67
科学研究人员	137	23	35	38	25	12	4
卫生技术人员	9 505	3 001	1 917	1 586	1 288	1 139	574
教学人员	40 645	17 138	6 900	5 289	4 911	3 607	2 800

17－8　专业技术人员行业状况

（事业单位、公有经济企业专业技术人才，2017 年）　　单位：人

指　　标	合　计	高级岗位（职务）	中级岗位（职务）	初级岗位（职务）	其他
总　　计	**76 784**	**10 528**	**28 804**	**31 676**	**5 776**
农林牧渔业	2 260	219	720	1 282	39
制造业	9 696	378	2 688	3 184	3 446
电力、燃气及水的生产和供应业	1 010	46	277	686	1
建筑业	2 864	210	764	1 582	308
交通运输、仓储和邮政业	2 621	141	762	1 611	107
信息传输、计算机服务和软件业	187	41	58	86	2
批发和零售业	497	15	159	292	31
住宿和餐饮业	45	1	13	30	1
金融业	19		2		17
房地产业	370	41	169	160	
租赁和商务服务业	897	34	232	113	518
科学研究、技术服务和地质勘查业	651	118	228	294	11
水利、环境和公共设施管理业	1 756	189	609	951	7
居民服务和其他服务业	178	52	59	66	1
教育	40 535	7 424	17 163	14 761	1 187
卫生、社会保障和社会福利业	9 544	1 353	3 524	4 608	59
文化体育和娱乐业	1 258	187	432	624	15
公共管理和社会组织	2 396	79	945	1 346	26

17－9 各类全日制学校基本情况

（2017 年）

单位：人

项　　目	学校数（个）	招生数	毕业生	在校学生	教职员工	#专任教师
合　　计	**948**	**383 363**	**371 792**	**1 431 436**	**96 056**	**78 411**
高等学校	53	178 209	175 598	609 801	46 225	31 886
中等学校	33	21 624	27 999	76 417	2 719	1 872
技工学校	19	7 184	3 797	16 329	1 185	709
普通中学	292	101 496	96 512	296 739	27 021	25 491
职业高中	18	4 356	2 542	11 554	739	438
小　　学	525	70 366	65 228	419 619	17 942	17 795
特教学校	8	128	116	977	225	220

17－10 普通高等学校基本情况

（2017 年）

单位：人

校　　名	毕业生数	招生数	在校学生数	毕业班学生数	教职员工	#专任教师
合　　计	**175 598**	**178 209**	**609 801**	**178 773**	**46 225**	**31 886**
南昌大学	13 870	12 806	50 548	13 168	4 616	2 930
华东交通大学	5 672	5 442	21 572	5 497	1 876	1 087
南昌航空大学	5 081	5 287	21 056	4 937	1 975	1 274
江西农业大学	4 750	4 851	19 680	4 750	2 387	1 089
江西卫生职业学院	3 355	5 351	12 390	5 204	753	660
江西中医药大学	2 741	2 911	12 148	2 887	1 126	735
江西师范大学	7 362	6 973	28 102	7 112	2 842	1 740
江西财经大学	5 000	5 306	21 659	5 755	2 174	1 296
江西工业职业技术学院	3 465	3 567	11 000	3 678	882	557
江西科技师范大学	6 140	6 371	23 494	6 192	1 629	1 349
江西警察学院	1 592	1 131	4 652	1 392	455	237
江西旅游商贸职业学院	5 633	5 197	13 135	4 278	1 037	849
江西泰豪动漫职业学院	1 776	2 495	7 449	2 398	603	416
江西艺术职业学院	435	645	1 881	639	257	193
江西信息应用职业技术学院	1 798	2 064	5 803	1 922	341	262
江西交通职业技术学院	3 450	3 977	10 007	3 117	671	495
江西工程职业学院	1 774	1 399	4 966	2 061	354	253
江西现代职业技术学院	5 231	4 926	14 065	5 082	1 076	702
江西机电职业技术学院	2 363	2 453	7 829	2 767	580	444
江西生物科技职业学院	2 262	2 308	6 777	2 473	360	300
江西外语外贸职业学院	4 308	4 258	12 168	4 031	716	603
江西应用科技学院	4 449	4 260	15 274	5 085	928	694
南昌工程学院	4 355	4 275	17 206	4 695	1 442	1 038
江西工商职业技术学院	687	1 400	3 745	1 111	260	203
南昌影视传播职业学院		221	641	164	144	36
南昌理工学院	11 795	7 272	27 247	8 732	1 996	1 445
江西电力职业技术学院	663	732	2 191	771	552	190

17－10 续表 （2017 年） 单位：人

校　　名	毕业生数	招生数	在校学生数	毕业班学生数	教职员工	#专任教师
南昌师范高等专科学校	2 740	2 710	7 810	2 900	566	432
江西工业贸易职业技术学院	3 320	2 959	7 751	2 507	546	453
江西服装学院	3 191	3 851	13 193	3 723	966	671
江西科技职业学院	921	2 585	6 840	1 951	426	298
江西科技学院	11 464	8 099	32 105	10 801	2 012	1 559
南昌职业学院	4 157	2 330	9 899	3 848	920	573
南昌师范学院	2 445	2 533	8 573	2 362	576	477
江西经济管理职业学院	820				50	20
南昌教育学院	1 132	1 057	2 928	1 008		
江西传媒职业学院	937	1 260	3 603	1 175	273	209
江西司法警官职业学院	2 007	2 523	6 620	2 239	458	351
江西先锋软件职业技术学院	997	2 434	7 391	2 353	540	416
江西制造职业技术学院	2 330	3 014	7 989	2 422	574	452
江西航空职业技术学院	1 077	1 663	4 466	1 390	238	178
江西水利职业学院	718	1 868	4 282	983	310	215
江西中医药大学科技学院	1 619	1 706	7 730	1 664	542	468
江西科技师范大学理工学院	1 155	1 093	4 761	1 266	262	221
江西财经大学现代经济管理学院	1 564	2 311	8 532	1 845	389	338
南昌工学院	5 561	7 111	21 376	5 977	1 356	974
江西师范大学科技学院	1 545	2 295	8 008	1 849	416	334
华东交通大学理工学院	2 703	3 397	13 266	3 095	579	415
江西青年职业学院	1 388	1 564	4 022	1 284	273	212
江西农业大学南昌商学院	1 634	2 271	7 920	1 878	380	323
南昌大学科学技术学院	2 816	2 786	10 107	2 594	521	375
南昌航空大学科技学院	1 399	2 304	8 223	1 733	429	340
江西经济管理干部学院	2 093	993	5 931	2 680		
江西建设职业技术学院	3 858	3 614	9 790	3 348	591	505

17－11　高等学校研究生

（2017 年）

单位：人

院　　校	毕业生	招生数	在校研究生
合　　计	**7 526**	**11 033**	**28 097**
南昌大学	2 386	3 891	10 411
南昌航空大学	555	714	1 954
江西农业大学	344	733	1 872
江西中医药大学	394	532	1 409
江西师范大学	1 678	1 863	4 559
江西财经大学	1 228	1 813	4 567
华东交通大学	613	972	2 247
江西科技师范大学	295	451	899
南昌工程学院	33	64	179

17－12　普通中等专业学校基本情况

（2017年）　　单位：人

学　　校	毕业生	招生数	在校学生	教职员工	#专任教师
合　　计	**27 999**	**21 624**	**76 417**	**2 719**	**1 872**
江西工程学校	654		2 464	153	87
南昌市女子中等专业学校	387	385	874	41	6
江西中山舞蹈学校	31	40	220	30	20
江西工业职业技术学院（中专部）	202		144		
南昌保险学校	109	58	181	32	13
江西省医药学校	2 202	1 734	5 481	194	59
江西省水利水电学校	1 278	98	521	160	160
江西交通职业技术学院（中专部）	351	164	665		
南昌教育学院	122	128	655		
江西外语外贸职业学院（中专部）				6	2
江西青年职业学院（中专部）	347	244	749		
江西化学工业学校	588	1 149	3 477	99	79
江西省建设工程学校	627	256	528	48	37
南昌工业学校	629	365	1 665	103	78
江西水利职业学院	402	116	695		
南昌铁路保安中等专业学校	170	455	956	25	10
南昌理工学院（中专部）	176		262		
江西泛美艺术中专学校	118	40	163	19	4
南昌市卫生学校	1 643	1 602	4 948	155	132
江西省商务学校	1 087	1 489	4 779	269	127
江西启明职业学校				33	33
江西广播电视学校					
南昌汽车机电学校	961	1 395	3 746	134	132
南昌市广播电视中等专业学校	30	730	1 320	16	14
江西省建筑工业学校	634	453	2 179	85	72
江西先锋软件职业技术学院（中专部）		102	1 224		
南昌市第一中等专业学校	1 640	2 005	6 577	204	192

学　　校	毕业生	招生数	在校学生	教职员工	#专任教师
江西现代职业技术学院(中专部)	1 481	215	2 262		
江西制造职业技术学院(中专部)	383	159	866		
南昌工业工程学校	307	308	787	59	13
江西航空职业技术学院	43	138	402		
江西省工商行政管理学校					
江西省信息科技学院	331	498	1 385	73	33
江西工业贸易职业技术学院(中专部)	292	363	1 079		
江西女子中等专业学校	337	488	1 181	41	30
江西机电职业技术学院(中专部)	675	212	1 109		
江西生物科技职业学院(中专部)	113	114	609		
江西省电子信息工程学校	3 587	2 509	9 084	405	361
江西信息应用职业技术学院(中专部)	32	2	22		
江西省体育运动学校	184	239	640	108	58
南昌市体育运动学校					
江西艺术职业学院(中专部)	187	193	723		
江西省民政学校	386	558	1 580	47	26
豫章师范学院(中专部)		261	1 459		
江西卫生职业学院(中专部)	2 117		1 681		
江西旅游商贸职业学院(中专部)	1 683	698	3 239		
江西传媒职业学院	279	28	471		
江西科技职业学院(中专部)	156	104	119		
江西服装学院	189		131		
江西司法警官职业学院(中专部)	303	375	1 249		
江西东方舞蹈学校				12	9
南昌运输职业技术学校				67	30
江西省建设职业技术学院(中专部)	308	65	317		
江西南昌城市建设学校		165	363	34	25
江西工商职业技术学院	82	192	297		
南昌运输职业技术学校				67	30
南昌县中等专业学校		626	629		
江西南昌新东方烹饪学校			102		
江西工程职业学院	54				
南昌影视传播职业学院		103	158		

17－13 技工学校基本情况

（2017 年市属）

单位:人

学　　校	招生数	毕业生	在校学生数	教职员工	#女性	#专任教师
合　　计	**7 184**	**3 797**	**16 329**	**1 185**	**501**	**709**
江西省交通技工学校	141	22	318	53	15	26
江西工业技工学校	666	589	2 026	62	21	29
南昌市工业技工学校	78	147	257	34	16	28
江西信息科技技工学校	37		93	72	44	70
南昌市建筑工程技工学校	146	71	387	46	19	23
南昌县技工学校		63	93	16	6	13
江西省石油技工学校	141	54	302	42	20	42
江西新东方烹饪技工学校	1 188	654	2 900	81	10	71
江西新华电脑技工学校	891	573	2 356	126	55	58
江西青年技工学校	39		104	174	96	88
南昌华中汽车技工学校	500		741	35	14	16
江西工商技工学校	631	101	847	55	28	46
南昌理工技工学校	986	170	1 596	61	16	35
南昌市轻工技工学校	219	97	527	18	11	12
江西万通汽车技工学校	788	756	1 873	125	52	57
江西昌大技工学校	423	217	1 063	67	33	36
江西赣江技工学校				51	26	16
江西民政技工学校	310	225	759	48	10	32
江西机电工程技工学校		58	87	19	9	11

17－14 普通中学基本情况

（2017年）

单位：人

类　　别	招生数	毕业生	在校学生数	教职员工数	#专任教师
合　　计	**101 496**	**96 512**	**296 739**	**27 021**	**25 491**
#女　性	45 708	41 833	130 921	15 925	15 208
按城乡分					
城　市	56 359	51 655	163 777	15 541	14 609
县　镇	37 126	35 594	108 524	8 919	8 642
农　村	8 011	9 263	24 438	2 588	2 240
按层次分					
初　中	65 634	63 477	190 919		14 698
城　市	32 667	31 365	94 825		
县　镇	25 462	23 563	73 374		
农　村	7 505	8 549	22 720		
高　中	35 862	33 035	105 820		10 793
城　市	23 692	20 290	68 952		
县　镇	11 664	12 031	35 150		
农　村	506	714	1 718		
按地区分					
市　区	63 798	60 040	185 734	18 452	17 484
南昌县	17 491	17 594	51 839	4 071	3 901
安义县	4 016	4 190	12 269	1 046	1 021
进贤县	16 191	14 688	46 897	3 452	3 085
按部门分					
教育部门办	84 308	81 688	246 552	22 566	22 116
社会力量办	16 803	14 376	49 032	4 168	3 115
其他部门办	385	448	1 155	287	260

17－15 职业高中基本情况

(2017 年)

单位:人

类　　别	招生数	毕业生	在校学生数	教职员工数	#专任教师
合　　计	**5 093**	**2 542**	**11 554**	**724**	**438**
#女　　性	1 970	914	4 378	291	157
按城乡分					
城　　市	5 032	2 323	10 685	646	362
县　　镇	61	219	868	78	76
农　　村					
按部门分					
教育部门办	244	318	1 256	102	96
社会力量办	4 849	2 224	10 298	622	342
其他部门办					

17－16　小学、特殊教育、工读学校基本情况

（2017 年）　　　　单位：人

类　　别	招生数	毕业生	在校学生数	教职员工数	#专任教师
一、小学	**70 366**	**65 228**	**419 619**	**17 942**	**17 795**
#女性	32 479	29 413	191 749		
按城乡分					
城市	37 006	32 148	214 067	7 099	6 993
县镇	22 451	20 847	135 074	5 161	5 131
农村	10 909	12 233	70 478	5 682	5 671
按县、区分					
市区	45 603	40 004	262 719	10 138	10 071
南昌县	14 580	12 238	81 494	3 874	3 806
安义县	2 929	2 574	17 714	1 057	1 055
进贤县	7 254	10 412	57 692	2 873	2 863
按部门分					
教育部门	64 082	59 812	383 354	17 347	17 280
社会力量办	5 700	4 781	33 124	473	398
其他部门办	584	635	3 141	122	117
二、特殊教育					
特教学校	128	116	977	225	220

17－17 幼儿园基本情况

（2017年）

单位：人

类　　别	幼儿园（个）	在园幼儿	教职员工数	#专任教师
总　　计	**904**	**143 775**	**15 841**	**9 739**
#女　　性		65 425	15 091	9 655
按城乡分				
城　　市	353	69 468	8 744	5 053
县　　镇	366	57 018	5 655	3 780
农　　村	185	17 289	1 442	906
按部门分				
教育部门和集体办	144	23 152	2 135	1 606
社会力量办	688	106 968	11 922	7 078
其他部门办	72	13 655	1 784	1 055

17－18　南昌市成人高校基本情况

（2017 年）　　　　单位：人

校　名	毕业生数	招生数	在校学生数	教职工数	#专任教师
总　计	**58 525**	**34 125**	**140 082**	**882**	**632**
成人高校举办	6 943	1 798	6 911	882	632
南昌钢铁公司职工大学					
江西行政管理干部学院					
南昌市业余大学	89		72	14	10
江西广播电视大学	1 551	1 605	4 130	248	159
南昌教育学院	4 410	135	2 391	138	115
江西经济管理干部学院	257	41	49	449	335
南昌市职工科技大学	636	17	269	33	13
普通高校举办	51 582	32 327	133 171		
函授	36 660	25 116	98 921		
业余	14 600	7 211	34 250		
脱产	322				

17－19　广播电视情况

（2017年）

项　　目	2017
一、广播	
1. 广播电台（座）	3
2. 中短波发射台和转播台（座）	1
3. 调频广播台和传输台（座）	3
4. 广播覆盖率（%）	99.56
二、电视	
1. 电视台（座）	5
2. 电视转播发射台和差转台（座）	1
3. 卫星电视地面站（个）	1
4. 全年自制电视节目（小时）	4 520
5. 电视覆盖率（%）	98.15
6. 有线电视用户（万户）	124.41
其中数字电视（万户）	114.91
7. 南昌农村直卫星用户（户）	91 800

注：1. "电视"含有线电视台，不含教育台。
　2. 调频广播台和传输台包括了乡村的小调频台。

17－20　艺术剧团和剧院

（2017年）

项　　目	合　　计	市　　级	县　　级
一、艺术表演团体			
剧团个数（个）	4	2	2
职工人数（人）	234	159	75
演出场次（场）	125	57	68
年末固定资产原值（万元）	1 165.85	800.35	365.5
当年创作首演剧目（个）	1		1
全年收入（万元）	3 335	2 377	958
#演出收入	79.2	7.8	71.4
全年支出（万元）	3 271	2 457	814

17－21　群众艺术馆和文化馆

（2017 年）

项　　目	合　　计	市　　级	县　　级
群艺馆、文化馆数（个）	10	1	9
举办展览（次）	69	6	63
组织文艺活动次数（次）	647	110	537
举办训练班结业人数（人次）	25 480	10 000	15 480
公用房屋建筑面积（平方米）	39 822.5	11 900	27 922.5
职工人数（人）	141	36	105

17－22　博　物　馆

（2017 年）

项　　目	合　　计	市　　级	县　　级
博物馆（个）	17	14	3
公用房屋面积（平方米）	78 119	65 994	12 125
藏品（件）	24227	18 850	5 377
陈列个数（个）	40	34	6
展览个数（个）	39	32	7
参观人次（万人次）	315	298	17
职工（人）	306	278	28

17－23　公　共　图　书　馆

（2017 年）

项　　目	合　　计	市　　级	县　　级
图书馆(个)	10	1	9
藏书(万册)	213.45	90.00	123.45
公用房屋建筑面积(平方米)	43 274	16 000	27274
发放借书证(个)	66 827	19 096	47 731
总流通人次(万人次)	124.49	43.76	80.73
书刊外借册数(万册次)	349.38	30.24	319.14
经费支出合计(万元)	3 615.20	1 789.23	1 825.97
#购书支出	377.7	170.0	207.7
职工(人)	132	57	75

主要统计指标解释

专业技术人员 指已取得科学技术职称,或大学、中专的理、工、农医科系毕业,以及国民经济各部门从工作实践中提拔,从事理、工、农、医等自然科学技术的研究、数学、生产的专业人员和在机关、企业、事业单位中从事科学技术业务管理工作的专业人员。

科技活动 指在所有科学技术领域内,即在自然科学、农业科学、医药科学、工程与技术科学、人文与社会科学中,与科技知识的产生、发展、传播和应用密切相关的全部有系统的活动。

研究与发展活动(简称 R&D) 指增加知识总量(包括人类、文化和社会方面的知识),以及运用这些知识去创造新的应用而进行的系统的创造性的工作。

企业办科技机构 指企业自办、或与外单位合办、管理上同生产系统相对独立的,或单独核算的专门技术开发机构(如企业办研究所、开发中心、开发部等专门技术开发机构)。

获奖成果 指企业在本年度内从地(市)及以上政府科技管理部门获得的各种科技成果奖。获奖成果分为:国家级奖、省部级奖和地市级奖。

新产品 指采用新技术原理,新设计构思研制、生产的全新产品或在结构、材质、工艺等某一方面比老产品有明显改进,从而显著提高了产品性能或扩大了使用功能的产品。

从事科技活动人员 指企业在报告期内,从事科技活动的时间(不包括加班时间)占全年工作时间 10% 及以上的工程技术人员、管理人员、工人及其他人员。

从事研究与发展活动人员 指报告期参与研究与发展项目(课题)研究、管理和辅助工作的人员,具体包括直接参加研究与发展项目(课题)组人员,直接参与上述项目(课题)的行政管理人员和直接为上述项目(课题)活动提供服务的辅助人员。

工程技术人员 指负担工程技术和工程技术管理工作,并具有工程技术能力的人员。

高中级岗位(职务)人员 指企业从业人员中具有高级职称和中级职称的人员数。高级职称指高级工程师、讲师、正、副教授,正、副研究员,高级统计师,高级会计师,高级经济师,以及相当于这一级的其他技术职务的人员。中级职称指工程师、讲师、助理研究员、技师、统计师、会计师、经济师,以及相当于这一级的其他技术职务的人员。

普通高等学校 指按照国家规定的审批程序批准举办,通过全国统一招生考试,招收高中毕业生为主要培养对象,实施高等教育的全日制大学、独立设置的学院和高等、专科学校、短期职业大学。

成人高等学校 指按照国家有关规定审批,招收通过全国成人高教统一招生考试的具有高中毕业或同等学历的在职从业人员全脱产、半脱产、业余或函授等多种形式对其实施高等学历教育,培养高等教育专科或本科毕业水平的专门人才,修业年限、课程设置等均按高等学历教育要求付诸实施的学校。包括广播电视大学、职工高等学校、农民高等学校、管理干部学院、教育学院、独立设置的函授等。

小学学龄儿童入学 率指调查范围内已入小学学习的学龄儿童占校内外学龄儿童总数(包括弱智儿童在内,但不包括盲聋哑儿童)的比重。计算公式:

小学学龄儿童入学率 = ×100%

艺术表演团体 指从事戏曲、音乐、舞蹈、杂技等专业艺术表演,有独立帐户、实行单独核算的团体。不包括半工半艺,半农半艺的业余剧团。

艺术表演观众人数(人次) 指售票、包场演出或民族地区免费演出的艺术表演观众人次数。不包括彩排审查和内部观摩演出的观看人次数。

十八、卫生·体育·其他

PUBLIC HEALTH, SPORKS AND OTHERS

本篇内容包括:

1. 医疗卫生事业情况
2. 体育事业
3. 婚姻情况
4. 民政事业
5. 社会保险情况
6. 司法情况
7. 交通事故、火灾事故、职工伤亡事故

卫生技术人员数

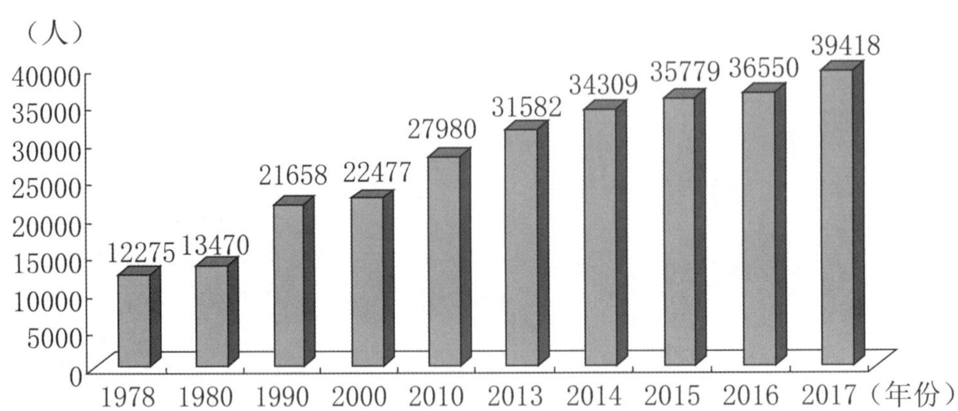

医疗卫生机构病床数

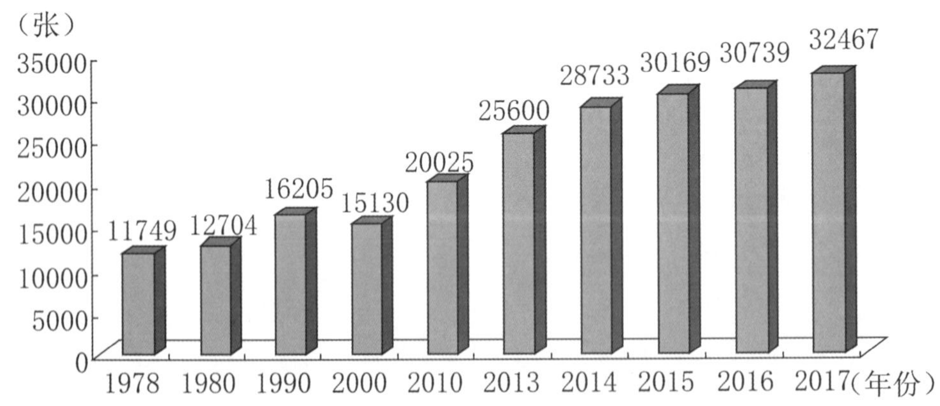

18－1 卫生机构、床位、人员数

（2017年）

类别	机构数（个）	床位数（张）	人员数（人）	#卫生技术人员	#医生	注册护士
总计	**2 222**	**32 467**	**50 247**	**39 418**	**14 143**	**18 382**
一、医院	118	27 302	33 526	28 204	9 294	14 641
#综合医院	63	16 277	19 310	16 723	5 520	8 745
中医医院	12	3 329	3 675	3 090	1 133	1 387
中西医结合医院	3	954	1 471	1 218	424	636
专科医院	40	6 742	9 070	7 173	2 217	3 873
二、基层医疗卫生机构	2 038	3 731	11 640	7 233	3 383	2 581
#社区卫生服务中心（站）	145	595	2 162	1 908	698	873
卫生院	92	3 113	3 234	2 619	1 001	851
村卫生室	1 156		3 794	595	3 482	102
门诊部	186	23	1 433	1 145	574	474
诊所、卫生所、医务室	459		1 017	966	617	281
三、专业公共卫生机构	45	1 374	4 131	3 413	1 296	1 079
#疾病预防控制中心	12		907	731	367	83
专科疾病防治院（所、站）	7	286	296	235	98	61
妇幼保健院（所、站）	11	1 088	2 058	1 802	620	861
卫生监督所（所、站）	11		384	288		
其他						
四、其他卫生机构	21	60	950	568	170	81

18－2 体 育 事 业

项　　目	2017
一、举办综合(单项)运动会次数(次)	75
参加运动会人数(百人次)	150
二、等级裁判员发展人数(人)	135
三、等级运动员发展人数(人)	214
四、参加省级及其以上和同等城市比赛次数(次)	38
参加比赛人数(人次)	3 000
获得奖牌数(枚)	767
金牌	290
银牌	253

18－3 市属共青团组织情况

年　　份	基层团支部(个)	共　青　团(人)		专职干部(人)
			#女团员	
2000	5 636	113 758	47 461	1 402
2010	5 996	127 529	51 038	1 053
2011	6 170	137 326	54 958	926
2012	6 385	142 657	57 091	962
2013	8 379	160 177	71 408	999
2014	8 456	166 076	73 954	1 026
2015	6 321	171 885	70 792	85
2016	6 319	165 268	71 264	189
2017	6 745	159 323		187

18－4　2000—2017 年妇联系统组织情况

单位：个

项　　目	2000	2011	2012	2013	2014	2015	2016	2017
城镇街道基层妇代会	792	446	440	446	497	579	675	
社区妇联								649
农村基层妇代会	1 197	1 037	1 037	1 050	1 051	1 154	1 146	80
农村妇联								1 080
乡镇（街办）妇联（含乡级单位）	137	111	111	122	111	120	133	105
机关、事业单位妇委会	72	286	341	334	364	375	359	360

18－5　2000—2017 年工会组织情况

项　　目	2000	2011	2012	2013	2014	2015	2016	2017
工会基层组织数（个）（含法人、行政事业单位）	1 713	12 879	13 779	14 936	16 001	17 016	18 021	18 503
已建工会组织的基层单位职工人数（万人）	37.01	78.82	80.92	82.08	85.16	86.18	87.24	91.44
已建工会组织的基层单位工会人数（万人）	33.01	65.87	67.75	68.9	71.88	72.9	73.96	78.16

18－6　历届南昌市人民代表大会的代表人数

单位：人

项　　目	一届(1954)	二届(1956)	三届(1958)	四届(1960)	五届(1963)	六届(1965)	七届(1968)	八届(1982)	九届(1987)	十届(1992)	十一届(1997)	十二届(2001)	十三届(2006)	十四届(2011)	十五届(2016)
代表总数	**233**	**239**	**253**	**307**	**375**	**385**	**724**	**555**	**495**	**489**	**434**	**421**	**438**	**433**	**427**
代表中															
女代表	52	49	68	77	99			150	102	98	89	90	90	94	105
占代表总数%	22.3	20.5	27.0	25.1	26.4			27.0	20.6	20.0	20.5	21.4	20.5	21.7	24.6
代表中															
少数民族代表										8	7	8	9	7	2
占代表总数%										1.6	1.6	1.9	2.1	1.6	0.5

18－7　历届南昌市政治协商会议的委员人数

单位：人

项　　目	一届(1955)	二届(1958)	三届(1959)	四届(1962)	五届(1963)	六届(1965)	七届(1982)	八届(1987)	九届(1992)	十届(1997)	十一届(2001)	十二届(2006)	十三届(2011)	十四届(2016)
委　员　总　数	**129**	**189**	**299**	**288**	**300**	**302**	**458**	**405**	**413**	**403**	**405**	**419**	**427**	**422**
委　员　中														
中国共产党代表	22	47	63	81	82	87	175	171	169	157	149	165	170	184
占代表总数%	17.05	24.87	21.07	28.13	27.33	28.81	38.21	42.22	40.92	38.9	36.8	39.4	39.81	43.6
委　员　中														
少数民族代表	3	3	3	3	4	4	6	8	10	11	6	6	6	5
占代表总数%	2.33	1.58	1.00	1.04	1.33	1.32	1.31	1.98	2.42	2.70	1.50	1.43	1.41	1.18
委　员　中														
女性代表	20	29	54	54	58	64	108	100	89	103	119	115	125	139
占代表总数%	15.50	15.34	18.06	18.75	19.33	21.19	21.19	24.69	20.09	25.60	29.40	27.4	29.27	32.94

18－8 社会福利事业单位基本情况

（2017 年）

项　　目	院　　数（个）	工作人员（人）	床　　位（张）	年末在院人数（人）
总　　计	**133**	**1 518**	**15 849**	**7 431**
社会福利院	8	376	1 154	839
儿童福利机构	2	213	570	552
民办养老服务机构	43	506	8 753	4 240
农村敬老院	80	423	5 372	1 800

18－9 城镇社区服务和农村服务网络

（2017 年）

单位：个

地　　区	城镇社区机构数
总　　计	**828**
东　湖　区	173
西　湖　区	145
青 云 谱 区	75
湾　里　区	15
青 山 湖 区	170
新　建　区	64
南　昌　县	105
安　义　县	27
进　贤　县	54

18－10 享受国家补助、救济人员情况

单位:人、人次

项目	2017
优抚对象	
抚恤、补助优抚对象总金人数	15 425
享受定期抚恤金人数	2 508
享受定期补助人数	12 917
城市居民最低生活保障家庭数	26 907
城市居民最低生活保障人数	50 797
传统救济情况	
农村居民最低生活保障家庭数	47 425
农村居民最低生活保障人数	86 815

18－11 婚姻登记情况

(2017 年)

地区	结婚登记(人)	#复婚	离婚登记(对)
南昌市	**82 056**	**6 656**	**14 761**
东湖区	8 136	948	1 847
西湖区	7 188	974	1 811
青云谱区	3 968	476	890
湾里区	1 192	114	235
青山湖区	9 942	854	2 084
新建区	13 100	1 042	1 789
南昌县	20 328	1 400	2 943
安义县	4 100	106	633
进贤县	10 056	228	1 735
红谷滩新区	4 046	514	794

18－12　2005—2017年婚姻登记情况

年　份	结　婚(人)	#复　婚(人)	离　婚(对)
2005	29 898	847	7 447
2006	43 424	286	8 607
2007	45 201	2 153	9 329
2008	55 610	212	6 747
2009	53 979	1 199	7 326
2010	36 444	300	7 525
2011	50 281		8 579
2012	53 283		10 440
2013	78 303		15 034
2014	106 024	6 172	134 339
2015	92 494	6 474	13 455
2016	82 672	6 512	14 553
2017	82 056	6 656	14 761

18－13　社会保险情况

单位:人

项　目	2016	2017
失业保险参保人数	623 827	622 517
企　业	453 358	450 517
国有企业	164 769	164 218
集体企业	24 338	22 247
港、澳、台及外资企业	23 683	23 510
其他企业	240 568	240 542
事业单位	145 114	143432
其他单位	25 355	28 568
领取失业保险金人数	3 206	6 181
基本养老保险参保人数	1 850 434	1 906 643
企　业	1 080 915	1 088 729
国有企业	536 206	539 129
集体企业	126 493	126 079
其他企业	360 761	365 854
港、澳、台及外资企业	57 455	57 667
机关事业单位	7 360	142 737
其　他	628 546	675 177

18－14　律师、公证和人民调解基本情况

（含省属）

项　　目	2016	2017
一、律师工作		
律师事务所（个）	79	90
律师（人）	1 075	1 285
#专职	958	1 150
兼职	97	105
聘请担任常年法律顾问的单位（处）	2 883	4 418
刑事诉讼辩护及代理（件）	1 794	1 585
民事诉讼代理（件）	6 149	8 655
办理非诉讼法律事务（件）	6 319	6 594
解答法律咨询（件）	17 113	13 868
代理法律文书（件）	3 686	4 120
二、公证工作		
公证处（个）	11	11
公证人员（人）	144	173
#公证员	47	51
助理公证员	78	92
办理公证文书（件）	52 830	78 417
#经济合同文书	759	2 358
三、人民调解工作		
专职司法助理员（人）	1 621	1 430
人民调解委员会（人）	2 003	1 998
调解工作人员（人）	10 535	9 045
调解民间纠纷（件）	17 069	16 079

18－15　2005—2017年南昌市消协受理投诉情况

单位:件

项　目	2005	2006	2007	2008	2009	2010	2011	2012	2013	2014	2015	2016	2017
一、投诉案件数	**1 409**	**1 447**	**1 151**	**1 176**	**1 165**	**1 025**	**1 148**	**2 566**	**2 673**	**2 700**	**1 161**	**1 366**	**1 977**
按行业分													
家用电器类	342	338	273	229	229	215	97	597	652	670	344	375	613
家用机械类	108	106	63	80	69	57	78	178	341	381	50	47	141
日用百货类	510	489	349	347	347	352	352	852	563	573	90	312	442
房屋及装修建材	129	127	109	94	94	89	95	195	124	135	120	210	459
服务类		27	12	298	298	267	405	405	226	178		172	242
农用生产资料类	151	248	211	6	6		26	26	182	76	60	21	11
其它类	169	112	134	122	122	45	95	313	585	687	497	229	69
按内容分													
质量	940	905	688	518	513	537	557	657	686	818	524	597	721
价格		77	57	57	57	34	95	259	384	397	120	105	101
虚假广告	65	76	79	20	20	16	16	335	206	216	56	71	113
假冒商品	101	23	14	5	6		2	248	152	167	78	92	112
计量	2	15	20	9	9	6	8	256	168	101	81	61	61
安全	48	32	9	139	139	98	89	292	386	215	30	61	63
其它	253	319	284	428	431	334	381	519	691	786	272	379	806
二、当年解决件数	**1 372**	**1 354**	**1 100**	**1 101**	**1 039**	**989**	**1 090**	**2 493**	**2 593**	**2 621**	**1 047**	**1 256**	**1 789**
解决率(%)	97.4	93.6	94.02	93.6	89.18	96.5	95	97	97	97	90.1	91.94	90.4
三、消费者免受损失(万元)	**102.4**	**144**	**255.9**	**137**	**180**	**167**	**180**	**210**	**200**	**203**	**136**	**329**	**631**

18－16　南昌“12315”受理举报申诉情况

单位:件

项　　目	2016	2017
一、受理申诉	**17 017**	**23 107**
#商　　品	9 098	11 208
服　　务	7 919	11 899
二、申诉内容		
质　　量	586	2 644
价　　格		84
广　　告	90	1 824
计　　量	4	25
售后服务	171	602
其　　他	16 166	17 928

18－17　社会治安案件

（2017 年）　　单位：件

项　目	全　市	#市　区
受理数	86 262	71 503
查处数	80 602	67 087

18－18　交　通　事　故

（2017 年）

项　目	合　计	市　区	三　县
一、交通事故次数(次)	288	188	100
二、死亡人数(人)	211	122	89
三、受伤人数(人)	196	135	61
四、经济损失(万元)	82	62	20

18－19　火　灾　事　故

（2017 年）

项　目	合　计	市　区	三　县
一、火灾次数(次)	1 547	1 117	430
二、死亡人数(人)	24	20	4
三、受伤人数(人)	16	16	
四、经济损失(万元)	1 640	1 050	590

18-20 2006—2017年人民法院一审案件结案情况

单位:件

项　目	2006	2007	2008	2009	2010	2011	2012	2013	2014	2015	2016	2017
合　计	**18 524**	**14 358**	**13 845**	**15 363**	**15 904**	**16 608**	**19 668**	**22 797**	**25 310**	**35 162**	**30 622**	**42 040**
刑事案件	2 397	2 806	2 536	2 476	2 811	2 920	3 836	3 729	3 736	5 440	4 812	5 476
民事案件	10 049	11 404	11 182	12 752	12 996	13 530	15 717	18 916	21 434	29 304	25 168	35 810
行政案件	90	148	127	135	97	158	115	152	140	418	642	754

18-21 安全事故情况

项　目	安全生产事故(起)	死亡人数(人)
全　市	**339**	**265**
工矿商贸	33	35
生产经营性道路交通	306	230

主要统计指标解释

医院 指名称为医院,设有固定床位能收容病人住院并能为病人提供医疗、护理服务的医疗机构。包括县及县以上医院、农村乡卫生院、其他医院三部份。按所属性质分为卫生部门、工业及其他部门、集体所有制三类。其中县及县以上医院按业务性质分为综合医院和专科医院。

卫生技术人员 指卫生事业机构支付工资的全部固定职工和合同制职工中现任职务为卫生技术工作人员。包括中医师、西医师、中西医结合高级医师、护师、中药师、西药师、检验师、其他技师、中医士、西医士、护士、助产士、中药剂士、西药剂士、检验士、其他技士、其他中医、护理员、中药剂员、西药剂员、检验员、其他初级卫生技术人员。

医生 指经卫生部门审查合格,从事医疗工作的专业人员。分为中医医生和西医医生、包括卫生技术人员中的中医师、西医师、中西医结合高级医师、中医士、西医士和其他中医。

等级运动员人数 指经考核正式批准授予等级运动员称号的人数。运动员等级分为国际级运动健将、运动健将、一级运动员、二级运动员、三级运动员、少年级运动员。

等级裁判员人数 指经考核正式批准授予等级裁判员称号的人数。裁判员等级分为国际裁判、国家级裁判、一级裁判、二级裁判、三级裁判。

体育场 指有 400 米跑道(中心含足球场)和固定道牙,跑道 6 条以上,并有固定看台的田径场地。以看台容纳观众人数分:甲级 25000 人以上,乙级 15000 - 25000 人,丙级 5000 - 15000 人,丁级 5000 以下,共四级。

律师 指受聘参加法律顾问处工作,提任法律顾问、刑(民)事代理人,刑事辩护人,办理非诉讼事件、解答法律询问,代写法律事务文书等主要从事律师业务的专职法律工作者和兼职律师。

公证人员 指在国家公证机关依法办理公证事务的司法人员。包括公证员、助理公证员和公证处工作的其他人员。

办理公证文书 指公证处一定时期内办结的公证文书件数。公证文书系按司法部规定或批准的格式制作。包括国内公证和涉外公证两部分。其中国内公证分为经济合同公证和民事法律体系公证两大类。

调解人员 在人民调解委员会担负调解民间一般民事纠纷和轻微违法行为所引起的纠纷的工作人员。包括调解委员会的委员和调解小组的调解员。

调解民间纠纷 指调解委员会依照法律规定,根据自愿原则,用说服教育的方法调解民间发生的有关民事权利和义务的争执,促成当事双方达到协议和谅解,解决纠纷。包括婚姻家庭纠纷,财产权益纠纷等。包括法院管理调解的民事案件数。

收养性福利性单位 指提供食宿的,不以盈利为目的的革命伤残军人休养院、复员军人慢性病疗养院、复退军人精神病院、光荣院、社会福利院、精神病人福利院、老年收养机构(敬老院、养老院、老年公寓)等收养性的社会福利事业单位的总称。

附　　录

APPENDIX

本篇内容包括：

1. 中华人民共和国 2017 年国民经济和社会发展统计公报
2. 全国各省（市、区）主要经济指标
3. 全国各省会城市主要经济指标
4. 江西省 2017 年国民经济和社会发展统计公报
5. 江西省各设区市主要经济指标

中华人民共和国 2017 年国民经济和社会发展统计公报[1]

中华人民共和国国家统计局

2018 年 2 月 28 日

2017 年，各地区各部门在以习近平同志为核心的党中央坚强领导下，不断增强政治意识、大局意识、核心意识、看齐意识，深入贯彻落实党的十八大和十八届三中、四中、五中、六中、七中全会精神，认真学习贯彻党的十九大精神，以习近平新时代中国特色社会主义思想为指导，按照中央经济工作会议和《政府工作报告》部署，坚持稳中求进工作总基调，坚定不移贯彻新发展理念，坚持以提高发展质量和效益为中心，统筹推进“五位一体”总体布局和协调推进“四个全面”战略布局，以供给侧结构性改革为主线，统筹推进稳增长、促改革、调结构、惠民生、防风险各项工作，经济运行稳中有进、稳中向好、好于预期，经济社会保持平稳健康发展。

一、综　合

初步核算，全年国内生产总值[2] 827122 亿元，比上年增长 6.9%。其中，第一产业增加值 65468 亿元，增长 3.9%；第二产业增加值 334623 亿元，增长 6.1%；第三产业增加值 427032 亿元，增长 8.0%。第一产业增加值占国内生产总值的比重为 7.9%，第二产业增加值比重为 40.5%，第三产业增加值比重为 51.6%。全年最终消费支出对国内生产总值增长的贡献率为 58.8%，资本形成总额贡献率为 32.1%，货物和服务净出口贡献率为 9.1%。全年人均国内生产总值 59660 元，比上年增长 6.3%。全年国民总收入[3] 825016 亿元，比上年增长 7.0%。

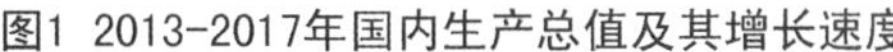

图1 2013-2017年国内生产总值及其增长速度

图2　2013-2017年三次产业增加值占国内生产总值比重

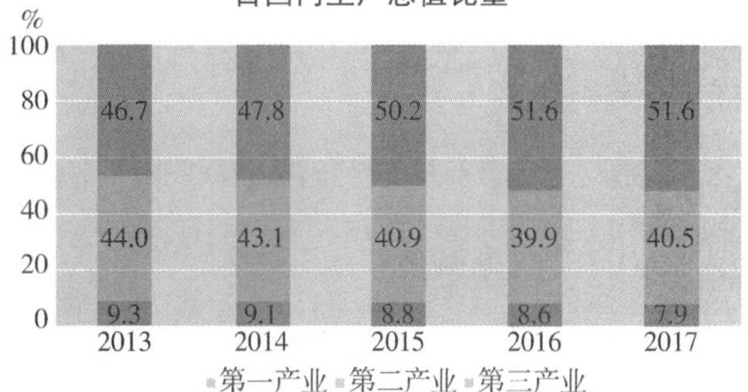

年末全国大陆总人口 139008 万人，比上年末增加 737 万人，其中城镇常住人口 81347 万人，占总人口比重（常住人口城镇化率）为 58.52%，比上年末提高 1.17 个百分点。户籍人口城镇化率为 42.35%，比上年末提高 1.15 个百分点。全年出生人口 1723 万人，出生率为 12.43‰；死亡人口 986 万人，死亡率为 7.11‰；自然增长率为 5.32‰。全国人户分离的人口[4] 2.91 亿人，其中流动人口[5] 2.44 亿人。

表 1　2017 年年末人口数及其构成

指　　标	年末数（万人）	比重（%）
全国总人口	139 008	100.0
其中：城镇	81 347	58.52
乡村	57 661	41.48
其中：男性	71 137	51.2
女性	67 871	48.8
其中：0－15 岁（含不满 16 周岁）[6]	24 719	17.8
16－59 岁（含不满 60 周岁）	90199	64.9
60 周岁及以上	24090	17.3
其中：65 周岁及以上	15831	11.4

年末全国就业人员 77640 万人，其中城镇就业人员 42462 万人。全年城镇新增就业 1351 万人，比上年增加 37 万人。年末城镇登记失业率为 3.90%，比上年末下降 0.12 个百分点。全国农民工[7] 总量 28652 万人，比上年增长 1.7%。其中，外出农民工 17185 万人，增长 1.5%；本地农民工 11467 万人，增长 2.0%。

图3 2013-2017年城镇新增就业人数

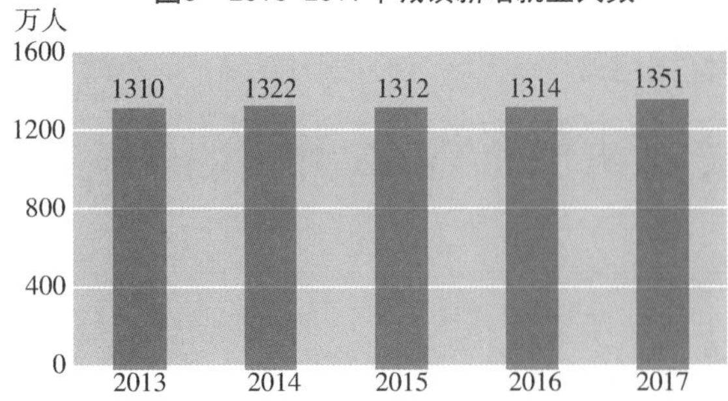

全年居民消费价格比上年上涨1.6%。工业生产者出厂价格上涨6.3%。工业生产者购进价格上涨8.1%。固定资产投资价格上涨5.8%。农产品生产者价格[8]下降3.5%。

图4 2017年居民消费价格月度涨跌幅度

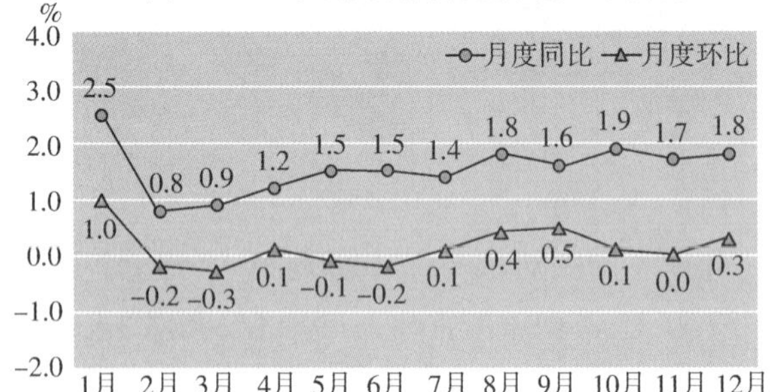

表2 2017年居民消费价格比上年涨跌幅度

单位:%

指　　标	全　国	城　市	农　村
居民消费价格	1.6	1.7	1.3
其中:食品烟酒	-0.4	-0.2	-1.1
衣　着	1.3	1.2	1.3
居　住[9]	2.6	2.5	2.7
生活用品及服务	1.1	1.0	1.2
交通和通信	1.1	1.0	1.4
教育文化和娱乐	2.4	2.4	2.3
医疗保健	6.0	6.8	4.2
其他用品和服务	2.4	2.5	2.4

12月份70个大中城市新建商品住宅销售价格月同比上涨的城市个数为61个,比1月份减少5个;下降的为9个,增加5个。

图5 2017年新建商品住宅销售价格月同比上涨、下降城市个数变化情况

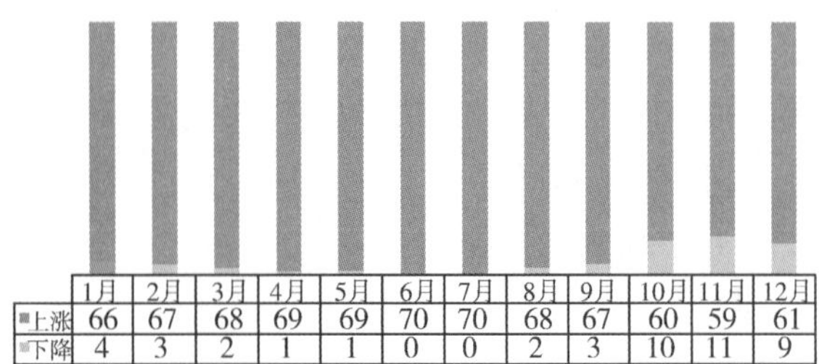

年末国家外汇储备31399亿美元,比上年末增加1294亿美元。全年人民币平均汇率为1美元兑6.7518元人民币,比上年贬值1.6%。

图6 2013-2017年年末国家外汇储备

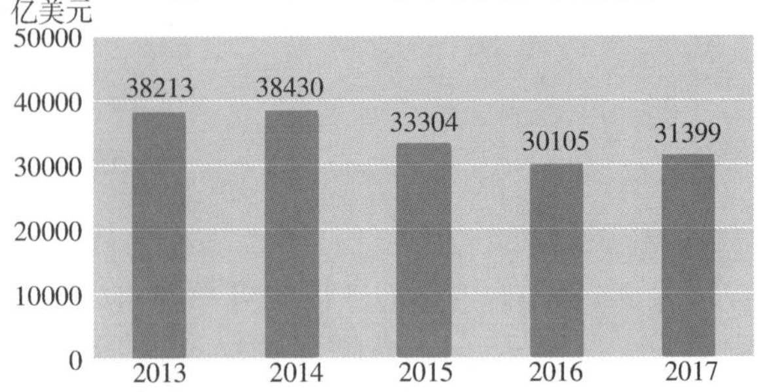

供给侧结构性改革扎实推进。全年全国工业产能利用率[10]为77.0%,比上年提高3.7个百分点。其中,煤炭开采和洗选业产能利用率为68.2%,比上年提高8.7个百分点;黑色金属冶炼和压延加工业产能利用率为75.8%,提高4.1个百分点。年末商品房待售面积58923万平方米,比上年末减少10616万平方米。其中,商品住宅待售面积30163万平方米,减少10094万平方米。年末规模以上工业企业资产负债率为55.5%,比上年末下降0.6个百分点。全年规模以上工业企业每百元主营业务收入中的成本为84.92元,比上年下降0.25元;每百元主营业务收入中的费用为7.77元,下降0.2元。全年生态保护和环境治理业、公共设施管理业、农业固定资产投资(不含农户)分别比上年增长23.9%、21.8%和16.4%。

新动能新产业新业态加快成长。全年规模以上工业战略性新兴产业[11]增加值比上年增长11.0%。高技术制造业[12]增加值增长13.4%,占规模以上工业增加值的比重为12.7%。装备制造业[13]增加值增长11.3%,占规模以上工业增加值的比重为32.7%。全年新能源汽车产量69万辆,比上年增长51.2%;智能电视产量9666万台,增长3.8%;工业机器人产量13万台(套),增长81.0%;民用无人机产量290万架,增长67.0%。全年规模以上服务业[14]中,战略性新兴服务业[15]营业收入41235亿元,比上年增长17.3%;实现营业利润7446亿元,增长30.2%。全年高技术产业投资[16]42912亿元,比上年增长15.9%,占固定资产投资(不含农户)的比重为6.8%;工业技术改造投资[17]105912亿元,增长16.3%,占固定资产投资(不含农户)的比重为16.8%。全年网上零售额[18]71751亿元,比上年增长32.2%。其中网上商品零售额54806亿元,增长28.0%,占社会消费品零售总额的

比重为15.0%。在网上商品零售额中,吃类商品增长28.6%,穿类商品增长20.3%,用类商品增长30.8%。2016年末全国25.1%的村有电子商务配送站点。

发展质量效益改善。全年全国一般公共预算收入172567亿元,比上年增长7.4%[19]。其中税收收入144360亿元,比上年增加13999亿元,增长10.7%。全年规模以上工业企业实现利润75187亿元,比上年增长21.0%。分经济类型看,国有控股企业实现利润16651亿元,比上年增长45.1%;集体企业400亿元,下降8.5%,股份制企业52404亿元,增长23.5%,外商及港澳台商投资企业18753亿元,增长15.8%;私营企业23753亿元,增长11.7%。分门类看,采矿业实现利润4587亿元,比上年增长2.6倍;制造业66511亿元,增长18.2%;电力、热力、燃气及水生产和供应业4089亿元,下降10.7%。全年规模以上服务业企业实现营业利润23645亿元,比上年增长24.5%。全年全员劳动生产率[20]为101231元/人,比上年提高6.7%。全年制造业产品质量合格率[21]为93.71%。

图7 2013-2017年全国一般公共预算收入

注:图中2013年至2016年数据为全国一般公共预算收入决算数,2017年为执行数。

图8 2013-2017年全员劳动生产率

二、农 业

全年粮食种植面积11222万公顷,比上年减少81万公顷。其中,小麦种植面积2399万公顷,减少20万公顷;稻谷种植面积3018万公顷,减少0.2万公顷;玉米种植面积3545万公顷,减少132万公顷。棉花种植面积323万公顷,减少12万公顷。油料种植面积1420万公顷,增加7万公顷。糖料种植面积168万公顷,减少1万公顷。

全年粮食产量61791万吨,比上年增加166万吨,增产0.3%。其中,夏粮产量14031万吨,增产0.8%;早稻产量3174万吨,减产3.2%;秋粮产量44585万吨,增产0.4%。全年谷物产量56455万吨,比上年减产0.1%。其中,稻谷产量20856万吨,增产0.7%;小麦产量12977万吨,增产0.7%;玉米产量21589万吨,减产1.7%。

图9 2013-2017年粮食产量

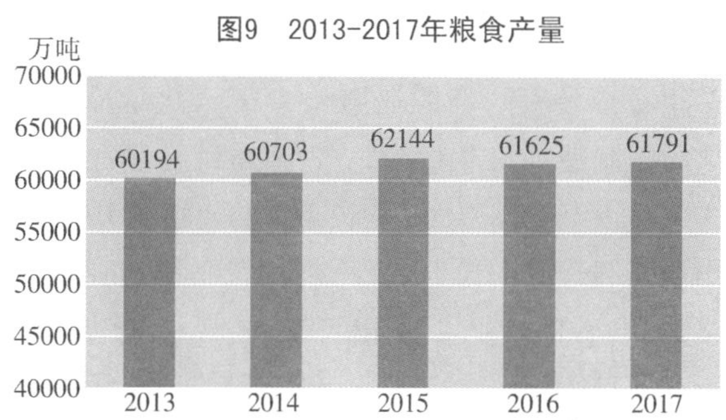

全年棉花产量549万吨,比上年增产3.5%。油料产量3732万吨,增产2.8%。糖料产量12556万吨,增产1.7%。茶叶产量255万吨,增产6.0%。

全年猪牛羊禽肉产量8431万吨,比上年增长0.8%。其中,猪肉产量5340万吨,增长0.8%;牛肉产量726万吨,增长1.3%;羊肉产量468万吨,增长1.8%;禽肉产量1897万吨,增长0.5%。禽蛋产量3070万吨,下降0.8%。牛奶产量3545万吨,下降1.6%。年末生猪存栏43325万头,下降0.4%;生猪出栏68861万头,增长0.5%。

全年水产品产量6938万吨,比上年增长0.5%。其中,养殖水产品产量5281万吨,增长2.7%;捕捞水产品产量1656万吨,下降5.8%。

全年木材产量7682万立方米,比上年下降1.2%。

全年新增耕地灌溉面积109万公顷,新增高效节水灌溉面积144万公顷。

三、工业和建筑业

全年全部工业增加值279997亿元,比上年增长6.4%。规模以上工业增加值增长6.6%。在规模以上工业中,分经济类型看,国有控股企业增长6.5%;集体企业增长0.6%,股份制企业增长6.6%,外商及港澳台商投资企业增长6.9%;私营企业增长5.9%。分门类看,采矿业下降1.5%,制造业增长 7.2%，电力、热力、燃气及水生产和供应业增长 8.1%。

图10 2013-2017年全部工业增加值及其增长速度

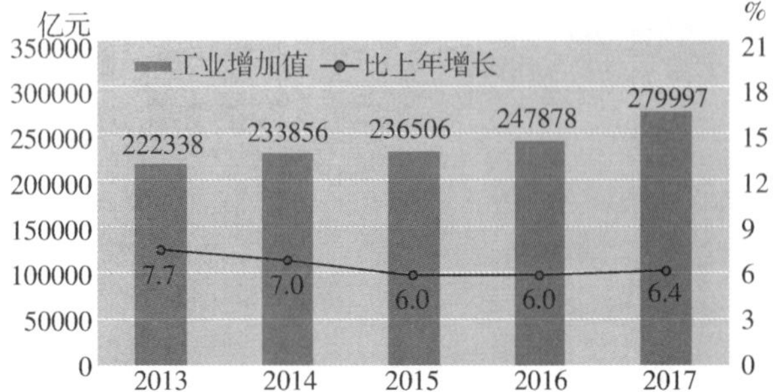

全年规模以上工业中，农副食品加工业增加值比上年增长 6.8%，纺织业增长 4.0%，化学原料和化学制品制造业增长 3.8%，非金属矿物制品业增长 3.7%，黑色金属冶炼和压延加工业增长 0.3%，通用设备制造业增长 10.5%，专用设备制造业增长 11.8%，汽车制造业增长 12.2%，电气机械和器材制造业增长 10.6%，计算机、通信和其他电子设备制造业增长 13.8%，电力、热力生产和供应业增长 7.8%。六大高耗能行业[22]增加值增长 3.0%，占规模以上工业增加值的比重为 29.7%。

表 3 2017 年主要工业产品产量及其增长速度

产品名称	单 位	产 量	比上年增长(%)
纱	万吨	4 050.0	8.5
布	亿米	868.1	-4.3
化学纤维	万吨	4 919.6	0.7
成品糖	万吨	1 470.6	1.9
卷 烟	亿支	23 448.3	-1.6
彩色电视机	万台	15 932.6	1.0
其中:液晶电视机	万台	15 755.9	0.3
家用电冰箱	万台	8 548.4	0.8
房间空气调节器	万台	17 861.5	24.5
一次能源生产总量	亿吨标准煤	35.9	3.6
原 煤	亿吨	35.2	3.3
原 油	万吨	19 150.6	-4.1
天然气	亿立方米	1 480.3	8.2
发电量	亿千瓦小时	64 951.4	5.9
其中:火电[23]	亿千瓦小时	46 627.4	5.1
水电	亿千瓦小时	11 898.4	0.5
核电	亿千瓦小时	2 480.7	16.3
粗 钢	万吨	83 172.8	3.0
钢 材[24]	万吨	104 958.8	0.1
十种有色金属	万吨	5 501.0	2.9
其中:精炼铜(电解铜)	万吨	897.0	6.3
原铝(电解铝)	万吨	3 329.0	2.0
水 泥	亿吨	23.4	-3.1
硫 酸(折 100%)	万吨	9 212.9	0.9
烧 碱(折 100%)	万吨	3 365.2	5.1
乙 烯	万吨	1 821.8	2.3
化 肥(折 100%)	万吨	6 184.3	-6.7
发电机组(发电设备)	万千瓦	11 830.4	-9.8
汽 车	万辆	2 901.8	3.2
其中:基本型乘用车(轿车)	万辆	1 194.5	-1.4
运动型多用途乘用车(SUV)	万辆	1 004.7	9.9
大中型拖拉机	万台	41.8	-32.4
集成电路	亿块	1 564.6	18.7
程控交换机	万线	1 240.8	-14.9
移动通信手持机[25]	万台	188 982.4	2.2
微型计算机设备	万台	30 678.4	5.8

年末全国发电装机容量 177 703 万千瓦，比上年末增长 7.6%。其中[26]，火电装机容量 110 604 万千瓦，增长 4.3%；水电装机容量 34 119 万千瓦，增长 2.7%；核电装机容量 3582 万千瓦，增长 6.5%；并网风电装机容量 16 367 万千瓦，增长 10.5%；并网太阳能发电装机容量 13 025 万千瓦，增长 68.7%。

全年全社会建筑业增加值 55 689 亿元，比上年增长 4.3%。全国具有资质等级的总承包和专业承包建筑业企业实现利润 7661 亿元，增长 9.7%。其中国有控股企业 2 313 亿元，增长 15.1%。

图11 2013-2017年建筑业增加值及其增长速度

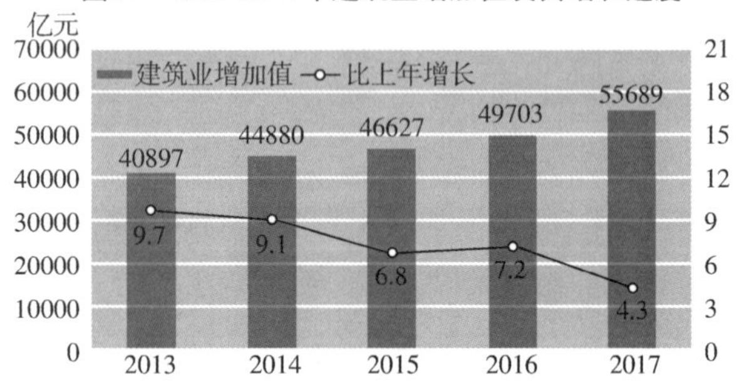

四、固定资产投资

全年全社会固定资产投资 641 238 亿元，比上年增长 7.0%[27]。其中固定资产投资(不含农户) 631 684 亿元，增长 7.2%。分区域看[28]，东部地区投资 265 837 亿元，比上年增长 8.3%；中部地区投资 163 400 亿元，增长 6.9%；西部地区投资 166 571 亿元，增长 8.5%；东北地区投资 30 655 亿元，增长 2.8%。

在固定资产投资(不含农户)中，第一产业投资 20 892 亿元，比上年增长 11.8%；第二产业投资 235 751 亿元，增长 3.2%；第三产业投资 375 040 亿元，增长9.5%。基础设施投资[29] 140 005亿元,增长19.0%,占固定资产投资(不含农户)的比重为22.2%。民间固定资产投资[30] 381 510亿元,增长6.0%,占固定资产投资(不含农户)的比重为60.4%。六大高耗能行业投资64 430亿元,下降1.8%,占固定资产投资(不含农户)的比重为10.2%。

图12 2013–2017年三次产业投资占固定资产投资(不含农户)比重

%
100
80
60
40
20
0
2013 2014 2015 2016 2017
55.6 56.2 56.6 58.1 59.4
42.3 41.4 40.6 38.7 37.3
2.1 2.4 2.8 3.2 3.3
■第一产业 ■第二产业 ■第三产业

图13 2017年按领域分固定资产投资(不含农户)及其占比

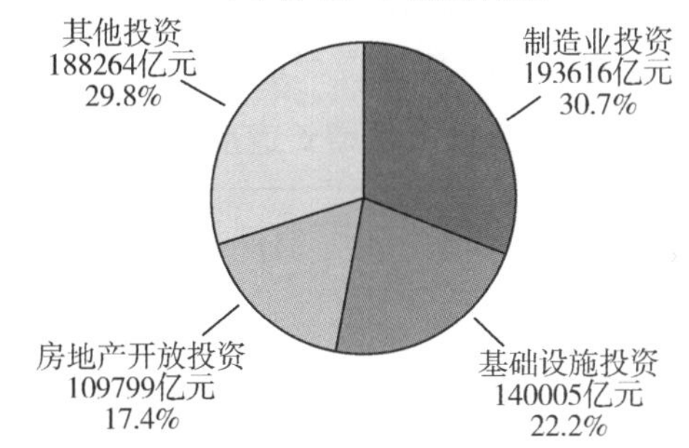

表4 2017年分行业固定资产投资(不含农户)及其增长速度

行业	投资额(亿元)	比上年增长(%)
总计	631 684	7.2
农、林、牧、渔业	24 638	9.1
采矿业	9 209	-10.0
制造业	193 616	4.8
电力、热力、燃气及水生产和供应业	29 794	0.8
建筑业	3 648	-19.0
批发和零售业	16 542	-6.3
交通运输、仓储和邮政业	61 186	14.8
住宿和餐饮业	6 107	3.9
信息传输、软件和信息技术服务业	6 987	12.8
金融业	1 121	-13.3
房地产业[31]	139 734	3.6
租赁和商务服务业	13 304	14.4
科学研究和技术服务业	5 932	9.4
水利、环境和公共设施管理业	82 105	21.2
居民服务、修理和其他服务业	2 686	2.4
教育	11 084	20.2
卫生和社会工作	7 327	18.1
文化、体育和娱乐业	8 732	12.9
公共管理、社会保障和社会组织	7 931	-2.0

表5 2017年固定资产投资新增主要生产与运营能力

指标	单位	绝对数
新增220千伏及以上变电设备	万千伏安	24 263
新建铁路投产里程	公里	3 038
其中:高速铁路[32]	公里	2 182
增、新建铁路复线投产里程	公里	3 223
电气化铁路投产里程	公里	4 583
新改建公路里程	公里	313 607
其中:高速公路	公里	6 796
港口万吨级码头泊位新增通过能力	万吨/年	24 858
新增民用运输机场	个	11
新增光缆线路长度	万公里	705

全年房地产开发投资109 799亿元,比上年增长7.0%。其中住宅投资75 148亿元,增长9.4%;办公楼投资6 761亿元,增长3.5%;商业营业用房投资15 640亿元,下降1.2%。

全年全国城镇棚户区住房改造开工609万套,棚户区改造基本建成604万套,公租房基本建成82万套。全年全国农村地区建档立卡贫困户危房改造152.5万户[33]。

表6 2017年房地产开发和销售主要指标及其增长速度

指标	单位	绝对数	比上年增长(%)
投资额	亿元	109 799	7.0
其中:住宅	亿元	75 148	9.4
其中:90平方米及以下	亿元	22 367	-9.7
房屋施工面积	万平方米	781 484	3.0
其中:住宅	万平方米	536 444	2.9
房屋新开工面积	万平方米	178 654	7.0
其中:住宅	万平方米	128 098	10.5
房屋竣工面积	万平方米	101 486	-4.4
其中:住宅	万平方米	71 815	-7.0
商品房销售面积	万平方米	169 408	7.7
其中:住宅	万平方米	144 789	5.3
本年到位资金	亿元	156 053	8.2
其中:国内贷款	亿元	25 242	17.3
个人按揭贷款	亿元	23 906	-2.0

五、国内贸易

全年社会消费品零售总额366 262亿元,比上年增长10.2%。按经营地统计,城镇消费品零售额314 290亿元,增长10.0%;乡村消费品零售额51 972亿元,增长11.8%。按消费类型统计,商品零售额326 618亿元,增长10.2%;餐饮收入额39 644亿元,增长10.7%。

图14　2013-2017年社会消费品零售总额

年份	2013	2014	2015	2016	2017
社会消费品零售总额(亿元)	242843	271896	300931	332316	366262

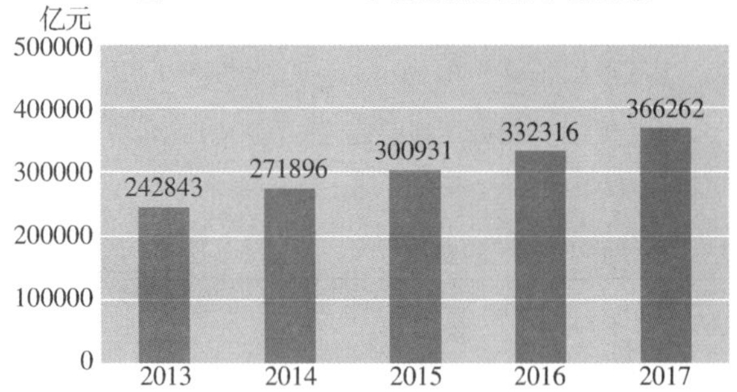

在限额以上企业商品零售额中,粮油、食品、饮料、烟酒类零售额比上年增长9.7%,服装、鞋帽、针纺织品类增长7.8%,化妆品类增长13.5%,金银珠宝类增长5.6%,日用品类增长8.0%,家用电器和音像器材类增长9.3%,中西药品类增长12.4%,文化办公用品类增长9.8%,家具类增长12.8%,通讯器材类增长11.7%,建筑及装潢材料类增长10.3%,汽车类增长5.6%,石油及制品类增长9.2%。

六、对外经济[34]

全年货物进出口总额277 923亿元,比上年增长14.2%。其中,出口153 321亿元,增长10.8%;进口124 602亿元,增长18.7%。货物进出口差额(出口减进口)28 718亿元,比上年减少4 734亿元。对"一带一路"[35]沿线国家进出口总额73 745亿元,比上年增长17.8%。其中,出口43 045亿元,增长12.1%;进口30 700亿元,增长26.8%。

图15　2013-2017年货物进出口总额

年份	2013	2014	2015	2016	2017
货物出口额(亿元)	137131	143884	141167	138417	153321
货物进口额(亿元)	121037	120358	104336	104967	124602

表7　2017年货物进出口总额及其增长速度

指　　标	金额(亿元)	比上年增长(%)
货物进出口总额	277 923	14.2
货物出口额	153 321	10.8
其中:一般贸易	83 325	11.7
加工贸易	51 381	8.8
其中:机电产品	89 465	12.1
高新技术产品	45 150	13.3
货物进口额	124 602	18.7
其中:一般贸易	73 299	23.2
加工贸易	29 180	11.3
其中:机电产品	57 785	13.3
高新技术产品	39 501	14.1
货物进出口差额(出口减进口)	28 718	-

表8　2017年主要商品出口数量、金额及其增长速度

商品名称	单位	数量	比上年增长(%)	金额(亿元)	比上年增长(%)
煤(包括褐煤)	万吨	817	-7.0	75	64.7
钢材	万吨	7 541	-30.5	3 700	3.1
纺织纱线、织物及制品	—	—	—	7 441	7.4
服装及衣着附件	—	—	—	10 656	2.3
鞋类	万吨	450	6.5	3 269	5.0
家具及其零件	—	—	—	3 385	7.4
自动数据处理设备及其部件	万台	154 208	-3.1	10 710	18.1
手持或车载无线电话	万台	121 087	-4.8	8 503	11.3
集装箱	万个	300	50.6	567	103.2
液晶显示板	万个	193 367	1.6	1 737	2.3
汽车	万辆	104	43.1	898	27.2

表9　2017年主要商品进口数量、金额及其增长速度

商品名称	单位	数量	比上年增长(%)	金额(亿元)	比上年增长(%)
谷物及谷物粉	万吨	2 559	16.4	440	17.2
大豆	万吨	9 553	13.8	2 688	19.6
食用植物油	万吨	577	4.4	307	11.3
铁矿砂及其精矿	万吨	107 474	5.0	5 175	35.0
氧化铝	万吨	287	-5.3	75	29.5

商品名称	单位	数量	比上年增长（%）	金额（亿元）	比上年增长（%）
煤(包括褐煤)	万吨	27 090	6.1	1 536	63.7
原油	万吨	41 957	10.1	11 003	42.7
成品油	万吨	2 964	6.4	982	33.3
初级形状的塑料	万吨	2 868	11.5	3 284	20.1
纸浆	万吨	2 372	12.6	1 039	28.5
钢材	万吨	1 330	0.6	1 027	18.2
未锻轧铜及铜材	万吨	469	-5.2	2 115	21.3
集成电路	亿个	3 770	10.1	17 592	17.3
汽车	万辆	124	15.7	3 422	16.3

表10 2017年对主要国家和地区货物进出口额及其增长速度

国家和地区	出口额（亿元）	比上年增长（%）	占全部出口比重（%）	进口额（亿元）	比上年增长（%）	占全部进口比重（%）
欧盟	25 199	12.6	16.4	16 543	20.2	13.3
美国	29 103	14.5	19.0	10 430	17.3	8.4
东盟	18 902	11.9	12.3	15 942	22.8	12.8
日本	9 301	8.9	6.1	11 204	16.3	9.0
中国香港	18 899	-0.4	12.3	495	-54.9	0.4
韩国	6 965	12.6	4.5	12 013	14.4	9.6
中国台湾	2 979	12.2	1.9	10 512	14.5	8.4
巴西	1 962	35.2	1.3	3 974	31.4	3.2
印度	4 615	19.8	3.0	1 107	42.4	0.9
俄罗斯	2 906	17.8	1.9	2 790	31.0	2.2
南非	1 004	18.4	0.7	1 649	12.1	1.3

全年服务进出口[36]总额46 991亿元，比上年增长6.8%。其中，服务出口15 407亿元，增长10.6%；服务进口31 584亿元，增长5.1%。服务进出口逆差16177亿元。

全年吸收外商直接投资（不含银行、证券、保险）新设立企业35 652家，比上年增长27.8%。实际使用外商直接投资金额8 776亿元（折1 310亿美元），增长7.9%，增速比上年加快3.8个百分点。其中“一带一路”沿线国家对华直接投资新设立企业3857家，增长32.8%；对华直接投资金额374亿元（折56亿美元）。全年高技术制造业实际使用外资666亿元，增长11.3%。

表11 2017年外商直接投资（不含银行、证券、保险）及其增长速度

行　　业	企业数（家）	比上年增长（%）	实际使用金额（亿元）	比上年增长（%）
总　计	**35 652**	**27.8**	**8 776**	**7.9**
其中：农、林、牧、渔业	706	26.5	72	-41.6
制造业	4 986	24.3	2 259	-1.9
电力、燃气及水生产和供应业	372	19.6	235	68.1
交通运输、仓储和邮政业	517	21.7	374	13.6
信息传输、计算机服务和软件业	3 169	116.6	1 389	157.1
批发和零售业	12 283	30.7	770	-23.9
房地产业	737	95.0	1 133	-10.4
租赁和商务服务业	5 087	9.9	1 125	7.5
居民服务和其他服务业	349	42.5	38	16.0

全年对外直接投资额（不含银行、证券、保险）8108亿元，按美元计价为1201亿美元，比上年下降29.4%。其中，对“一带一路”沿线国家直接投资额144亿美元。

表12 2017年对外直接投资额（不含银行、证券、保险）及其增长速度

行　　业	对外直接投资金额（亿美元）	比上年增长（%）
总　计	1 201	-29.4
其中：农、林、牧、渔业	22	-25.3
采矿业	83	-4.4
制造业	191	-38.4
电力、热力、燃气及水生产和供应业	32	26.5
建筑业	73	37.5
批发和零售业	249	-9.6
交通运输、仓储和邮政业	30	-16.9
信息传输、软件和信息技术服务业	103	-49.3
房地产业	22	-79.6
租赁和商务服务业	349	-17.3

全年对外承包工程业务完成营业额11 383亿元，按美元计价为1 686亿美元，比上年增长5.8%。其中，对“一带一路”沿线国家完成营业额855亿美元，增长12.6%，占对外承包工程业务完成营业额比重为50.7%。对外劳务合作派出各类劳务人员52万人，增长5.7%。

七、交通、邮电和旅游

全年货物运输总量479亿吨，比上年增长9.3%。货物运输周转量196 130亿吨公里，增长5.1%。全年规模以上港口完成货物吞吐量126亿吨，比上年增长6.4%，其中外贸货物吞吐量40亿吨，增长5.7%。规模以上港口集装箱吞吐量23 680万标准箱，增长8.3%。

表13　2017年各种运输方式完成货物运输量及其增长速度

指　　标	单　位	绝对数	比上年增长（%）
货物运输总量	亿　吨	479.4	9.3
铁路	亿　吨	36.9	10.7
公路	亿　吨	368.0	10.1
水运	亿　吨	66.6	4.3
民航	万　吨	705.8	5.7
管道	亿　吨	7.9	7.3
货物运输周转量	亿吨公里	196 130.4	5.1
铁路	亿吨公里	26 962.2	13.3
公路	亿吨公里	66 712.5	9.2
水运	亿吨公里	97 455.0	0.1
民航	亿吨公里	243.5	9.5
管道	亿吨公里	4 757.2	13.4

全年旅客运输总量185亿人次，比上年下降2.6%。旅客运输周转量32 813亿人公里，增长5.0%。

表14　2017年各种运输方式完成旅客运输量及其增长速度

指　　标	单　位	绝对数	比上年增长（%）
旅客运输总量	亿人次	185.1	-2.6
铁路	亿人次	30.8	9.6
公路	亿人次	145.9	-5.4
水运	亿人次	2.8	4.1
民航	亿人次	5.5	13.0
旅客运输周转量	亿人公里	32 812.7	5.0
铁路	亿人公里	13 456.9	7.0
公路	亿人公里	9 765.1	-4.5
水运	亿人公里	77.9	7.7
民航	亿人公里	9 512.8	13.5

年末全国民用汽车保有量21 743万辆（包括三轮汽车和低速货车820万辆），比上年末增长11.8%，其中私人汽车保有量18 695万辆，增长12.9%。民用轿车保有量12 185万辆，增长12.0%，其中私人轿车11 416万辆，增长12.5%。

全年完成邮政行业业务总量[37]9 764亿元，比上年增长32.0%。邮政业全年完成邮政函件业务31.5亿件，包裹业务0.3亿件，快递业务量400.6亿件；快递业务收入4 957亿元。全年完成电信业务总量[38]27 557亿元，比上年增长76.4%。电信业全年新增移动电话交换机容量[39]23 646万户，达到242 186万户。年末全国电话用户总数161 125万户，其中移动电话用户141 749万户。移动电话普及率上升至102.5部/百人。固定互联网宽带接入用户[40]34 854万户，比上年增加5 133万户，其中固定互联网光纤宽带接入用户[41]29 392万户，比上年增加6627万户；移动宽带用户[42]113 152万户，增加19 077万户。移动互联网接入流量246亿G，比上年增长162.7%。互联网上网人数7.72亿人，增加4 074万人，其中手机上网人数[43]7.53亿人，增加5 734万人。互联网普及率达到55.8%，其中农村地区互联网普及率达到35.4%。软件和信息技术服务业[44]完成软件业务收入55 037亿元，比上年增长13.9%。

图16　2013-2017年快递业务量及其增长速度

图17　2013-2017年年末固定互联网宽带接入用户和移动宽带用户数

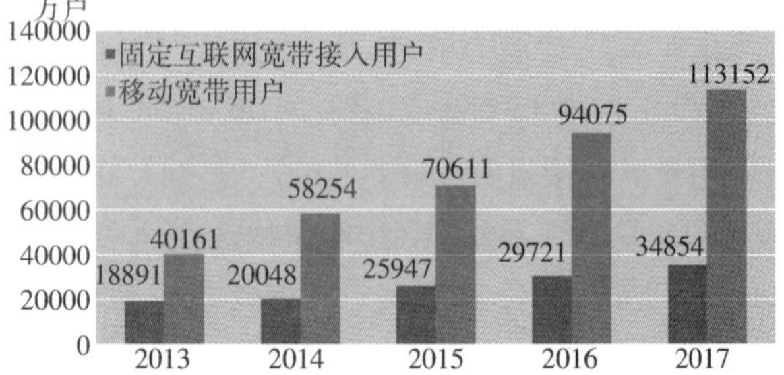

全年国内游客50亿人次，比上年增长12.8%；国内旅游收入45 661亿元，增长15.9%。入境游客

13 948 万人次，增长 0.8%。其中，外国人 2 917 万人次，增长 3.6%；香港、澳门和台湾同胞 11 032 万人次，与上年持平。在入境游客中，过夜游客 6 074 万人次，增长 2.5%。国际旅游收入 1 234 亿美元，增长 2.9%。国内居民出境 14 273 万人次，增长 5.6%。其中因私出境 13 582 万人次，增长 5.7%；赴港澳台出境 8 698 万人次，增长 3.6%。

八、金融

年末广义货币供应量(M_2)余额 167.7 万亿元，比上年末增长 8.2%；狭义货币供应量(M_1)余额 54.4 万亿元，增长 11.8%；流通中货币(M_0)余额 7.1 万亿元，增长 3.4%。

全年社会融资规模增量[45] 19.4 万亿元，按可比口径计算比上年多 1.6 万亿元；年末社会融资规模存量[46] 174.6 万亿元，比上年末增长 12.0%。年末全部金融机构本外币各项存款余额 169.3 万亿元，比年初增加 13.7 万亿元，其中人民币各项存款余额 164.1 万亿元，增加 13.5 万亿元。全部金融机构本外币各项贷款余额 125.6 万亿元，增加 13.6 万亿元，其中人民币各项贷款余额 120.1 万亿元，增加 13.5 万亿元。

表 15　2017 年年末全部金融机构本外币存贷款余额及其增长速度

指　　标	年末数（亿元）	比上年末增长（%）
各项存款	1 692 727	8.8
其中：境内住户存款	651 983	7.5
其中：人民币	643 768	7.7
境内非金融企业存款	571 641	7.7
各项贷款	1 256 074	12.1
其中：境内短期贷款	411 153	8.2
境内中长期贷款	750 894	18.2

年末主要农村金融机构（农村信用社、农村合作银行、农村商业银行）人民币贷款余额 149 820 亿元，比年初增加 15 602 亿元。全部金融机构人民币消费贷款余额 315 194 亿元，增加 64 717 亿元。其中，个人短期消费贷款余额 68 041 亿元，增加 18 724 亿元；个人中长期消费贷款余额 247 154 亿元，增加 45 993 亿元。

全年上市公司通过境内市场累计筹资 40 836 亿元，比上年减少 12 244 亿元。其中，首次公开发行 A 股完成申购 419 只，筹资 2186 亿元；A 股现金再融资（包括公开增发、定向增发、配股、优先股）9 209 亿元，减少 4 178 亿元；上市公司通过沪深交易所发行债券（包括公司债、可转债、可交换债和企业资产支持证券）筹资 28 105 亿元，减少 8 563 亿元。全年全国中小企业股份转让系统[47] 新增挂牌公司 2176 家，筹资 1336 亿元，减少 3.95%。

全年发行公司信用类债券[48] 5.64 万亿元，比上年减少 2.59 万亿元。

全年保险公司原保险保费收入[49] 36 581 亿元，比上年增长 18.2%。其中，寿险业务原保险保费收入 21 456 亿元，健康险和意外伤害险业务原保险保费收入 5 291 亿元，财产险业务原保险保费收入 9 835 亿元。支付各类赔款及给付 11 181 亿元。其中，寿险业务给付 4 575 亿元，健康险和意外伤害险赔款及给付 1 518 亿元，财产险业务赔款 5 087 亿元。

九、居民收入消费和社会保障

全年全国居民人均可支配收入[50] 25 974 元，比上年增长 9.0%，扣除价格因素，实际增长 7.3%。全国居民人均可支配收入中位数[51] 22 408 元，增长 7.3%。按常住地分，城镇居民人均可支配收入 36 396 元，比上年增长 8.3%，扣除价格因素，实际增长 6.5%。城镇居民人均可支配收入中位数 33834 元，增长 7.2%。农村居民人均可支配收入 13 432 元，比上年增长 8.6%，扣除价格因素，实际增长 7.3%。农村居民人均可支配收入中位数 11 969 元，增长 7.4%。按全国居民五等份收入分组[52]，低收入组人均可支配收入 5 958 元，中等偏下收入组人均可支配收入 13 843 元，中等收入组人均可支配收入 22 495 元，中等偏上收入组人均可支配收入 34 547 元，高收入组人均可支配收入 64 934 元。全国农民工人均月收入 3 485 元，比上年增长 6.4%。

全国居民人均消费支出 18 322 元，比上年增长 7.1%，扣除价格因素，实际增长 5.4%。按常住地分，城镇居民人均消费支出 24 445 元，增长 5.9%，扣除价格因素，实际增长 4.1%；农村居民人均消费支出 10 955 元，增长 8.1%，扣除价格因素，实际增长 6.8%。恩格尔系数为 29.3%，比上年下降 0.8 个百分点，其中城镇为 28.6%，农村为 31.2%。

图18　2013-2017年全国居民人均可支配收入及其增长速度

图19　2017年全国居民人均消费支出及其构成

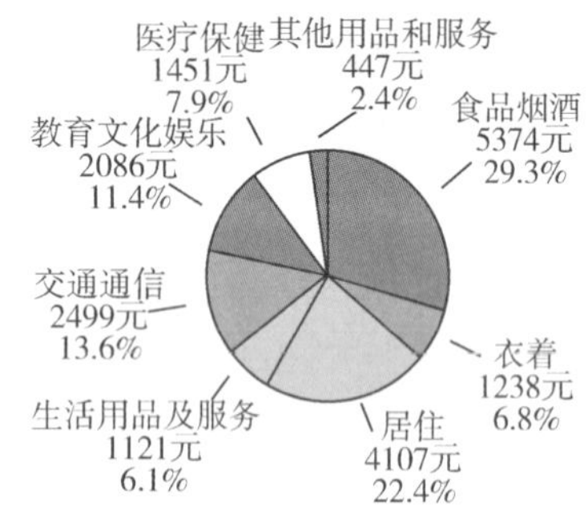

按照每人每年 2 300 元（2010 年不变价）的农村贫困标准计算，2017 年，年末农村贫困人口 3 046 万人，比上年末减少 1 289 万人[53]；贫困发生率[54] 3.1%，比上年下降 1.4 个百分点。贫困地区[55]农村居民人均可支配收入 9 377 元，比上年增长 10.5%，扣除价格因素，实际增长 9.1%。

图20　2013-2017年年末全国农村贫困人口

年末全国参加城镇职工基本养老保险人数 40 199 万人，比上年末增加 2 269 万人。参加城乡居民基本养老保险人数 51 255 万人，增加 408 万人。参加基本医疗保险人数 117 664 万人，增加 43 272 万人。其中，参加职工基本医疗保险人数 30 320 万人，增加 789 万人；参加城乡居民基本医疗保险人数 87 343 万人[56]，增加 42483 万人。参加失业保险人数 18 784 万人，增加 695 万人。年末全国领取失业保险金人数 220 万人。参加工伤保险人数 22 726 万人，增加 836 万人，其中参加工伤保险的农民工 7 807 万人，增加 297 万人。参加生育保险人数 19 240 万人，增加 789 万人。年末全国共有 1 264 万人享受城市居民最低生活保障，4047 万人享受农村居民最低生活保障，467 万人享受农村特困人员[57]救助供养。全年资助 5 203 万人参加基本医疗保险，医疗救助 3 536 万人次。国家抚恤、补助各类优抚对象 859 万人。

十、教育、科学技术和文化体育

全年研究生教育[58]招生 80.5 万人，在学研究生 263.9 万人，毕业生 57.8 万人。普通本专科招生 761.5 万人，在校生 2753.6 万人，毕业生 735.8 万人。中等职业教育[59]招生 582.4 万人，在校生 1592.5 万人，毕业生 496.9 万人。普通高中招生 800.1 万人，在校生 2 374.5 万人，毕业生 775.7 万人。初中招生 1 547.2 万人，在校生 4 442.1 万人，毕业生 1 397.5 万人。普通小学招生 1766.6 万人，在校生 10093.7 万人，毕业生 1 565.9 万人。特殊教育招生 11.1 万人，在校生 57.9 万人，毕业生 6.9 万人。学前教育在园幼儿 4 600.1 万人。九年义务教育巩固率为 93.8%，高中阶段毛入学率为 88.3%。

图21　2013-2017年普通本专科、中等职业教育及普通高中招生人数

年份	普通本专科	中等职业教育	普通高中
2013	700	675	823
2014	721	620	797
2015	738	601	797
2016	749	593	803
2017	761	582	800

（单位：万人）

全年研究与试验发展（R&D）经费支出 17 500 亿元，比上年增长 11.6%，与国内生产总值之比为 2.12%，其中基础研究经费 920 亿元。全年国家重点研发计划共安排 42 个重点专项 1 115 个科技项目，国家科技重大专项共安排 454 个课题，国家自然科学基金共资助 43 935 个项目。截至年底，累计建设国家重点实验室 503 个，国家工程研究中心 131 个，国家工程实验室 217 个，国家企业技术中心 1 276 家。国家科技成果转化引导基金累计设立 5 支子基金，资金总规模 247.2 亿元。全年境内外专利

申请369.8万件，授予专利权183.6万件；PCT专利申请受理量[60]为5.1万件。截至年底，有效专利714.8万件，其中境内有效发明专利135.6万件，每万人口发明专利拥有量9.8件。全年共签订技术合同36.8万项，技术合同成交金额13424亿元，比上年增长17.7%。

图22 2013-2017年研究与试验发展(R&D)经费支出及其增长速度

表16　2017年专利申请、授权和有效专利情况

指　标	专利数(万件)
专利申请数	369.8
其中：境内专利申请	351.3
其中：发明专利申请	138.2
其中：境内发明专利	123.4
专利授权数	183.6
其中：境内专利授权	170.5
其中：发明专利授权	42.0
其中：境内发明专利	32.0
年末有效专利数	714.8
其中：境内有效专利	620.4
其中：有效发明专利	208.5
其中：境内有效发明专利	135.6

全年成功完成17次宇航发射。首颗高轨道高通量通信卫星实践十三号、首颗大型硬X射线空间探测卫星“慧眼”卫星成功发射；北斗导航全球卫星系统组网首发双星成功发射；天舟一号货运飞船成功发射，完成与天宫二号交会对接。“墨子号”量子卫星成功实现预定科学目标，暗物质粒子探测卫星“悟空”发现反常电子信号，C919大型客机、“鲲龙”AG600水陆两栖飞机首飞成功。

年末全国共有产品检测实验室35000个，其中国家检测中心739个。全国现有产品质量、体系认证机构401个，已累计完成对140250个企业的产品认证。全国共有法定计量技术机构4037个，全年强制检定计量器具8326万台(件)。全年制定、修订国家标准3811项，其中新制定2684项。

年末全国文化系统共有艺术表演团体2054个，博物馆3217个。全国共有公共图书馆3162个，总流通[61]72641万人次；文化馆3327个。有线电视实际用户2.20亿户，其中有线数字电视实际用户1.98亿户。年末广播节目综合人口覆盖率为98.7%，电视节目综合人口覆盖率为99.1%。全年生产电视剧310部13310集，电视动画片83599分钟。全年生产故事影片798部，科教、纪录、动画和特种影片[62]172部。出版各类报纸368亿份，各类期刊26亿册，图书90亿册(张)，人均图书拥有量[63]6.49册(张)。年末全国共有档案馆4237个，已开放各类档案13806万卷(件)。2016年，文化及相关产业增加值30785亿元，比上年增长13.0%；占国内生产总值的比重为4.14%，比上年提高0.19个百分点。

全年我国运动员在24个运动大项中获得106个世界冠军，共创6项世界纪录。全年我国残疾人运动员在11项国际赛事中获得160个世界冠军。2016年，体育产业增加值6475亿元，比上年增长17.8%；占国内生产总值的比重为0.9%，比上年提高0.1个百分点。

十一、卫生和社会服务

年末全国共有医疗卫生机构99.5万个，其中医院3.0万个，在医院中有公立医院1.2万个，民营医院1.8万个；基层医疗卫生机构94.0万个，其中乡镇卫生院3.7万个，社区卫生服务中心(站)3.5万个，门诊部(所)23.0万个，村卫生室63.8万个；专业公共卫生机构2.2万个，其中疾病预防控制中心3482个，卫生监督所(中心)3133个。年末卫生技术人员891万人，其中执业医师和执业助理医师335万人，注册护士379万人。医疗卫生机构床位785万张，其中医院609万张，乡镇卫生院125万张。全年总诊疗人次[64]81.0亿人次，出院人数[65]2.4亿人。

图23 2013-2017年年末卫生技术人员人数

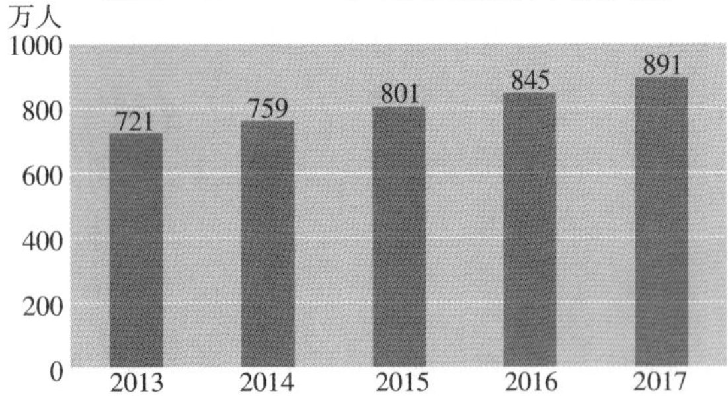

年末全国共有各类提供住宿的社会服务机构3.2万个，其中养老服务机构2.9万个，儿童服务机构656个。社会服务床位[66]749.5万张，其中养老服务床位714.2万张，儿童服务床位9.6万张。年末共有社区服务中心2.5万个，社区服务站13.9万个。

十二、资源、环境和安全生产

全年全国国有建设用地供应总量[67]60万公顷，比上年增长16.4%。其中，工矿仓储用地12万公顷，增长1.6%；房地产用地[68]11.5万公顷，增长7.2%；基础设施等用地36.5万公顷，增长26.1%。

全年水资源总量28 675亿立方米。全年平均降水量640毫米。年末全国监测的604座大型水库蓄水总量3 518亿立方米，比上年末蓄水量有所增加。全年总用水量6 090亿立方米，比上年增长0.8%。其中，生活用水增长2.8%，工业用水增长0.2%，农业用水增长0.6%，生态补水增长1.7%。万元国内生产总值用水量[69]78立方米，比上年下降5.6%。万元工业增加值用水量49立方米，下降5.9%。人均用水量439立方米，比上年增长0.3%。

全年完成造林面积736万公顷，其中人工造林面积390万公顷，占全部造林面积的53.0%。森林抚育面积830万公顷。截至年底，自然保护区达到2 750个，其中国家级自然保护区463个。新增水土流失治理面积5.6万平方公里。

初步核算，全年能源消费总量44.9亿吨标准煤，比上年增长2.9%。煤炭消费量增长0.4%，原油消费量增长5.2%，天然气消费量增长14.8%，电力消费量增长6.6%。煤炭消费量占能源消费总量的60.4%，比上年下降1.6个百分点；天然气、水电、核电、风电等清洁能源消费量占能源消费总量的20.8%，上升1.3个百分点。全国万元国内生产总值能耗下降3.7%。重点耗能工业企业单位烧碱综合能耗下降0.3%，吨水泥综合能耗下降0.1%，吨钢综合能耗下降0.9%，吨粗铜综合能耗下降4.8%，每千瓦时火力发电标准煤耗下降0.8%。全国万元国内生产总值二氧化碳排放下降5.1%。

图24 2013-2017年清洁能源消费量占能源消费总量的比重

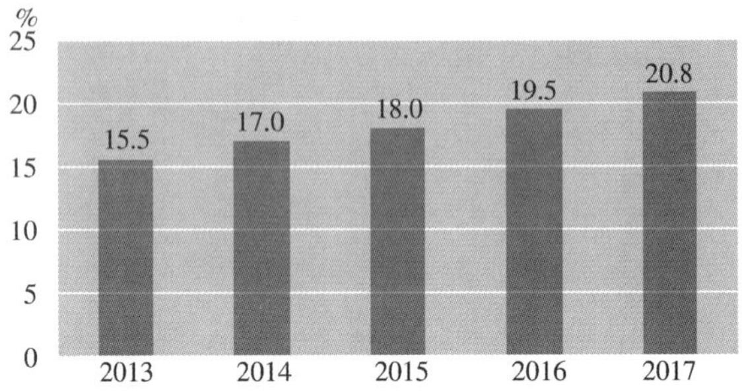

近岸海域417个海水水质监测点中，达到国家一、二类海水水质标准的监测点占67.8%，三类海水占10.1%，四类、劣四类海水占22.1%。

在监测的338个地级及以上城市中，城市空气质量达标的城市占29.3%，未达标的城市占70.7%。细颗粒物（$PM_{2.5}$）未达标城市（基于2015年$PM_{2.5}$年平均浓度未达标的262个城市）年平均浓度48微克/立方米，比上年下降5.9%。

在监测的323个城市中，城市区域声环境质量好的城市占5.9%，较好的占65.0%，一般的占27.9%，较差的占0.9%，差的占0.3%。

全年平均气温为10.39℃，比上年上升0.03℃。共有8个台风登陆。

全年农作物受灾面积1 848万公顷，其中绝收183万公顷。全年因洪涝和地质灾害造成直接经济损失1 910亿元，因旱灾造成直接经济损失375亿元，因低温冷冻和雪灾造成直接经济损失19亿元，因海洋灾害造成直接经济损失58亿元。全年大陆地区共发生5.0级以上地震13次，成灾11次，造成直接经济损失148亿元。全年共发生森林火灾3 223起，森林火灾受害森林面积2.5万公顷。

全年各类生产安全事故共死亡37 852人。工矿商贸企业就业人员10万人生产安全事故死亡人数1.639人，比上年下降3.7%；道路交通事故万车死亡人数2.06人，下降3.7%；煤矿百万吨死亡人数0.106人，下降32.1%。

注释：

[1]本公报中数据均为初步统计数。各项统计

数据均未包括香港特别行政区、澳门特别行政区和台湾省。部分数据因四舍五入的原因，存在着与分项合计不等的情况。

[2]国内生产总值、各产业增加值和人均国内生产总值绝对数按现价计算，增长速度按不变价格计算。

[3]国民总收入，原称国民生产总值，是指一个国家或地区所有常住单位在一定时期内所获得的初次分配收入总额。它等于国内生产总值加上来自国外的初次分配收入净额。

[4]人户分离的人口是指居住地与户口登记地所在的乡镇街道不一致且离开户口登记地半年及以上的人口。

[5]流动人口是指人户分离人口中扣除市辖区内人户分离的人口。市辖区内人户分离的人口是指一个直辖市或地级市所辖区内和区与区之间，居住地和户口登记地不在同一乡镇街道的人口。

[6]2017年年末，0－14岁（含不满15周岁）人口为23 348万人，15－59岁（含不满60周岁）人口为91 570万人。

[7]年度农民工数量包括年内在本乡镇以外从业6个月及以上的外出农民工和在本乡镇内从事非农产业6个月及以上的本地农民工两部分。

[8]农产品生产者价格是指农产品生产者直接出售其产品时的价格。

[9]居住类价格包括租赁房房租、住房保养维修及管理、水电燃料等价格。

[10]产能利用率是指实际产出与生产能力（均以价值量计量）的比率。企业的实际产出是指企业报告期内的工业总产值；企业的生产能力是指报告期内，在劳动力、原材料、燃料、运输等保证供给的情况下，生产设备（机械）保持正常运行，企业可实现的、并能长期维持的产品产出。

[11]工业战略性新兴产业包括节能环保产业，新一代信息技术产业，生物产业，高端装备制造产业，新能源产业，新材料产业，新能源汽车产业等七大产业中的工业相关行业。

[12]高技术制造业包括医药制造业，航空、航天器及设备制造业，电子及通信设备制造业，计算机及办公设备制造业，医疗仪器设备及仪器仪表制造业，信息化学品制造业。

[13]装备制造业包括金属制品业，通用设备制造业，专用设备制造业，汽车制造业，铁路、船舶、航空航天和其他运输设备制造业，电气机械和器材制造业，计算机、通信和其他电子设备制造业，仪器仪表制造业。

[14]规模以上服务业包括年营业收入1 000万元及以上，或年末从业人员50人及以上的交通运输、仓储和邮政业，信息传输、软件和信息技术服务业，房地产业（不含房地产开发经营），租赁和商务服务业，科学研究和技术服务业，水利、环境和公共设施管理业，教育，卫生和社会工作；年营业收入500万元及以上，或年末从业人员50人及以上的居民服务、修理和其他服务业，文化、体育和娱乐业法人单位。

[15]战略性新兴服务业包括节能环保产业，新一代信息技术产业，生物产业，高端装备制造产业，新能源产业，新材料产业，新能源汽车产业等七大产业中的服务业相关行业。

[16]高技术产业投资包括医药制造、航空航天器及设备制造等六大类高技术制造业投资和信息服务、电子商务服务等九大类高技术服务业投资。

[17]工业技术改造投资是指工业企业利用新技术、新工艺、新设备、新材料对现有设施、工艺条件及生产服务等进行改造提升，实现内涵式发展的投资活动。

[18]网上零售额是指通过公共网络交易平台（主要从事实物商品交易的网上平台，包括自建网站和第三方平台）实现的商品和服务零售额。其中，网上零售额包括的服务，以及少部分用于生产经营用或被转卖的商品不统计在社会消费品零售总额中。

[19]为推进财政资金统筹使用，2017年1月1日起将新增建设用地土地有偿使用费、南水北调工程基金、烟草企业上缴专项收入3项政府性基金调整转列一般公共预算。为此，在2016年基数中考虑3项政府性基金转列一般公共预算的影响，并以此为基础计算同口径同比增减额和增减幅。

[20]全员劳动生产率为国内生产总值（以2015年价格计算）与全部就业人员的比率。

[21]制造业产品质量合格率是指以产品质量检验为手段，按照规定的方法、程序和标准实施质量抽样检测，判定为质量合格的样品数占全部抽样样品数的百分比，统计调查样本覆盖制造业的29

个行业。

[22]六大高耗能行业包括石油加工、炼焦和核燃料加工业，化学原料和化学制品制造业，非金属矿物制品业，黑色金属冶炼和压延加工业，有色金属冶炼和压延加工业，电力、热力生产和供应业。

[23]火电包括燃煤发电量，燃油发电量，燃气发电量，余热、余压、余气发电量，垃圾焚烧发电量，生物质发电量。

[24]钢材产量数据中含企业之间重复加工钢材约24 000万吨。

[25]移动通信手持机、钢材2016年产量根据有关专项调查进行了调整，2017年产量增速均按可比口径计算。

[26]少量发电装机容量（如地热等）公报中未列出。

[27]根据第三次农业普查结果对2016年固定资产投资基数进行调整，2017年增速按可比口径计算。

[28]固定资产投资（不含农户）按东部、中部、西部和东北地区计算的合计数据小于全国数据，是因为有部分跨地区的投资未计算在地区数据中。其中，东部地区是指北京、天津、河北、上海、江苏、浙江、福建、山东、广东和海南10省（市）；中部地区是指山西、安徽、江西、河南、湖北和湖南6省；西部地区是指内蒙古、广西、重庆、四川、贵州、云南、西藏、陕西、甘肃、青海、宁夏和新疆12省（区、市）；东北地区是指辽宁、吉林和黑龙江3省。

[29]基础设施投资是指建造或购置为社会生产和生活提供基础性、大众性服务的工程和设施的支出。公报中的基础设施投资包括交通运输、邮政业，电信、广播电视和卫星传输服务业，互联网和相关服务业，水利、环境和公共设施管理业投资。

[30]民间固定资产投资是指具有集体、私营、个人性质的内资企事业单位以及由其控股（包括绝对控股和相对控股）的企业单位建造或购置固定资产的投资。

[31]房地产业投资除房地产开发投资外，还包括建设单位自建房屋以及物业管理、中介服务和其他房地产投资。

[32]高速铁路是指线路最大速度200公里/小时及以上的铁路和200公里/小时以下仅运行动车组列车的铁路。

[33]各省（自治区、直辖市）汇总上报截至2017年12月底建档立卡贫困户农村危房改造实际竣工数。

[34]货物进出口、服务进出口、吸收外资采用人民币计价。对外投资和对外承包工程由于技术原因仍主要沿用美元计价。

[35]“一带一路”是指“丝绸之路经济带”和“21世纪海上丝绸之路”。

[36]服务进出口按照《国际收支手册（第六版）》标准统计，增速按可比口径计算。

[37]邮政行业业务总量按2010年价格计算。

[38]电信业务总量按2015年价格计算。

[39]移动电话交换机容量是指移动电话交换机根据一定话务模型和交换机处理能力计算出来的最大同时服务用户的数量。

[40]固定互联网宽带接入用户是指报告期末在电信企业登记注册，通过xDSL、FTTx + LAN、FTTH/O以及其他宽带接入方式和普通专线接入公众互联网的用户。

[41]固定互联网光纤宽带接入用户是指报告期末在电信企业登记注册，通过FTTH或FTTO方式接入公众互联网的用户。

[42]移动宽带用户是指报告期末在计费系统拥有使用信息，占用3G或4G网络资源的在网用户。

[43]手机上网人数是指过去半年通过手机接入并使用互联网的6周岁及以上中国居民数量。

[44]软件和信息技术服务业包括软件开发，信息系统集成服务，信息技术咨询服务，数据处理和存储服务，集成电路设计和其他信息技术服务等行业。

[45]社会融资规模增量是指一定时期内实体经济（境内非金融企业和个人）从金融体系获得的资金总额。

[46]社会融资规模存量是指一定时期末（月末、季末或年末）实体经济（境内非金融企业和个人）从金融体系获得的资金余额。

[47]全国中小企业股份转让系统又称“新三板”，是2012年经国务院批准设立的全国性证券交易场所。

[48]公司信用类债券包括非金融企业债务融资工具、企业债券以及公司债、可转债等。

[49]原保险保费收入是指保险企业确认的原保险合同保费收入。

[50]全国居民收入名义增速快于分城乡居民收入增速的原因是:在城镇化过程中,一部分在农村收入较高的人口进入城镇地区,但在城镇属于较低收入人群,他们的迁移对城乡居民收入均有拉低作用。但无论在城镇还是农村,其收入增长效应都会体现在全体居民收入增长中。

[51]人均收入中位数是指将所有调查户按人均收入水平从低到高(或从高到低)顺序排列,处于最中间位置调查户的人均收入。

[52]全国居民五等份收入分组是指将所有调查户按人均收入水平从高到低顺序排列,平均分为五个等份,处于最高20%的收入群体为高收入组,依此类推依次为中等偏上收入组、中等收入组、中等偏下收入组、低收入组。

[53]减贫人口等于当年贫困人口减去上年贫困人口,也相当于当年脱贫人口减去当年返贫人口。

[54]贫困发生率是指贫困人口占目标调查人口的比重。

[55]贫困地区包括集中连片特困地区和片区外的国家扶贫开发工作重点县,原共有832个县。2017年开始将新疆阿克苏地区纳入贫困监测范围。

[56]参加城乡居民基本医疗保险人数增加较多,一是原参加新型农村合作医疗人员并入城乡居民基本医疗保险参保人员统计;二是开展全民参保登记,基本医疗保险覆盖面进一步扩大。

[57]农村特困人员是指无劳动能力,无生活来源,无法定赡养、抚养、扶养义务人或者其法定义务人无履行义务能力的农村老年人、残疾人以及未满16周岁的未成年人。

[58]2017年研究生招生、在学研究生指标口径发生变化(增加非全日制研究生)。

[59]中等职业教育包括普通中专、成人中专、职业高中和技工学校。

[60]PCT专利申请受理量是指国家知识产权局作为PCT专利申请受理局受理的PCT专利申请数量。PCT(Patent Cooperation Treaty)即专利合作条约,是专利领域的一项国际合作条约。

[61]总流通人次是指本年度内到图书馆场馆接受图书馆服务的总人次,包括借阅书刊、咨询问题以及参加各类读者活动等。

[62]特种影片是指那些采用与常规影院放映在技术、设备、节目方面不同的电影展示方式,如巨幕电影、立体电影、立体特效(4D)电影、动感电影、球幕电影等。

[63]人均图书拥有量是指在一年内全国平均每人能拥有的当年出版图书册数。

[64]总诊疗人次指所有诊疗工作的总人次数,包括门诊、急诊、出诊、预约诊疗、单项健康检查、健康咨询指导(不含健康讲座)人次。

[65]出院人数指报告期内所有住院后出院的人数,包括医嘱离院、医嘱转其他医疗机构、非医嘱离院、死亡及其他人数,不含家庭病床撤床人数。

[66]社会服务床位数除收养性机构外,还包括救助类机构、社区类机构以及军休所、军供站等机构的床位。

[67]国有建设用地供应总量是指报告期内市、县人民政府根据年度土地供应计划依法以出让、划拨、租赁等方式将土地使用权提供给单位或个人使用的国有建设用地总量。

[68]房地产用地是指商服用地和住宅用地的总和。

[69]万元国内生产总值用水量、万元工业增加值用水量和万元国内生产总值能耗按2015年价格计算。

资料来源:

本公报中户籍人口城镇化率、民用汽车、交通事故数据来自公安部;城镇新增就业、登记失业率、社会保障、技工学校数据来自人力资源社会保障部;外汇储备、汇率数据来自外汇局;财政数据来自财政部;制造业产品质量合格率、质量检验、国家标准制定修订等数据来自质检总局;水产品产量数据来自农业部;木材产量、林业、森林火灾数据来自林业局;灌溉面积、水资源、水土流失治理数据来自水利部;发电装机容量、新增220千伏及以上变电设备数据来自中电联;新建铁路投产里程、增新建铁路复线投产里程、电气化铁路投产里程、铁路运输数据来自铁路总公司;新改建公路里程、港口万吨级码头泊位新增通过能力、公路运输、水运、港口货物吞吐量数据来自交通运输部;新增民用运输机场、民航数据来自民航局;新增光缆线路长度、电信业务总量、电话交换机容量、电话用户、宽带用户、移动互联网接入流量、上网人数、互联网普及率、软件业务收入等数据来自工业和信息化部；棚户区住房改造、公租房、农村地区建档立卡贫困户危房改造数据来自住房城乡建设部；货物进出口数据来自海关总署；服务进出口、外商直接投资、对外直接投资、对外承包工程、对外劳务合作等数据来自商务部；管道数据来自中石油、中石化、中海油；邮政业务数据来自邮政局；农村地区互联网普及率数据来自中国互联网络信息中心；旅游数据来自旅游局、公安部；货币金融、公司信用类债券数据来自人民银行；上市公司数据来自证监会；保险业数据来自保监会；城乡低保、农村特困人员救助供养、社会服务、农作物受灾面积、洪涝地质灾害造成直接经济损失、旱灾造成直接经济损失、低温冷冻和雪灾造成直接经济损失来自民政部；教育数据来自教育部；重点研发计划、科技重大专项、国家重点实验室、科技成果转化引导基金、技术合同等数据来自科技部；自然科学基金项目数据来自自然基金委；国家工程研究中心、国家工程实验室、企业技术中心、万元国内生产总值二氧化碳排放等数据来自发展改革委；专利数据来自知识产权局；宇航发射数据来自国防科工局；艺术表演团体、博物馆、公共图书馆、文化馆数据来自文化部；广播电视、电影、报纸、期刊、图书数据来自新闻出版广电总局；档案数据来自档案局；体育数据来自体育总局；残疾人运动员数据来自中国残联；卫生数据来自卫生计生委；国有建设用地供应数据来自国土资源部；自然保护区、环境监测数据来自环境保护部；平均气温、登陆台风数据来自气象局；海洋灾害造成直接经济损失数据来自海洋局；地震次数、地震灾害直接经济损失数据来自地震局；安全生产数据来自安全监管总局；其他数据均来自国家统计局。

各省(市、区)年末总人口

单位:万人

地 区	2011	2012	2013	2014	2015	2016	2017
全 国	**134 735**	**135 404**	**136 072**	**136 782**	**137 462**	**138 271**	**139 008**
北 京	2 019	2 069	2 115	2 152	2 171	2 173	2 171
天 津	1 355	1 413	1 472	1 517	1 547	1 562	1 557
河 北	7 241	7 288	7 333	7 384	7 425	7 470	7 520
山 西	3 593	3 611	3 630	3 648	3 664	3 682	3 702
内蒙古	2 482	2 490	2 498	2 505	2 511	2 520	2 529
辽 宁	4 383	4 389	4 390	4 391	4 382	4 378	4 369
吉 林	2 749	2 750	2 751	2 752	2 753	2 733	2 717
黑龙江	3 834	3 834	3 835	3 833	3 812	3 799	3 789
上 海	2 347	2 380	2 415	2 426	2 415	2 420	2 418
江 苏	7 899	7 920	7 939	7 960	7 976	7 999	8 029
浙 江	5 463	5 477	5 498	5 508	5 539	5 590	5 657
安 徽	5 968	5 988	6 030	6 083	6 144	6 196	6 255
福 建	3 720	3 748	3 774	3 806	3 839	3 874	3 911
江 西	**4 488**	**4 504**	**4 522**	**4 542**	**4 566**	**4 592**	**4 622**
山 东	9 637	9 685	9 733	9 789	9 847	9 947	10 006
河 南	9 388	9 406	9 413	9 436	9 480	9 532	9 559
湖 北	5 758	5 779	5 799	5 816	5 852	5 885	5 902
湖 南	6 596	6 639	6 691	6 737	6 783	6 822	6 860
广 东	10 505	10 594	10 644	10 724	10 849	10 999	11 169
广 西	4 645	4 682	4 719	4 754	4 796	4 838	4 885
海 南	877	887	895	903	911	917	926
重 庆	2 919	2 945	2 970	2 991	3 017	3 048	3 075
四 川	8 050	8 076	8 107	8 140	8 204	8 262	8 302
贵 州	3 469	3 484	3 502	3 508	3 530	3 555	3 580
云 南	4 631	4 659	4 687	4 714	4 742	4 771	4 801
西 藏	303	308	312	318	324	331	337
陕 西	3 743	3 753	3 764	3 775	3 793	3 813	3 835
甘 肃	2 564	2 578	2 582	2 591	2 600	2 610	2 626
青 海	568	573	578	583	588	593	598
宁 夏	639	647	654	662	668	675	682
新 疆	2 209	2 233	2 264	2 298	2 360	2 398	2 445

注:本表数据根据年度人口抽样调查推算。全国数据包括中国人民解放军现役军人数,但不包括香港、澳门特别行政区和台湾地区数据;分省数据中未包括中国人民解放军现役军人数。

各省(市、区)年末城镇人口比重

单位:%

地区	2011	2012	2013	2014	2015	2016	2017
全　　国	**51.27**	**52.57**	**53.73**	**54.77**	**56.10**	**57.35**	**58.52**
北　　京	86.20	86.20	86.30	86.35	86.50	86.50	86.50
天　　津	80.50	81.55	82.01	82.27	82.64	82.93	82.93
河　　北	45.60	46.80	48.12	49.33	51.33	53.32	55.01
山　　西	49.68	51.26	52.56	53.79	55.03	56.21	57.34
内 蒙 古	56.62	57.74	58.71	59.51	60.30	61.19	62.02
辽　　宁	64.05	65.65	66.45	67.05	67.35	67.37	67.49
吉　　林	53.40	53.70	54.20	54.81	55.31	55.97	56.65
黑 龙 江	56.50	56.90	57.40	58.01	58.80	59.20	59.40
上　　海	89.30	89.30	89.60	89.60	87.60	87.90	87.70
江　　苏	61.90	63.00	64.11	65.21	66.52	67.72	68.76
浙　　江	62.30	63.20	64.00	64.87	65.80	67.00	68.00
安　　徽	44.80	46.50	47.86	49.15	50.50	51.99	53.49
福　　建	58.10	59.60	60.77	61.80	62.60	63.60	64.80
江　　西	**45.70**	**47.51**	**48.87**	**50.22**	**51.62**	**53.10**	**54.60**
山　　东	50.95	52.43	53.75	55.01	57.01	59.02	60.58
河　　南	40.57	42.43	43.80	45.20	46.85	48.50	50.16
湖　　北	51.83	53.50	54.51	55.67	56.85	58.10	59.30
湖　　南	45.10	46.65	47.96	49.28	50.89	52.75	54.62
广　　东	66.50	67.40	67.76	68.00	68.71	69.20	69.85
广　　西	41.80	43.53	44.81	46.01	47.06	48.08	49.21
海　　南	50.50	51.60	52.74	53.76	55.12	56.78	58.04
重　　庆	55.02	56.98	58.34	59.60	60.94	62.60	64.08
四　　川	41.83	43.53	44.90	46.30	47.69	49.21	50.79
贵　　州	34.96	36.41	37.83	40.01	42.01	44.15	46.02
云　　南	36.80	39.31	40.48	41.73	43.33	45.03	46.69
西　　藏	22.71	22.75	23.71	25.75	27.74	29.56	30.89
陕　　西	47.30	50.02	51.31	52.57	53.92	55.34	56.79
甘　　肃	37.15	38.75	40.13	41.68	43.19	44.69	46.39
青　　海	46.22	47.44	48.51	49.78	50.30	51.63	53.07
宁　　夏	49.82	50.67	52.01	53.61	55.23	56.29	57.98
新　　疆	43.54	43.98	44.47	46.07	47.23	48.35	49.38

注:本表数据根据年度人口抽样调查推算。

各省(市、区)生产总值

(2017年)

地　区	地　　区 生产总值 (亿元)	第一产业	第二产业	第三产业	地区生产 总值指数 (上年=100)	人均地区 生产总值 (元)	人均地区生 产总值指数 (上年=100)
全　　国	**827 122**	**65 468**	**334 623**	**427 032**	**106.9**	**59 660**	**106.3**
北　　京	28 000	120	5 311	22 569	106.7	128 927	106.7
天　　津	18 595	218	7 590	10 787	103.6	119 238	103.3
河　　北	35 964	3 508	17 416	15 040	106.7	47 985	106.0
山　　西	14 974	778	6 182	8 014	107.0	40 557	106.4
内 蒙 古	16 103	1 647	6 409	8 047	104.0	63 786	103.6
辽　　宁	23 942	2 182	9 398	12 362	104.2	54 745	104.3
吉　　林	15 289	1 429	7 013	6 847	105.3	56 102	106.0
黑 龙 江	16 200	2 969	4 290	8 941	106.4	42 699	106.7
上　　海	30 134	99	9 251	20 783	106.9	124 571	106.8
江　　苏	85 901	4 077	38 655	43 169	107.2	107 189	106.8
浙　　江	51 768	2 017	22 472	27 279	107.8	92 057	106.6
安　　徽	27 519	2 612	13 487	11 420	108.5	44 206	107.6
福　　建	32 298	2 442	15 770	14 086	108.1	82 976	107.1
江　　西	**20 819**	**1 954**	**9 972**	**8 893**	**108.9**	**45 187**	**108.2**
山　　东	72 678	4 877	32 925	34 876	107.4	72 851	106.5
河　　南	44 988	4 339	21 450	19 199	107.8	47 130	107.3
湖　　北	36 523	3 760	16 260	16 503	107.8	61 972	107.3
湖　　南	34 591	3 690	14 145	16 755	108.0	50 563	107.4
广　　东	89 879	3 792	38 599	47 488	107.5	81 089	106.0
广　　西	20 396	2 907	9 298	8 192	107.3	41 955	106.3
海　　南	4 463	979	997	2 486	107.0	48 430	106.1
重　　庆	19 500	1 340	8 597	9 564	109.3	63 689	108.3
四　　川	36 980	4 283	14 294	18 403	108.1	44 651	107.5
贵　　州	13 541	2 021	5 440	6 080	110.2	37 956	109.4
云　　南	16 531	2 311	6 388	7 833	109.5	34 545	108.8
西　　藏	1 311	123	515	673	110.0	39 259	107.9
陕　　西	21 899	1 739	10 895	9 264	108.0	57 266	107.3
甘　　肃	7 677	1 064	2 563	4 051	103.6	29 326	103.0
青　　海	2 643	238	1 180	1 224	107.3	44 348	106.4
宁　　夏	3 454	261	1 581	1 612	107.8	50 917	106.7
新　　疆	10 920	1 692	4 292	4 937	107.6	45 099	105.8

注:1. 本表绝对量按当年价格计算。
2. 三次产业划分执行《三次产业划分规定》(2012)。
3. 指数按不变价格计算。

各省(市、区)一般公共预算收入

单位:亿元

地　区	2012	2013	2014	2015	2016	2017
地方合计	**61 078**	**69 011**	**75 877**	**83 002**	**87 239**	**91 448**
北　京	3 315	3 661	4 027	4 724	5 081	5 431
天　津	1 760	2 079	2 390	2 667	2 724	2 310
河　北	2 084	2 296	2 447	2 649	2 850	3 233
山　西	1 516	1 702	1 821	1 642	1 557	1 867
内蒙古	1 553	1 721	1 844	1 964	2 016	1 703
辽　宁	3 105	3 344	3 193	2 127	2 200	2 390
吉　林	1 041	1 157	1 203	1 229	1 264	1 211
黑龙江	1 163	1 277	1 301	1 166	1 148	1 243
上　海	3 744	4 110	4 586	5 520	6 406	6 642
江　苏	5 861	6 568	7 233	8 029	8 121	8 172
浙　江	3 441	3 797	4 122	4 810	5 302	5 803
安　徽	1 793	2 075	2 218	2 454	2 673	2 812
福　建	1 776	2 119	2 362	2 544	2 655	2 809
江　西	**1 372**	**1 621**	**1 882**	**2 166**	**2 151**	**2 247**
山　东	4 059	4 560	5 027	5 529	5 860	6 099
河　南	2 040	2 415	2 739	3 016	3 153	3 397
湖　北	1 823	2 191	2 567	3 006	3 102	3 248
湖　南	1 782	2 031	2 263	2 515	2 698	2 757
广　东	6 229	7 081	8 065	9 367	10 390	11 315
广　西	1 166	1 318	1 422	1 515	1 556	1 615
海　南	409	481	555	628	638	674
重　庆	1 703	1 693	1 922	2 155	2 228	2 252
四　川	2 421	2 784	3 061	3 355	3 389	3 580
贵　州	1 014	1 206	1 367	1 503	1 561	1 614
云　南	1 338	1 611	1 698	1 808	1 812	1 886
西　藏	87	95	124	137	156	186
陕　西	1 601	1 748	1 890	2 060	1 834	2 006
甘　肃	520	607	673	744	787	816
青　海	186	224	252	267	239	246
宁　夏	264	308	340	373	388	417
新　疆	909	1 128	1 282	1 331	1 299	1 466

注:本表数据为地方财政本级收入。

各省(市、区)全社会固定资产投资

单位:亿元

地　区	2011	2012	2013	2014	2015	2016	2017
全　　国	**311 485**	**374 695**	**446 294**	**512 021**	**562 000**	**606 466**	**641 238**
北　　京	5 579	6 112	6 847	6 924	7 496	7 944	8 370
天　　津	7 068	7 935	9 130	10 518	11 832	12 779	11 289
河　　北	16 389	19 661	23 194	26 672	29 448	31 750	33 407
山　　西	7 073	8 863	11 032	12 355	14 074	14 198	6 041
内 蒙 古	10 365	11 876	14 217	17 592	13 702	15 080	14 013
辽　　宁	17 726	21 836	25 108	24 731	17 918	6 692	6 677
吉　　林	7 442	9 512	9 979	11 340	12 705	13 923	13 284
黑 龙 江	7 475	9 695	11 453	9 829	10 183	10 648	11 292
上　　海	4 962	5 118	5 648	6 016	6 353	6 756	7 247
江　　苏	26 693	30 854	36 373	41 939	46 247	49 663	53 277
浙　　江	14 185	17 649	20 782	24 263	27 323	30 276	31 696
安　　徽	12 456	15 426	18 622	21 876	24 386	27 033	29 275
福　　建	9 911	12 440	15 327	18 178	21 301	23 237	26 416
江　　西	**9 088**	**10 774**	**12 850**	**15 079**	**17 388**	**19 694**	**22 085**
山　　东	26 750	31 256	36 789	42 496	48 312	53 323	55 203
河　　南	17 769	21 450	26 087	30 782	35 660	40 415	44 497
湖　　北	12 557	15 578	19 307	22 915	26 564	30 012	32 282
湖　　南	11 881	14 523	17 841	21 243	25 045	28 353	31 959
广　　东	17 069	18 752	22 308	26 294	30 343	33 304	37 762
广　　西	7 991	9 809	11 908	13 843	16 228	18 237	20 499
海　　南	1 657	2 145	2 698	3 112	3 451	3 890	4 244
重　　庆	7 473	8 736	10 435	12 285	14 353	16 048	17 537
四　　川	14 222	17 040	20 326	23 319	25 526	28 812	31 902
贵　　州	4 236	5 718	7 374	9 026	10 946	13 204	15 504
云　　南	6 191	7 831	9 968	11 499	13 501	16 119	18 936
西　　藏	516	671	876	1 069	1 296	1 596	1 976
陕　　西	9 431	12 045	14 884	17 192	18 582	20 825	23 819
甘　　肃	3 966	5 145	6 528	7 884	8 754	9 664	5 828
青　　海	1 436	1 883	2 361	2 861	3 211	3 528	3 884
宁　　夏	1 645	2 097	2 651	3 174	3 505	3 794	3 728
新　　疆	4 632	6 159	7 732	9 448	10 813	10 288	12 089
不分地区	5 651	6 106	5 655	6 268	5 552	5 378	5 220

各省(市、区)固定资产投资

单位:亿元

地 区	2011	2012	2013	2014	2015	2016	2017
全 国	**302 396**	**364 854**	**435 747**	**501 265**	**551 590**	**596 501**	**631 684**
北 京	5 520	6 065	6 798	6 873	7 446	7 889	8 307
天 津	7 041	7 913	9 103	10 490	11 815	12 756	11 275
河 北	15 780	19 105	22 630	26 147	28 906	31 340	33 012
山 西	6 838	8 585	10 745	12 035	13 745	13 859	5 722
内蒙古	10 253	11 750	14 072	17 438	13 529	14 894	13 828
辽 宁	17 431	21 535	24 791	24 427	17 640	6 436	6 445
吉 林	7 227	9 262	9 726	11 108	12 509	13 773	13 131
黑龙江	7 158	9 375	11 121	9 538	9 884	10 433	11 080
上 海	4 960	5 115	5 644	6 013	6 349	6 752	7 241
江 苏	26 313	30 474	35 983	41 553	45 905	49 371	53 000
浙 江	13 652	17 096	20 194	23 555	26 665	29 571	31 126
安 徽	12 008	14 944	18 091	21 256	23 804	26 577	28 816
福 建	9 677	12 183	15 046	17 870	20 974	22 928	26 110
江 西	**8 754**	**10 378**	**12 435**	**14 646**	**16 994**	**19 379**	**21 770**
山 东	25 907	30 320	35 876	41 599	47 381	52 364	54 236
河 南	16 934	20 559	25 188	30 012	34 951	39 754	43 890
湖 北	12 195	15 149	18 797	22 442	26 086	29 504	31 873
湖 南	11 408	13 966	17 225	20 549	24 324	27 688	31 328
广 东	16 599	18 250	21 796	25 843	29 950	32 947	37 404
广 西	7 581	9 345	11 384	13 288	15 655	17 653	19 908
海 南	1 599	2 064	2 626	3 039	3 355	3 747	4 125
重 庆	7 367	8 610	10 291	12 141	14 208	15 932	17 441
四 川	13 688	16 530	19 755	22 662	24 966	28 230	31 236
贵 州	4 026	5 505	7 103	8 778	10 677	12 929	15 288
云 南	5 933	7 554	9 622	11 074	13 069	15 662	18 475
西 藏	516	671	876	1 069	1 296	1 596	1 976
陕 西	9 109	11 706	14 534	16 840	18 231	20 475	23 468
甘 肃	3 870	5 040	6 407	7 760	8 627	9 534	5 696
青 海	1 366	1 809	2 285	2 789	3 144	3 456	3 820
宁 夏	1 589	2 033	2 578	3 094	3 426	3 709	3 640
新 疆	4 445	5 858	7 371	9 068	10 525	9 984	11 796
不分地区	5 651	6 106	5 655	6 268	5 552	5 378	5 220

各省(市、区)社会消费品零售总额

单位:亿元

地 区	2012	2013	2014	2015	2016	2017
全 国	**214 433**	**242 843**	**271 896**	**300 931**	**332 316**	**366 262**
北 京	8 124	8 872	9 638	10 338	11 005	11 575
天 津	3 921	4 470	4 739	5 257	5 636	5 730
河 北	9 254	10 517	11 820	12 991	14 365	15 908
山 西	4 507	5 139	5 718	6 034	6 481	6 918
内 蒙 古	4 573	5 114	5 658	6 108	6 701	7 160
辽 宁	9 304	10 581	11 857	12 787	13 414	13 807
吉 林	4 773	5 426	6 081	6 652	7 310	7 856
黑 龙 江	5 491	6 251	7 015	7 640	8 403	9 099
上 海	7 840	8 557	9 303	10 132	10 947	11 830
江 苏	18 411	20 878	23 458	25 877	28 707	31 737
浙 江	14 200	15 971	17 835	19 785	21 971	24 309
安 徽	6 143	7 045	7 957	8 908	10 000	11 193
福 建	7 257	8 275	9 347	10 506	11 675	13 013
江 西	**4 123**	**4 696**	**5 293**	**5 926**	**6 635**	**7 448**
山 东	19 652	22 295	25 112	27 761	30 646	33 649
河 南	10 916	12 427	14 005	15 740	17 618	19 667
湖 北	9 682	11 036	12 449	14 003	15 649	17 394
湖 南	8 319	9 510	10 723	12 024	13 437	14 855
广 东	22 677	25 454	28 471	31 518	34 739	38 200
广 西	4 517	5 133	5 773	6 348	7 027	7 813
海 南	950	1 091	1 225	1 325	1 454	1 619
重 庆	4 403	5 056	5 711	6 424	7 271	8 068
四 川	9 622	11 001	12 393	13 878	15 602	17 481
贵 州	2 266	2 601	2 937	3 283	3 709	4 154
云 南	3 598	4 113	4 633	5 103	5 723	6 423
西 藏	278	322	365	409	459	523
陕 西	4 582	5 245	5 919	6 578	7 368	8 236
甘 肃	2 064	2 369	2 668	2 907	3 184	3 427
青 海	480	550	621	691	767	839
宁 夏	591	669	737	790	850	930
新 疆	1 916	2 179	2 436	2 606	2 826	3 045

各省(市、区)居民消费价格指数

(上年=100)

地区	2011	2012	2013	2014	2015	2016	2017
全国	**105.4**	**102.6**	**102.6**	**102.0**	**101.4**	**102.0**	**101.6**
北京	105.6	103.3	103.3	101.6	101.8	101.4	101.9
天津	104.9	102.7	103.1	101.9	101.7	102.1	102.1
河北	105.7	102.6	103.0	101.7	100.9	101.5	101.7
山西	105.2	102.5	103.1	101.7	100.6	101.1	101.1
内蒙古	105.6	103.1	103.2	101.6	101.1	101.2	101.7
辽宁	105.2	102.8	102.4	101.7	101.4	101.6	101.4
吉林	105.2	102.5	102.9	102.0	101.7	101.6	101.6
黑龙江	105.8	103.2	102.2	101.5	101.1	101.5	101.3
上海	105.2	102.8	102.3	102.7	102.4	103.2	101.7
江苏	105.3	102.6	102.3	102.2	101.7	102.3	101.7
浙江	105.4	102.2	102.3	102.1	101.4	101.9	102.1
安徽	105.6	102.3	102.4	101.6	101.3	101.8	101.2
福建	105.3	102.4	102.5	102.0	101.7	101.7	101.2
江西	**105.2**	**102.7**	**102.5**	**102.3**	**101.5**	**102.0**	**102.0**
山东	105.0	102.1	102.2	101.9	101.2	102.1	101.5
河南	105.6	102.5	102.9	101.9	101.3	101.9	101.4
湖北	105.8	102.9	102.8	102.0	101.5	102.2	101.5
湖南	105.5	102.0	102.5	101.9	101.4	101.9	101.4
广东	105.3	102.8	102.5	102.3	101.5	102.3	101.5
广西	105.9	103.2	102.2	102.1	101.5	101.6	101.6
海南	106.1	103.2	102.8	102.4	101.0	102.8	102.8
重庆	105.3	102.6	102.7	101.8	101.3	101.8	101.0
四川	105.3	102.5	102.8	101.6	101.5	101.9	101.4
贵州	105.1	102.7	102.5	102.4	101.8	101.4	100.9
云南	104.9	102.7	103.1	102.4	101.9	101.5	100.9
西藏	105.0	103.5	103.6	102.9	102.0	102.5	101.6
陕西	105.7	102.8	103.0	101.6	101.0	101.3	101.6
甘肃	105.9	102.7	103.2	102.1	101.6	101.3	101.4
青海	106.1	103.1	103.9	102.8	102.6	101.8	101.5
宁夏	106.3	102.0	103.4	101.9	101.1	101.5	101.6
新疆	105.9	103.8	103.9	102.1	100.6	101.4	102.2

各省(市、区)全体居民人均可支配收入

单位:元

地区	2013	2014	2015	2016	2017
全国	**18 311**	**20 167**	**21 966**	**23 821**	**25 974**
北京	40 830	44 489	48 458	52 530	57 230
天津	26 359	28 832	31 291	34 074	37 022
河北	15 190	16 647	18 118	19 725	21 484
山西	15 120	16 538	17 854	19 049	20 420
内蒙古	18 693	20 559	22 310	24 127	26 212
辽宁	20 818	22 820	24 576	26 040	27 835
吉林	15 998	17 520	18 684	19 967	21 368
黑龙江	15 903	17 404	18 593	19 838	21 206
上海	42 174	45 966	49 867	54 305	58 988
江苏	24 776	27 173	29 539	32 070	35 024
浙江	29 775	32 658	35 537	38 529	42 046
安徽	15 154	16 796	18 363	19 998	21 863
福建	21 218	23 331	25 404	27 608	30 048
江西	**15 100**	**16 734**	**18 437**	**20 110**	**22 031**
山东	19 008	20 864	22 703	24 685	26 930
河南	14 204	15 695	17 125	18 443	20 170
湖北	16 472	18 283	20 026	21 787	23 757
湖南	16 005	17 622	19 317	21 115	23 103
广东	23 421	25 685	27 859	30 296	33 003
广西	14 082	15 557	16 873	18 305	19 905
海南	15 733	17 476	18 979	20 653	22 553
重庆	16 569	18 352	20 110	22 034	24 153
四川	14 231	15 749	17 221	18 808	20 580
贵州	11 083	12 371	13 697	15 121	16 704
云南	12 578	13 772	15 223	16 720	18 348
西藏	9 740	10 730	12 254	13 639	15 457
陕西	14 372	15 837	17 395	18 874	20 635
甘肃	10 954	12 185	13 467	14 670	16 011
青海	12 948	14 374	15 813	17 302	19 001
宁夏	14 566	15 907	17 329	18 832	20 562
新疆	13 670	15 097	16 859	18 355	19 975

各省(市、区)全体居民人均消费性支出

单位:元

地区	2013	2014	2015	2016	2017
全　　国	**13 220**	**14 491**	**15 712**	**17 111**	**18 322**
北　　京	29 176	31 103	33 803	35 416	37 425
天　　津	20 419	22 343	24 162	26 129	27 841
河　　北	10 872	11 932	13 031	14 247	15 437
山　　西	10 118	10 864	11 729	12 683	13 664
内 蒙 古	14 878	16 258	17 179	18 072	18 946
辽　　宁	14 950	16 068	17 200	19 853	20 463
吉　　林	12 054	13 026	13 764	14 773	15 632
黑 龙 江	12 037	12 769	13 403	14 446	15 577
上　　海	30 400	33 065	34 784	37 458	39 792
江　　苏	17 926	19 164	20 556	22 130	23 469
浙　　江	20 610	22 552	24 117	25 527	27 079
安　　徽	10 544	11 727	12 840	14 712	15 752
福　　建	16 177	17 644	18 850	20 167	21 249
江　　西	**10 053**	**11 089**	**12 403**	**13 259**	**14 459**
山　　东	11 897	13 329	14 578	15 926	17 281
河　　南	10 002	11 000	11 835	12 712	13 730
湖　　北	11 761	12 928	14 316	15 889	16 938
湖　　南	11 946	13 289	14 267	15 750	17 160
广　　东	17 421	19 205	20 976	23 448	24 820
广　　西	9 596	10 274	11 401	12 295	13 424
海　　南	11 193	12 471	13 575	14 275	15 403
重　　庆	12 600	13 811	15 140	16 385	17 898
四　　川	11 055	12 368	13 632	14 839	16 180
贵　　州	8 288	9 303	10 414	11 932	12 970
云　　南	8 824	9 870	11 005	11 769	12 658
西　　藏	6 307	7 317	8 246	9 319	10 320
陕　　西	11 217	12 204	13 087	13 943	14 900
甘　　肃	8 943	9 875	10 951	12 254	13 120
青　　海	11 576	12 605	13 611	14 775	15 503
宁　　夏	11 292	12 485	13 816	14 965	15 350
新　　疆	11 392	11 904	12 867	14 066	15 087

各省(市、区)城镇居民人均可支配收入

单位:元

地区	2013	2014	2015	2016	2017
全国	**26 467**	**28 844**	**31 195**	**33 616**	**36 396**
北京	44 564	48 532	52 859	57 275	62 406
天津	28 980	31 506	34 101	37 110	40 278
河北	22 227	24 141	26 152	28 249	30 548
山西	22 258	24 069	25 828	27 352	29 132
内蒙古	26 004	28 350	30 594	32 975	35 670
辽宁	26 697	29 082	31 126	32 876	34 993
吉林	21 331	23 218	24 901	26 530	28 319
黑龙江	20 848	22 609	24 203	25 736	27 446
上海	44 878	48 841	52 962	57 692	62 596
江苏	31 585	34 346	37 173	40 152	43 622
浙江	37 080	40 393	43 714	47 237	51 261
安徽	22 789	24 839	26 936	29 156	31 640
福建	28 174	30 722	33 275	36 014	39 001
江西	**22 120**	**24 309**	**26 500**	**28 673**	**31 198**
山东	26 882	29 222	31 545	34 012	36 789
河南	21 741	23 672	25 576	27 233	29 558
湖北	22 668	24 852	27 051	29 386	31 889
湖南	24 352	26 570	28 838	31 284	33 948
广东	29 537	32 148	34 757	37 684	40 975
广西	22 689	24 669	26 416	28 324	30 502
海南	22 411	24 487	26 356	28 453	30 817
重庆	23 058	25 147	27 239	29 610	32 193
四川	22 228	24 234	26 205	28 335	30 727
贵州	20 565	22 548	24 580	26 743	29 080
云南	22 460	24 299	26 373	28 611	30 996
西藏	20 394	22 016	25 457	27 802	30 671
陕西	22 346	24 366	26 420	28 440	30 810
甘肃	19 873	21 804	23 767	25 693	27 763
青海	20 352	22 307	24 542	26 757	29 169
宁夏	21 476	23 285	25 186	27 153	29 472
新疆	21 091	23 214	26 275	28 463	30 775

各省(市、区)城镇居民人均消费性支出

单位:元

地 区	2013	2014	2015	2016	2017
全 国	**18 488**	**19 968**	**21 392**	**23 079**	**24 445**
北 京	31 632	33 717	36 642	38 256	40 346
天 津	22 306	24 290	26 230	28 345	30 284
河 北	14 970	16 204	17 587	19 106	20 600
山 西	13 763	14 637	15 819	16 993	18 404
内 蒙 古	19 244	20 885	21 876	22 744	23 638
辽 宁	19 318	20 520	21 557	24 996	25 379
吉 林	15 941	17 156	17 973	19 166	20 051
黑 龙 江	15 704	16 467	17 152	18 145	19 270
上 海	32 447	35 182	36 946	39 857	42 304
江 苏	22 262	23 476	24 966	26 433	27 726
浙 江	25 254	27 242	28 661	30 068	31 924
安 徽	14 594	16 107	17 234	19 606	20 740
福 建	20 565	22 204	23 520	25 006	25 980
江 西	**13 843**	**15 142**	**16 732**	**17 696**	**19 244**
山 东	16 646	18 323	19 854	21 495	23 072
河 南	15 249	16 184	17 154	18 088	19 422
湖 北	15 334	16 681	18 192	20 040	21 276
湖 南	16 867	18 335	19 501	21 420	23 163
广 东	21 621	23 612	25 673	28 613	30 198
广 西	14 470	15 045	16 321	17 268	18 349
海 南	15 833	17 514	18 448	19 015	20 372
重 庆	17 124	18 279	19 742	21 031	22 759
四 川	16 098	17 760	19 277	20 660	21 991
贵 州	13 768	15 255	16 914	19 202	20 348
云 南	14 862	16 268	17 675	18 622	19 560
西 藏	13 679	15 669	17 022	19 440	21 088
陕 西	16 399	17 546	18 464	19 369	20 388
甘 肃	14 411	15 942	17 451	19 539	20 659
青 海	16 223	17 493	19 201	20 853	21 473
宁 夏	15 807	17 216	18 984	20 364	20 219
新 疆	16 858	17 685	19 415	21 229	22 797

各省(市、区)农村居民人均可支配收入

单位:元

地区	2013	2014	2015	2016	2017
全　　国	**9 430**	**10 489**	**11 422**	**12 363**	**13 432**
北　　京	17 101	18 867	20 569	22 310	24 240
天　　津	15 353	17 014	18 482	20 076	21 754
河　　北	9 188	10 186	11 051	11 919	12 881
山　　西	7 949	8 809	9 454	10 082	10 788
内 蒙 古	8 985	9 976	10 776	11 609	12 584
辽　　宁	10 161	11 191	12 057	12 881	13 747
吉　　林	9 781	10 780	11 326	12 123	12 950
黑 龙 江	9 369	10 453	11 095	11 832	12 665
上　　海	19 208	21 192	23 205	25 520	27 825
江　　苏	13 521	14 958	16 257	17 606	19 158
浙　　江	17 494	19 373	21 125	22 866	24 956
安　　徽	8 850	9 916	10 821	11 720	12 758
福　　建	11 405	12 650	13 793	14 999	16 335
江　　西	**9 089**	**10 117**	**11 139**	**12 138**	**13 242**
山　　东	10 687	11 882	12 930	13 954	15 118
河　　南	8 969	9 966	10 853	11 697	12 719
湖　　北	9 692	10 849	11 844	12 725	13 812
湖　　南	9 029	10 060	10 993	11 930	12 936
广　　东	11 068	12 246	13 360	14 512	15 780
广　　西	7 793	8 683	9 467	10 359	11 325
海　　南	8 802	9 913	10 858	11 843	12 902
重　　庆	8 493	9 490	10 505	11 549	12 638
四　　川	8 381	9 348	10 247	11 203	12 227
贵　　州	5 898	6 671	7 387	8 090	8 869
云　　南	6 724	7 456	8 242	9 020	9 862
西　　藏	6 553	7 359	8 244	9 094	10 330
陕　　西	7 092	7 932	8 689	9 396	10 265
甘　　肃	5 589	6 277	6 936	7 457	8 076
青　　海	6 462	7 283	7 933	8 664	9 462
宁　　夏	7 599	8 410	9 119	9 852	10 738
新　　疆	7 847	8 724	9 425	10 183	11 045

各省(市、区)农村居民人均消费性支出

单位:元

地　区	2013	2014	2015	2016	2017
全　　国	**7 485**	**8 383**	**9 223**	**10 130**	**10 955**
北　　京	13 564	14 535	15 811	17 329	18 810
天　　津	12 491	13 739	14 739	15 912	16 386
河　　北	7 377	8 248	9 023	9 798	10 536
山　　西	6 458	6 992	7 421	8 029	8 424
内 蒙 古	9 080	9 972	10 637	11 463	12 184
辽　　宁	7 032	7 801	8 873	9 953	10 787
吉　　林	7 523	8 140	8 783	9 521	10 279
黑 龙 江	7 192	7 830	8 391	9 424	10 524
上　　海	13 016	14 820	16 152	17 071	18 090
江　　苏	10 759	11 820	12 883	14 428	15 612
浙　　江	12 803	14 498	16 108	17 359	18 093
安　　徽	7 200	7 981	8 975	10 287	11 106
福　　建	9 986	11 056	11 961	12 911	14 003
江　　西	**6 807**	**7 548**	**8 486**	**9 128**	**9 870**
山　　东	6 877	7 962	8 748	9 519	10 342
河　　南	6 359	7 277	7 887	8 587	9 212
湖　　北	7 850	8 681	9 803	10 938	11 633
湖　　南	7 833	9 025	9 691	10 630	11 534
广　　东	8 938	10 043	11 103	12 415	13 200
广　　西	6 035	6 675	7 582	8 351	9 437
海　　南	6 376	7 029	8 210	8 921	9 599
重　　庆	6 971	7 983	8 938	9 954	10 936
四　　川	7 365	8 301	9 251	10 192	11 397
贵　　州	5 291	5 970	6 645	7 533	8 299
云　　南	5 247	6 030	6 830	7 331	8 027
西　　藏	4 102	4 822	5 580	6 070	6 691
陕　　西	6 488	7 252	7 901	8 568	9 306
甘　　肃	5 654	6 148	6 830	7 487	8 030
青　　海	7 506	8 235	8 566	9 222	9 903
宁　　夏	6 740	7 676	8 415	9 138	9 982
新　　疆	7 103	7 365	7 698	8 277	8 713

各省(市、区)进出口总值

单位:亿元

地　区	2015	2016	2017
全　　国	**245 503**	**243 386**	**277 923**
北　　京	19 828	18 649	21 924
天　　津	7 093	6 776	7 647
河　　北	3 194	3 078	3 376
山　　西	912	1 100	1 162
内 蒙 古	789	769	942
辽　　宁	5 950	5 712	6 739
吉　　林	1 172	1 218	1 255
黑 龙 江	1 302	1 094	1 272
上　　海	27 908	28 662	32 238
江　　苏	33 867	33 614	40 021
浙　　江	21 527	22 207	25 604
安　　徽	2 975	2 936	3 632
福　　建	10 478	10 345	11 591
江　　西	**2 629**	**2 638**	**3 020**
山　　东	14 948	15 477	17 824
河　　南	4 597	4 714	5 233
湖　　北	2 836	2 600	3 134
湖　　南	1 821	1 741	2 435
广　　东	63 531	63 101	68 155
广　　西	3 185	3 152	3 866
海　　南	869	749	702
重　　庆	4 615	4 139	4 508
四　　川	3 173	3 261	4 606
贵　　州	761	376	551
云　　南	1 520	1 317	1 586
西　　藏	57	52	59
陕　　西	1 895	1 977	2 715
甘　　肃	494	450	342
青　　海	120	101	44
宁　　夏	231	215	341
新　　疆	1 225	1 167	1 398

各省(市、区)进出口总值

单位:亿美元

地区	2015	2016	2017
全　　国	**39 530**	**36 856**	**41 045**
北　　京	3 194	2 823	3 237
天　　津	1 143	1 027	1 129
河　　北	515	467	498
山　　西	147	167	172
内 蒙 古	127	116	139
辽　　宁	959	866	994
吉　　林	189	185	185
黑 龙 江	210	165	188
上　　海	4 492	4 338	4 761
江　　苏	5 456	5 093	5 911
浙　　江	3 468	3 366	3 779
安　　徽	478	444	536
福　　建	1 688	1 568	1 710
江　　西	**424**	**400**	**445**
山　　东	2 406	2 344	2 631
河　　南	738	712	776
湖　　北	456	394	463
湖　　南	293	262	360
广　　东	10 225	9 553	10 065
广　　西	511	476	572
海　　南	140	113	104
重　　庆	745	628	666
四　　川	512	493	681
贵　　州	122	57	82
云　　南	245	199	235
西　　藏	9	8	9
陕　　西	305	299	401
甘　　肃	80	68	51
青　　海	19	15	7
宁　　夏	37	33	50
新　　疆	197	176	207

各省(市、区)入境旅游情况

地　区	入境游客（万人次）			外汇收入（万美元）		
	2015	2016	2017	2015	2016	2017
北　京	419.96	416.53	392.56	460 500	507 000	512 981
天　津	78.48	82.43	79.21	329 811	355 687	375 147
河　北	76.64	83.79	91.01	50 191	55 241	57 869
山　西	59.38	62.98	67.00	29 710	31 738	35 014
内蒙古	160.78	177.91	184.83	96 249	113 903	124 556
辽　宁	264.01	273.67	278.85	163 650	182 392	177 806
吉　林	148.10	161.95	148.43	72 414	79 121	76 579
黑龙江	83.47	95.70	103.88	39 533	45 805	47 958
上　海	653.59	690.43	719.33	586 044	641 920	669 865
江　苏	305.01	329.77	370.10	352 729	380 362	419 472
浙　江	459.02	525.59	589.06	678 847	312 759	358 644
安　徽	291.12	313.43	351.09	226 287	254 236	288 078
福　建	332.71	611.48	691.74	556 140	662 569	758 803
江　西	**155.28**	**164.83**	**174.69**	**56 700**	**58 454**	**62 992**
山　东	312.22	328.82	440.52	289 648	306 342	317 404
河　南	135.30	149.93	155.89	62 360	64 650	66 155
湖　北	311.76	337.56	368.14	167 190	187 239	210 474
湖　南	226.05	240.81	322.28	85 772	100 457	129 537
广　东	3450.35	3507.21	3654.52	1 788 466	1 857 713	1 996 040
广　西	450.06	482.52	512.44	191 686	216 427	239 563
海　南	60.84	74.89	111.95	24 852	34 989	68 102
重　庆	148.10	180.89	224.85	146 857	168 682	194 759
四　川	273.20	308.79	336.17	118 087	158 168	144 654
贵　州	68.59	72.29	32.40	23 133	25 271	28 327
云　南	570.08	600.38	667.69	287 550	307 477	355 033
西　藏	29.26	32.19	34.35	17 666	19 439	19 751
陕　西	293.03	338.20	383.74	200 022	233 855	270 440
甘　肃	5.45	7.15	7.88	1 418	1 914	2 086
青　海	6.53	7.01	7.02	3 876	4 416	3 829
宁　夏	3.73	5.12	6.53	2 084	4 058	3 763
新　疆	53.14	58.21	77.41	55 589	51 873	81 081

各省会城市地区生产总值

（2017 年）

地区	绝对值(亿元)	位次	比上年增长(%)	位次
中　　部				
南　　昌	**5 003.19**	**16**	**9.0**	**4**
合　　肥	7 213.45	9	8.5	7
长　　沙	10 535.51	6	9.0	4
郑　　州	9 130.20	7	8.2	8
武　　汉	13 410.34	3	8.0	12
太　　原	3 382.18	20	7.5	19
东　　部				
石 家 庄	6 460.90	13	7.3	21
南　　京	11 715.10	5	8.1	9
杭　　州	12 556.16	4	8.0	12
福　　州	7 104.02	11	8.7	6
济　　南	7 201.96	10	8.0	12
广　　州	21 503.15	1	7.0	22
海　　口	1 390.48	25	7.5	19
东　　北				
沈　　阳	5 865.00	15	3.5	26
长　　春	6 530.00	12	8.0	12
哈 尔 滨	6 355.00	14	6.7	23
西　　部				
呼和浩特	2 743.72	22	5.0	25
成　　都	13 889.39	2	8.1	9
贵　　阳	3 537.96	19	11.3	1
昆　　明	4 857.64	17	9.7	2
西　　安	7 469.85	8	7.7	18
兰　　州	2 523.54	23	5.7	24
西　　宁	1 284.91	26	9.5	3
银　　川	1 803.17	24	8.0	12
南　　宁	4 118.83	18	8.0	12
乌鲁木齐	2 743.82	21	8.1	9
拉　　萨				

注:本表数据为快报数。

续表 1

(2017 年)

地区	第一产业增加值			
	绝对值(亿元)	位次	比上年增长(%)	位次
中　部				
南　昌	**192.13**	**17**	**4.0**	**8**
合　肥	272.75	12	3.7	11
长　沙	379.45	7	3.0	17
郑　州	158.60	18	2.6	22
武　汉	408.20	5	2.8	19
太　原	40.82	25	3.0	17
东　部				
石家庄	480.50	4	2.4	23
南　京	263.01	14	1.2	25
杭　州	311.67	10	1.9	24
福　州	519.49	2	3.7	11
济　南	317.40	8	3.3	16
广　州	233.49	15	-1.0	26
海　口	63.72	21	3.7	11
东　北				
沈　阳	268.20	13	3.6	15
长　春	315.10	9	3.8	10
哈尔滨	688.80	1	3.7	11
西　部				
呼和浩特	107.74	20	2.8	19
成　都	500.90	3	3.9	9
贵　阳	147.33	19	6.3	1
昆　明	210.13	16	6.0	2
西　安	281.12	11	4.6	5
兰　州	61.47	22	5.9	3
西　宁	41.80	24	5.1	4
银　川	61.38	23	4.2	6
南　宁	404.18	6	4.1	7
乌鲁木齐	29.62	26	2.7	21
拉　萨				

续表 2

(2017 年)

地区	第二产业增加值			
	绝对值(亿 元)	位次	比上年增长(%)	位次
中　　部				
南　　昌	**2 666.10**	**12**	**8.4**	**6**
合　　肥	3 643.08	8	8.6	4
长　　沙	4 998.25	4	7.7	8
郑　　州	4 247.50	7	7.6	9
武　　汉	5 861.35	3	7.1	13
太　　原	1 271.42	20	7.0	14
东　　部				
石 家 庄	2 913.90	11	3.7	22
南　　京	4 454.87	5	5.1	19
杭　　州	4 387.19	6	5.3	18
福　　州	2 962.94	10	6.9	15
济　　南	2 569.22	14	8.4	6
广　　州	6 015.29	1	4.7	21
海　　口	252.22	26	5.0	20
东　　北				
沈　　阳	2 261.40	15	2.7	25
长　　春	3 175.20	9	7.5	10
哈 尔 滨	1 820.70	17	3.6	23
西　　部				
呼和浩特	755.75	24	2.6	26
成　　都	5 998.20	2	7.5	10
贵　　阳	1 375.18	19	10.0	2
昆　　明	1 865.97	16	9.0	3
西　　安	2 596.08	13	5.5	17
兰　　州	881.74	22	3.1	24
西　　宁	556.44	25	10.6	1
银　　川	908.60	21	6.5	16
南　　宁	1 599.50	18	8.6	4
乌鲁木齐	827.63	23	7.4	12
拉　　萨				

续表3　　(2017年)

地区	第三产业增加值			
	绝对值(亿元)	位次	比上年增长(%)	位次
中　部				
南　昌	**2 144.96**	**17**	**10.2**	**7**
合　肥	3 297.62	13	8.9	15
长　沙	5 157.80	6	10.9	4
郑　州	4 724.10	7	9.0	12
武　汉	7 140.79	4	9.2	10
太　原	2 069.94	19	7.9	23
东　部				
石家庄	3 066.40	14	11.6	2
南　京	6 997.22	5	10.3	6
杭　州	7 857.30	2	10.0	9
福　州	3 621.60	11	11.0	3
济　南	4 315.34	9	8.2	21
广　州	15 254.37	1	8.2	22
海　口	1 074.54	24	8.4	18
东　北				
沈　阳	3 335.40	12	4.0	26
长　春	3 039.70	15	9.0	12
哈尔滨	3 845.50	10	9.0	12
西　部				
呼和浩特	1 880.23	22	6.1	25
成　都	7 390.30	3	8.9	15
贵　阳	2 015.45	20	12.6	1
昆　明	2 781.54	16	10.5	5
西　安	4 592.65	8	9.2	10
兰　州	1 580.34	23	7.2	24
西　宁	686.67	26	8.7	17
银　川	833.18	25	10.1	8
南　宁	2 115.15	18	8.4	18
乌鲁木齐	1 886.56	21	8.4	18
拉　萨				

各省会城市规模以上工业增加值

(2017 年)

地区	比上年增长%	位次
中　　部		
南　　昌	**9.5**	**6**
合　　肥	9.4	8
长　　沙	8.5	12
郑　　州	7.8	15
武　　汉	7.7	16
太　　原	9.0	9
东　　部		
石 家 庄	3.6	24
南　　京	6.0	18
杭　　州	7.0	17
福　　州	8.2	14
济　　南	9.8	3
广　　州		
海　　口	4.5	23
东　　北		
沈　　阳	2.8	25
长　　春	9.0	9
哈 尔 滨	5.0	21
西　　部		
呼和浩特	6.0	18
成　　都	9.0	9
贵　　阳	9.7	4
昆　　明	10.4	1
西　　安	5.8	20
兰　　州	4.8	22
西　　宁	9.7	5
银　　川	8.5	12
南　　宁	9.9	2
乌鲁木齐	9.5	6
拉　　萨		

各省会城市固定资产投资

（2017年）

地区	绝对值(亿元)	位次	比上年增长(%)	位次
中　部				
南　昌	**5 115.18**	**14**	**12.7**	**8**
合　肥	6 351.43	6	5.0	22
长　沙	7 567.77	4	13.1	6
郑　州	7 573.44	3	8.2	16
武　汉	7 871.66	2	11.0	15
太　原	964.86	26	6.8	19
东　部				
石家庄	6 310.10	7	6.7	20
南　京	6 215.20	8	12.3	10
杭　州	5 856.65	10	1.4	23
福　州	5 823.39	11	12.3	10
济　南	4 363.60	15	13.5	5
广　州	5 919.83	9	5.7	21
海　口	1 415.50	24	11.3	14
东　北				
沈　阳	1 484.00	23	-9.0	25
长　春	5 194.80	13	11.5	13
哈尔滨	5 395.50	12	7.1	18
西　部				
呼和浩特	1 490.78	22	-19.4	26
成　都	9 404.20	1	12.3	10
贵　阳	3 850.60	18	18.1	3
昆　明	4 217.94	17	7.6	17
西　安	7 556.47	5	12.9	7
兰　州	1 315.35	25	33.9	1
西　宁	1 600.03	21	14.3	4
银　川	1 719.05	20	1.4	23
南　宁	4 307.95	16	12.6	9
乌鲁木齐	2 020.00	19	25.7	2
拉　萨				

注：本表数据为快报数。

各省会城市社会消费品零售总额

（法人口径，2017年）

地区	绝对值（亿元）	位次	比上年增长（%）	位次
中　部				
南　昌	**2 096.96**	**18**	**12.3**	**1**
合　肥	2 728.51	15	11.6	4
长　沙	4 547.68	6	10.5	11
郑　州	4 057.22	10	10.7	10
武　汉	6 196.30	3	10.4	14
太　原	1 767.82	19	6.1	24
东　部				
石家庄	3 296.00	13	10.8	9
南　京	5 604.66	5	10.2	16
杭　州	5 717.43	4	10.5	11
福　州	4 193.87	8	11.4	6
济　南	4 146.10	9	10.1	17
广　州	9 402.59	1	8.0	20
海　口	726.12	24	11.0	8
东　北				
沈　阳	3 989.80	12	0.1	26
长　春	2 922.80	14	10.3	15
哈尔滨	4 044.80	11	8.0	20
西　部				
呼和浩特	1 570.95	20	6.0	25
成　都	6 403.50	2	11.5	5
贵　阳	1 335.28	22	11.7	3
昆　明	2 590.95	16	12.2	2
西　安	4 329.51	7	10.5	11
兰　州	1 358.72	21	7.6	22
西　宁	560.79	26	9.3	19
银　川	562.31	25	9.4	18
南　宁	2 204.16	17	11.3	7
乌鲁木齐	1 317.00	23	6.5	23
拉　萨				

各省会城市地方一般公共预算收入

(2017 年)

地区	绝对值(亿 元)	位次	比上年增长(%)	位次
中　　部				
南　　昌	**417.08**	**16**	**3.7**	
合　　肥	655.90	10	12.8	
长　　沙	800.35	7	11.5	
郑　　州	1 056.67	6	9.6	
武　　汉	1 402.93	3	11.2	
太　　原	311.85	21	10.3	
东　　部				
石 家 庄	460.70	14	12.2	
南　　京	1 271.91	5	11.9	
杭　　州	1 567.42	1	17.4	
福　　州	634.16	12	10.4	
济　　南	677.20	8	10.5	
广　　州	1 533.06	2	10.9	
海　　口	125.36	25	12.8	
东　　北				
沈　　阳	656.20	9	5.7	
长　　春	450.10	15	8.3	
哈 尔 滨	368.10	19	8.4	
西　　部				
呼和浩特	201.63	23	-23.0	
成　　都	1 275.50	4	11.3	
贵　　阳	377.77	18	8.0	
昆　　明	560.86	13	8.2	
西　　安	654.50	11	9.8	
兰　　州	234.20	22	11.9	
西　　宁	79.20	26	18.2	
银　　川	177.46	24	9.3	
南　　宁	332.15	20	6.2	
乌鲁木齐	400.78	17	8.4	
拉　　萨				

注:由于 2017 年税收分成体制进行了调整,全国各省会城市增幅计算口径不一,故不进行排名。

各省会城市实际利用外资额

（2017 年）

地区	绝对值(亿美元)	位次	比上年增长(%)	位次
中　部				
南　昌	**31.81**	**10**	**10.1**	**8**
合　肥	30.20	11	7.5	13
长　沙	52.50	6	9.1	10
郑　州	40.50	7	0.4	17
武　汉	96.50	1	13.2	5
太　原	1.07	19	-76.8	20
东　部				
石家庄	12.90	15	9.9	9
南　京	36.73	8	5.6	15
杭　州	66.10	2	-8.3	18
福　州	19.52	12	14.1	4
济　南	18.73	13	12.6	6
广　州	62.89	3	10.3	7
海　口	0.29	20	-19.3	19
东　北				
沈　阳	10.10	16	24.1	2
长　春	14.00	14	8.6	11
哈尔滨	34.40	9	7.3	14
西　部				
呼和浩特				
成　都	62.00	4	3.2	16
贵　阳				
昆　明	8.01	18	8.3	12
西　安	53.07	5	17.8	3
兰　州				
西　宁				
银　川				
南　宁	9.60	17	24.4	1
乌鲁木齐				
拉　萨				

各省会城市海关出口总额

(2017年)

地区	绝对值(亿元)	位次	比上年增长(%)	位次
中　部				
南　昌	**428.27**	**14**	**12.7**	**13**
合　肥	986.59	9	18.4	10
长　沙	587.89	10	20.2	8
郑　州	2 327.94	4	10.8	15
武　汉	1 157.60	8	27.8	7
太　原	572.16	11	4.1	20
东　部				
石家庄	531.20	12	14.8	11
南　京	2 333.00	3	19.3	9
杭　州	3 455.61	2	4.3	19
福　州	1 482.40	7	5.1	18
济　南	451.00	13	10.5	16
广　州	5 792.15	1	12.3	14
海　口	55.46	24	6.4	17
东　北				
沈　阳	317.70	16	13.4	12
长　春	129.80	21	2.8	21
哈尔滨	98.20	22	-11.3	22
西　部				
呼和浩特	51.71	25	37.4	4
成　都	2 064.90	5	42.3	3
贵　阳	156.31	20	-28.2	24
昆　明	199.50	18	-25.4	23
西　安	1 552.38	6	63.9	1
兰　州	72.88	23	-66.6	25
西　宁	19.13	26	-74.8	26
银　川	195.99	19	49.7	2
南　宁	275.69	17	35.8	5
乌鲁木齐	360.67	15	33.3	6
拉　萨				

各省会城市城镇居民人均可支配收入

（2017年）

地区	绝对值(元)	位次	比上年增长(%)	位次
中　　部				
南　　昌	**37 675**	**14**	**8.8**	**7**
合　　肥	37 972	13	9.0	5
长　　沙	46 948	4	8.4	10
郑　　州	36 050	15	8.5	9
武　　汉	43 405	7	9.2	1
太　　原	31 469	23	6.2	23
东　　部				
石 家 庄	32 929	20	8.1	19
南　　京	54 538	3	9.1	2
杭　　州	56 276	1	7.8	21
福　　州	40 973	9	8.3	12
济　　南	46 642	5	8.3	12
广　　州	55 400	2	8.8	7
海　　口	33 320	17	8.3	12
东　　北				
沈　　阳	41 359	8	6.1	24
长　　春				
哈 尔 滨	35 546	16	7.1	22
西　　部				
呼和浩特	43 518	6	8.2	16
成　　都	38 918	11	8.4	10
贵　　阳	32 186	22	9.1	2
昆　　明	39 788	10	8.3	12
西　　安	38 536	12	8.2	16
兰　　州	32 331	21	9.0	5
西　　宁	30 043	24	9.1	2
银　　川	32 981	19	8.2	16
南　　宁	33 217	18	8.1	20
乌鲁木齐				
拉　　萨				

各省会城市农村居民人均可支配收入

（2017 年）

地区	绝对值（元）	位次	比上年增长（%）	位次
中　部				
南　昌	**16 364**	**12**	**9.4**	**4**
合　肥	18 594	8	9.0	10
长　沙	27 360	2	7.5	22
郑　州	19 974	7	8.4	17
武　汉	20 887	5	9.1	8
太　原	15 595	15	6.9	24
东　部				
石家庄	13 345	20	8.1	19
南　京	23 133	4	9.3	5
杭　州	30 397	1	8.9	12
福　州	17 865	9	9.3	5
济　南	16 594	10	8.1	20
广　州	23 484	3	9.5	3
海　口	13 763	18	8.6	16
东　北				
沈　阳	15 461	16	7.5	22
长　春				
哈尔滨	15 614	14	8.1	20
西　部				
呼和浩特	15 710	13	8.2	18
成　都	20 298	6	9.1	8
贵　阳	14 264	17	10.0	1
昆　明	13 698	19	9.1	7
西　安	16 522	11	8.8	13
兰　州	11 305	23	8.8	13
西　宁	10 548	24	9.0	10
银　川	13 087	21	8.7	15
南　宁	12 515	22	9.8	2
乌鲁木齐				
拉　萨				

各省会城市金融机构本外币存、贷款余额

（2017 年）

单位：亿元

地区	存款余额	位次	贷款余额	位次
中　　部				
南　　昌	**10 137.34**	**19**	**10 364.58**	**17**
合　　肥	14 235.41	11	13 401.22	11
长　　沙	17 141.83	8	16 027.07	8
郑　　州	21 100.42	6	18 637.55	6
武　　汉	24 499.41	5	23 947.76	5
太　　原	11 925.96	13	11 444.80	13
东　　部				
石 家 庄	11 702.97	14	8 924.98	19
南　　京	30 764.63	4	25 159.48	4
杭　　州	36 483.24	2	29 270.94	3
福　　州	13 597.68	12	13 746.34	10
济　　南	16 560.60	9	14 350.30	9
广　　州	51 369.03	1	34 137.05	1
海　　口	5 420.27	22	5 600.33	22
东　　北				
沈　　阳	15 752.90	10	13 160.60	12
长　　春	11 540.88	15	10 375.70	14
哈 尔 滨	10 640.10	16	10 199.60	18
西　　部				
呼和浩特	6 374.50	21	7 739.61	20
成　　都	35 772.00	3	29 319.00	2
贵　　阳				
昆　　明				
西　　安	20 378.11	7	17 155.11	7
兰　　州				
西　　宁	3 899.80	23	5 238.68	23
银　　川	3 601.12	24	4 587.37	24
南　　宁				
乌鲁木齐	8 385.19	20	6 255.83	21
拉　　萨				

副省级(非省会)城市主要经济指标

(2017年)

指　　标	深　圳	大　连	宁　波	厦　门	青　岛
地区生产总值(亿元)	22 438.39	7 363.90	9 846.94	4 351.18	11 037.28
比上年增长(%)	8.8	7.1	7.8	7.6	7.5
固定资产投资(亿元)	5 147.32	1 652.80	5 009.60	2 381.46	7 777.10
比上年增长(%)	23.8	15.1	3.5	10.3	7.4
社会消费品零售总额(亿元)	6 016.19	3 722.50	4 047.80	1 446.74	4 541.00
比上年增长(%)	9.1	9.2	10.4	12.7	10.6
外贸出口(海关数,亿美元)	2 442.21	261.60	735.30		
比上年增长(%)	2.8	5.2	11.3		
实际利用外资(亿美元)	74.01	32.50	40.30		77.40
比上年增长(%)	9.9	8.2	-10.7		13.9
地方一般公共预算收入(亿元)	3 332.13	657.70	1 245.30	696.78	1157.10
比上年增长(%)	10.1	7.5	10.9	11.0	7.1
规模以上工业总产值(亿元)	30 702.65		15 866.06		17 716.71
比上年增长(%)	9.9		17.6		12.9
规模以上工业增加值(亿元)	8 087.62		3 266.70	1 437.16	
比上年增长(%)	9.3	11.2	9.6	8.1	7.5
城镇居民人均可支配收入(元)	52 938	40 587	55 656	50 019	47 176
比上年增长(%)	8.7	6.7	7.9	8.1	8.2
居民消费价格指数(以上年为100)	101.4	102.1	101.8	102.0	102.0

江西省2017年国民经济和社会发展统计公报

江西省统计局　国家统计局江西调查总队

2017年，全省上下围绕省第十四次党代会确定的“决胜全面建成小康社会，建设富裕美丽幸福江西”奋斗目标，坚持稳中求进工作总基调，贯彻落实新发展理念，以供给侧结构性改革为主线，统筹推进稳增长、促改革、调结构、优生态、惠民生、防风险等各项工作，经济运行稳中有进、稳中提质、稳中向好，各项社会事业健康发展，较好完成了年初确定的主要目标任务。

一、综合

初步核算，全年实现地区生产总值（GDP）20818.5亿元，比上年增长8.9%。其中，第一产业增加值1953.9亿元，增长4.4%；第二产业增加值9972.1亿元，增长8.3%；第三产业增加值8892.6亿元，增长10.7%。三次产业结构由上年的10.3∶47.7∶42.0调整为9.4∶47.9∶42.7。三次产业对GDP增长的贡献率分别为5.0%、47.0%、48.0%。人均生产总值45187元，美元汇率折算6690美元，比上年增长8.2%。

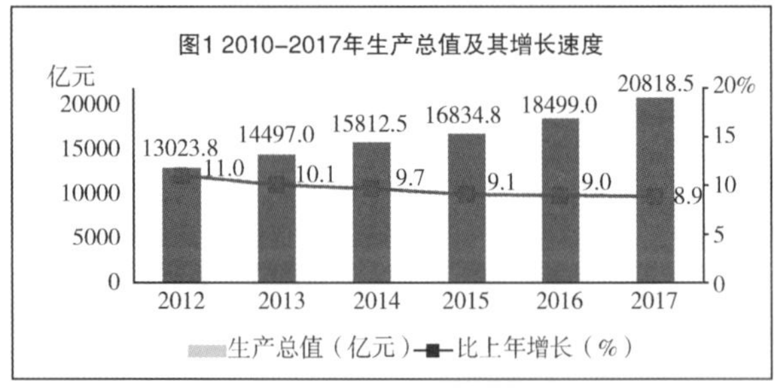

年末常住人口4622.1万人，比上年末增加29.8万人。其中，城镇人口2523.6万人，占总人口的比重（常住人口城镇化率）为54.6%，比上年末提高1.5个百分点。户籍人口城镇化率为37.9%，比上年末提高2.2个百分点。全年出生人口63.5万人，出生率13.79‰，比上年提高0.34个千分点；死亡人口28.0万人，死亡率6.08‰，下降0.08个千分点；自然增长率7.71‰，提高0.42个千分点。

表1　2017年末常住人口数及构成

指　　标	年末数（万人）	比重（%）
常住人口	4622.1	100.0
其中：城镇	2523.6	54.6
乡村	2098.4	45.4
其中：男性	2370.6	51.3
女性	2251.5	48.7
其中：0－15岁（含不满16周岁）	997.9	21.6
16－59岁（含不满60周岁）	2950.7	63.8
60周岁及以上	673.4	14.6
其中：65周岁及以上	467.3	10.1

年末全社会就业人数2645.6万人，比上年末增加8.0万人。全年城镇新增就业55.8万人，失业人员再就业23.9万人，城镇登记失业率3.34%，低于4.5%的年度控制目标。农民外出从业人员878万人，增长1.2%。其中，省外580万人，下降1.0%；省内298万人，增长5.7%。

全年财政总收入3447.4亿元，比上年增长9.7%。其中，一般公共预算收入2246.9亿元，增长4.4%；税收收入2715.4亿元，增长10.3%，占财政总收入的比重为78.8%。县级财政总收入2848.5亿元，增长12.4%，高于全省财政收入增幅2.7个百分点。其中，超20亿元的县（市、区）42个，比上年增加4个；超30亿元的县（市、区）22个，比上年增加4个；超40亿元的县（市、区）14个，比上年增加3个；超50亿元的县（市、区）8个，比上年增加2个，西湖区继南昌县之后跨入百亿行列，南昌县达116.1亿元。全年一般公共预算支出5123.7亿元，比上年增长11.0%。其中，用于教育、社保、医疗等民生方面的支出完成4057.9亿元，占财政支出比重达79.2%，比上年提高1.5个百分点。

全年居民消费价格（CPI）比上年上涨2.0%。其中，城市上涨2.0%，农村上涨1.9%。构成CPI的八大类商品服务价格“七涨一降”：医疗保健类上涨9.0%，居住类上涨3.4%，其他用品和服务类上涨2.6%，教育文化和娱乐类上涨2.5%，衣着类上涨2.1%，交通和通信类上涨1.9%，生活用品及服务类上涨1.2%；食品烟酒类下降0.7%。全省工业生产者出厂价格（PPI）增长7.9%，工业生产者购进价格增长7.2%。

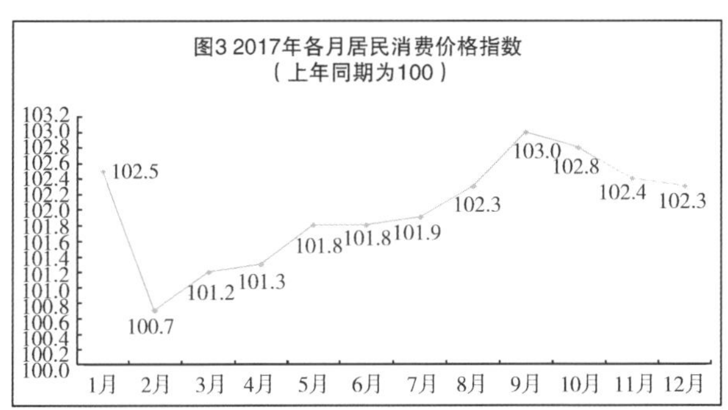

表2 2017年居民消费价格分类别涨跌幅度

类　别	比上年上涨(%)
居民消费价格指数	2.0
食品烟酒	-0.7
其中:粮食	0.7
衣着	2.1
居住	3.4
生活用品及服务	1.2
交通和通信	1.9
教育文化和娱乐	2.5
医疗保健	9.0
其他用品和服务	2.6

二、农业

全年粮食种植面积3667.4千公顷，比上年下降0.5%。其中，谷物种植面积3346.1千公顷，下降0.6%。油料种植面积726.9千公顷，下降0.3%。蔬菜种植面积619.3千公顷，增长2.0%。棉花种植面积50.5千公顷，增长2.6%。糖料种植面积14.3千公顷，下降3.5%。

全年粮食总产量2127.1万吨，比上年下降0.5%，为历史第四高产年份。其中，早稻756.0万吨，下降3.8%；中稻及一季晚稻311.0万吨，增长4.1%；二季晚稻932.1万吨，增长0.4%。

全年油料产量124.9万吨，比上年增长2.1%。其中，油菜籽72.9万吨，增长1.3%。棉花产量7.8万吨，增长5.4%。烟叶产量5.6万吨，下降13.0%。茶叶产量6.1万吨，增长6.7%。园林水果产量455.2万吨，增长12.3%。蔬菜产量1490.1万吨，增长4.9%。

全年肉类总产量332.6万吨，比上年增长0.5%。其中，猪肉产量249.5万吨，增长2.7%；牛肉产量12.1万吨，增长4.5%；羊肉产量1.4万吨，增长7.9%。禽蛋产量51.0万吨，下降1.4%。牛奶产量12.8万吨，下降5.0%。水产品产量281.4万吨，增长3.6%。年末生猪存栏1607.3万头，下降0.6%；生猪出栏3180.5万头，增长2.5%。

表3 2017年主要农产品产量及其增长速度

产品名称	产量(万吨)	比上年增长(%)
粮食	2127.1	-0.5
其中:谷物	2016.5	-0.7
油料	124.9	2.1
其中:油菜籽	72.9	1.3
棉花	7.8	5.4
烟叶	5.6	-13.0
茶叶	6.1	6.7
园林水果	455.2	12.3
蔬菜	1490.1	4.9
肉类	332.6	0.5
水产品	281.4	3.6

三、工业和建筑业

全年全部工业增加值8119.2亿元，比上年增长8.8%，规模以上工业增加值增长9.1%，比上年提高0.1个百分点。规模以上工业增加值中，分轻重工业看，轻工业增长10.2%，重工业增长8.5%。分经济类型看，国有企业增长10.1%，集体企业下降7.6%，股份合作企业下降21.6%，股份制企业增长9.5%，外商及港澳台商投资企业增长8.6%，私营企业增长8.9%。分行业看，38个行业大类中，34个实现增长，占比近九成。其中，电子、汽车、电气机械、医药和农副食品五大重点行业表现突出，分别增长19.0%、16.6%、14.2%、10.8%、9.4%，对规上工业增长的贡献率达43.1%。高新技术产业增加值增长11.1%，占规上工业比重30.9%，比上年提高0.8个百分点。战略性新兴产业增加值增长11.6%，占规上工业比重15.1%，比上年提高0.2个百分点。装备制造业增加值增长13.6%，占规上工业比重25.6%，比上年提高0.9个百分点。六大高耗能行业增加值增长5.1%，低于全省规上工业4.0个百分点；占规上工业比重36.3%，比上年上升0.3个百分点。

图5 2012-2017年规模以上工业增加值增长速度

重点监测的359种主要工业品中223种实现了不同程度增长，增长面超六成，145种产品保持了两位数以上增长，占比40.4%。工业新产品中，新能源汽车增长1.5倍，光缆增长51.2%，太阳能电池（光伏电池）增长46.9%，稀土磁性材料增长21.1%。

表4 2017年规模以上工业主要产品产量及其增长速度

产品名称	单位	产量	比上年增长（%）
发电量	亿千瓦时	1046.6	11.4
白酒（折65度，商品量）	万千升	16.7	4.2
啤酒	万千升	130.3	4.3
精制茶	万吨	7.0	-14.2
卷烟	亿支	658.3	1.9
化学纤维	万吨	46.3	10.1
布	万米	127379.3	-2.0
服装	万件	136993.6	8.4
农用化学肥料	万吨	22.7	-22.6
化学农药	万吨	3.5	-25.3
化学原料药	万吨	6.4	-8.9
烧碱（折100）	万吨	34.8	3.8
水泥	万吨	8934.0	-0.1
瓷质砖	万平方米	120129.9	11.0
生铁	万吨	2143.2	2.9
粗钢	万吨	2412.7	7.7
钢材	万吨	2524.4	0.0
十种有色金属	万吨	174.2	16.9
其中：精炼铜（电解铜）	万吨	141.9	22.4
汽车	万辆	61.0	13.6
彩色电视机	万台	30.3	51.1
家用电冰箱	万台	112.10	14.20
房间空气调节器	万台	452.5	55.5

全年规模以上工业企业实现主营业务收入35585.1亿元，比上年增长11.1%。38个行业大类中，34个行业主营业务收入同比实现增长，有色金属冶炼和压延加工业，电气机械和器材制造业，计算机、通信和其他电子设备制造业，黑色金属冶炼和压延加工业，汽车制造业等行业主营业务收入分别增长11.7%、12.8%、19.5%、23.6%和18.4%。主营业务收入超百亿元的企业17家。其中，江铃汽车集团公司、江西电力公司突破600亿元，分别实现主营业务收入781.6亿元、612.8亿元。

年末工业园区实际开发面积628.2平方公里，比上年末增长0.5%；完成基础设施投入1139.3亿元，增长59.1%。园区内投产工业企业11423户，比上年增加1023户；实现销售产值29479.2亿元，比上年增长17.2%，实现出口交货值2188.8亿元，增长14.6%。园区实现主营业务收入28749.4亿元，增长11.4%；主营业务收入过百亿工业园区72个，其中，主营业务收入超500亿元的园区19个，比上年增加1个。南昌高新技术产业开发区继续领跑，南昌经济技术开发区、九江经济技术开发区、南昌小蓝经济技术开发区分列千亿园区二、三、四位。

年末全省发电装机容量3166.96万千瓦，比上年末增加300.59万千瓦。其中：火电装机容量1933.67万千瓦，增加16.02万千瓦；水电装机容量615.07万千瓦，增加2.21万千瓦；风电装机容量168.82万千瓦，增加61.15万千瓦；太阳能发电装机容量449.40万千瓦，增加221.21万千瓦。

全年建筑业总产值6166.8亿元,比上年增长19.1%。其中,建筑工程产值5349.4亿元,占全部建筑业总产值的86.7%;安装工程产值459.1亿元,占7.4%。资质以上建筑业企业2431家,比上年增加474家。其中,特级企业和一级企业277家,增加62家;完成建筑业总产值3579.6亿元,占全省建筑业总产值的58.0%。

四、固定资产投资

全年全社会固定资产投资22085.3亿元,比上年增长12.1%。其中,固定资产投资(不含农户)21770.4亿元,增长12.3%。

固定资产投资(不含农户)中:分产业看,第一产业投资519.1亿元,增长19.0%;第二产业投资11810.1亿元,增长14.4%,其中,工业投资11782.9亿元,增长14.6%;占全部投资的比重54.1%,比上年提高1.0个百分点;第三产业投资9441.2亿元,增长9.5%。其中,金融业投资62.5亿元,增长27.9%;水利、环境和公共设施管理业投资2544.7亿元,增长27.0%;卫生和社会工作投资202.4亿元,增长38.9%;公共管理、社会保障和社会组织投资588.2亿元,增长79.6%。分投资主体看,国有投资4774.9亿元,增长15.1%;非国有投资16995.6亿元,增长11.6%,其中,民间投资15631.8亿元,增长13.0%,比上年提高3.2个百分点。

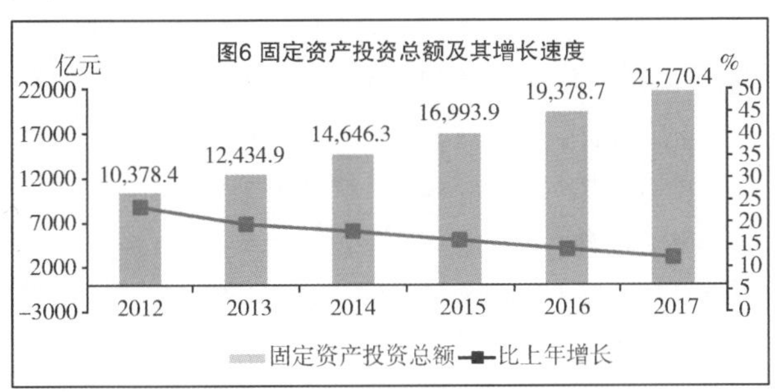

图6 固定资产投资总额及其增长速度

表5 2017年分行业固定资产投资(不含农户)及增长速度

行业	投资额(亿元)	比上年增长(%)
总计	21770.4	12.3
第一产业	519.1	19.0
第二产业	11810.1	14.4
工业	11782.9	14.6
采矿业	226.2	-25.1
制造业	10791.3	17.4
化学原料及化学制品制造业	936.0	25.4
非金属矿制品业	1162.2	11.8
黑色金属冶炼和压延加工业	151.8	61.9
有色金属冶炼和压延加工业	479.7	18.5
电气机械及器材制造业	917.0	4.6
计算机、通信和其他电子设备制造业	1013.5	76.2
电力、热力、燃气及水生产和供应业	765.4	-3.4
建筑业	41.9	-9.5
第三产业	9441.2	9.5
批发和零售业	876.0	-6.8
交通运输、仓储和邮政业	723.8	-24.5
住宿和餐饮业	215.2	-21.9
信息传输、软件和信息技术服务业	204.8	19.7
金融业	62.5	27.9
房地产业	2688.3	6.6
租赁和商务服务业	579.3	17.1
科学研究和技术服务业	135.9	-11.4
水利、环境和公共设施管理业	2544.7	27.0
居民服务、修理和其他服务业	84.0	-30.1
教育	234.9	7.6
卫生和社会工作	202.4	38.9
文化、体育和娱乐业	198.5	12.8
公共管理、社会保障和社会组织	588.2	79.6

全年房地产开发投资2014.0亿元,比上年增长13.7%。其中,住宅投资1391.8亿元,增长11.6%;办公楼投资93.5亿元,增长26.6%;商业营业用房投资384.9亿元,增长21.9%。商品房竣工面积1854.4万平方米,增长13.4%;商品房销售面积5841.9万平方米,增长24.5%;商品房销售额3592.5亿元,增长34.1%。年末商品房待售面积1129.9万平方米,比上年下降21.2%,其中住宅待售面积599.7万平方米,下降36.1%。

五、国内贸易

全年社会消费品零售总额7448.1亿元,比上年增长12.3%。其中,限额以上单位实现消费品零售额3135.1亿元,增长14.1%,占社会消费品零售额比重42.1%,比上年提高1.6个百分点。按城乡分,城镇市场零售额6167.3亿元,增长12.3%,其中,城区4082.2亿元,增长13.9%;乡村市场零售额1280.8亿元,增长12.1%。按行业分,批发业零售额1086.0亿元,增长13.6%;零售业零售额5464.7亿元,增长12.6%;住宿业零售额91.7亿元,增长15.1%;餐饮业零售额805.8亿元,增长8.3%。

限额以上批发零售业零售额分商品看：日用生活消费品保持较快增长。粮油、食品类零售额286.6亿元，比上年增长18.5%；服装、鞋帽、针纺织品类168.4亿元，增长11.6%；日用品类71.8亿元，增长11.2%。汽车销售继续快速增长。汽车类零售额983.3亿元，增长16.0%。与消费升级相关商品快速增长。金银珠宝类零售额47.9亿元，增长23.9%；中西药品类229.2亿元，增长20.0%；体育娱乐用品类6.6亿元，增长16.1%；建筑及装潢材料类50.7亿元，增长14.7%；家具类64.0亿元，增长13.2%；通讯器材类32.7亿元，增长11.1%。

表6　2017年限额以上批发零售按商品分类零售额及其增长速度

类　别	零售额(亿元)	比上年增长(%)
合计	2994.66	14.2
其中:通过公共网络实现的商品销售	108.26	39.4
粮油、食品类	286.59	18.5
饮料类	41.34	13.5
烟酒类	63.33	13.1
服装、鞋帽、针纺织品类	168.42	11.6
化妆品类	22.97	19.8
金银珠宝类	47.87	23.9
日用品类	71.79	11.2
五金、电料类	17.17	8.6
体育、娱乐用品类	6.59	16.1
书报杂志类	41.26	7.6
电子出版物及音像制品类	9.95	15.9
家用电器和音像器材类	183.68	13.1
中西药品类	229.24	20.0
文化办公用品类	30.12	22.3
家具类	63.96	13.2
通讯器材类	32.70	11.1
煤炭及制品类	5.41	2.0
石油及制品类	540.56	8.1
建筑及装潢材料类	50.68	14.7
机电产品及设备类	15.74	14.4
汽车类	983.32	16.0
棉麻类	0.86	-2.3
其他类	81.11	16.1

六、对外经济

全年货物进出口总值3020.0亿元，比上年增长14.5%。其中，出口值2222.6亿元，增长13.3%；进口值797.5亿元，增长17.9%。

分贸易方式看，一般贸易进出口总值2468.6亿元，比上年增长16.6%。其中，出口1965.2亿元，增长16.5%；进口503.3亿元，增长16.7%。加工贸易进出口总值529.7亿元，比上年增长5.2%。其中，出口243.9亿元，下降9.1%；进口285.9亿元，增长21.6%。分重点商品看，机电产品出口858.1亿元，比上年增长5.8%；进口313.6亿元，比上年下降4.7%。高新技术产品出口281.9亿元，比上年下降3.0%；进口228.3亿元，比上年下降7.5%。分地区看，对美国、欧盟、韩国、日本出口分别为384.2亿元、318.0亿元、138.2亿元、79.9亿元，分别增长19.5%、27.5%、22.8%、22.8%，自欧盟、日本、澳大利亚进口分别为65.6亿元、72.9亿元、88.0亿元，分别增长47.6%、43.6%、166.7%。

表7　2017年分贸易方式进出口总值及其增长速度

指　标	金额(亿元)	比上年增长(%)
进出口总值	3020.0	14.5
其中:一般贸易	2468.6	16.6
加工贸易	529.7	5.2
出口值	2222.6	13.3
其中:一般贸易	1965.2	16.5
加工贸易	243.9	-9.1
进口值	797.5	17.9
其中:一般贸易	503.3	16.7
加工贸易	285.9	21.6

表8　2017年主要商品出口值及其增长速度

商品名称	金额(亿元)	比上年增长(%)
机电产品	858.1	5.8
高新技术产品	281.9	-3.0
服装及衣着附件	219.6	-2.9
文化产品	185.9	76.0

商品名称	金额(亿元)	比上年增长(%)
鞋类	108.3	17.8
玩具	86.3	265.1
纺织纱线、织物及制品	82.4	15.7
二极管及类似半导体器件	80.8	5.1
太阳能电池	71.4	16.1
家具及其零件	66.7	9.9
灯具、照明装置及零件	64.6	10.5
陶瓷产品	60.9	12.6
钢材	57.3	1.2
塑料制品	56.5	15.5
箱包及类似容器	54.0	11.8
未锻轧铜及铜材	35.4	74.4
医药品	26.5	16.1
汽车	16.9	3.8
钨品	10.9	63.1
玻璃制品	9.7	-11.5
铁合金	5.4	10.4
家用或装饰用木制品	4.7	26.9

注:机电产品和高新技术产品有交叉。

表9 2017年主要商品进口值及其增长速度

商品名称	金额(亿元)	比上增长(%)
机电产品	313.6	-4.7
高新技术产品	228.3	-7.5
集成电路	131.2	-6.9
铜矿砂及其精矿	130.3	5.1
未锻轧铜及铜材	82.9	68.7
铁矿砂及其精矿	69.5	82.3
二极管及类似半导体器件	25.5	2.1
纸浆	21.6	11.6
废铜	12.9	112.2
纺织纱线、织物及制品	9.3	6.1
塑料制品	2.4	10.2
合成橡胶(包括胶乳)	1.5	80.4
牛皮革及马皮革	1.2	-8.7

注:机电产品和高新技术产品有交叉。

表10 2017年对主要国家和地区进出口总值及其增长速度

国别(地区)	进出口总值(亿元)	比上年增长(%)	出口值(亿元)	比上年增长(%)	进口值(亿元)	比上年增长(%)
亚洲	1499.7	3.3	1134.6	6.0	365.1	-4.3
香港	215.2	-11.1	212.0	-10.1	3.2	-47.7
印度	73.6	17.0	71.0	17.2	2.6	10.8
印度尼西亚	74.6	22.5	57.5	43.1	17.1	-17.3
日本	152.7	31.9	79.9	22.8	72.9	43.6
马来西亚	83.1	-0.6	70.5	-8.0	12.7	79.6
菲律宾	44.3	26.4	41.2	22.7	3.1	109.0
新加坡	62.9	-31.7	54.3	-24.7	8.6	-57.1
韩国	207.0	10.8	138.2	22.8	68.8	-7.4
泰国	49.4	-2.8	39.3	-10.3	10.1	43.3
越南	77.6	20.5	69.7	19.0	7.9	36.2
台湾省	144.5	-11.5	42.1	13.5	102.4	-18.9
非洲	191.9	19.8	124.4	0.7	67.5	83.9
欧洲	437.4	29.5	364.3	29.2	73.0	31.5
英国	67.8	23.1	64.5	21.3	3.3	71.5
德国	95.4	27.1	61.5	26.0	33.9	29.2
荷兰	54.1	20.9	50.4	21.3	3.7	15.1
拉丁美洲	331.0	32.9	147.4	39.4	183.6	28.1
巴西	51.3	4.5	27.3	5.1	24.0	3.7
智利	140.0	29.8	17.9	10.8	122.1	33.1
墨西哥	45.6	162.6	44.2	199.4	1.4	-46.1
北美洲	434.0	16.9	415.6	20.2	18.5	-27.5
美国	400.2	17.3	384.2	19.5	16.0	-18.5
大洋洲	126.0	84.5	36.2	4.0	89.8	168.2
澳大利亚	116.9	91.9	29.0	3.7	88.0	166.7
东盟	415.0	2.3	349.3	2.8	65.8	-0.2
欧盟	383.7	30.5	318.0	27.5	65.7	47.6

全年新批外商投资企业495家,实际使用外商直接投资金额114.6亿美元,比上年增长9.8%。利用省外项目实际进资6630.3亿元,增长12.3%。截至年底,在赣投资具有世界500强投资背景的企业达66家。

全年新签对外承包工程合同项目284个,比上年增长43.4%;合同金额41.1亿美元,增长42.2%;完成营业额42.6亿美元,增长8.1%。江西国际经济技术合作公司、江西中煤建设集团有限公司、中鼎国际工程有限责任公司等三家“走出去”龙头企业继续入围ENR全球最大国际工程承包商250强。

七、交通、邮电和旅游

全年货物运输量154353.0万吨,比上年增长11.8%;货物周转量4217.1亿吨公里,增长8.2%。旅客运输量62997.2万人,增长2.5%;旅客周转量1000.3亿人公里,增长3.1%。机场旅客吞吐量1415.5万人,增长34.4%。昌北机场旅客年吞吐量突破1000万人次,组建了江西航空公司,填补了江西没有本土航空公司的空白。

表 11　2017 年货物、旅客运输量和周转量及其增长速度

指　　标	单　位	绝对值	比上年增长（%）
货物运输量	万吨	154353.0	11.8
铁路	万吨	4786.8	11.4
公路	万吨	138074.0	12.4
水运	万吨	11492.2	5.5
货物周转量	亿吨公里	4217.1	8.2
铁路	亿吨公里	532.2	3.4
公路	亿吨公里	3432.95	9.1
水运	亿吨公里	251.87	7.1
旅客运输量	万人	62997.2	2.5
铁路	万人	10223.7	10.5
公路	万人	52506.0	-1.6
水运	万人	267.5	2.4
旅客周转量	亿人公里	1000.3	3.1
铁路	亿人公里	722.7	5.0
公路	亿人公里	277.3	-1.8
水运	亿人公里	0.3	-0.4

年末公路通车里程 162285 公里，比上年末增加 376 公里。其中，高速公路通车里程 5916 公里。铁路营运里程 4137 公里，增加 228 公里。年末民用汽车保有量 473.3 万辆，增长 16.2%；民用轿车保有量 265.0 万辆，增长 17.7%，其中，私人轿车 252.4 万辆，增长 18.8%。

全年邮电业务总量 790.8 亿元，其中邮政业务总量 129.7 亿元，增长 29.4%；电信业务总量 661.1 亿元，增长 71.0%。快递业务量 4.4 亿件，增长 14.3%。年末固定电话用户 477.0 万户，下降 7.8%。其中，城市电话用户 317.4 万户，下降 5.9%；乡村电话用户 159.6 万户，下降 11.4%。年末移动电话用户 3449.2 万户，增长 9.8%。3G 移动电话用户 259.5 万户，下降 15.5%；4G 移动电话用户 2476.8 万户，增长 29.4%。

全年接待国内旅游者 57253.5 万人次，比上年增长 21.6%；国内旅游收入 6435.1 亿元，增长 28.9%。接待入境旅游者 188.9 万人次，增长 3.9%；国际旅游外汇收入 6.3 亿美元，增长 7.8%。

八、金融、证券和保险

年末金融机构人民币各项存款余额 32324.9 亿元，比年初增加 3434.8 亿元。其中，住户存款余额 15503.4 亿元，增加 1521.7 亿元；非金融企业存款余额 9833.2 亿元，增加 1479.5 亿元。年末金融机构人民币各项贷款余额 25712.6 亿元，比年初增加 3990.8 亿元。其中，住户贷款余额 10241.6 亿元，增加 1931.2 亿元；非金融机构及机关团体贷款余额 15456.8 亿元，增加 2049.1 亿元。

年末辖区内境内上市公司 39 家，其中，主板公司 23 家，中小板公司 9 家，创业板公司 7 家。辖区内证券公司 2 家，分公司 34 家，证券营业部 320 家，证券交易额 5.14 万亿元；期货公司 1 家，期货营业部 35 家，期货代理成交金额 1.83 万亿元。

全年保险公司保费收入 727.6 亿元，比上年增长 19.5%。其中，财产险公司保费收入 235.3 亿元，增长 20.6%；人寿险公司保费收入 492.2 亿元，增长 19.0%。支付各类赔款及给付 216.8 亿元，增长 4.8%。其中，财产险公司赔款 120.1 亿元，增长 18.5%；人寿险公司赔款 18.8 亿元，增长 2.5%；寿险公司给付 77.9 亿元，下降 10.7%。

九、教育和科学技术

全年研究生教育招生 1.3 万人，在校生 3.5 万人，毕业生 0.9 万人。普通高等教育招生 31.3 万人，在校生 104.8 万人，毕业生 29.6 万人。成人高等教育招生 3.4 万人，在校生 14.0 万人，毕业生 5.9 万人。普通高中招生 33.4 万人，在校生 96.7 万人，毕业生 30.2 万人。中等职业教育招生 11.2 万人，在校生 34.4 万人，毕业生 10.6 万人。初中学校招生 68.6 万人，在校生 191.0 万人，毕业生 56.7 万人。普通小学招生 67.7 万人，在校生 422.9 万人，毕业生 67.8 万人。特殊教育在校生 3.0 万人。幼儿园在园幼儿 160.9 万人。各类民办学校 11101 所，各类民办学校在校学生 197.9 万人。小学毛入学率 103.8%，初中阶段毛入学率 107.9%，高中阶段教育毛入学率 89.5%，普通高考录取率 82.7%，高等教育毛入学率 42.0%。

表 12　2017 各类学校招生、在校生和毕业生人数

单位：万人

指　　标	招生数	在校生数	毕业生数
研究生教育	1.3	3.5	0.9
普通高等教育	31.3	104.8	29.6
成人高等教育	3.4	14.0	5.9
中等职业教育	11.2	34.4	10.6
普通高中	33.4	96.7	30.2
普通初中	68.6	191.0	56.7
普通小学	67.7	422.9	67.8

全年研究与试验发展（R&D）经费支出 250.1 亿元，占 GDP 的比重为 1.2%，比上年提高 0.08 个

百分点。年末共有国家工程(技术)研究中心8个,省工程(技术)研究中心300个;国家级重点实验室4个,省级重点实验室157个。全年受理专利申请70591件,授权专利33029件;签订技术合同2404项,技术市场合同成交金额96.2亿元,其中,技术开发合同成交额41.4亿元,技术转让合同成交额16.0亿元。

年末共有产品质量检测机构70个,其中,国家级检测中心10个。法定计量技术机构245个。全年强制检定计量器具125.4万台(件),开展产品质量监督抽查6823批次。累计获得3C证书的企业825家,获得3C证书5791张。累计发放自愿性产品认证证书4029张,累计发放工业产品生产许可证743张。测绘部门为经济社会发展提供各种基本比例尺地形图2222张,大地成果1995点,航摄成果132718平方公里。

十、文化、卫生和体育

年末共有艺术表演团体82个,文化馆118个,公共图书馆113个,博物馆139个。广播电视台88座,中、短波发射台19座,电视台5座;有线广播电视用户753.6万户,其中,数字电视用户646.0万户。年末广播综合人口覆盖率98.4%,电视综合人口覆盖率98.9%。全年出版各种图书、期刊、报纸7977种,出版各类图书22239万册、期刊8014万册、报纸94377万份。

年末共有各类医疗卫生机构37792个(含村卫生室)。其中,医院、卫生院2259个,妇幼保健院(所、站)112个,专科疾病防治院(所、站)105个,疾病预防控制中心149个,卫生监督所(中心)111个。卫生技术人员23.6万人。其中,执业医师和执业助理医师8.4万人,注册护士10.4万人。医院、卫生院床位数21.8万张,其中,乡镇卫生院床位数5.4万张。

年末共有全民健身中心2个,青少年俱乐部129个,城市社区多功能运动场3个,青少年户外活动营地4个;国家级体育传统项目学校15所,省级体育传统项目学校176所,省级单项体育后备人才基地33个。全年新建村级农民体育健身工程290个,乡镇农民体育健身工程11个。在国际和国内的重大比赛中共获得74枚金牌、75枚银牌和56枚铜牌。

十一、人民生活和社会保障

全年城镇居民人均可支配收入31198元,增长8.8%;农村居民人均可支配收入13242元,增长9.1%。城镇居民人均生活消费支出19244元,增长8.8%;农村居民人均生活消费支出9870元,增长8.1%。城、乡居民消费恩格尔系数分别为31.1%、33.6%,比上年分别下降0.9和1.7个百分点。

省委、省政府年初确定的50件民生工程实事全面完成。全年就业困难人员实现就业6.2万人,共发放创业担保贷款130.6亿元,扶持个人创业贷款所占比例达67.0%。年末参加城镇职工基本养老保险人数1005.2万人,其中,执行企业养老保险制度866.0万人,执行机关事业养老保险制度139.3万人。参加基本医疗保险人数4762.4万人,其中,城镇职工参保558.7万人,城乡居民参保4203.7万人。参加工伤保险人数517.1万人,参加生育保险人数279.3万人,参加失业保险人数286.3万人。向城市低保户发放低保金29.7亿元,城市低保标准530元/人月,月人均补差358元;向农村低保户发放低保金45.4亿元,农村低保标准305元/人月,月人均补差230元。城市居民得到政府最低生活保障人数66.6万人,农村居民得到政府最低生活保障人数168.4万人。城镇“三无特困群众”供养保准600元/人月,农村五保户集中供养、分散供养标准分别为425元/人月、320元/人月。义务教育阶段免除学杂费的学生数613.9万人,义务教育阶段补助家庭经济困难寄宿生活费学生数27.3万人,资助普通高中家庭经济困难学生数23.7万人,资助考入大学家庭经济困难学生数3万人。全年扶贫移民搬迁11.2万人,省级扶贫发展资金投入26.3亿元。农村居民安全饮水人数达2870万人,比上年增长5.6%。

年末共有提供住宿的社会福利机构1453个,床位数14.7万张,收养人数11.9万人。社区服务机构和设施3745个,其中社区服务中心397个。全年销售社会福利彩票42.4亿元,筹集福利彩票公益金12.4亿元,直接接受社会捐赠0.9亿元。

十二、资源、环境与安全生产

年末地表水Ⅰ-Ⅲ水质达标比例为88.5%,国家考核断面水质优良率92%。11个设区市环境空气质量优良率达83.9%。完成造林面积134.1万亩,森林抚育572.2万亩,改造低产低效林177.1万亩,森林覆盖率稳定在63.1%。启动赣州国家山水林田湖草生态保护修复试点,实施15条生态清洁型小流域建设,推动重点生态功能区、江河源头地区水土流失治理,综合治理水土流失面积1100平方公里以上。共建立自然保护区159处,其中,国家级16处、省级39处、市县级104处。武夷山列入世界文化与自然双遗产名录,上饶、赣州、景德镇创建国家森林城市,靖安、资溪、婺源被授予国家生态文明建设示范县。自然保护区面积106.33万公顷,占全省国土面积的6.4%。启动劣V类水和城市黑臭水体整治,完成25个重点工业园区污水配套管网建设,运营的工业园区污水处理厂全部达到"一级B"排放标准。完成48个县市污水管网建设任务,90%的行政村纳入城乡生活垃圾收运处理体系,垃圾焚烧处理能力达到3400吨/日。

年平均降水量1720.3毫米,较常年偏多2.7%。平均气温18.9℃,较常年偏高0.9℃,位列历史第2位。平均日照时数1504.0小时,较常年偏少127.8小时,位列历史第6位。

全年能源消费总量8995.3万吨标准煤,比上年增长2.8%;万元GDP能耗0.4501吨标准煤,比上年下降5.5%,超额完成年度节能"双控"目标任务。规模以上工业综合能源消费量5300.0万吨标准煤,比上年增长2.7%;万元规模以上工业增加值能耗下降5.9%,超额完成下降4%的年度目标任务。

全年安全生产事故2726起,其中,道路交通事故2369起,工矿商贸事故317起,铁路交通事故36起。安全生产事故死亡人数1630人,其中,道路交通事故死亡1256人,工矿商贸事故死亡343人,铁路交通事故死亡30人。亿元生产总值安全生产事故死亡人数0.08人。

注释:

1. 本公报中数据均为初步统计数。部分数据因四舍五入的原因,存在着分项与合计不等的情况。

2. 地区生产总值、各产业增加值和人均生产总值绝对数按现价计算,增长速度按不变价格计算。

3. 规模以上工业统计范围为年主营业务收入2000万元及以上的企业,固定资产投资(不含农户)统计范围为计划总投资500万元及以上项目和房地产。

4. 邮电业务总量按2010年不变价格计算。

5. 万元生产总值能耗、万元规模以上工业增加值能耗按2015年不变价格计算。

6. 常住人口是指实际经常居住在某地区一定时间的人口。按人口普查和抽样调查规定,主要包括:居住在本乡镇街道、户口在本乡镇街道或户口待定的人,居住在本乡镇街道、离开户口所在地乡镇街道半年以上的人,户口在本乡镇街道、外出不满半年或在境外工作学习的人。2017年年末,0－14岁(含不满15周岁)人口为935.5万人,15－59岁(含不满60周岁)人口为3013.1万人。

7. 小学适龄儿童入学率指调查范围内已入小学学习的学龄儿童占校内外学龄儿童总数的百分比。

8. 高中阶段教育毛入学率主要反映高中阶段教育覆盖面,是指高中阶段在校生总数占15－17岁学龄人口数的百分比。

资料来源:

本公报中财政数据来自省财政厅;物价、城乡居民收入和支出、部分农业数据来自国家统计局江西调查总队;外贸数据来自南昌海关;利用外资和省外资金、对外承包工程数据来自省商务厅;铁路客货运输量、周转量数据来自南昌铁路局;公路、水路客货运输量、周转量数据来自省交通运输厅;机场旅客吞吐量数据来自省机场集团公司;电信业务量、移动电话用户数、固定电话用户数来自省通信管理局;邮政业务量、快递业务量数据来自省邮政管理局;旅游数据来自省旅发委;存贷款数据来自中国人民银行南昌中心支行;证券数据来自中国证券监督管理委员会江西监管局;保险数据来自中国保险监督管理委员江西监管局;教育数据来自省教育厅;科技数据来自省科技厅;专利数据来自省知识产权局;质量检测、行业标准数据来自省质量技术监督局;艺术表演团体、博物馆、公共图书馆、文化馆数据来自省文化厅;广播、电视、报纸、期刊、图书数据来自省新闻出版广电局;测绘数据来自省测绘局;卫生数据来自省卫生和计划生育委员会;体育数据来自省体育局;城镇新增就业、社会保险数据来自省人力资源和社会保障厅;城乡低保、社会福利、社区服务、社会捐赠数据来省自省民政厅;保障性住房数据来自省住房和城乡建设厅;扶贫数据来自省扶贫办;造林、森林覆盖率数据来自省林业厅;空气和地表水质量、污染物排放、自然保护区数据来自省环境保护厅;降水量、平均气温、日照时数数据来自省气象局;安全生产数据来自省安全生产监督管理局;道路交通事故数据来自省公安厅;其他数据来自省统计局。

全省各设区市常住总人口

单位:人

地区	2017年
全省	**46 220 636**
南昌市	5 463 538
景德镇市	1 664 901
萍乡市	1 924 998
九江市	4 873 276
新余市	1 180 699
鹰潭市	1 167 501
赣州市	8 635 583
吉安市	4 941 941
宜春市	5 553 748
抚州市	4 031 037
上饶市	6 783 414

全省各设区市地区生产总值

(2017年)

单位:亿元

地区	地区生产总值	第一产业	第二产业	第三产业
全省	**20 006.31**	**1 835.26**	**9 627.98**	**8 543.07**
南昌市	4 819.76	180.79	2 516.07	2 122.90
景德镇市	786.90	55.55	385.11	346.23
萍乡市	971.86	58.87	469.12	443.87
九江市	2 389.22	179.16	1 202.20	1 007.87
新余市	972.41	52.62	493.16	426.63
鹰潭市	752.86	54.27	423.93	274.66
赣州市	2 501.05	333.26	1 065.73	1 102.06
吉安市	1 601.13	218.99	739.12	643.01
宜春市	2 003.32	254.12	922.10	827.10
抚州市	1 277.27	200.43	533.21	543.63
上饶市	2 023.64	247.20	959.27	817.17

全省各设区市规模以上工业增加值

地　　区	2017年比上年增长(%)
全　　省	**9.1**
南 昌 市	9.5
景德镇市	8.9
萍 乡 市	8.8
九 江 市	9.2
新 余 市	8.5
鹰 潭 市	9.0
赣 州 市	9.1
吉 安 市	9.2
宜 春 市	9.2
抚 州 市	9.4
上 饶 市	9.1

全省各设区市规模以上服务业主要指标

(2017年)

地　　区	企业数(户)	营业收入(万元)
全　　省	**4 292**	**24 020 686**
南 昌 市	794	6 916 049
景德镇市	156	1 418 116
萍 乡 市	131	522 208
九 江 市	374	2 190 588
新 余 市	107	396 677
鹰 潭 市	166	857 220
赣 州 市	549	2 544 907
吉 安 市	550	2 713 573
宜 春 市	491	2 268 848
抚 州 市	348	1 581 113
上 饶 市	624	2 601 753

全省各设区市社会消费品零售总额

单位:亿元

地　　区	2017 年	比上年增长(%)
全　　省	**7 448.09**	**12.3**
南 昌 市	2 096.96	12.3
景德镇市	335.93	11.8
萍 乡 市	379.15	12.2
九 江 市	739.21	12.6
新 余 市	269.58	12.4
鹰 潭 市	217.73	11.9
赣 州 市	887.05	12.3
吉 安 市	504.97	12.6
宜 春 市	667.50	12.0
抚 州 市	537.66	12.0
上 饶 市	812.34	12.7

全省各设区市固定资产投资

(500 万元及以上项目)

地　　区	2017 年比上年增长(%)
全　　省	**12.3**
南 昌 市	12.7
景德镇市	13.5
萍 乡 市	12.8
九 江 市	12.5
新 余 市	12.3
鹰 潭 市	12.3
赣 州 市	13.8
吉 安 市	13.3
宜 春 市	13.1
抚 州 市	12.0
上 饶 市	11.9

全省各设区市财政收入

单位:亿元

地　　区	财政总收入	#地方一般公共预算收入
全　　省	**3 447.44**	**2 246.94**
南 昌 市	782.82	417.08
景德镇市	123.21	86.70
萍 乡 市	146.16	102.73
九 江 市	461.29	262.54
新 余 市	144.18	92.60
鹰 潭 市	127.70	75.25
赣 州 市	408.32	245.36
吉 安 市	251.34	156.54
宜 春 市	354.26	225.27
抚 州 市	183.64	120.19
上 饶 市	318.67	213.98

全省各设区市实际利用外资额

（省口径）

单位:亿美元

地　　区	2017 年	比上年增长(%)
全　　省	**114.64**	**9.8**
南 昌 市	31.81	10.1
景德镇市	2.05	9.0
萍 乡 市	3.67	9.0
九 江 市	19.84	10.1
新 余 市	4.35	9.1
鹰 潭 市	2.89	9.2
赣 州 市	16.67	10.0
吉 安 市	10.70	9.8
宜 春 市	7.72	9.1
抚 州 市	3.53	9.1
上 饶 市	11.40	9.8

全省各设区市海关进出口总额

单位:亿元

地　　区	进出口总额	#出口
全　　省	**3 020.04**	**2 222.56**
南 昌 市	669.20	428.27
景德镇市	55.83	55.07
萍 乡 市	102.98	100.17
九 江 市	345.33	289.10
新 余 市	182.35	85.36
鹰 潭 市	288.41	62.97
赣 州 市	320.89	268.87
吉 安 市	372.80	320.04
宜 春 市	194.32	168.39
抚 州 市	133.56	129.48
上 饶 市	354.38	314.84

全省各设区市城镇居民人均可支配收入

单位:元

地　　区	2017 年	比上年增长(%)
全　　省	**31 198**	**8.8**
南 昌 市	37 675	8.8
景德镇市	34 283	9.1
萍 乡 市	33 120	8.1
九 江 市	32 592	8.6
新 余 市	34 775	8.1
鹰 潭 市	31 696	8.9
赣 州 市	29 567	9.2
吉 安 市	31 936	9.0
宜 春 市	29 871	8.8
抚 州 市	29 463	8.3
上 饶 市	31 853	9.3

全省各设区市农村居民人均可支配收入

单位:元

地　　区	2017 年	比上年增长(%)
全　　省	**13 242**	**9.1**
南 昌 市	16 364	9.4
景德镇市	15 095	8.8
萍 乡 市	16 598	8.7
九 江 市	13 303	9.4
新 余 市	16 581	9.1
鹰 潭 市	14 738	8.9
赣 州 市	9 717	11.3
吉 安 市	12 543	10.2
宜 春 市	13 747	8.7
抚 州 市	13 563	9.0
上 饶 市	12 174	9.6

全省各设区市居民消费价格指数

(上年 =100)

地　　区	2017 年
全　　省	**102.0**
南 昌 市	102.1
景德镇市	102.3
萍 乡 市	101.9
九 江 市	102.3
新 余 市	102.0
鹰 潭 市	101.7
赣 州 市	102.1
吉 安 市	101.5
宜 春 市	101.8
抚 州 市	101.6
上 饶 市	102.1